दो मुर्दों के लिए गुलदस्ता

(उपन्यास)

दो मुर्दों के लिए गुलदस्ता

सुरेन्द्र वर्मा

वाणी प्रकाशन

वाणी प्रकाशन

4695, 21-ए, दरियागंज, नयी दिल्ली 110 002

फ़ोन : +91 11 23273167 फ़ैक्स : +91 11 23275710

शाखाएँ

अशोक राजपथ, पटना 800 004, बिहार

कॉफ़ी हाउस कैम्पस, महात्मा गांधी मार्ग, इलाहाबाद 211 001, उत्तर प्रदेश

महात्मा गांधी अन्तरराष्ट्रीय हिन्दी विश्वविद्यालय, वर्धा 442 001, महाराष्ट्र

36/ए, शेक्सपीयर सरणी, रानी बिरला गर्ल्स कॉलेज के पास, कोलकाता 700 017, प. बंगाल

www.vaniprakashan.com
marketing@vaniprakashan.in
sales@vaniprakashan.in

Do Murdon Ke Liye Guldasta
by Surendra Verma

ISBN : 978-81-19014-28-6
Novel

द्वितीय संस्करण 2016
तृतीय संस्करण 2023

मूल्य : ₹ 499

आर.के. ऑफ़सेट, शाहदरा, दिल्ली-110 032 में मुद्रित

वाणी प्रकाशन का लोगो मक़बूल फ़िदा हुसेन की कूची से

इस एकतरफा रास्ते पर
आदमी जिन्दा आता है और मुर्दा जाता है।

—माफिया सूक्ति

एक

लम्बी सीटी देकर गाड़ी नयी दिल्ली स्टेशन से खिसकने लगी, तो नील माथुर गहरी साँस लेकर पीछे टिक गया। पटरियों की खट्-खट् के साथ पहले बाहरी सिगनल निकले, फिर मिंटो और तिलक ब्रिज...सिकन्दरा रोड वाले चौराहे से फिसलती उसकी दृष्टि हाईकोर्ट, अप्पू घर और प्रगति मैदान की भव्य ऊँचाइयों पर पल-भर अटकी रही, फिर आँखों में नमी की बारीक परत झलक आयी।

उसने जेब से रूमाल निकाला और आँखों से लगा लिया।

मन का रुदन तो एक साल से चल रहा था, पर बाहरी दरार आज पहली बार पड़ी।

यकायक लगा कि वह रुलाई के आवेग से फफकने वाला है। आसपास सहयात्री थे। उसने दाँत भींचते हुए अपने पर काबू पाने की कोशिश की।

अनायास ही न चाहते हुए भी पाँच वर्ष पहले का वह दिन याद आया, जब वह उमंग से भरा हुआ अपने बक्से और बिस्तरबन्द के साथ इसी स्टेशन पर उतरा था। फिर न चाहते हुए भी बाइफोकल चश्मा लगा डॉक्टर शर्मा का सख़्त चेहरा सामने आ गया।

आँख का आँसू पल-भर में सूख गया। नमी की जगह क्रोध और प्रतिहिंसा की चिनगारी सुलग उठी।

'एक दिन मेरा भी आएगा डॉक्टर शर्मा!' उसने बुदबुदाकर कहा, 'मैं नये सिरे से अपने को जमा कर दिखा दूँगा।'

फिर उसके सामने किरन की छवि आ गयी—शोख़ी से उसे देखते हुए, कामना के आमन्त्रण से हल्की अँगड़ाई लेते हुए।

उसने ठंडी साँस भरी। अगर अपने पर नियन्त्रण रखा होता तो आज का यह दिन क्यों आता...

उसने बैग से टटोलकर पैकेट व माचिस निकाली, तो साथ में लिपटा अन्तर्देशीय भी हाथ में आ गया।

वह अचकचा उठा। अपनी व्यग्र मन:स्थिति में चिट्ठी डाक में डाली ही नहीं। सुबह ही तो कमरा ख़ाली करते हुए जल्दी-जल्दी लिखा था, ''प्रिय माँ, दिल्ली छोड़ रहा हूँ। नयी नौकरी मिलते ही लिखूँगा। तुम मेरी चिन्ता मत करना। इससे तुम्हारे लिए मेरी चिन्ता कम हो जाएगी।''

फिर माँ का वह प्रफुल्लित चेहरा याद आया, जो रामजस कॉलेज में उसे प्राध्यापिकी मिलने पर देखा था। अभी नियुक्ति अस्थायी पद पर थी। पर डॉक्टर शर्मा ने चिन्ता न करने का आश्वासन दिया था। उसे एम.ए. में पहली श्रेणी के साथ पहली पोजीशन मिली थी, पर इससे भी बड़ी बात यह थी कि वह प्रोफ़ेसर और विभागाध्यक्ष का सबसे प्रिय छात्र था। एम.ए. के दूसरे साल में ही वह नियमित रूप से कैवलरी लाइन्स के उनके बँगले पर जाने लगा था। वह अनौपचारिक रूप से उनका शोध-सहायक हो गया था—उनके दिए गये बिन्दुओं के सहारे शोध-पत्र का प्रारूप तैयार करना, सन्दर्भ-ग्रन्थों से अपेक्षित उद्धरण ढूँढ़ना, प्रेस कॉपी के प्रूफ़ देखना। एम.ए. पूरा होते ही उसने डॉक्टर शर्मा के निर्देशन में डॉक्टरेट का रजिस्ट्रेशन करवा लिया था।

माँ शिकोहाबाद से बीच-बीच में आती रहती थी। उसके बहू लाने के कीर्तन को उसने पी-एच.डी. के बहाने से रोक रखा था, ''डॉक्टरेट होने दो माँ! यूनिवर्सिटी में घुस जाऊँ, फिर बैंड बजवाना।''

इसी लक्ष्य के चलते आई.ए.एस. में उसका रुझान नहीं था। लिखित परीक्षा में क्वालिफ़ाई करने के बावजूद वह इंटरव्यू के लिए नहीं गया था। उसे अध्यापन और सुकून पसन्द था, सरकारी अफ़सर की प्रभुता और तनाव नहीं।

अगर होता, तो आज वह डॉक्टर शर्मा की गिरफ़्त से बाहर होता...

उसने सिगरेट सुलगाई। फिर तीली बाहर फेंक दी।

सामने बैठी किशोरी आँखों में मिठास लिये उसे देख रही थी।

उसने निगाह फेर ली और खिड़की के बाहर देखने लगा।

उसे पता था, नारी जाति का बड़ा वर्ग आमतौर से उसके शरीर में आक्रामक आकर्षण पाता था। वह गोरे रंग और गठले बदन का ऊँचा, स्वस्थ युवक था। नाक-नक़्श तीखे, तराशे। आँखें गहरी, काली। लम्बे, घने बाल, जो उसकी आभा में कविसुलभ कोमलता जोड़ देते थे।

किरन के अल्हड़ यौवन की लगाम उसे देखते ही हाथों से छूट गयी थी।

पर वह तो अल्हड़ नहीं था। संजीदा और चिन्तनशील था। बहुत होनहार था। खुद उसे और आसपास के लोगों को उससे कितनी उम्मीदें थीं! पहले सत्र का एक-तिहाई खत्म होते ही वह कॉलेज के सबसे लोकप्रिय अध्यापकों में गिना

जाने लगा था। स्टडी सर्किल में पढ़ा गया उसका पर्चा 'कुषाणयुग की मुद्राओं का सांस्कृतिक अध्ययन' बहुत सराहा गया था। डॉक्टर शर्मा ने एक भावविभोर क्षण में कह दिया था, "तुम मेरे एकेडेमिक उत्तराधिकारी हो।"

तभी पिता का तबादला अंडमान-निकोबार हो जाने पर किरन अपने चाचा के पास कैवलरी लाइंस के बँगले में आ गयी।

अगर किरन के पिता का तबादला नहीं होता, तो नील का जीवन अपने सुनिश्चित पथ पर चलता रहता। संसार की जीवन-शैली कितनी जटिल और रहस्यमय है! धरती के एक कोने से एक अणु आकर दूसरे से टकराता है और सारी व्यवस्था ध्वस्त हो जाती है...

"आप क्यों मुझसे छिटकते रहते हैं?" किरन ने कॉफ़ी का प्याला मेज़ पर रखते हुए पूछा।

वह बिल्कुल सामान्य छुट्टी का दिन था। अलस, गर्म, ख़ामोश दोपहर। ऐसे सैकड़ों दिन उसने इस स्टडी में बिताये थे। आज आते हुए किंग्सवे कैम्प के स्टॉप पर पल-भर को उसके मन में कमज़ोरी आयी थी कि नेहरू यूनिवर्सिटी जाकर गौतम से मिल ले। फिर कर्तव्य के तक़ाज़े ने जोर मारा था। कलकत्ता और मैसूर विश्वविद्यालयों से दो शोध-प्रबन्ध आये हुए थे, जिन्हें उसने पढ़ लिया था और डॉक्टर शर्मा के साथ विवेचना भी हो गयी थी। आज उसे दोनों पर टिप्पणियों का पहला प्रारूप लिखना था। डॉक्टर शर्मा इंडियन काउंसिल ऑव हिस्टॉरिकल रिसर्च की एक चाय-पार्टी में पत्नी के साथ गये हुए थे। रात को लौटकर वे मसविदों को देखेंगे।

"नहीं तो..." वह अचकचाकर बोला।

वह मेज़ पर काम कर रहा था। सामने एक शोध-प्रबन्ध खुला था और पर्यायवाचियों का शब्दकोश। डॉक्टर शर्मा को चमक-दमक वाली, सजावटी शब्दावली पसन्द थी। उसका रुझान सीधी, सरल अभिव्यक्ति पर था, पर डॉक्टर शर्मा को खुश करने के लिए मन को मारना पड़ता था। धीरे-धीरे कामयाबी मिलने लगी थी।

"आपको देखते ही मेरे तन-मन में फुरहरी-सी उठने लगती है।" उसकी ओर तिरछी चितवन से देखते हुए किरन ने निचला होठ दाँतों तले दबा लिया।

अचानक नील को लगा, आज का दिन सामान्य नहीं है। मन में कहीं किरन की घोषणा से गुनगुनी-सी खुशी हुई, पर दूसरे ही पल आशंका की झुरझुरी भर गयी।

"देखो..." उसने अटककर कहा।

"तुम एक नज़र उठाकर मुझे देखो।" किरन के स्वर में कामोद्दीपन का तनाव था। नील ने आदेश का पालन किया।

किरन का गोरा चेहरा तमतमा रहा था। उसने नील का हाथ थामा और अपने गाल पर दबा लिया।

नील को हल्की शक्ति के बिजली के प्रभाव का अनुभव हुआ, पर उसकी क़िस्म झटका देने वाली नहीं थी। उसे लगा, जैसे किरन के स्पर्श में चुम्बक-जैसा खिंचाव है—कमनीय, मोहक।

किरन ने दोनों बाँहों में उसे भरते हुए अपने फड़कते होठ उसके होठों पर रख दिये।

"यह ग़लत हो रहा है..." नील ने कहा, पर उसके जिस्म ने जवाब देना शुरू कर दिया।

बाग की ओर खुलने वाली सामने की खिड़की के बग़ल में दीवान था। ऊपर की दीवार पर टोकियो से लाया गया काँसे का बुद्ध का सिर लगा था। दायीं चौकी पर सम्राट अशोक के सिक्के बिखरे थे। बायीं ओर रामटेक की खुदाई में मिली गुप्तयुग की मणिमाला थी।

किरन ने उसका मुँह अपने वक्ष पर दबाते हुए उसे दीवान पर खींच लिया...

पिछले एक साल में उसने अपने-आपको कितना धिक्कारा है...काश, वह अभी भी हाथ छुड़ाकर बाहर भाग जाता...पर नहीं, वह तो किरन की चिकनी पीठ पर हाथ फिसलाते हुए बढ़ती थरथराहट के साथ चुम्बनावेग में डूब रहा था...

"यह गाड़ी हर स्टेशन पर रुकती है?" किशोरी पूछ रही थी।

चाय के कुल्हड़ से घूँट भरते हुए उसने निगाह उठाई, "पैसेंजर है।" और फिर नज़र बाहर फेर ली।

किफ़ायत के अलावा आत्मपीड़न भी जनता पैसेंजर का टिकट लेने का कारण था। एक साल से यही दो बातें ज़िन्दगी का स्थायी भाव बनी हुई थीं।

मार्च में जब उसे कॉलेज से नोटिस मिला, तो मन के एक हिस्से की तैयारी के बावजूद वह हिल उठा। उसे धुँधली-सी आशा थी कि उसकी शर्मिन्दगी, पश्चात्ताप और दोष-मुक्ति के प्रस्ताव को मद्देनज़र रखते हुए डॉक्टर शर्मा इस हद तक नहीं जाएँगे।

"नीच...कुकर्मी...लम्पट...." डॉक्टर शर्मा दहाड़े, "जिस पत्तल में खाया, उसी में छेद कर दिया?"

"चाचाजी, आधा अपराध मेरा है।" रुलाई से सूजी आँखों वाली किरन बोली।

''मुँह खोला तो जीभ उखाड़ लूँगी, कुलबोरन!'' श्रीमती शर्मा दहाड़ीं।

''सर, मुझसे बहुत भयंकर पाप हुआ है।'' नील का स्वर रुँध गया।

''अब इस अभागिन के पेट में जो पल रहा है...'' श्रीमती शर्मा ने झुलसती नज़र से उसे देखा।

''यह मेरा ज़िम्मेदारी है।'' नील बोला, ''मैं ब्याह के लिए तैयार हूँ।''

''मुझे मंज़ूर है।'' किरन उसकी ओर देखते हुए मुस्कान नहीं दबा पाई।

''कायस्थ को बेटी देकर हमें खानदान की नाक कटवानी है?'' डॉक्टर शर्मा ने दाँत पीसे।

जिस घर में उसने इतना स्नेह पाया था, उसी के वातावरण की तरंगों में उसके लिए भर्त्सना की ऐसी चिनगारियाँ सुलग रही थीं। नील सह नहीं पाया।

''सर, आप ही बताइए, मैं क्या करूँ? मैं जैसे नरक की आग में जल रहा हूँ।''

बाइफ़ोकल के पीछे की आँखों ने सुलगते हुए उसे देखा, ''उसमें तो तुम अब जलोगे।''

दो महीने में उसे पता चल गया कि वे किस हद तक चले गये हैं। दिल्ली विश्वविद्यालय को तो छोड़ो, जे.एन.यू., जामिया मिल्लिया, विश्वविद्यालय अनुदान आयोग, इंडियन काउंसिल ऑव हिस्टॉरिकल रिसर्च—सबके दरवाज़े उसके लिए बन्द होते गये।

''वो लड़की अपना कुँआरापन हथेली पर लिये घूम रही थी, लेकिन तुम्हें क्या हो गया था?'' गौतम ने झाड़ लगाई, ''कंडोम लेकर जाते, विड्रावल मैथड अपनाते। उसे पिल्स दे देते; नहीं थी, तो मुझसे माँग लेते। पर तुम प्राचीन भारतीय इतिहास वाले साले पोंगा पंडित ही तो होते हो!''

नील चुपचाप नीचे देखता रहा।

''शर्मा ने प्रोफ़ेसर लाहिड़ी से कहा है, मैं दिल्ली से उसकी जड़ें खोदकर मट्ठा डाल दूँगा और देश के किसी विश्वविद्यालय में दुबारा रोपने नहीं दूँगा।''

दिल्ली की अकादमिक दुनिया में वह देखते-देखते हमदर्दी और दया का पात्र बन गया, लेकिन बाहरी तौर पर उसे सहारा देने वाला कोई नहीं था। अकादमिक सल्तनत में दिल्ली विश्वविद्यालय का विभाग लाल क़िला था और प्रोफ़ेसर-अध्यक्ष तख़्तेताऊस पर बैठा मुग़ल बादशाह। पूरे देश में नौकरियों के सबसे ज़्यादा अवसर तो राजधानी में ही थे और बादशाह हर कमेटी में होता था। ऐसे अकादमिक औरंगजेब की नाक के नीचे कौन उसकी ओर सहारे का हाथ बढ़ाता...

''मैं आपके निष्कर्षों से सहमत नहीं हूँ।'' डॉक्टर शर्मा ने उसके शोध-प्रबन्ध के पहले तीन अध्यायों की फ़ाइल लगभग फेंक दी, '''राजतरंगिणी' के आधार पर इतनी बड़ी स्थापनाएँ नहीं की जा सकतीं। मूर्तियों और सिक्कों का साक्ष्य भी विश्वसनीय नहीं है। उन्हें विशेषज्ञों के पास पुनर्मूल्यांकन के लिए भेजना होगा।''

''सर...'' वह भौंचक्का रह गया।

किरन-प्रकरण के पहले उनकी राय बिलकुल उलटी थी।

''बिना डॉक्टरेट के तुम्हारा कुछ नहीं हो सकता।'' गौतम बोला, ''पर स्कॉलरशिप के बिना रिसर्च कैसे करोगे? फिर शर्मा क़दम-क़दम पर रुकावट डालेगा। मान लो, सात-आठ साल में खून के आँसू बहाते हुए पी-एच.डी. हो भी गये, तो नौकरी कौन देगा? यह रास्ता या तो तुम्हें आत्महत्या तक ले जाएगा या पागलखाने तक!''

''तो क्या करूँ?'' नील हताश हो गया।

''पेशा बदल लो।''

एक सम्भोग ने मेरे जीवन की दिशा बदल दी—देर रात को बस से लौटते हुए उसने सोचा। विश्वामित्र जैसे कितने ही ऋषियों का ब्रह्मचर्य से स्खलन हुआ है। पर कोई अपना कैरियर बदलने के लिए तो मजबूर नहीं हुआ!

अगले महीने कमला नगर के एक जनरल स्टोर में आठ सौ रुपए महीने के वेतन पर उसे नौकरी मिली। उससे पहले मॉडल टाउन का अपना आरामदेह, फ़्लैट छोड़कर गली कायस्थान में तीन सौ मासिक का कमरा लेना पड़ा। अपनी ज़िन्दगी का परिवर्तन कई स्तरों पर त्रासद था, पर सबसे संगीन मुद्दा था माँ को समझाना। जब डॉक्टर शर्मा के साथ वैचारिक मतभेद की दलीलें कारगर नहीं हुई तो उसने हिम्मत करके सच बता दिया। इतनी बड़ी दुनिया में माँ के अलावा और कोई था भी तो नहीं।

''यह सुनने से पहले मैं मर क्यों न गयी?...इसी दिन के लिए पेट काट-काटकर तुझे पाला था...सोचा था, खानदान का नाम रोशन करेगा। तूने तो मुँह पर ऐसी कालिख पोत दी कि बाहर कहीं दिखा नहीं सकती...''

छह महीने के भीतर वह ज़िन्दा लाश हो गया था।

सुबह नौ से रात के नौ तक साबुन, टूथपेस्ट और क्रीम की बिक्री करता।

सस्ते ढाबे में दो रोटियाँ निगलता। सड़क किनारे के चायवाले से गिलास लेता। पचास पैसे और एक रुपया बचाने के निरन्तर तनाव से भीतर आक्रोश-भरी लिजलिजाहट भर गयी थी।

रिज़र्व बैंक से छपे नोटों की ऐसी गहरी अर्थवत्ता लगभग पहली बार उजागर हुई। अगर उसके पास पर्याप्त द्रव्य हो, तो वह सुविधाओं के साथ बेहतर ढंग से जी सकता है। स्कूल की नौकरी छुड़वाकर माँ को भी अपने पास रख सकता है।

लेकिन पर्याप्त द्रव्य आये कहाँ से?

बेहतर नौकरी के कोई आसार नहीं थे। उसके पास न इस तरह की डिग्री थी, न अनुभव। कनाट प्लेस के एक डिपार्टमेंटल स्टोर में उसने बात की थी। वे बाहर सौ के आसपास दे सकते थे, पर इतने से उसने जीवन में वह गुणवत्ता नहीं आ सकती थी, जिसकी आकांक्षा अब बार-बार सिर उठाने लगी थी।

''जोखिम के बिना कुछ नहीं हो सकता।'' कमला नगर के स्टोर मालिक के चचेरे भाई घनश्याम ने गर्व से कहा, ''मैं मामूली पूँजी के साथ बम्बई गया था। क्या करना है, कुछ पता नहीं था। सूरत से एक सज्जन डिब्बे में चढ़े—बोहरा मुसलमान। उन्होंने बताया, वे लोहे की तमाम तरह की छोटी-बड़ी, पतली-मोटी ज़ंजीरों का कारोबार करते हैं। दूसरे दिन मैं उस बाजार में पहुँचा। यहाँ-वहाँ बैठकर धन्धे की मोटी-मोटी बातें जानीं और शाम को एक दुकान किराये पर ले ली। अब चौथे साल में ग्यारह लाख सालाना का टर्नओवर है।''

''मेरे पास पूँजी नहीं।'' नील बोला।

''अक्ल तो है!'' घनश्याम ने आत्मविश्वास से दीप्त मुस्कान फेंकी, ''सोचो, तुम्हारे पास कौन-सा गुण है, जिसकी बाज़ार में ऊँची कीमत मिल सकती है।''

''कौन-सा गुण है मेरे पास?''

''जवान हो, खूबसूरत हो, ज़हीन हो। बाज़ार में अपने लिए स्लॉट बनाओ।''

''एक साल से सिर मार रहा हूँ...'' उसने कड़वी मुस्कान से कहा, ''अपने स्लॉट का कुछ अता-पता ही नहीं मिलता।''

''यह सरकारी नौकरों और नेताओं का शहर है। यहाँ तुम कौन-से तीर मार लोगे? बम्बई सम्भावनाओं का समन्दर है....तुम्हारे हाथ में हुनर हो, तो हवा के झोंकों से नोटों की बारिश हो सकती है। वहाँ पान की दुकानों की तरह एस्टेट एजेंट हैं। सिर्फ़ दो रजिस्टर रखने होते हैं—एक बेचने वाले का, एक खरीदने वाले का। हफ़्ते में एक सौदा भी हो गया, तो बीस-पच्चीस हज़ार कहीं नहीं गये....बम्बई में रोजाना लाख रुपये की तो रद्दी बिकती है। सिर्फ दो छोकरे चाहिए, जो बिल्डिंगों

में जाकर पुराने अख़बार खरीदें....अब कितनी तो कुरियर सर्विसेज हैं। सफ़र न करना चाहो, तो पढ़े-लिखे को रात को दफ़्तर सँभालने के लिए भी काम मिल जाता है...या मन्दिरों में जाकर नये सिक्के पुरानों से बदल लो और उन्हें प्रीमियम पर बेच दो...ज्योतिष की दो किताबें पढ़ लो और करोड़पति घर की औरतों के मुलायम हाथ देखो...'' घनश्याम कुटिलता से मुस्कराया, ''खूबसूरती के साथ तुम्हारा कुँआरापन भी तो एक गुण है। कामाईकेल रोड की कोई लड़की रीझ गयी, तो फिर ज़िन्दगी-भर कुछ करने की ज़रूरत ही नहीं। घरजमाई बनकर पलंग पर लेटे रहो।''

बम्बई-विरुदावली उस पर छा गयी।

उसी शाम को कनाट प्लेस जाकर उसने बम्बई पर एक किताब खरीद ली। यों शहर पूरी तरह अजनबी नहीं था। एम.ए. के पहले साल की गर्मी की छुट्टियों में यू. जी. सी. के थोड़े से पैसे के सहारे पूना की भंडारकर ओरियंटल रिसर्च इंस्टीट्यूट को जाते हुए उसने एक दिन का पड़ाव डाला था और चर्चगेट, विक्टोरिया टर्मिनल, गेट-वे ऑव इंडिया तथा ताजमहल होटल इत्यादि के दर्शन कर लिये थे।

''आजकल बम्बई में हूँ।'' दो दिन बाद कॉफ़ी हाउस में अचानक जयन्त टकरा गया, ''कुछ बड़े ज्वैलर्स का कमीशन एजेंट हूँ। पाँच सितारा होटलों में जाकर गोरों से सम्पर्क करता हूँ। हफ़्ते में पाँच-आठ हज़ार बन जाता है—सीज़न में दोगुना।''

नील को एहसास होने लगा कि उसकी नियति का संकेत क्या है।

प्रेरणा उसे मिली अपने विकराल वर्तमान से, जो अब सहा नहीं जा रहा था। यूनिवर्सिटी कैम्पस से नाता टूट गया था। दया का बोझ ढोने में कचोट होती थी। वैसे भी अपने विभाग के लोग खुले में मिलने से कतराते थे। अब पछतावे की जगह धीरे-धीरे आक्रोश आने लगा था।

शर्मिन्दगी सिर्फ़ दो व्यक्तियों के सामने रह गयी थी—माँ और बीना।

मॉडल टाउन का कमरा छोड़ने के बाद उसने बीना को फ़ोन नहीं किया था। इन्द्रप्रस्थ कॉलेज के सामने से निकलते हुए झिझक होती थी।

निर्णय लेने में शक्ति मिली अनजाने भविष्य की उम्मीद-भरी चमक से। वर्तमान दूर जाता रेल की पटरियों-सा साफ दिखाई दे रहा था। भविष्य मोड़ के बाद की हरी-भरी वादी थी, जहाँ मीठे सुरों में शहनाई बज रही थी।

अगर मैं कुछ खोऊँगा, तो सिर्फ़ दो साल, जिनकी वैसे भी कोई क़ीमत नहीं—उसने उदास मुस्कान से सोचा।

कोई निश्चित रूपरेखा उसके सामने नहीं थी। लक्ष्य सिर्फ़ इतना था—दो साल में पर्याप्त द्रव्य। बस, इतना समझ आ गया था कि जो भी काम वह करेगा, पारम्परिक नहीं होगा।

"मैं दो साल में एक लाख कमाने के लिए बम्बई जा रहा हूँ।" बीड़ी जलाते हुए भोला पांडे बोला।

वह भोला की तरफ देखता रह गया।

मथुरा स्टेशन पर धोती-बंडी पहने, कन्धे पर पोटली रखे भोला डिब्बे में दाख़िल हुआ था। दो-तीन जगह उसने बैठने की कोशिश की, तो 'बर्थ रिज़र्व्ड है' सुनने को मिलता। वह गिरे मनोबल के साथ पल-भर अनिश्चित-सा खड़ा रहा, तो नील ने अपनी बर्थ की ओर इशारा कर दिया।

आधे घंटे में भोला ने अपनी आपबीती सुना दी।

मथुरा से पचपन किलोमीटर दूर गाँव में थोड़ी-सी ज़मीन थी। पिता के देहान्त के बाद काका अकेले खेती-बाड़ी सँभालने लगे। भोला मथुरा की हेयर ऑयल फैक्टरी में चौकीदारी कर रहा था। फिर माँ-बहन को भी साथ ले आया। इस बार हर बार की तरह फसल की कटाई के बाद हिस्सा लेने गया, तो उसे घर में भी नहीं घुसने दिया गया। दो दिन गाँव के बड़े-बूढ़ों के बीच गुहार लगाता रहा, पर लगा कि सभी काका के हाथों बिक गये हैं।

कुछ महीनों के ऊहापोह के बाद उसने निश्चित वर्तमान की बजाय अनिश्चित भविष्य का वरण करने का निर्णय ले लिया।

दो-तीन साल में उसे बहन का ब्याह कर देना है। चन्दा दर्जा आठ तक पढ़ी है। वह और माई फ़ैक्टरी में पैकिंग का काम करती हैं और फैक्टरी के उसके क्वार्टर में ही रहती हैं।

दो साल पहले उसकी पत्नी मंगलो का पहले प्रसव में देहान्त हो गया। बच्चा भी मृत पैदा हुआ था।

नील ने पल-भर सामने बैठे भोला का जायजा लिया—छोटा क़द, हट्टी-कट्टी देह, साँवला रंग, होठों पर झुकी मूँछें। दाएँ कान में बाली। तेल से चुपड़े बाल।

अपनी ज़िन्दगी को बदलने की चाह सबका मूल अधिकार है—उसने सोचा।

"आप बम्बई की ओर क्यों प्रस्थान कर रहे हैं?"

नील ने धीमे स्वर में धीरे-धीरे सब बता दिया।

"संसार में संघर्ष के पीछे हमेशा स्त्री रही है।" थोड़ी चुप्पी के बाद भोला

ने दार्शनिक भाव से टिप्पणी की, ''न कैकेयी अपनी अनुचित माँग रखती, न राम को बनवास मिलता। न द्रौपदी का वस्त्र-हरण होता, न महाभारत होता।''

नील सिगरेट जलाने लगा, ''तुम बम्बई में क्या काम करोगे?''

''चौकीदारी तो कर ही सकता हूँ। सुना है, वहाँ हर बिल्डिंग में चार-छह चौकीदार होते हैं।'' भोला बोला, ''वैसे मथुरा के अपने रामौतार भैया हैं न, माटुंगा के होटल में काम करते हैं। अच्छी तनखा पाते हैं। मथुरा में तीन मंज़िला मकान बनवा लिया है। बोले थे, मन बना लो, तो आ जाना। कहीं-न-कहीं रखवा दूँगा।''

अँधेरा गहरा आया, तो भोला अपने लोटे में पानी भर लाया। फिर पोटली से कटोरदान निकाला, ''आओ नील भैया, भोजन हो जाए।''

''मैं तो नीची जाति का हूँ।'' नील ने भोला के जनेऊ का ऊपरी हिस्सा देखते हुए शंका की।

''भैया...'' भोला मुस्कराया, ''परदेस और विपत्ति—इनमें छुआछूत नहीं चलती।''

रात आधी हो गयी होगी, जब ऊँची बातचीत से नील की नींद टूटी।

''दो सौ पैंतालीस रुपए निकालो।'' टिकट-कलक्टर कह रहा था।

आधी बर्थ पर सिकुड़ा भोला टुकुर-टुकुर देख रहा था।

''मेरे पास पचासी रुपए हैं, पर मैं वो भी देने से मजबूर हूँ।'' भोला बोला, ''परदेस का मामला है। पता नहीं, क्या ज़रूरत पड़ जाए।''

''मैं अगले जंक्शन पर तुम्हें पुलिस के हवाले कर दूँगा।''

''दया-धर्म का कुछ तो विचार करो साहब!'' भोला ने स्थिर स्वर में कहा।

''अपने धर्म का ही तो विचार कर रहा हूँ।''

टिकट-कलक्टर मुड़ रहा था, जब नील ने पर्स से तीन नोट निकालकर आगे बढ़ाये।

वह एक क्षण जैसे एक क्षण के लिए स्थिर हो गया। भोला की निगाह नील से मिली।

टिकट-कलक्टर ने नोट ले लिये। फिर रसीद काटकर दी।

फिर आसपास सब सामान्य हो गया। पर भोला अभी भी स्थिर दृष्टि से सामने देख रहा था।

''सो जाओ भोला!'' नील ने लेटते हुए कहा।

थोड़ी देर चुप्पी रही।

फिर भोला ने एकाएक सिर उठाया, ''नील भैया, वो कहावत सुनी है तुमने...दिल्ली की लड़की और मथुरा की गाय, करम ही फूटें तो बाहर जाए...''

नील ने आँखें बन्द किये हामी भरी, ''हूँ...''

दो

''सीधा दायाँ बाजू जाने का...आरे मिल्क का बूथ, पीछू सामन्तवाड़ी...''

अपना सूटकेस लिये नील और अपनी पोटली लिये भोला सँकरी गली में आगे बढ़े। कच्ची और ऊबड़-खाबड़ गली में चाल की नालियों से बहकर पानी यहाँ-वहाँ फैल रहा था। बीच-बीच में फल-सब्जी के सड़े पत्ते और कूड़ा-करकट बिखरा था। कुछ नंग-धड़ंग बच्चे किलकारियाँ मारते खेल रहे थे।

नील ने रूमाल निकालकर नाक पर लगा लिया।

यों जयन्त का विजिटिंग कार्ड और परेश-मोहिनी का पता उसकी जेब में था, पर उसने कल तय कर लिया था कि जब भविष्य के अनजान गर्भ में घुसने के लिए आया है, तो अपने अतीत के सम्बन्धों का सहारा कम-से-कम शुरू से तो नहीं लेगा। फिर पिछले पौने दो दिन में भोला के साथ अजीब-सी आत्मीयता पनपने लगी थी। यह जानकर कि नील का अभी कुछ ठीक नहीं, भोला साथ निभाने के दायित्व-बोध से भर उठा था, ''देखो नील भैया, जब तक मेरा कुछ जुगाड़ नहीं होता, हम दोनों रामौतार भैया की खोली में रहेंगे। उनकी ओर से तुम बिल्कुल निश्चिन्त रहो। मैं जम जाऊँ, फिर तुम अपने काम का चक्कर चलाना।''

अच्छा हुआ कि नील ने पिछले दिन ही भोला की बात मान ली थी, पर अगर न भी मानी होती, तो बम्बई पहुँचने पर भोला जिस तरह विचलित हुआ, वह मंज़र देखकर उसे अपने निर्णय पर पुनर्विचार करना पड़ता।

''नील भैया, अब आप ही अगुवाई करो।'' सुदूर उपनगरों और उनकी भीड़ देखकर भोला की सिट्टी-पिट्टी गुम हो गयी।

रामौतार का पता जानने के बाद नील ने टिकट-कलक्टर से बात की। दादर स्टेशन पर दोनों उतरे।

''यहाँ तो कुम्भ मेला लगा है!'' हर दूसरे क़दम पर किसी से टकराते हुए भोला बोला।

नील ने समर्थन में सिर हिलाया। वर्षों पहले के ट्रिप की धुँधली-सी याद आई, पर इतना ध्यान था कि तब भीड़ के ऐसे घनत्व का एहसास नहीं हुआ था।

आधे घंटे बाद दोनों शौचालय से निकले। हर आधा मिनट के बाद जमादार के 'चलो भाई...' चिल्लाते जाने से नील का माथा गर्म होने लगा था। पर उसने अपने को लताड़ा, 'अनजान भविष्य के आकर्षण से खिंचे आये हो। अब चुपचाप बर्दाश्त करो।'

बेसिन में मुँह धोते हुए उसने दो दिन की बढ़ी दाढ़ीवाला अपना चेहरा देखा था, पर हजामत-स्नान की इच्छा को लम्बा क्यू देखकर दबा लिया। मैं पैडर रोड पर टिकने थोड़े ही जा रहा हूँ, उसने ठंडी साँस के साथ सोचा। तीन दिन पहने हुए कपड़ों में प्लेटफार्म पार करते हुए बम्बई विश्वविद्यालय के इतिहास विभाग के अध्यक्ष डॉक्टर गोखले की याद आई। दिल्ली में कई बार उनसे भेंट हुई थी। उन्होंने बम्बई आने का आमन्त्रण दिया था।

उस दुनिया से मेरा नाता टूट गया—दरवाज़े पर खड़े टिकट-कलक्टर को टिकट देते हुए उसने सोचा।

''इस गली में आकर अपनी जमीन पर होने की भावना जाग गयी।'' भोला हल्की मुस्कान से बोला।

दादर की थोड़ी ऊँची इमारतें और सज्जित दुकानें देखकर ही वह आतंकित होने लगा था। फिर माटुंगा-सायन की टैक्सी-यात्रा भी उसे विभोर कर गयी थी, ''नील भैया, मैं दिल्ली में एक बार टैक्सी में बैठ चुका हूँ। अन्तर्राष्ट्रीय व्यापार मेला देखने गया था, पर टैक्सीवाला बहुत लम्पट निकला। उसने नार्थ एवेन्यू से प्रगति मैदान तक के पैंसठ रुपये ले लिये।''

सामने तीन मंज़िल की बदरंग सामन्तवाड़ी थी। बीच में सामान्य ज़ीना। दोनों ओर दड़बे-जैसे छोटे कमरों की कतारें। छज्जे पर कपड़े सूख रहे थे। माहौल में अजीब-सी हताशा और मुर्दनी थी, जो धीरे-धीरे रीढ़ की हड्डी पर सर्दी में ठंडे पानी की बूँद की तरह रेंगने लगती थी।

दिल्ली में भी गरीब बस्तियाँ हैं, पर दिल इस तरह डूबने नहीं लगता—नील ने सोचा।

''खोली नम्बर बाईस कौन-सी है?'' उसने बाहर निकलते एक लड़के से पूछा।

''दूसरा माला...दायाँ बाजू...''

तमाम निगाहों का सामना करते हुए वे ऊपर आये।

बाईस नम्बर के दरवाज़े पर ताला लटक रहा था।

नील और भोला की निगाहें मिलीं। फिर नील ने बग़ल के दरवाज़े पर दस्तक दी।

लुंगी पहने एक अधेड़ बाहर निकला।

"रामौतारजी नहीं हैं?" नील ने पूछा।

"मुलुक गयेला है।"

फिर नील की निगाह भोला से मिली, "कब?"

"एक साल पैले। फैमिली बीमार है।"

"कब आएँगे?"

"मेरे कूँ पता नईं। तुम होटल जाके पूछ लो...नूरे नज़र...चौक पर..."

"नील भैया, कुछ गड़बड़ है।" टैक्सी चलने के कुछ क्षण बाद भोला धीरे से बोला, "उनके देस से तो हम आ ही रहे हैं। फिर वो कहाँ बिला गये? घर से चिट्ठी तो इसी पते पर आती है और यहाँ से उनका मनीऑर्डर भी। भौजाई तक को पता नहीं कि..."

कुछ सोचकर नील ने पूछा, "घरवालों को रामौतार की चिट्ठी मिलती है?"

"हाँ! हर महीने।"

नील चुपचाप बाहर देखता रहा। अनजान भविष्य की शुरुआत एक गुत्थी से हो रही है।

"यही है।" टैक्सी वाले ने सड़क के किनारे टैक्सी रोक दी।

अँग्रेजी के साथ मराठी में भी रेस्त्राँ का बोर्ड लगा था। इमारत पुरानी थी, पर बाहर एक मारुति, एक टोयोटा और एक मर्सिडीज़ खड़ी थीं। पास में तीन-चार मोटरसाइकिलें थीं। एक की सीट पर बैठा युवक चौकन्नी आँखों से उनकी ओर देख रहा था। उसके पास दो युवक और खड़े थे। एक सिगरेट जलाता हुआ ठिठक गया था। उनमें कुछ अजीब-सी दबंगई थी।

पैसे देकर वे आगे बढ़े। भोला नील से एक क़दम पीछे था।

फुटपाथ से लगा छोटा-सा अहाता पार करके वे अन्दर आये। हॉल में कुछ गोल मेज़ें थीं। दीवारों पर दो आईनें और मक्का-मदीना की तस्वीरें लगी थीं। बेसिन के पास एक वेटर खड़ा था। दो मेज़ों पर लोग चाय पी रहे थे।

काउंटर पर छोटी-सी सफ़ेद गोलाकार टोपी लगाये एक अधेड़ पुरुष उर्दू अख़बार पढ़ रहा था।

"रामौतारजी कहाँ मिलेंगे?" नील ने पूछा।

जिस व्यग्र तत्परता से उस पुरुष ने अपनी नज़र उठाई और जिस बेधते ढंग

से उसे देखा, उससे पल-भर को नील सकपका गया। पर अगले ही क्षण उस पुरुष ने अपने को सन्तुलित कर लिया।

"तुम लोग कौन?"

जवाब भोला ने दिया, "मैं मथुरा से आया हूँ—भोला पांडे। उनसे पुरानी मित्रता है। पिछले महीने उन्हें चिट्ठी भी पठायी थी, पर अभी उनके डेरे पर गये, तो मालूम हुआ कि..."

पुरुष अपनी ऊँची कुर्सी से उठ खड़ा हुआ। फिर प्रतीक्षा करने का संकेत करते हुए दाईं ओर के पर्दे के पीछे चला गया।

इस हिस्से को नील ने पहली बार देखा। पर्दे के किनारे से एक दरवाज़ा दिखाई दे रहा था, जिस पर 'प्राइवेट' बोर्ड लगा था। अन्दर कुछ अजीब-सी ख़ामोशी थी।

यकायक नील बिना कारण के सकपका गया। वेटर की सवालिया-सी निगाह उस पर लगी थी।

नील बाहर की ओर देखने लगा।

इस जगह का माहौल अजीब ढंग से चौकन्ना बनाने वाला है—उसने सोचा।

"आओ।" काउंटर वाला पुरुष भोला को इशारा कर रहा था।

भोला ने असहाय-सी दृष्टि से नील को देखा। नील ने जाने का संकेत किया, फिर बढ़कर मेज़ पर बैठते हुए वेटर को देखा, "चाय..."

दरवाज़ा भोला के पीछे बन्द हो गया।

छोटे-से कमरे में खिड़की के पर्दे खिंचे थे। मेज़ पर लैम्प जल रहा था। एक रजिस्टर खुला था।

मेज़ पर बैठे अधेड़ व्यक्ति ने बैठने का इशारा किया। आत्मसजग भाव से भोला ने कुर्सी खिसकाई।

वह व्यक्ति स्थिर दृष्टि से भोला को देख रहा था।

तराशी हुई मेहँदी लगी दाढ़ी के साथ सिर के छोटे-छोटे बाल। बहुत सतर्क आँखें।

भोला को लगा, ये आँखें जाल की तरह उसका अन्तर्मन बाहर खींच लेंगी।

"बम्बई किस वास्ते आये हो?" आवाज शान्त, समतल थी।

"नौकरी के लिए साहेब!" पल-भर ठहरकर जोड़ दिया, "दो साल में एक लाख कमाने का संकल्प किया है।"

उस व्यक्ति का चेहरा भावहीन रहा।

"मथुरा में क्या करते थे?"

"चौकीदार था साहेब! फैक्टरी मालिक बड़े सन्तुष्ट रहे मुझसे। सर्टिफिकेट दिया है—टाइप करवा के। क्वाटर भी नहीं छीना। मेरी माँ-बहन वहीं रहती हैं।" उसने जेब से सर्टिफ़िकेट निकालकर मेज़ पर रख दिया।

उस व्यक्ति ने सरसरी नज़र दौड़ाई।

"दरअसल हमारे काका ने हमारे साथ बड़ा अन्याय किया है।" भोला ने भावविह्वल स्वर में कथा सुना दी, "आप ही बताओ साहेब, जिस आदमी का अपना खून दगा दे जाए, उसकी जिन्दगानी का कोई मतलब है!"

उस व्यक्ति ने गहरी साँस ली। फिर पैड और बॉलपेन आगे खिसका दिया, "तुम्हारा मथुरा का पता लिख दो।"

भोला ने पता लिख दिया।

"कभी पुसिल के साथ लफड़ा किया है?"

"नहीं जी, कभी नहीं।" भोला ने हाथ कानों से लगा लिये, "हम आचार-विचार वाले आदमी हैं।"

"तुम्हारे साथ कौन है?"

"नील भैया..."

"तुम्हारे साथ रहेंगे?"

"जी, जब तक हिल्ले से नहीं लग जाते।" अब भोला, बेसब्री दबा नहीं पाया, "रामौतार भैया कहाँ हैं? उनसे भेंट हो जाती, तो..."

"हो जाएगी।" वह व्यक्ति भावहीन चेहरे से भोला को देख रहा था। "एक लाख कमा के क्या करोगे?"

"धूमधाम से बहन की शादी करूँगा।" भोला मुस्करा दिया, "गाँव जाकर नहर के किनारे थोड़ी-सी जमीन खरीदूँगा, क्योंकि वहाँ सिंचाई की समस्या नहीं है। घर बनाऊँगा।"

उस व्यक्ति ने दो पल ठिठककर रिसीवर उठाया, "मुर्तज़ा..."

"जी शकूर भाई..." बाहर खड़े युवकों में से एक भीतर आया।

"भोला को सामन्तवाड़ी छोड़ दो।" फिर शकूर भाई भोला से मुखातिब हुए, "नहा-धोकर आराम करो। शाम को बम्बई घूमो। कल सुबह दस बजे यहाँ आ जाना।"

"वाह, कैसा धवल दृश्य है!" भोला विभोर भाव से बोला।

हैंगिंग गार्डन के निकटवर्ती नाज़ रेस्तराँ की सबसे ऊपरी मंज़िल से वे

सिटीस्केप निहार रहे थे—कफ़ परेड की बहुमंज़िली इमारतों के गुच्छे, फिर एक्सप्रेस टावर, फिर एयर इंडिया बिल्डिंग, फिर मैरिन ड्राइव की भवन-शृंखला चौपाटी में समाहित हो गयी थी। दाईं ओर समन्दर का विस्तार था, आकुल अनन्त दीवार से टकरा रहा था। मद्धिम फेन बन रहा था, बूँदों की जाली में बदल रहा था। पीछे दूर सूरज क्षितिज में डूब रहा था। लालिमा की अनेकानेक सीधी-तिरछी छायाएँ पानी की सतह पर प्रतिबिम्बित हो रही थीं।

बाहर निकलते हुए दोनों ठिठक गये। पुखराजी मर्सिडीज़ उनके बिल्कुल सामने आकर रुकी। झालरदार फ्रॉक में छोटी-सी परीकन्या आतुरता से निकली। बदरंग छींट के फ्रॉक में उतनी ही उम्र की काली कन्या गुब्बारे बेच रही थी। पहली ने हाथ बढ़ाया। दूसरी ने दे दिया। पीछे निकली आया-जैसी स्त्री ने खुली हथेली पर सिक्का रखा।

काली कन्या के साथ-साथ भोला भी कार को आतंकित हुआ देख रहा था।

''इसका मोल क्या होगा?'' उसने तनाव से पूछा।

''पचपन लाख।'' कहते हुए नील को झुरझुरी-सी महसूस हुई।

''तुमने ज़्यादा से ज़्यादा कितना पैसा एक साथ देखा है?''

''दस हजार के आसपास।''

''मैंने उससे आधा।'' भोला ने थूक-सा गुटककर गला तर किया, ''कितने हजार लोगों की ज़िन्दगी भर की कमाई जोड़ी जाए, तब इस आँकड़े तक पहुँचेंगे?''

नील ने कुछ पल औसत भारतीय आमदनी के बारे में सोचा, पर दिमाग में उथल-पुथल मची थी...आत्यन्तिकता के परम विरोधी बिन्दु इतने पास नहीं आने चाहिए कि साँस रुकने लगे—उसने सोचा।

''यही है भारत का द्वार?'' भोला मोह-भरे आतंक से देख रहा था।

मूँगफली का दाना मुँह में रखते हुए नील ने सिर हिलाया।

गेटवे का प्रांगण सैलानियों और भ्रमाणार्थियों से भरा हुआ था। राजद्वार की भव्यता साँझ के पीले आलोक में रतनारी हो रही थी। पीछे अरब सागर के थरथराते पारावार ने राजद्वार की गरिमा को दुगुना कर दिया था। आज पहली बार नील को लगा कि अगर अथाह जलराशि की जगह जमीन होती, तो इस स्मारक की शोभा आधी रह जाती। पीछे दूर-दूर तक तरह-तरह के जहाज़ थे—आकाश में स्थिर पंछियों की तरह। छोटी-छोटी नौकाएँ सैलानियों से भरी डोल रही थीं ।

''और यह है ताजमहल...''

भोला मुग्ध होकर देख रहा था। इमारत की बाहरी रेखाओं पर चमकती धूप की आभा ने भव्यता में रहस्यमय-सी छाया जोड़ दी थी।

"रामौतार भैया ने बताया था, टाटा साब को अँग्रेजों ने अपने होटल से निकाल दिया, तो उन्होंने अपने खाने-पीने के लिए यह होटल बना लिया। बाद में दूसरों का भी सत्कार होने लगा।" भोला ने पूछा, "सुना है, यहाँ एक प्याला चाय सौ रुपए की मिलती है?"

नील मुस्कान से ताजमहल और इंटरकांटीनेंटल की बनावट की तुलना कर रहा था—दीवारों की तरतीब, खिड़कियों के कटाव...ताजमहल उसे भरपेट दाना चुगने के बाद अलसाये बैठे परिन्दे-सा लगा और इंटरकांटीनेंटल अगले पल उड़ने को अधीर पंख तौलता हुआ-सा।

"कभी भीतर चलेंगे नील भैया!"

नील को लगा, भोला ठिठोली कर रहा है, पर वह गम्भीर था। जींस और टी-शर्ट ने संजीदगी की परत गहरी कर दी थी।

"हाय हाय हाय हाय..."

समन्दर की दीवार से लगे फुटपाथ पर एक काला, दुबला आदमी चिथड़े लपेटे दोनों हाथों से अपनी नंगी पीठ पर कोड़े मारे जा रहा था...वहाँ खून की बूँदें छलछला आई थीं।

सामने कुछ सिक्के फेंके गये थे।

मैं अपने-आपको मार रहा हूँ, इसलिए मुझे पैसा दो!

रोज़ी कमाने का इतना मौलिक तरीका नील पहली बार देख रहा था...

रात को यह अपनी झोंपड़पट्टी में पहुँचेगा। जैसे मध्यवर्गीय व्यक्ति की पत्नी चाय के प्याले से स्वागत करती है, वैसे ही इसकी जोरू लहूलुहान पीठ पर मरहम का फाहा रखेगी।...इसे हम्माली, चौकीदारी नहीं मिली। इसे जूते गाँठना, टूटी छतरियाँ ठीक करना, लोकल में हरमोनियम के साथ गाना नहीं आया। यह जेब काटना, पर्स और चेन खींच पाना नहीं सीख पाया। इससे दो दर्ज़न केले और एक टूटी टोकरी नहीं जुटाई गयी। यह और इसका परिवार भूख से बिलबिला रहा था। इसने फटी कमीज़ का कोड़ा बनाया और अपनी पीठ पर बरसाने लगा। कुछ घंटों बाद जब खून छलक आया, तो एक धार्मिक स्त्री ने पाँच का नोट फेंक दिया। इस मौलिक सूझबूझ वाले को भारतवर्ष में महान वैज्ञानिक अन्वेषण का राष्ट्रीय पुरस्कार राष्ट्रपति के हाथों क्यों नहीं दिया गया?

"जाग गये नील भैया?" हाथ में थैला लिये भीतर आता भोला मुस्कराया।

दोपहर को नील सोकर उठा, तो भोला नहीं था। फ़र्श पर बिछी उसकी दरी तहाकर रखी हुई थी।

सामने दीवार पर सीताराम और रामौतार के परिवार की तस्वीरें थीं। इस कमरे के पीछे छोटी-सी रसोई थी। हर मंज़िल पर सामान्य शौचालय और स्नानघर।

इतनी निम्न बस्ती में नील के रहने का यह पहला अवसर था।

उसने मुँह धोया, पानी पिया। फिर खिड़की के आगे आ सिगरेट जलाने लगा। नीचे के ऊबड़-खाबड़ अहाते में गली की तरह कूड़े के ढेर थे। इतनी ऊँचाई से भी हवा के झोंकों पर तैरती बदबू भीतर चली आती थी। एक कोने में तीन बच्चे और दो स्त्रियाँ निवृत्त हो रही थीं।

इस शहर में जिन्दा रहने की शर्तें बिलकुल बेबाक हैं—उसने सोचा।

...पीली, म्लान धूप सामने पसरी थी। मटमैली। उदास।

नये शहर में नयी ज़िन्दगी की शुरुआत हो रही है—उसने सोचा।

यकायक नील की आँखों में अपने रमणीय दिल्ली-जीवन की कैलेडोस्कोपी छवियाँ कौंध गयीं और भीतर आवेग का बगूला-सा फूटा। पर अगले ही पल डॉक्टर शर्मा का ख़्याल आने के साथ उसने दाँत पीसे—नहीं, मुझे सख़्ती चाहिए, मुझे तल्खी चाहिए, मुझे प्रतिशोध चाहिए।

सिगरेट का कश लेते हुए उसने अख़बार उठाये। सुबह नूरे-नज़र से लौटते हुए उसने फुटपाथ के हॉकर के आगे रखे सभी अखबार ले लिये थे—टाइम्स ऑव इंडिया, इंडियन एक्सप्रेस, इंडियन पोस्ट, फ्री प्रेस जर्नल, डेली।

पन्ने पलटते हुए उसने महानगर की जीवन-शैली को टटोलना शुरू किया। उसका विश्वास था कि समाचारपत्र ही वह चश्मा है, जिससे शहर की गति और भावभंगिमा देखी जा सकती है; वह दूरबीन है, जिससे कार्य-व्यापार का बारीक परीक्षण हो सकता है; वह जाल है, जिसे खींचकर नगर की आत्मा मुट्ठी में की जा सकती है।

सरसरी नज़र से विज्ञापन देखते हुए उसने फ़ैशनेबल दुकानों और रेस्तराओं के नाम जाने। 'आज के कार्यक्रम' में शहर की धड़कनों का लेखा-जोखा लिया। सूर्योदय और सूर्यास्त के समय व ऊँचे-नीचे ज्वार की लीला पहचानी।

फिर वह नौकरी के विज्ञापनों पर आ गया। अधिकतर पेशेवर लोगों के लिए न्यौता था—एम.बी.ए., इंजीनियर, आर्किटेक्ट, सोफ्टवेयर प्रोफेशनल, कानूनदाँ या फिर विज्ञापन एजेंसियों के लिए चित्रकार, एकाउंट एग्ज़ीक्यूटिव। फिर कोचिंग कक्षाओं में अलग-अलग विषयों के अध्यापक। फिर सौन्दर्य प्रसाधक और आन्तरिक सज्जाकार। औरंगाबाद विश्वविद्यालय में इतिहास के अध्यापक की एक जगह थी, पर वह जानता था, डॉक्टर गोखले विशेषज्ञ होंगे और फ़ौरन दिल्ली फ़ोन मिलाकर डॉक्टर शर्मा से पूछेंगे—आपका चहेता शिष्य देश की राजधानी छोड़कर प्रदेश के छोटे-से कैम्पस में क्यों आना चाहता है?

अख़बारों में कुल मिलाकर लगभग एक हजार जगहें होंगी। अपारम्परिक विज्ञापन सिर्फ एक था, जिसने उसकी चेतना को झंकृत कर दिया :

''महिला के लिए शिक्षित, सुसंस्कृत कम्पेनियन चाहिए।''

''हाँ, जाग गया।'' नील मुस्कराया, ''तुम कहाँ घूम आये?''

''नीचे गया था। पास-पड़ोस की भी थोड़ी खबर रखनी चाहिए न!'' भोला ने थैले से पॉलीथीन का पैकेट निकाला, ''दूध ले आया हूँ।''

उसने रसोई में जाकर स्टोव जलाया और चाय का पानी चढ़ा दिया।

''देखो, इसे कहते हैं बटाटा बड़ा...इस तरह पाव के बीच में दबाकर खाते हैं।'' भोला ने पाव की फाँकों के बीच चटनी लगाई, फिर बड़ा रखकर उसे सैंडविच की तरह दबा लिया।

नील ने एक टुकड़ा काटा। पाव बेस्वाद थी, पर जब मसालेदार आलू मुँह में आया, तो निवाला चबाने लायक लगने लगा।

''कैसा लगा?'' भोला ने पूछा, ''पहली बार खा रहा हूँ।''

''अच्छा है।'' नील बोला, ''मैं भी पहली बार खा रहा हूँ। दिल्ली में इसकी जगह छोले-भटूरे चलते हैं।''

''और मथुरा में मसालेदार मटरभरी कचौड़ी...''

नील ने चाय का घूँट लिया, ''हे भगवान, चीनी कितनी डाल दी!''

''तीन चम्मच से कम में मुझे मिठास नहीं आती।'' भोला अपराधी भाव से बोला, ''क्षमा करो। आगे से ध्यान रखूँगा।''

''मथुरा के पांडे हो न!'' नील मुस्कराया।

वे चुपचाप चाय पीते रहे।

''नील भैया, आपको कुछ अजीब नहीं लगता?'' आख़िर भोला फुसफुसाया।

''क्या?''

''नीचे जो बोर्ड लगा है, उसमें इस खोली के मालिक की जगह इब्राहीम नाम लिखा है। रामौतार भैया साल-भर से यहाँ नहीं, पर चिट्ठियाँ यहीं आती हैं और उन्हें मिलती भी हैं...और खोली साफ-सुथरी है। बीच-बीच में कौन यहाँ रहता है? मुर्तज़ा के पास चाबी कैसे आई? पड़ोसी ने हमें कुछ क्यों नहीं बताया?''

''उसे मालूम नहीं होगा। वैसे भी यहाँ के पड़ोसी मथुरा-दिल्ली जैसे नहीं होते।''

''रामौतार को तनखा अच्छी मिलती होगी। छह-सात साल में बढ़िया मकान

बनवा लिया, फिर मुर्तज़ा ने कैसे जाते-जाते मुझे हजार रुपए थमा दिये कि लो, ढंग के कपड़े ले लो।''

नील सिगरेट सुलगाने लगा, ''वैसे इन लोगों ने वो चिट्ठी देख ली है, जो तुमने रामौतार को लिखी थी। उससे तुम्हारे बारे में पूछताछ भी कर ली है। अनजान आदमी को ऐसे न कोई काम देता है, न खोली।''

भोला ने सहमति में सिर हिलाया, ''शकूर भाई की नज़र बहुत तेज है। चाकू की तरह भीतर घुसती है।'' पल-भर ठहरकर जोड़ा, ''तुम्हें कुछ गड़बड़ नहीं लगता?''

''तुम अपने काम से काम रखो।''

भोला चुपचाप सामने देखता रहा। फिर पत्ते में बँधा पान निकाला, ''मगही जोड़ा यहाँ मिलता नहीं। और पानवाला पूछने लगा, 120 प्योर दूँ या चालू? मतलब तम्बाकू में भी मिलावट होती है। सुपाड़ी सूखी-गीली नहीं, कच्ची-पक्की होती है और पिपरमेंट को ठंडक बोलते हैं।''

उसने पान मुँह में दबाया। फिर प्याले भीतर रख आया।

नील विज्ञापन का फ़ोन नम्बर नोट कर रहा था।

''क्या लिख रहे हो भैया? कुछ काम का जोड़तोड़ है?''

''आज़माकर देखते हैं।'' नील काग़ज़ जेब में रखते हुए उठ खड़ा हुआ, ''चलो, चलें। यहाँ से दादर के लिए सीधी बस है। तुम्हारे कपड़े ले लें। फिर चर्चगेट चलेंगे।''

''बहुत भीड़ नहीं होगी?''

''भीड़ की डर से लोग यहाँ घर में ही बैठे रहते हैं क्या?'' नील मुस्कराया, ''वैसे शाम को टाउन में आते हुए भीड़ होती है, जाते हुए नहीं।''

नील ने मोज़े-जूते पहने। भोला ने चप्पलों में पाँव डालकर ताला उठा लिया। फिर बाहर निकलते हुए यकायक ठिठककर फुसफुसाया, ''रामौतार अभी होंगे कहाँ?''

''शायद जेल में।''

पल-भर दोनों की नज़र मिली रही।

''नील भैया, यहाँ की कन्याएँ बड़ी मुलायम हैं।'' फुटपाथ पर चलते हुए भोला बोला।

''हनुमानजी के भक्त को यह सब देखना चाहिए?'' नील मुस्कराया।

"हनुमानजी का भक्त हूँ, पर रहा तो रासलीला की नगरी में हूँ।...फिर आज तो यह मॉडर्न पहनावा भी चढ़ गया।"

वह थोड़ा कसा-बँधा चल रहा था।

"धोती में खुलापन होता है। इसमें तो जैसे रोम-रोम गोंद से चिपका दिये लगते हैं।" भोला ने कहा।

"धीरे-धीरे आदत हो जाएगी।"

वे कॉटेज एम्पोरियम और नानकिंग के सामने से निकल रहे थे। एक कोने में चार-पाँच का झुंड में से एक ने लाल-लाल आँखों से भोला को देखा। नील ने भोला को आगे खींच लिया।

"पुलिस कुछ कहती नहीं?" भोला ने सवाल किया।

"क्यों नहीं कहती, धीरे-धीरे समझ जाओगे।" नील ने दार्शनिक भाव से कहा।

कुछ देर चुप्पी रही।

"अब क्या कार्यक्रम है?" भोला ने पूछा।

"आगे कैलाश पर्वत रेस्तराँ है। वहाँ उत्तर भारतीय खाना खाएँगे। फिर रीगल में पिक्चर देखेंगे।"

"बहुत देर नहीं हो जाएगी?" भोला ने शंका की।

"आधी रात के बाद तक लोकल मिलती है।"

"पिक्चर कौन-सी है?"

"अँग्रेज़ी।"

"अच्छा!" भोला उत्साहित हो गया, "मैंने 'क्लियोपैट्रा' देखी थी, पर समझ में नहीं आई।"

"आज मैं समझा दूँगा।"

कुछ सोचकर भोला ने टिप्पणी की, "बड़े मस्त सीन होते हैं अँग्रेजी पिक्चर में..."

नील मुस्कराया।

सामने रेस्तराँ में पब्लिक फ़ोन दिखाई दिया। नील ने एक जेब से काग़ज़ का टुकड़ा निकाला और दूसरी से सिक्का।

"टेलीफून करोगे?" भोला ने आतंक-भरे अचरज से पूछा।

हामी में सिर हिलाते हुए नील ने नम्बर मिलाया। घंटी बजी, फिर एक नारी-स्वर ने 'हैलो' कहा। नील ने सिक्का छेद में खिसकाया, तो भोला का मुँह खुला हुआ था।

"यह आपके इश्तिहार के बारे में है।" नील ने कहा, "मेरा नाम..."

"आप कल सुबह ग्यारह बजे अपना बायोडाटा लेकर आ जाइए।"

"ओके!"

नील ने रिसीवर रक्खा, तो भोला मन्त्रविद्ध था।

नील आगे बढ़ा, पर भोला अपनी जगह चिपका रहा। फिर बोला, "नील भैया, जब तुम अँग्रेजी बोलते हो, तो गगनविहारी लगते हो।"

तीन

''चाय!''

सामने देखता हुआ नील यकायक अपने सामने मेड सर्वेंट के रुकने से चौंक गया। उसने ट्रे से प्याला उठाया। फिर एक चम्मच चीनी प्याले में डालकर चम्मच चलाने लगा।

साँवली नौकरानी जैसे नि:शब्द आई थी, वैसे ही चली गयी।

नील ने घूँट भरते हुए घड़ी देखी। बारह बज रहे थे।

सुबह आठ बजे वह सामन्तवाड़ी से निकल आया था। अगर ज़रूरी मुलाकात हो, तो निर्धारित समय से पन्द्रह-बीस मिनट पहले मौक़ा-ए-वारदात पर पहुँच जाना उसकी पुरानी आदत थी। फिर यह तो नये शहर में नये जीवन का पहला एप्वाइंटमेंट था। वह एक बस, एक ट्रेन और फिर एक बस लेकर इत्मीनान से पौने ग्यारह बजे कार्माइकेल रोड पहुँच गया था। रास्ते में अख़बार का भी जायज़ा ले लिया था। ख़ासकर 'जायदाद' वाले कॉलमों का। समझ लिया था कि दिल्ली की तरह बम्बई में भी दक्षिणी हिस्सा महानगर का सम्भ्रान्त इलाका है। कॉलम से मालूम हो गया था कि फिलहाल यहाँ कीमतों की दर क्या चल रही है। उसने यों ही अन्दाज लगाया था कि वायोलेट विला कोई बिल्डिंग होगी, पर यह बँगला निकला।

कार्माइकेल रोड पर आते ही नील चौकन्ना हो गया था। अब मैं वैभव और ऐश्वर्य की मुलायम गोद में हूँ—उसने जेबों में हाथ डाले हुए सोचा।

आसपास के घर, लोग और गाड़ियों से ऐसा नहीं लगता था कि वह आधी जनसंख्या के दारिद्र्य-रेखा से नीचे रहने वाले आर्यावर्त हैं। अपनी गरीबी का एहसास यहाँ कुंठा भरने लगता था।

अगर मैं कभी भोला के साथ ताजमहल गया, तो क्या सहज रह पाऊँगा—उसने सोचा।

वायोलेट विला का नामपट उसने दूर से ही देख लिया। छोटे से लॉन की

सड़क की ओर का हिस्सा ऊँची बेलों से ढँका था। फाटक का आधा हिस्सा खुला था। स्टूल पर बैठा चौकीदार उसे देखकर उठने लगा।

"इंटरव्यू के लिए आया हूँ।"

चौकीदार ने बरामदे की ओर संकेत किया।

छोटा, सुन्दर बंगला था। सामने वाला हिस्सा बेलों से ढँका हुआ। दो बड़ी खिड़कियों को छोड़ दिया गया था। पोर्टिकों में मारुति खड़ी थी। सफ़ेद वर्दी पहने शोफर काँच चमका रहा था।

जब तक वह बरामदे की सीढ़ियाँ चढ़े, मेड सर्वेंट बाहर आ गयी।

उसने अपना बायोडाटा आगे बढ़ाया।

"आप बैठें।" नौकरानी ने एक कुर्सी की ओर संकेत किया।

कुछ क्षणों बाद उसे महसूस हुआ कि वह कौतूहल का केन्द्र है।

बरामदे में बेंच और कुर्सियों पर ग्यारह स्त्रियाँ बैठी थीं। तीन युवा थीं, बाकी सब अधेड़।

वह एक पल को असहज हो गया।

क्या वह अकेला पुरुष प्रत्याशी है?

उसका हाथ बेइख्तियार डिब्बी पर चला गया। पास की महिला से अनुमति लेकर सिगरेट सुलगा ली।

इस समय दिल्ली विश्वविद्यालय के उसके विभाग में, रामजस कॉलेज में और कैवलरी लाइन्स के बंगले में सबकुछ बदस्तूर चल रहा होगा। किसी ने उसकी नामौजूदगी को महसूस किया होगा? अब नहीं। भूलने के लिए एक साल बहुत होता है।

अन्दर से एक स्त्री निकली और कन्धों पर पल्लू कसते हुए बाहर निकल गयी।

नौकरानी ने दूसरी स्त्री को भीतर जाने के लिए कहा। फिर उसके पास आकर पानी के लिए पूछा। उसने धन्यवाद देकर इंकार किया।

परसों भी हमारा इश्तिहार आया था। कल पैंसठ प्रत्याशी थीं, आज पचपन—नौकरानी ने सूचना दी।

उसने सिर हिला दिया।

वह कोई उम्मीद लेकर नहीं आया है। भोला के साथ रहने का जुगाड़ हो ही गया है। आगे की आगे देखी जाएगी।

लॉन में धूप फैली थी। हल्की हवा में पौधे हिल-डुल रहे थे। आसपास मौन था। नहीं, मैं नाउम्मीद नहीं होऊँगा—उसने बलपूर्वक मन-ही-मन कहा।

"आइए!" नौकरानी कह रही थी।

स्टडी की मेज़ से श्रीमती मेहताब दस्तूर ने हल्की मुस्कान से उसकी ओर देखा।

वह दरवाज़ा बन्द कर आगे बढ़ा और निःशब्द सामने की कुर्सी पर बैठ गया।

वे उसका बायोडाटा पढ़ रही थीं।

गोरी। सुनहरे फ्रेम का चश्मा। कन्धे से कटे बालों की धवल लहरें।

ड्राइंग-रूम में घुसते हुए उसे एहसास हुआ था, इस घर में समय ठहर गया है। बीस-तीस साल पुराने फ़र्नीचर में सुरुचि थी, पर स्मृतियों के आसंग का दबाव। वातावरण में अतिरिक्त रूप से बोझिल चुप्पी।

पुरानेपन की अनुभूति स्टडी में और गहरी हो गयी। नक़्क़ाशी की हुई लकड़ी की आलमारियाँ थीं। एक कोने में ग्रामोफ़ोन और 78 आर.पी.एम. के रिकार्ड रखे थे। लैम्प का झालरदार शेड था। जिल्दों पर सजावटी अक्षर थे।

अन्दर घुसते हुए एक पल के लिए श्रीमती दस्तूर से उसकी निगाह मिली थी। क्या मैं इन आँखों को 'दुख और अकेलेपन' से परिभाषित कर सकता हूँ—उसने सोचा। नहीं, इसके पीछे संगी की ज़रूरत की जानकारी नहीं थी। अगर वह उनसे बाहर कहीं मिलता, तब भी प्रतिक्रिया कुछ ऐसी ही होती।

पर क्या उम्र के पचास के पड़ाव तक पहुँच जाने पर आमतौर से किसी को भी इन दो भावनाओं के साथ नहीं जोड़ा जा सकता—उसने सोचा।

अब उसकी दृष्टि पीछे की चौकी पर पड़ी, जिस पर अपेक्षाकृत नयी किताबें थीं—धर्म, दर्शन, वेदान्त, गीता...

शायद मैंने गलत नहीं समझा है—उसने सोचा।

श्रीमती दस्तूर ने निगाह ऊपर उठाई और हल्के से खाँसीं, "तुम कन्वेंशल नौकरी क्यों नहीं करते?"

"एक बार कर चुका हूँ। फिर ऐसा न चाहने के पीछे प्रबल, निजी कारण हैं...मैं किसी नये क्षेत्र में अपने को आज़माना चाहता हूँ।"

"अगर बात नहीं बनी, तो तुम्हारा ही समय बरबाद होगा।" उनका चेहरा संजीदा था, "इस उम्र में समय की कीमत तुम जानते हो।"

"मैं जोखिम के लिए तैयार हूँ।" न उसका स्वर नर्म था, न उसने हल्की मुस्कान की छाया से उसे कोमल बनाने की कोशिश की। वह उन्हीं की तरह गम्भीर, तथ्यात्मक और बेबाक रहा।

"इस पेंटिंग की व्याख्या करोगे?" उन्होंने बगल की दीवार की ओर संकेत किया।

वह कुछ क्षण सुनहरे फ्रेम की ओर देखता रहा। वह भी नया ही लगता

था। पीले, नीले और हरे रंगों में अभी ऊष्मा व चमक थी। समय की धूल ने उन्हें ज़र्द नहीं किया था।

''दोनों सेनाओं में खड़े हुए बड़े-बूढ़ों, पितामह, आचार्य, मामा, भाई, मित्र और सम्बन्धियों को अर्जुन ने देखा। तब कुन्ती के बेटे उदास भाव से बोले, हे कृष्ण, मेरा मन कमज़ोर पड़ रहा है। जिनके लिए राज और सुख हमने चाहा, वे मेरे नातेदार जीवन को दाँव पर लगाकर युद्ध के लिए खड़े हैं। मुझे कौरव मार दें या मुझे तीनों लोक का राज्य मिले, तो भी मधुसूदन, मैं इन्हें मारना नहीं चाहता, तो फिर जमीन के एक टुकड़े के लिए कैसे मारूँ? धृतराष्ट्र के बेटों को मारकर हमें पाप ही लगेगा। अपने ही सम्बन्धियों को मारकर हम कैसे सुखी होंगे? कौरवों के मन लोभ से मैले हो गये हैं, वे कुलनाश से होने वाले दोष को और मित्र-द्रोह के पाप को नहीं देख रहे हैं, पर हम इस पाप से क्यों न बचना चाहें? कुल के नाश से सनातन कुलधर्मों का नाश होता है और धर्म का नाश होने से अधर्म समूचे कुल को डुबो देता है। अधर्म के बढ़ने से कुल की स्त्रियाँ दूषित होती हैं और वर्ण का संकर होता है। ऐसा होने के कुलघातक और उसका कुल नरक में जाते हैं। और पिंडदान न मिलने से उसके पुरखों की अधोगति होती है। ऐसा कहकर दुख से व्याकुल हुआ अर्जुन धनुष-बाण लेकर रथ में बैठ गया।''

कॉलेज छोड़ने के इतने लम्बे अर्से के बाद आज उसने थोड़े नाटकीय ढंग से संवाद अदायगी की। अभ्यास छूट जाने के बाद भी भाषण-कला कुन्द नहीं होती—उसने सन्तोष के साथ सोचा। फिर नीची निगाहों के साथ गहरी साँस छोड़ी।

कुछ क्षणों फिर मौन रहा।

''नौजवानी में ऐसा सवाल नहीं पूछना चाहिए, पर जानने की उत्सुकता है।'' श्रीमती दस्तूर बोलीं, ''मान लो, साँस टूटने से पहले तुम्हें गौतम बुद्ध और मर्लिन मुनरो के दो वीडियो कैसेट देकर एक का चुनाव करने के लिए कहा जाए, तो तुम किसे देखना पसन्द करोगे और क्यों?''

''बुद्ध को...इसलिए कि अब तो दुनिया से जा ही रहा हूँ। पीछे मिल सकने वाले सुखों की कसक क्यों मन में रहे!''

वे पल-भर सोचती रहीं, ''तुमने 'प्रलोभन' की जगह 'सुख' का इस्तेमाल किया है। क्यों?''

''भरी नौजवानी में अपने समय से पहले, अपनी मर्ज़ी के ख़िलाफ़ मुझे जाना पड़ रहा है, इसलिए दूसरा शब्द एक तरह से मेरा अधिकार बनता है। अगर मुझे बुढ़ापे में बुलाया जाता, तो मैं पहले शब्द का व्यवहार करता।''

वे हल्के से मुस्कराईं, ''तुम सुख को युवावस्था का अधिकार मानते हो?''

''हाँ। हालाँकि माँगने से वह मिलता नहीं।''

वह प्रतिक्रिया जानने के लिए उनकी ओर देखने से बराबर बच रहा था। इसके लिए थोड़ा आत्मलीन दिखने की कोशिश कर रहा था।

''तुम्हारे शौक़ क्या हैं?''

''कुछ भी पढ़ना। संगीत, सिनेमा।...दूर तक पैदल घूमना।''

''तुम बहुत सामाजिक हो?''

''यह इस बात पर निर्भर करता है कि किन लोगों से मिलना है।''

''तुम्हारे परिवार में कौन-कौन हैं?''

''सिर्फ़ माँ। वे उत्तर प्रदेश के एक छोटे-से शहर में हैं।''

इस बार हल्के खटके से उसकी निगाह उठ गयी। उनकी कहोनी से पेपरवेट छू गया था।

''तुमने अपने परिवार में किसी मृत्यु का अनुभव किया है?'' अब स्वर की प्रकृति भिन्न थी।

''जी, अपने पिता की।''

''तब तुम्हारी उम्र क्या थी?''

''दस साल।''

''इस अनुभव को तुम किस तरह व्यक्त करोगे?''

पहली बार उसने श्रीमती दस्तूर की भाव-भंगिमा में ऐसी गहनता देखी। क्या इनके पति का देहान्त हो चुका है—उसने सोचा।

''इस अनुभव से मेरे भावजगत में भूचाल आ गया। एक सम्बल हमेशा के लिए छूट गया। कुछेक भावनाओं के झरोखे हमेशा के लिए बन्द हो गये। मृत्यु हमारे एक हिस्से को भावात्मक रूप से अपंग कर देती है और हम स्मृति की महत्ता को जैसे नये सिरे से पहचानते हैं।''

श्रीमती दस्तूर कुछ क्षण ऐसे आत्मलीन रहीं कि उसे मौन असहज लगने लगा। फिर यकायक झटके से वह सजग हुईं, ''यहाँ का तुम्हारा फ़ोन नम्बर क्या है?''

''जी, फोन तो नहीं है।'' वह दुखी मानवीयता के लिए बुद्ध के करुणाभरे भाव से मुस्कराया।

''तो पता लिख दो।''

उसने आगे बढ़ाए गये पैड पर पता लिख दिया।

''तुमसे मिलकर अच्छा लगा।'' उन्होंने उठकर हल्की मुस्कान से अपना हाथ आगे बढ़ाया।

''मुझे भी...'' स्पर्श भला लगा।

वह बड़े-बड़े क़दमों से बाहर निकल आया।

''तीन...'' युवक ने नोट बढ़ाते हुए कहा।

भोला ने गिने, पचहत्तर थे। दराज़ में रखते हुए उसने भीतर जाने का इशारा किया।

''चालू हो गया?'' अब एक अधेड़ पुरुष की बारी थी।

''बारह बजे होगा। अभी पाँच मिनट हैं।'' उसने बीस और पाँच के दोनों नोट दराज़ में रख दिये।

अच्छी बात यह थी कि ज़्यादातर लोग अपना निश्चित भुगतान कर रहे थे। पच्चीस रुपए के टिकट के लिए (हालाँकि टिकट कहीं नहीं था) बड़ा नोट इक्के-दुक्के ने ही दिया था। यहाँ के दर्शक भी बारीक नियमबद्धता का चुपचाप पालन करते हैं—उसने सोचा।

ये लगभग पचास दर्शक किसका दर्शन करने आये हैं, यह बात उसके दिमाग़ में पूरी तरह साफ़ नहीं थी। थोड़ी देर पहले मुर्तज़ा के पीछे-पीछे वह बग़ल के दरवाज़े से दस सीढ़ियाँ नीचे उतरकर बेसमेंट में जरूर गया था। एक हिस्से में छह-सात क़तारों में फोल्डिंग कुर्सियाँ लगी हुई थीं। उनके आगे बड़ी-सी दरी बिछी थी। कुर्सियों के बीच में सबसे पीछे की मेज़ पर छोटी-सी मशीन रखी थी और सामने की दीवार पर फ़ोल्डिंग पर्दा टँगा था।

आख़िरी दर्शक को नीचे भेजकर उसने दरवाज़ा अटका दिया और बीड़ी सुलगाने लगा। जींस की कसी जेब में बंडल मुस गया था। टी-शर्ट की जगह मुझे जेबोंवाली कमीज़ पहनकर आना चाहिए था—उसने सोचा।

सुबह नौ बजे भोला सामन्तवाड़ी से निकला। नील पहले चला गया था। चाबी एक ही थी। उसने नील से कह दिया, वह चाबी पड़ोसी को देता जाएगा। रात को वह कब वापस लौटेगा, कुछ ठीक नहीं। कल दूसरी चाबी बनवा लेंगे।

नूरे-नज़र का रास्ता अब पहचान लिया था, इसलिए धीरे-धीरे टहलते हुए, नये शहर का नजारा देखते हुए वह आगे बढ़ा। बड़े सुहाने किस्म के आत्मविश्वास और जीवन-सार्थकता से वह छलछलाया हुआ था, जै-जै-जै हनुमान गुसाईं, गुरुदेव की नाईं तुमने कृपा कर दी ही!...धन्य हो मायानगरी, जिस दिन तुम्हारी चौखट चूमी, तुमने वरदहस्त माथे पर रख दिया और नौकरी भी ऐसी, जिसमें पूरा हज़ार रुपया अग्रिम मिल गया और वह भी बिन माँगे!...

''जै हो गणपति बप्पा!'' पेड़ के नीचे स्थापित छोटी-सी मूर्ति देखकर उसने

हाथ जोड़ दिये। यहाँ गणेश विशेष वन्दनीय हैं—उसने समझ लिया था। अब अगर यहीं फलना-फूलना है, तो अपनी भक्ति-भावना का विस्तार भी करना होगा।

"भैया, आसपास कोई हनुमान-मन्दिर है?" उसने बनारसी पानवाले से पूछा।

"गली के मोड़ पर..." उसने संकेत किया।

पाव-भर लड्डू लेकर भोला मन्दिर में पहुँचा। वह था तो मुख्य रूप से सीता-राम का, पर उनके चरणों में उसके आराध्य भी प्रतिष्ठित थे। प्रसाद चढ़ाकर उसने घुटनों के बल बैठते हुए वन्दना की, फिर बाहर निकलकर कुछ भिखारियों के बीच थोड़ा प्रसाद बाँट बाकी सहेज लिया। सामने ही विश्वनाथ डेरी फ़ार्म था। उसने मटर के साथ (जिसे यहाँ 'रगड़ा' कहा गया) दो बटाटा-बड़ा खाये, मीठी लस्सी पी, फिर 120 शुद्ध का पान मुँह में दबाकर चौराहे तक पहुँचा।

"भोला, तुम्हें मेरे साथ चलना है।" काउंटर पर खड़े मुर्तज़ा ने फ़ोन का नम्बर घुमाते हुए कहा।

भोला पहली सीढ़ी पर ही ठिठक गया। काउंटर पर बैठे व्यक्ति ने उसके अभिवादन का नामालूम ढंग से जवाब दिया।

उसको उत्सुकता थी कि अगर मुर्तज़ा अँग्रेज़ी बोल रहा हो, तो उसकी सम्भाषण-शैली से वह आनन्दित हो ले, पर वह ज़्यादातर सुन रहा था और बोला भी, तो इतना धीरे कि उसे कुछ सुनाई ही नहीं दिया।

कल के विपरीत आज अहाता ख़ाली था। न मुर्तज़ा के साथ वे युवक दिखाई दिये और न चमचमाती कारें। मटमैले सफ़ेद रंग की एक पुरानी कार ज़रूर खड़ी थी, जो कल यहाँ नहीं थी।

"अच्छा मामू!" फ़ोन का रुख़ काउंटर की ओर मोड़ते हुए मुर्तज़ा ने कहा, "इलियास भाई को बोल देना, मैं घाटकोपर में हूँ।...आओ भोला..."

भोला ने पूछना चाहा, तुझे शकूर भाई से नहीं मिलना है? फिर मुँह खोलते-खोलते रुक गया। स्थितियों की 'गड़बड़ियों' को देखते हुए वह कल से मन बना रहा था कि यहाँ बड़बोला नहीं बनना है। फिर कल रात सोने से पहले नील भैया से भी थोड़ी बातचीत हुई थी। मुझे अपनी जीभ तभी हिलानी है, जब उसके बिना गुज़ारा नहीं होगा—उसने सोचा।

"बम्बई कैसा लग रहा है?" गियर बदलते हुए मुर्तज़ा ने पूछा।

"जो शहर रोज़ी दे दे, वह महान ही हो सकता है।" बिना कोशिश के भोला के स्वर में आवेग आ गया।

मुर्तज़ा ने एक पल तिरछी नज़र से उसकी ओर देख लिया। वह बड़ा-

सा रंगीन चश्मा लगाये था। होठों में फिल्टर की लम्बी सिगरेट। सुलगाते समय उसने पैकेट देखा था। डनहिल नाम लिखा था। विदेशी क़ीमती सिरगेट है—उसने समझ लिया।

वह अनजाने रास्तों पर ध्यान लगाये था। कल चर्चगेट से उसने 'बम्बई गाइड' भी ले ली। चाहता तो अपनी भाषा में था, पर जब नहीं मिली, तो अँग्रेजी में ही ले ली।

"आप यहाँ कब से हैं?" थोड़ी दुविधा के बाद आख़िर भोला ने निर्दोष भाव से पूछ ही लिया।

"कई साल हो गये।" सामने देखते हुए किंचित् लापरवाही से मुर्तज़ा ने जवाब दिया।

मुर्तज़ा से वह प्रभावित होने लगा था। उसमें अजीब-सा साहस और आत्मविश्वास का आभास मिल रहा था। कार-चालन इसकी छोटी-सी मिसाल थी। आमतौर से सुई साठ से नीचे नहीं आ रही थी। एक साइकिल के यकायक बीच में आ जाने से भोला की चीख निकलते-निकलते बची थी, लेकिन मुर्तज़ा ने हवास खोये बिना सफाई से किनारा करके टक्कर बचा थी।

मुर्तज़ा को कितना वेतन मिलता होगा—उसने सोचा। उसके कपड़े तो तड़क-भड़क वाले थे ही, गले में सोने की मोटी चेन और उँगलियों में तीन अँगूठियाँ भी थीं। गाड़ी भी रोज़ बदल रही थी। पता नहीं, इसकी कौन है और शकूर भाई की कौन!

"गाड़ी चलाना आता है?" मुर्तज़ा ने पूछा।

"नहीं साहेब!" वह करुण भाव से मुस्करा दिया।

"सिखा देंगे।"

आवेश से भोला थरथरा गया।...वह अकेला आगे बैठकर लाखों की कार का चक्का साधेगा?

कल से पहले वह कितनी बार कार में बैठा होगा? शायद तीन बार, जब फैक्टरी मालिक के काम से बाज़ार भेजा गया था।

"आ गये।" कहकर मुर्तज़ा ने कार रोक दी।

थोड़े आत्मसजग भाव से भोला नीचे उतरा। सामने तीन मंज़िल की इमारत पर बिजली के अक्षरों में 'रातरानी-होटल, रेस्तराँ और बार' लिखा था। नीचे लगे रंगीन बोर्ड पर लिखा था—"कैबरे रात नौ बजे से।"

कल के युवकों में से एक गेट के सामने मोटरसाइकिल से टिका सिगरेट पी रहा था। भोला के अभिवादन का जवाब उसने तेजी से पास आते हुए दिया।

"ये गफ़ूर..." गफ़ूर के चेहरे का भाव देखते हुए मुर्तज़ा अपना वाक्य ठीक से पूरा नहीं कर पाया।

"पुलिस चौकी से फ़ोन आया। एफआईआर में क्या लिखवाना है?"

मुर्तज़ा एकदम चौकन्ना हो गया, "अयूब को होश आ गया?"

"हाँ। ख़तरे से बाहर है। मैं देखकर आया हूँ।"

"मैंने तुमको बोला था—बान्द्रा हाइवे के आगे पाँव नहीं रखने का..." मुर्तज़ा बौखला गया।

"मुर्तज़ा भाई, मैं अकेला थोड़े था!" गफ़ूर ने कुछ सकपकाकर सफ़ाई दी, "आप्टे, मुन्नू और हैदर मेरे साथ थे।"

"अयूब भी अकेला नहीं था, लेकिन फिर भी..." शायद भोला की मौज़ूदगी से मुर्तज़ा ने अपनी बात पूरी नहीं की, "कामथ है अभी पुलिस चौकी में?"

"नहीं, एसीपी के पास गया है। एक क्लॉक बाद लौटेगा।"

"ठीक है। मैं वहीं जाकर बात कर लूँगा।...मुकुन्द?"

"उसको डिस्चार्ज कर रहे हैं। थोड़ा टेम्परेचर और सूजन है।"

"कुट्टी उसको घर छोड़ आएगा। बोलना, तीन-चार दिन आराम करे। बेकार बाहर निकलने की ज़रूरत नहीं।"

गफ़ूर ने हामी से सिर हिलाया। फिर बोला, "मुनव्वर को रहमत मंज़िल भेजना है या नहीं?"

पल-भर सोचकर मुर्तज़ा ने कहा, "नहीं। उसको फ़ोन कर दो, घर पर रहे। मैं पुलिस चौकी से फ़ोन करता हूँ।"

तभी एक अजनबी युवक तेज़ी से गेट पर आया, "इलियास भाई का फ़ोन है।"

आगे बढ़ते हुए मुर्तज़ा बोला, "गफ़ूर, भोला को अभी वीडियो पार्लर पर लगा दो।"

"भोला सेठ, चाय..." छोकरे ने खाँचे से गिलास निकालकर मेज़ पर रख दिया।

पहला घूँट लेते ही चाय पीने का उत्साह कम हो गया, पर छोकरा जा चुका था। नील के माध्यम से यह भी साफ़ हो चुका था कि उसकी मिठास की माँग ज़रूरत से ज़्यादा है। फिर गफ़ूर के माध्यम से यही बात दोहराई गयी थी। नहीं, मुझे अपनी इस आदत को सुधारना है—उसने सोचा।

साढ़े बारह बज चुके थे। अगला शो तीन बजे था।

यह रेस्तराँ का पिछवाड़ा था। आँगन में चुप्पी छाई हुई थी।

वह उठकर चहलक़दमी करने लगा। फिर यकायक दरवाज़े के पास आकर ठिठक गया। हल्के पाँवों से भीतर घुसा और दरवाज़ा बन्द कर दिया। हल्के अँधेरे में सीढ़ियाँ उतरते हुए नारी-स्वर में 'ओह नो डार्लिंग' सुनाई दिया और साथ ही कुछ दर्शकों की हँसी...

आख़िरी सीढ़ी से सामने के पर्दे को देखते हुए उसके तलुवों में सनसनी छाने लगी...

सुनहरे बालों और नीली आँखों वाली गोरी सिर्फ़ चड्डी पहने हुए अंगूर खा रही थी। नीचे फ़र्श पर बैठा युवक उसकी जाँघें चूम रहा था। औरत बीच-बीच में किलकारी मार रही थी। अचानक वह खड़ी हुई और उसने अपनी चड्डी भी उतार दी...

भोला बदहवास हो ऊपर भागा।

चार

''तीन साल पहले फ़ीरोज़ का देहान्त हुआ।'' श्रीमती दस्तूर बोलीं, ''हमारा वैवाहिक जीवन बहुत सुखी था। मैं उन्नीस साल की थी, जब फ़ीरोज़ से मिली। वह मेरी ज़िन्दगी में आया अकेला पुरुष था। तुम अन्दाज़ा लगा सकते हो, तैंतालीस साल के साथ के बाद अचानक अकेले हो जाना कितना यन्त्रणादायक हो सकता है...एक वर्ष तो मुझे फ़ीरोज़ की नामौजूदगी को स्वीकार करने में लग गया।''

नील उनके मोटे एलबम के पन्ने पलट रहा था। कच्चे शैशव से लेकर उम्र के इस मोड़ तक—श्रीमती दस्तूर के जीवन के महत्त्वपूर्ण क्षण और मनोरम छवियाँ यहाँ सुरक्षित थीं। जीवन के फ्रॉक-काल में वे अपने माता-पिता, सहपाठियों और अध्यापिकाओं के साथ थीं। फ्रिलवाली स्कर्ट-अवस्था शुरू होते ही पतली मूँछों वाले फ़ीरोज़ साथ थे। फिर पफ़ के बाजू वाले ब्लाउज़-दौर से सूट पहने पति के रूप में फ़ीरोज़ अधिकारपूर्वक उनके कन्धे पर हाथ रखे थे। फिर मातृत्व युग की शुरुआत थी। निपिल वाली बोतल से बेटी को दूध पिलाती श्रीमति दस्तूर कैमरे की ओर उमंग से देख रही थीं। उमंग का फैलाव फ्रेम से बाहर चला गया लगता था। शायद यह तस्वीर फ़ीरोज़ ने ही ली होगी—उसने सोचा। बाद में बेटी के बड़े होने की विभिन्न स्थितियों और उसके पति व बच्चों की तस्वीरें थीं।

''फिर मैं मेहरू के पास ओटावा चली गयी, पर मन लगा नहीं। तीन महीने में वापस आ गयी। फिर अकेली ज़िन्दगी का दूसरा दौर शुरू हुआ।''

मेरी अकेली ज़िन्दगी का भी दूसरा दौर शुरू हो रहा है—कॉफ़ी का घूँट भरते हुए उसने सोचा।

सामन्तवाड़ी में उसकी चौथी सुबह थी। सात बजने में अभी कुछ मिनट थे, जब दरवाज़े पर दस्तक हुई।

भोला हालाँकि रात देर से लौटा था, पर उसने नील के उठने से पहले ही दरवाज़ा खोल दिया।

अनिश्चय के कारण नील को रात देर तक नींद नहीं आई थी। पिछले दो दिन में उसने तीन जगह फ़ोन किये थे और पिछली दोपहर ही एक इंटरव्यू भी दिया था। नौकरी पारम्परिक दायरे के आसपास ही थी। बातचीत अच्छी हुई थी, पर अपना वाहन और फ़ोन न होने के कारण उन्होंने खेद प्रकट कर दिया।

''तुम्हारा है।'' टाइप किए गये नाम-पते का लिफ़ाफ़ा भोला ने नील को थमा दिया।

फ़र्श पर दरी पर सीधे होते हुए नील ने आँखें खोलीं। पिछली रात पहली बार उसने भोला को ज़बर्दस्ती पलंग पर सुलाया था।

कमरे का नजारा देखकर ड्राइवर एक ओर हट गया।

सोच रहा होगा कि साहब भी कहाँ रहते हैं—नील ने सोचा।

श्रीमती दस्तूर ने उसकी नियुक्ति की सूचना दी भी। वेतन पाँच हज़ार मासिक। रहने-खाने की व्यवस्था साथ। केन्द्रीय सरकार की गज़टिड छुट्टियों सहित सप्ताह में एक दिन की और वर्ष में एक महीने की छुट्टी। तीन महीने का प्रोबेशन। उसके कपड़ों की धुलाई और 'रीज़नेबिल' फ़ोन घरेलू ख़र्च में शामिल होंगे। दिन में दो-तीन घंटे का कौन-सा समय वह अपने लिए रखना चाहेगा, वह आपसी विचार-विमर्श से तय किया जाएगा। गृहस्वामिनी की सुविधा के अनुसार वह घर की कार का इस्तेमाल कर सकेगा।

''मैडम ने पूछा है, आप फ़ोन करेंगे या सामान लेकर आ जाएँगे?'' ड्राइवर अब सामने आ गया।

''सामान लेकर आऊँगा।'' नील ने पल-भर सोचकर कहा।

''मैं लेने आ जाऊँ?''

''तुम्हारे आने की ज़रूरत नहीं। मैं पहुँच जाऊँगा।''

''अगर आप कुछ सामान भेजना चाहें, तो दे दें।''

''सामान थोड़े ही है। मुझे लाने में मुश्किल नहीं होगी।''

ड्राइवर सलाम करके चला गया।

दरवाज़ा बन्द करके भोला हँसने लगा, ''तुम्हारी तो जमाई की तरह अगवानी हो रही है।''

नील भी हँसने लगा।

भोला आगे बढ़ा और उसे आलिंगन में बाँध लिया। नील ने भी उसे बाँहों से घेर लिया।

“माया-नगरी हम दोनों को फल रही है।” भोला बोला।

“एक बात मैं कभी-कभी सोचती हूँ।” श्रीमती दस्तूर ने कहा, “अगर फ़ीरोज़ की बजाय पहले मेरा बुलावा आया होता, तो क्या वह मेरे जैसे गहरे अकेलेपन का शिकार होता?”

“उनका स्वभाव कैसा था?”

“काफ़ी अन्तर्मुखी। उसे घर में घुसे रहना पसन्द था। संगीत और बाग़वानी में लगा रहता था। बीच-बीच में मुझे आवाज़ लगाता था।” वे कुछ पलों के लिए स्मृतियों की धुन्ध में खो गयीं।

नये घर में पहली शाम ढल रही थी। पश्चिमी आकाश के पीले और लाल रंग धूमिल होते जा रहे थे। रोशनियाँ जलने से कुछ पहले का समय था, जब छायाएँ भी अनिश्चित-सी जान पड़ती हैं।

साढ़े ग्यारह बज रहे होंगे, जब उसकी टैक्सी गेट के सामने रुकी। उसके उतरते ही चौकीदार लपककर आया और सूटकेस उसके हाथ से ले लिया।

“गुडमार्निंग!” बरामदे तक उसके पहुँचने से पहले साँवली नौकरानी बाहर निकल आई। अपनी मुस्कान से उसने प्रकट किया कि घरेलू लोगों में नील के शामिल होने पर उसे खुशी है।

“गुडमार्निंग!” उसने भी अपनी मुस्कान से आभार प्रकट किया।

“मैडम अन्दर हैं।”

ड्राइंगरूम में अख़बार पढ़ती हुई श्रीमती दस्तूर ने उठते हुए जैसी मुस्कान के साथ हाथ आगे बढ़ाया, उससे उसे लगा कि अपारम्परिक नौकरी की कम-से-कम शुरुआत तो सही सुर से हो रही है।

अब मुझे सुबह से रात तक इस स्त्री की सूरत देखनी है—हाथों के हल्के स्पर्श के बीच उसने सोचा।

दो पल वे चुपचाप बैठे रहे।

“पत्र में मैंने जो विस्तार लिखे हैं, उनके बारे में तुम्हें कुछ कहना है?”

उसने ‘नहीं’ में सिर हिलाया।

“अगर तुम साप्ताहिक छुट्टी इतवार को न लो, तो मुझे अच्छा लगेगा, क्योंकि उस दिन रोज़ा छुट्टी लेती है।” उन्होंने नौकरानी की दिशा में संकेत किया।

“अगर आप मेरे चेहरे से ऊब न जाएँ, तो मैं साप्ताहिक छुट्टी लूँगा ही नहीं।”

वे हँस दीं।

वह उन्हें पहली बार हँसते हुए देख रहा था। यों मुस्कान से भी काम चलाया जा सकता था, पर उन्होंने हँसना बेहतर समझा। क्या यह अनायास था या उसके पहले दिन की पहली जिह्वा-लीला पर दिखाई गयी विशाल हृदयता? जो भी हो, उन्हें हँसता देखना अच्छा लगा।

''खाने को लेकर अपनी पसन्द और नापसन्द रोज़ा को बता देना।'' वे मुस्कराईं, ''हाँ, यह कहकर मेरा खून सर्द मत कर देना कि मैं शाकाहारी हूँ।''

इस बार वह हँसने लगा और 'नहीं' में सिर हिलाया।

दो पलों के बाद वे उठ खड़ी हुईं, ''मेरा डेंटिस्ट के साथ एप्वाइंटमेंट है। फिर मुझे कुमुद के यहाँ लंच पर जाना है। शाम को मिलेंगे।''

''दाँतों में क्या तकलीफ़ है?''

''कोई ख़ास बात नहीं। ठंडी चीज़ पीने पर सिहरन होती है।''

''आपका कमरा...'' दरवाज़ा खोलते हुए रोज़ा ने कहा।

वह भीतर आ गया।

वह कुछ पल ठिठकी रही, ''पिछले साल मैडम ने एक कम्पेनियम रखी थी—मनोरमा चन्द्रा। तीन महीने पूरे होने पर हटा दिया।''

''क्यों?''

''ठीक से पता नहीं। शायद कुछ ज़्यादा ही बोलती थी।'' वह मुस्कराई।

''तुम यहाँ कब से हो?''

''पाँच साल से।''

रसोई से कुकर की सीटी सुनाई दी।

''आपको कुछ चाहिए हो, तो आवाज़ लगा दें।''

''अच्छा।''

दरवाज़ा अटकाकर वह मुड़ा।

एक ओर पलंग था। दूसरी ओर मेज़-कुर्सी। दाईं ओर दीवार से लगी आलमारी। सामने पाल वाले जहाज़ का पुराना तैल-चित्र लगा था। तिपाई पर फूलदान में ताज़े फूल।

वह पीछे खुलने वाली खिड़की के सामने आ गया। सरसराते पर्दे के पार ताड़ के तीन पेड़ों के बग़ल में रोज़ा का छोटा-सा आउट हाउस था। बरामदे की रस्सी पर तौलिया, स्कर्ट और अन्तर्वस्त्र झूल रहे थे।

आलमारी के बाद के दरवाज़े पर स्टिकर लगा था—ईश्वर इस मनहूस घर पर दया-दृष्टि रक्खें।

क्या यह मनोरमा चन्द्रा की कारगुजारी है—सोचते हुए उसने दरवाज़ा खोला। आधी दीवारों पर संगमरमर लगा हुआ पुराने ढंग का बड़ा और ऊँचा स्नानघर था। दीवार से लगा हुआ टब। आगे प्लास्टिक का पर्दा। आईने के नीचे के स्टैंड पर क्रीम और शैम्पू की शीशियाँ रखी थीं।

वह कमरे में आ गया। सूटकेस मेज़ पर रखकर आलमारी खोली। फिर कपड़े निकालकर हेंगर पर टाँग दिये। सूटकेस बन्द कर आलमारी के ऊपर रख दिया।

नयी ज़िन्दगी की शुरुआत में सूनापन और उदासी उस पर छाने लगी।

वह बिस्तर पर दीवार से टिककर बैठ गया और सिगरेट सुलगाई।

अपने सहचर से श्रीमती दस्तूर की क्या अपेक्षाएँ होंगी? उनका एकान्त बाँटना। उनके अकेलेपन को भरसक कम करते हुए बर्दाश्त के लायक़ बनाना। अपने दुख का सामना करने के लिए उनका मनोबल बढ़ाना।

अपने दायित्व का निर्वाह करते हुए उसे किस तरह की सतर्कता बरतनी चाहिए? उनकी मनःस्थिति का ध्यान रखना। जीवन, प्रेम, विवाह आदि से सम्बन्धित उनकी शंकाएँ होंगी। उनके सन्तोषदायक जवाब दे पाना। शान्ति की तलाश में अब वे धर्म की ओर मुड़ी हैं, इसे स्वीकार जवाब दे पाना। शान्ति की तलाश में अब वे धर्म की ओर मुड़ी हैं, इसे स्वीकार योग्य बनाना। कभी वे सिर्फ़ बोलना चाहेंगी, तो उन्हें सही प्रतिक्रिया के साथ सुनना। कभी वे सिर्फ़ सुनना चाहेंगी, तो धीरज बढ़ाने वाली वाग्धारा संचालित करना...

मैं कहाँ से कहाँ पहुँच गया हूँ—बेजान मुस्कान के साथ उसने सोचा और आमन्त्रण भाव से मुस्कराती किरन का चेहरा सामने आ गया।

''भोला, मैं जा रहा हूँ। नज़र रखना।'' गफ़ूर ने कहा।

भोला ने हामी में सिर हिलाया और खम्भे से टिककर खड़ा हो गया।

आज दस तारीख़ थी। मज़दूरों का वेतन-दिवस होने के कारण हॉल खचाखच भरा हुआ था। कानूनन सूखा दिन था, पर बैरे बोतल, सोडा और बर्फ़ की ट्रे लिये तेज़ी से आ-जा रहे थे।

पाँच लोगों के आर्केस्ट्रा के सामने मिनी स्कर्ट पहने जूली 'नेवर ऑन ए संडे' गा रही थी। इससे पहले उसने नीचे आकर एक-एक से हाथ मिलाया था।

स्पर्श का दबाव तो कइयों ने बढ़ाया होगा, पर एक ने उसकी कमर में हाथ डाल दिया था और दूसरे ने उसे गोद में बिठाने की कोशिश की थी। तेज़ निगाहों से देखता हुआ भोला चौकस हो गया था, पर जूली ने मुस्कान के साथ 'ए जाड़िया, मस्ती नईं' कहकर अपने को छुड़ाते हुए स्थिति सँभाल ली थी। आसपास के लोग हँसने लगे थे।

हॉल की भीतरी निगरानी का आज उसका पहला अवसर था। अभी तक वह रात नौ बजे का वीडियो शो शुरू करवाकर बाहरी दरवाज़े पर वर्दीधारी चौकीदार के पास बैठ जाता था।

अपने दायित्व-क्षेत्र के बढ़ाये जाने के कारण सहकर्मियों की बातचीत से धीरे-धीरे उजागर हो रहे थे। हाल में ही अपने दो आदमी गुजरात-सीमा पर गिरफ़्तार हो गये थे और बान्द्रा के सत्तार ने किन्हीं कारणों से इन्हें दबाना शुरू कर दिया था। मुठभेड़ में घायल अयूब की स्थिति फिर बिगड़ गयी थी। मुकुन्द अभी ड्यूटी पर आने योग्य नहीं था और मुनव्वर जिसे हाथ का 'समझ में न आने वाला दर्द' कह रहा था, वह दरअसल फ्रैक्चर निकला। फिर आज मुर्तज़ा के प्रतिरोध के बावजूद इलियास भाई के बल देने पर आधी रात के क़रीब कोई संगीन मुहिम तय हुई थी। तीन कारों में भरकर सब चले गये थे। और भोला ने पहली बार मुर्तज़ा की पतलून में ठुसी पिस्तौल का उभार देखा था।

जिन इलियास भाई का नाम वह दिन में दर्ज़न बार सुन रहा था, आज दोपहर को उनसे भेंट हो गयी थी।

तीन बजे के शो की नक़दी कैशियर को देने के लिए वह रिसेप्शन की ओर बढ़ रहा था कि तभी काँच का दरवाज़ा खोलकर ढीली-ढाली सलवार-कमीज़ पहने एक साँवला-सा युवक बाहर निकला, जिसके पीछे शकूर भाई, मुर्तज़ा, गफ़ूर, कुट्टी और आप्टे थे।

उसने अभिवादन किया, जो मुख्य रूप से शकूर भाई के लिए था, क्योंकि दूसरों से वह दिन में पहले मिल ही चुका था।

अपने में डूबे शकूर भाई जवाब में ज़रा-सा सिर हिलाकर एक क़दम आगे बढ़ गये और फिर यकायक ठिठके।

"इलियास भाई!" तभी मुर्तज़ा रुक गया, "यही है अपना भोला..."

मुड़ते हुए इलियास ने एक पल के लिए भोला पर निगाह डाली। भोला को शकूर भाई की तीक्ष्ण, बेधती दृष्टि याद आयी।

"अच्छा अच्छा..." मुस्कान के कारण इलियास की घनी, लम्बी मूँछों के कोने होठों के सिरों पर सिकुड़ गये, "बम्बई में दिल लग रहा है न?"

भोला को यह देखकर ताज्जुब हुआ कि इलियास के पीछे मुर्तज़ा, गफ़ूर, कुट्टी और आप्टे की तरह शकूर भाई भी विनम्र भाव से खड़े थे। फ़र्क सिर्फ़ इतना था कि उनकी विनम्रता दूसरों की तरह गहरी एवं पारदर्शी नहीं थी।

''हाँ साहेब!'' भोला अदब से वैसे ही स्थिर हो गया, जैसे फैक्टरी के मालिक बिन्दा प्रसाद के आगे हो जाता था।

''कोई मुश्किल हो, तो मुर्तज़ा भाई को बता देना।'' कहते हुए इलियास ने भोला के कन्धे पर हाथ रख दिया।

भोला विभोर हो गया।

''जी साहेब!'' आवेग से स्वर में नमी की छाया आ गयी।

इलियास चीते-जैसी चाल से आगे बढ़ा और चाँदी के रंग-सी कार में बैठ गया। जब तक शकूर भाई दायीं ओर से घूमकर बैठें, कुट्टी ने इंजन चालू कर दिया और देखते-देखते कार मोड़ पर गुम हो गयी।

मैं तो इस सारे ताम-झाम को शकूर भाई की मिल्कियकत समझ रहा था— भोला ने सोचा।

ऊँची तालियों के साथ मंच का प्रकाश तेज़ होने लगा।

वाद्यवृन्द ने टकीला की धुन शुरू कर दी थी।

पाँवों से गले तक ढँकी शालू थिरकती हुई मंच पर आ गयी। पहले उसने बाहरी प्रकाश-रेखा के भीतर मंच का एक चक्कर लगाया। फिर सुरों के अनुरूप देह को मोड़ने और झटके देने लगी।

उसके हाथ और चेहरा ही दिखाई दे रहे थे। होठों पर चिपकी अधखुली मुस्कान और आँखों में चंचलता। पर अजीब बात थी कि वे आँखें कहीं देख नहीं रही थीं।

सुरों की एक इकाई पूरी होते ही पल-भर को मौन छा गया। शालू ने अपने कन्धों से एक वस्त्र निकालकर नीचे फेंक दिया।

अगले पल धुन शुरू होने पर वह फिर थिरकने लगी।

दीवारे से टिके खड़े भोला ने बीड़ी सुलगाई।

कुछ विरामों के बाद शालू के सिर्फ़ दो अन्तर्वस्त्र ही बचे रहे। अब उसके साँवले तन पर जहाँ-तहाँ पसीने की नमी उभर आयी थी। माथे पर कुछेक बूँदें छलछला रही थीं। वैसी ही अधखुली मुस्कान अभी भी उसके चेहरे पर थी, पर उसे बनाये रखने की कोशिश भी उजागर थी।

''आज पैसे की कमी है।'' पिछली शाम भोला खजांची के पास गया, तो वह पास खड़ी शालू के साथ चुहल कर रहा था।

''दे दो न!'' शालू बोली, ''देखो, भोला सेठ लेके आ गया।''

शालू से दूर-दूर से देखादेखी हो गयी थी, पर परिचय नहीं हुआ था। शालू की मुस्कान के जवाब में भोला भी मुस्करा दिया।

''तुमको हमेशा एडवांस क्यों चाहिए होता है?'' भोला से नोट लेते हुए खजांची बोला।

''अब मय तुमको अक्खा महाभारत सुनाएगी क्या?'' शालू ने प्रगल्भता से जोड़ा, ''पैले भोला से पूछो, मथुरा से आया, तो पेड़े लेके क्यूँ नईं आया?''

''अच्छा?'' भोला ने हँसकर पूछा, ''तुम्हें मथुरा के पेड़ों के बारे में किसने बताया?''

''मय खाया—मथुराइच। लाला टूर की बस में आई को लेके गयी थी—बिन्द्रावन, दिल्ली, रिशीकेश...''

धुन की इकाई पूरी हुई, तो छोटे-से विराम के बीच शालू ने अपना आख़िरी अन्तर्वस्त्र उतारकर फेंक दिया। भरा होने के बावजूद हॉल निस्तब्ध था। हल्की मुस्कान वाली चपल भंगिमा से अनावृत देह के पिछले और अगले हिस्से का प्रदर्शन करते हुए शालू ने अँगड़ाई ली...

मंच पर अन्धकार होने के साथ तालियाँ बजने लगीं।

कुछ पलों बाद जब फिर प्रकाश हुआ, तो धवल केशों वाले दुबले-पतले चचाजान मंच पर बिखरे कपड़े बटोर रहे थे।

''अच्छा ही हुआ, जो आज ग्रीन सिगनल नहीं मिला।'' जॉनी वाकर की बोतल गिलासों में उड़ेलते हुए मुर्तज़ा बोला, ''इलियास भाई कभी बेजा ज़िद कर जाते हैं।''

''मेरे लिए नहीं।'' भोला ने विनम्र भाव से कहा।

तीसरे गिलास को थामे मुर्तज़ा ठिठक गया। अपनी जिस दुनिया में वह था, उससे भोला का तालमेल बैठाने में कुछ पल लगे।

''क्यों नहीं?'' मुर्तज़ा ने ऐसे पूछा, जैसे भोला ने सामने पहेली रख दी हो।

''पीता नहीं।''

''अमाँ, क्यों नहीं पीते?''

मुर्तज़ा की उलझन देखकर गफ़ूर मुस्करा दिया।

''बस, यों ही...'' भोला का भाव अपराधी-जैसा था।

"तुमने कभी नहीं पी?"

"गाँव में ताड़ी पी है।"

"ताड़ी... ?" मुर्तज़ा ने ठहाका मारा, जैसे भोला ने मनोरम चुटकुला सुनाया हो।

"तुमने किसी नशीली चीज़ का इस्तेमाल नहीं किया?" गफ़ूर ने पूछा।

"कभी भाँग पी लेता हूँ।"

"भाँग... ?" मुर्तज़ा फिर हँसा, "गफ़ूर, आंटी के अड्डे पर भाँग मिलेगी?"

"अब वो रखना शुरू कर देगी।" गफ़ूर मुस्कराया, "भोला सेठ आ गया है।" उसने दो गिलासों में सोडा उड़ेला, बर्फ़ के टुकड़े डाले और एक गिलास मुर्तज़ा के सामने सरका दिया।

मुर्तज़ा ने अपना गिलास उठाया और बेताबी से दो बड़े-बड़े घूँट लिये।

दो बज रहे थे, जब कैबरे का आख़िरी कार्यक्रम खत्म हुआ। हॉल के खाली होने में दस-पन्द्रह मिनट लग गये। चौकीदार पोट्या हॉल के दरवाज़े पर चौकन्ना खड़ा था। भोला ने शौचालय का चक्कर लगाया। तीन लघुशंका कर रहे थे। वह बीड़ी जलाते हुए दरवाज़े पर खड़ा रहा। इस गलियारे से मंच के पिछवाड़े पहुँचना आसान था, जहाँ औरतों का कपड़े बदलने का कमरा था। दो-तीन महीने में एकाध मनचला नशे की तरंग में वहाँ पहुँचने की कोशिश कर लेता था।

शौचालय के ख़ाली होने पर भोला ने दीर्घशंका वाले दोनों दरवाज़े भी खोलकर देख लिये। नहीं, दोनों ख़ाली थे।

ख़ाली हॉल से निकलकर वह बाहरी अहाते में आया, तो लड़कियाँ अपने आसपास रहने वाले वाद्यवृन्द के और होटल के अन्य पुरुष कर्मचारियों के साथ जा रही थीं। सड़क पर कुछ टैक्सियाँ और ऑटो-रिक्शे थे। आठ-दस लोग बाहर मँडरा रहे थे। फुटपाथ पर एक पानवाला भी बैठा था।

साड़ी-ब्लाउज़ पहने और छोटा-सा टिफ़िन-कैरियर लिये शालू सीधे देखते हुए बाहर निकली। क्या मेरी मौजूदगी से असहज हो गयी है—भोला ने सोचा।

शालू गेट पर खड़े चचाजान के पास आई और दोनों एक ऑटो-रिक्शे की ओर बढ़ गये। पाँच मिनट में होटल का बाहरी हिस्सा ख़ाली हो गया।

मैं भी चलूँ—उसने सोचा। अभी तक सिर्फ़ एक बार उसके अकेले जाने की नौबत आई थी, अन्यथा मुर्तज़ा या गफ़ूर उसे सामन्तवाड़ी की गली तक छोड़ देते थे।

तभी तेज़ गति से दो गाड़ियाँ आकर रुकीं और मुर्तज़ा, गफ़ूर, आप्टे और किट्टू बाहर निकले। भोला ने लक्ष्य किया कि मुर्तज़ा के अलावा बाक़ी तीनों भी हथियारबन्द हैं।

''सब ठीक है भोला?'' लम्बे क़दमों से पास आते हुए मुर्तज़ा ने पूछा।

''हाँ साहेब!''

मुर्तज़ा तेज़ी से रिसेप्शन में घुस गया। इलियास भाई को फ़ोन कर रहा है—भोला ने सोचा।

अहाते में आकर गफ़ूर ने सिगरेट जलाई। फिर हाथ बढ़ाने पर पैकेट आप्टे को दे दिया। तभी पुलिस की जीप बाहर आकर रुकी और मोटा, साँवला अधिकारी फुर्ती से बाहर निकला। भोला ने लक्ष्य किया, जीप में अकेला वही था।

गफ़ूर ने अधिकारी को सलाम किया और रिसपेशन की ओर संकेत कर दिया।

''इंस्पेक्टर कामथ हैं।'' चौकीदार पोट्या के भोला ने कान में कहा। पाँच मिनट बाद कामथ वैसे ही तेज़ी से बाहर निकले और जीप में बैठकर चले गये।

''हम चलें?'' मुर्तज़ा आया तो आप्टे ने पूछा।

''शादीशुदा लोगों को घर जाने की बड़ी जल्दी रहती है।'' मुर्तज़ा मुस्कराया।

गफ़ूर ने कबाब की प्लेट उसकी ओर बढ़ाई, तो भोला को फिर इंकार में सिर हिलाना पड़ा। इस दूसरे इंकार को हल्का करने के लिए वह मूँगफली फाँकने लगा। यों अब भूख भी लगने लगी थी। रात आठ बजे उसने पास के हिन्दू विलास होटल में जाकर पूड़ी-भाजी खाई थी। उसके जैसे निम्न स्तर के कर्मचारियों को रातरानी रेस्तराँ के आतिथ्य का गौरव नहीं था। आज मुर्तज़ा ने उसे साथ आने को कहा तो भोला विभोर हो उठा।

यह रेस्तराँ के बग़ल का एक कमरा था।

''जगन, तुम हमारा खाना ढँक दो और जाकर सो जाओ।'' मुर्तज़ा बोला।

''नहीं, खिलाकर सोऊँगा।''

''सवा तीन बज चुके हैं। कब सोओगे?''

जगन मुस्कराकर चला गया।

बोतल एक चौथाई बची थी। गफ़ूर नये पैग बनाने लगा।

मुर्तज़ा ने सिगरेट जलाई, ''अगर आज कामथ ने साथ नहीं दिया होता, तो हममें से एक-दो काम से गये थे।''

''बात निकली कहाँ से?''

मुर्तज़ा सोचता रहा। फिर गहरी साँस लेकर पीछे टिक गया, ''कल कराची की डिलीवरी लेना है। तुम दोपहर को पिंक हाउस जाओ और कैश ले लो।''

''मेरे साथ कोई होगा? बड़ी रक़म का मामला है।'' पल-भर रुककर गफ़ूर ने जोड़ा, ''सुबह किट्टू को फ़ोन करूँ?''

''किट्टू को सहार जाना है। दुबई की पार्टी आ रही है।''

"आप्टे?"

"वो तीन पेटियाँ देने जाएगा। लौटने में देर हो सकती है।" थोड़ा ठिठककर कहा, "भोला को ले जाना।"

ग़फ़ूर ने हामी में सिर हिला दिया।

ग़फ़ूर ने जब उसे सामन्तवाड़ी के सामने छोड़ा, तो सुबह के पौने पाँच बज रहे थे। दूध के डिपो के सामने लाइन लगी थी। पूर्व में उजास फूट रही थी। चिड़ियाँ चहचहाने लगी थीं।

मेरी दिनचर्या किस तरह बदल रही है—खोली का ताला खोलते हुए भोला ने सोचा।

पाँच

वायोलेट विला में नील को एक महीना हो चुका था।

उसने कभी सोचा नहीं था कि नौकरी ऐसी आरामदेह और सुहानी भी हो सकती है। मेहताबजी (पहले हफ़्ते में ही श्रीमती दस्तूर के अनुरोध पर यह अनौपचारिकता बरती जाने लगी थी) की अपेक्षाएँ सामान्य थीं। सुबह की चाय का पहला प्याला वे आमतौर से ऊपर अपने कमरे में ही पीतीं। दो-तीन बार ही उसके साथ के लिए सुबह सात बजे नीचे उतरी थीं। शायद रात को नींद उखड़ी हुई आई, उनकी लाल आँखें देखते हुए उसने सोचा था। वह अपनी ओर से हजामत करके, नहा-धोकर पैंट-कमीज़ पहने बरामदे में सात बजे से मुस्तैद रहता। सुबह बरामदे की कुर्सियों या नाश्ते की मेज़ पर मेहताबजी सरकारी निगाह से अख़बार के पन्ने पलट लेतीं। किसी ग़ैरराजनीतिक महत्त्वपूर्ण ख़बर की ओर वह ही उनका ध्यान आकृष्ट करता। फिर सम्पादकीयों के सार बता देता। दस के आसपास वे स्नान के लिए जातीं। फिर आमतौर से उन्हें बाहर जाना होता—किसी मित्र के यहाँ, शेयरों के अपने दलाल के दफ्तर में या 'लेडीज़ फ्रंट' नामक सामाजिक संस्था में, जिसकी कार्यकारिणी की वे सदस्या थीं। अक्सर वह मैरीन ड्राइव, रीगल या कोलाबा तक उनके साथ चला जाता। फिर टहलते हुए जहाँगीर आर्ट गैलरी पहुँचता। कोई प्रदर्शनी लगी होती, तो चित्र इत्यादि देखता। फिर समोवार में कॉफ़ी के प्याले पर आसपास के लोगों का जायज़ा लेता रहता।

वायोलेट विला में लंच का समय एक बजे था, जिसके बाद मेहताबजी ऊपर आराम करतीं। फिर चार के बाद ही वे नीचे आती थीं। शाम की चाय पर फिर थोड़ी बातचीत होती। इस समय अक्सर 'मिड-डे' आधार बनता। साँझ ढलने के समय वह प्रायः लॉन में टहलतीं या उसे साथ लिये हैंगिंग गार्डन चली जातीं। कभी किसी पार्टी का आमन्त्रण होता, जिसकी प्रकृति का निश्चय करके वह कभी उसे भी साथ ले जातीं। अगर शाम घर पर बितानी होती, तो कुछ गम्भीर क़िस्म

की चर्चा होती या टेलीविज़न देखा जाता। नौ बजे भोजन होता। दस, साढ़े दस के लगभग वे 'शुभरात्रि' कहकर ऊपर चली जातीं।

मेहताबजी दूसरे हफ़्ते से ही उसके सामान्य ज्ञान से प्रभावित होने लगी थीं। राजनीति, साहित्य, ललित कलाएँ, उद्योग, खेलकूद, सामाजिक मुद्दे—कोई विषय ऐसा नहीं पाया गया, जहाँ उसकी पहुँच न हो। उसके थोड़े मौलिक पर्यवेक्षण और दृष्टिकोण पर भी वे रीझती देखी गयीं।

"अतृप्त, दुखी स्त्रियों में गहरा आकर्षण होता है।" एक शाम उसने कहा, "शकुन्तला, तिष्यरक्षिता, संघमित्रा, जहाँआरा, लिज़ा और सोफी गहरे अँधेरों में झिलमिलाती ऐसी ही कुछ आलोकाकृतियाँ हैं। अपने समय को जिन दो व्यथित स्त्रियों का सन्ताप मुझे बेधता है, वे हैं स्वेतलाना और जैकी। पहली ने अकेली बेटी होने के नाते स्तालिन के तीनों रूप देखे—निरंकुश शासक, क्रूर पति और कठोर पिता। आत्महत्या के अन्धे मोड़ तक ले जाने वाली अपनी माँ की दारुण वेदना भी उसने देखी। अपनी आत्मा पर कसे दुख के शिकंजे को उसने अपने परिवेश के साथ जोड़ा और पति-बच्चे समेत उसे छोड़ दिया। क्या नया देश, नयी संस्कृति और नया परिवार उसके भीतर के हाहाकार को मिटा पाया? शान्ति की सतत तलाश में क्रेमलिन की यह अभिशप्त राजकन्या एक बार फिर अपने जन्म के देश पहुँची, पर कुछ ही दिनों में अपनी मनोव्यथा से थककर उसने फिर नये देश का वरण कर लिया। इसके दूसरी ओर जैकी है, जिसे हर तरह का सुख और तृप्ति मिली। फिर एकाएक नियति ने एक क्रूर निर्णय लिया और उसे पीड़ा के झुलसते मरुस्थल में भटकने के लिए छोड़ दिया..."

घिसी बदरंग जींस, वैसी ही जैकेट पर नीकैप पहने, सफ़ेदी के छींटों वाले बाल और दाढ़ी के साथ दुबला-पतला आदमी मुँह में बीड़ी दबाये एकटक उसे देख रहा था।

नील ठिठक गया।

"जैकपॉट नम्बर माँगता?" उसने भेदभरे स्वर में पूछा।

आगे क्या होता है, सोचकर नील ने उत्सुकता से सिर हिलाया।

"मेरे कूँ शिर्डी के साईं बाबा ने सपने में बोला।"

नील ने न्यू एम्पायर सिनेमा के बग़ल में चबूतरे पर प्रतिष्ठित मूर्ति के सामने श्रद्धालुओं की लम्बी क़तार देखी थी—शाम हो जाने के बावजूद पालतू गाय की तरह घर को झपटने की बजाय परम शान्ति और सब्र से अपनी बारी की प्रतीक्षा करती। क्या इसीलिए?

''पाँच टका कमीशन देंगा? तुम्हारे पास छयासी लाख होएँगा। पिछले दिन का कैरी फ़ारवर्ड है।''

नील ने फिर सिर हिलाया।

उसने आसपास देखा। फिर फुसफुसाया, ''सात नौ ग्यारह...टोटल सत्ताइस। लकी नम्बर।''

''घोड़े कौन-से हैं? जॉकी कौन है?'' नील ने वैसे ही भेदभरे स्वर में पूछा।

''तुमकूँ आम खाने का कि पेड़ गिनने का?'' वह बिगड़ गया।

''खाली पेडिग्री पूछता था।'' नील ने सफ़ाई दी।

''शानदार। तीनों के माँ-बाप ने डर्बी जीती। साईं बाबा खालीपीली ड्रीम में आने का ट्रबुल लेगा क्या?''

''समझ गया।''

''जो कुछ है, सब लगा दो। मैं इदरीच रहता है।'' उसने संकेत किया, ''उडुपी होटल में किसी को पूछो। साइमन की खोली बता देंगा।''

''ठीक है।''

''रोकड़ा लेके आने का। चैक नईं चलेंगा। साला एबाउट टर्न हो जाएँगा, तो मैं तुमकूँ किदर पकड़ेंगा?''

''कैश लेकर आऊँगा।''

''गॉड ब्लैस यू!''

उसने तीर की तरह सड़क पार की और खो गया।

पहला वेतन मिलते ही उसने माँ को हज़ार रुपये का बैंक ड्राफ्ट शिकोहाबाद भेजा था। माँ के लाभार्थ अपनी नौकरी की व्याख्या उसने 'एक विदुषी महिला के शोध सहायक' के रूप में की थी। मेहताबजी शान्ति की शोध कर रही हैं। उसने 'नर या कुंजर' को याद करते हुए अपने को सान्त्वना दी थी।

पास ही बैंक ऑव इंडिया की शाखा में अपना खाता खोलकर उसने तीन हज़ार जमा करा दिये थे। एक महीने के बाद उसे अनुभव हो गया था कि उसका मासिक व्यय बहुत मामूली रहेगा—दिन में एक सिगरेट की डिब्बी, बाहर एक-दो कप कॉफ़ी, कभी-कभी बस का टिकट और हफ़्ते में एक-दो फ़िल्में। जो कपड़े वह साथ लाया था, उनके सहारे एक साल तो निकल ही जाएगा।

एक साल ख़त्म होने पर मेरे खाते में पचास हज़ार होंगे, उसने थरथराती सिहरन के साथ सोचा। अगर यह नौकरी चार साल चल जाए, तो वह दो लाख

के सहारे अपने लिए नया कर्मक्षेत्र जुटा लेगा। वह दिल्ली चला जाएगा, शिक्षित पर बेकार युवक की हैसियत से बैंक से कुछ कर्ज़ ले लेगा और छोटा-मोटा उद्यम शुरू करेगा। माँ की नौकरी छुड़वाकर उन्हें साथ ही रख लेगा।

गौतम नेहरू विश्वविद्यालय में प्राध्यापक ज़रूर है, पर क्या चार वर्ष के बाद उसके पास इतनी पूँजी होगी—उसने गर्व के साथ सोचा।

समय उसके पास काफ़ी था।

कुछ दिनों वह निरुद्देश्य भटकन की सतह पर उतराता रहा। जब जी चाहा, झपकी ले ली। जब जी चाहा, चौपाटी या मैरिन ड्राइव पर घूमता रहा। एक बार चर्च गेट से यों ही बोरीवली का वापसी टिकट ले लिया और विभिन्न स्टेशनों की झलकियाँ देखता रहा।

एक अलस अपराह्न को वह प्रिन्स ऑव वेल्स म्यूज़ियम में था—कुषाण युग की मूर्तियों, शुंग युग के पात्रों और गुप्त युग की शालभंजिका के बीच।

यकायक उसके भीतर विद्युत-तरंग-सी कौंधी। वह अपनी शोध क्यों न चालू रक्खे? दो साल बाद अध्यक्ष पद से डॉक्टर शर्मा का रोटेशन ख़त्म हो जाएगा। वरिष्ठता के अनुसार डॉक्टर अंजली शुक्ला की बारी आएगी। वह उनसे अपना शोध-निर्देशक बनने की प्रार्थना करेगा। कहेगा, मुझे दिल्ली में अध्यापकी नहीं चाहिए, सिर्फ़ डॉक्टरेट चाहिए। हो सकता है, डॉक्टर शर्मा के डर से डॉक्टर शुक्ला ऐसा साहस न कर पाएँ। पर वे किसी और विश्वविद्यालय में उसका रजिस्ट्रेशन करवाने में मदद कर सकती हैं। उनके साथ उसके सम्बन्ध शुरू से मृदु रहे हैं। चिरकुमारी आकर्षक युवक के सामने थोड़ी पिघल जाती है। यों कई विश्वविद्यालय हैं, जहाँ डॉक्टरेट के लिए दो वर्षों का निवास जरूरी नहीं। दिल्ली जाकर जैसी व्यावसायिक योजना की बात उसने सोची है, वह अपनी जगह ठीक है, पर अभी ख़ाली समय का रचनात्मक उपयोग वह क्यों न कर ले? जिस विषय में उसकी दिलचस्पी है, इस तरह उससे रिश्ता भी बना रह सकता है।

"हैलो..." उसने रिसीवर उठाकर कहा।

फ़ोन की सुरीली घंटी बेताबी से बजे जा रही थी। आम तौर से छठवीं घंटी तक रोज़ा यन्त्र की पुकार सुन लेती थी। शायद वह सूख गये कपड़े सँभालने या थोड़ा आराम करने अपने कमरे में चली गयी थी।

घर बिलकुल मौन था। दोपहर के दो बज चुके थे। भोजन सम्पन्न हो चुका

था। मेहताबजी साढ़े दस पर घर से निकल गयी थीं। पूरा दिन बोरीवली में नेशनल पार्क के पास अपने दम्पती मित्र इंजीनियर्स के यहाँ बिताने का कार्यक्रम था। उनकी बेटी अपनी विदेश-यात्रा में मेहरू से मिलकर लौटी थी। मेहताबजी बेटी-दामाद का हालचाल जानने और पोतों की ताज़ा तस्वीरें देखने की पुलक से भरी हुई थीं।

''नील, क्या हो रहा है?'' पहचाना नारी-स्वर सुनाई दिया।

अड़तीस वर्ष की कुमारी कुमुद केशवानी मेहताबजी की मित्र-मंडली में पहले घेरे में थीं। उनके साथ अब एक दर्ज़न मुलाक़ातें हो चुकी होंगी—वायोलेट विला में, उनके फ़्लैट में, एन.सी.पी.ए. में पश्चिमी संगीत के एक कार्यक्रम में।

गेहुँआ रंग। नियमित योगाभ्यास से देह की चुस्ती बनाये रखने की कोशिश। बालों में दो सफ़ेद रेखाएँ।

''यूनिवर्सिटी से निकल रहा हूँ।''

मेहताबजी ने एक फ़ोन करके उसके लिए विश्वविद्यालय पुस्तकालय में बैठने की सुविधा जुटा दी थी। वह लगभग तीन घंटे वहाँ ज़रूर बैठ लेता था। तीसरे अध्याय के प्रारम्भिक नोट्स लेने शुरू हो गये थे।

''आज आप ऑफ़िस नहीं गयीं?''

''नहीं, कमर में दर्द है। मेहताब सो रही हैं क्या?''

उसे थोड़ी उलझन हुई। कल रात मेहताबजी ने जब कुमुद को फ़ोन किया, तो वह आसपास ही था। उन्होंने आगामी दिन का अपना कार्यक्रम बता दिया था।

''नहीं, वे तो आज दिन-भर बोरीवली रहेंगी—मिस्टर इंजीनियर के यहाँ।''

एक पल की चुप्पी के बाद कुमुद बोलीं, ''उनके पास एक तिब्बती तेल की शीशी है। अगर मुश्किल न हो, तो जाते हुए मुझे दे सकते हो? या रोज़ा को भेज दो।

इस शीशी के बारे में उसे मालूम था। मेहताबजी के पाँवों में कभी-कभी दर्द होता था। एक तिब्बती डॉक्टर से जड़ी-बूटियों से बनाया गया यह तेल वे पिछले हफ़्ते ही लाई थीं।

''नहीं, कोई मुश्किल नहीं होगी। मैं दे जाता हूँ।''

''थैंक्स!''

उसे कुमुद का स्वर हमेशा के जैसा स्वाभाविक नहीं लगा।

कैम्प्स कॉर्नर को जाती हुई बस में उसका हाथ आदतन जेब से डिब्बी निकाल

लाया। फिर यकायक वह ठिठक गया। यहाँ बसों में धूम्रपान मना था। यों दिल्ली में भी है, पर वहाँ लोग परवाह नहीं करते।

डिब्बी फिर जेब में रखकर वह अनमने ढंग से बाहर देखता रहा।

पिछले दिनों कुमुद अनौपचारिक होने लगी थीं। ''जब यौवन की अन्तिम पारी में पहुँची अकेली स्त्री नयी पोशाक पहने, तो क्या उसे वाजिब प्रशंसा नहीं मिलनी चाहिए?'' उन्होंने बनावटी नाराज़गी से पूछा था। उसने तुरन्त अटककर नयी साड़ी पर बधाइयाँ दी थीं, ''तुम्हारे जैसा सजीला युवक किताबों से अपना सिर खपाये, यह बम्बई के युवती-समाज का अपमान है।'' उनके कृत्रिम क्रोध का यह दूसरा नमूना था।

रोचक बात यह थी कि ऐसे प्रदर्शन मेहताबजी के इधर-उधर चले जाने पर किये जाते थे।

कुमुद का ऐसा व्यवहार उसे मोहक नहीं लगता था, यह कहना झूठ होगा। लम्बे अर्से से वह भावात्मक शून्य में जी रहा था। किरन की याद आती थी पर भावनाओं में आवृत्त नहीं, सिर्फ़ जिस्म के स्तर पर। बीना का चेहरा सामने आता था, पर भीतर कोमलता भरने से पहले ही आख़िरी भेंट की कड़वाहट से वह विचलित हो जाता था, ''अगर मैं जानती कि तुम सिर्फ़ पुंसत्व से भरे घोड़े हो, तो मैं तुम्हारी तरफ़ देखती भी नहीं।''

''आओ।'' कुमुद ने मुस्कान के साथ कहा।

दरवाज़ा पहली घंटी के सुर उभरते ही तत्क्षण खुल गया था।

वे नाइट सूट पर गाउन पहने एक ओर खड़ी थीं। उसके भीतर आते ही उन्होंने दरवाज़ा बन्द कर दिया।

वह अनिश्चित-सा शीशी वाला लिफ़ाफ़ा आगे बढ़ा रहा था, जब वे लचक से मुड़ीं और बेडरूम की ओर बढ़ गयीं।

पल-भर ठिठककर वह फिर अनिश्चित-सा पीछे चला।

क्या नौकरानी नहीं है—वह पूछना चाहता था, लेकिन उनके हाव-भाव से लगा कि यह सवाल निरर्थक है।

वातावरण में किसी तीसरे के होने की तरंग नहीं थी।

अब उसे दरवाज़े की उनकी मुस्कान याद आयी। वह सहज नहीं, साभिप्राय थी।

एक हल्की-सी मुस्कान की कितनी छायाएँ हो सकती हैं—उसने सोचा।

''लगा दोगे?'' उन्होंने उसकी ओर पीठ किये गाउन उतारकर स्टूल पर फेंका और बिस्तर पर औंधी लेट गयीं।

वह शयनकक्ष की दहलीज़ पर ठिठका हुआ था। उसकी आचार-संहिता यही कहती थी। वह इस फ़्लैट में तीन बार आ चुका था, पर हमेशा मेहताबजी के साथ और बैठक से आगे नहीं गया था। एक बार बीच बहस में अपने तर्क की पुष्टि के लिए कुमुद उसे 'इंटीरियर' पत्रिका का नया अंक दिखाना चाहती थीं, पर थकी होने के कारण सोफे से उठना भी नहीं चाहती थीं, तो मेहताबजी प्रमाण लाने के लिए शयनकक्ष में गयी थीं।

वह भीतर आ गया।

अब उसने लक्ष्य किया कि खिड़कियों के पर्दे खिंचे थे और बिस्तर के सिरहाने की मेज़ पर लैम्प जल रहा था। उसका मद्धिम, गोलाकार प्रकाश कुमुद को घेरे था।

उसने अपने नोट्स की फ़ाइल ड्रेसिंग टेबल पर रख दी और कुर्सी की तलाश में निगाह उठाई।

''यहीं बैठ जाओ।'' कुमुद बिस्तर के बीच में सरक गयीं।

वह हिचकता हुआ बिस्तर के किनारे बैठ गया और लिफ़ाफ़े से शीशी निकाली।

घर के बाहरी हिस्से की सज्जा से वह पहले ही प्रभावित हो चुका था। शयनकक्ष में आकर वह प्रभाव और गहरा हो गया। आख़िर कुमुद का पेशा भी तो यही था।

उन्होंने अपनी कमीज़ के निचले हिस्से को ऊपर खिसका लिया। कमर से लेकर आधी पीठ अनावृत्त हो गयी।

उसने तेल की कुछ बूँदें नीचे गिराईं। फिर हल्के, झिझकते स्पर्श से उन्हें एकसार करने लगा।

तेल में किसी फूल की सुगन्ध थी। शायद जवाकुसुम है—उसने सोचा। माँ के पास इस तरह की शीशी उसने देखी थी।

उसके नथुनों में एक और सुगन्ध आई।

वह किसी युवा स्त्री के बिस्तर पर पहली बार बैठा था। बिस्तर में मोहक स्त्री-गन्ध थी—पाउडर और सेंट से घुली-मिली।

कुमुद की चिकनी त्वचा पर उसकी उँगलियाँ फिसल रही थीं।

सहसा उसकी देह सनसनाने लगी। किरन-प्रसंग बहुत पीछे छूट चुका था। आज मुद्दत के बाद वह किसी स्त्री को छू रहा था। उनकी कमर पर हाथ चलाते हुए उसने महसूस किया, नाड़ा बिल्कुल ढीला है। नितम्बों की ऊपरी रेखा को उसकी उँगलियाँ छूने लगी थीं।

उसका मुँह सूखने लगा।

स्त्री और पुरुष का स्पर्श ऐसा मुखर, ऐसा वाचाल भी हो सकता है—उसने सोचा। कुमुद की मुस्कान का अभिप्राय उनकी तनती हुई त्वचा बता रही थी।

नहीं, किरन के साथ बहुत कम समय मिलने के कारण स्पर्श के ऐसे गूढ़ार्थ वह नहीं जान पाया। बीना का स्पर्श आत्मसजग और नैतिकता-आक्रान्त था। ठीक है, होने वाले पति-पत्नी हाथ छू सकते हैं। ठीक है, छोटा-सा चुम्बन भी चल सकता है, बस।

कुमुस कसमसाईं और कमीज़ ऊपर खींच ली। ब्रा नहीं थी।

अपनी समझ में अभी तक उसे जिस बात के संकेत मिल रहे थे, वह अब स्पष्ट हो गयी। वह अनायास ही पुलक से भर उठा।

''तुमने तो कहा था, कमर में दर्द है।'' उसे ख़ुद लगा कि उसका स्वर स्वाभाविक नहीं रहा। उसने अनजाने ही 'आप' का अवरोधक फाँद लिया था।

''दर्द क्या मेरे कहने से बँधा है?'' कुमुद हँसीं, ''वह अपने-आप नहीं फैल सकता?''

कुछ पलों के बाद उसने उन्हें सीधा करना चाहा। कुमुद ने हँसते हुए उसके दबाव का अनुरोध मान लिया। उसका दायाँ उरोज कमीज़ की सिलवटों में आधा छिपा था, बायाँ पूरा अनावृत्त था।

उसकी कामनाभरी आँखें वहाँ लगी रहीं।

कुमुद हँसीं। फिर बैठते हुए उसे बाँहों में भर लिया और उसके होठों-पर-होंठ रख दिये।

स्त्री का बेबाक, आक्रामक चुम्बन उसने पहली बार जाना। सिहरन की तरंगें और व्यापक, और गहरी हो गयीं। कुमुद की जीभ उसके मुँह के भीतर सक्रिय थी। चुम्बन इस तरह उन्मत्त भी कर सकता है—उसने सोचा।

उसने एक झटके में उनकी कमीज़ खींच ली और अपना मुँह उनके उरोजों पर रख दिया। पुष्ट, सुडौल मांसलता उसके कपोलों को छू रही थी, उसके होठों-तले तनी थी।

कुमुद हँसीं और उसका माथा चूमने लगीं। फिर उतावली से उसकी कमीज़ के बटन खोले। एक धागे में उलझ गया था। व्यग्रता में टूट गया।

''बाद में टाँक दूँगी।'' कुमुद ने हँसकर कहा।

कुचाग्र को होठों में भरे हँसी की खनक उसे दूर से आती महसूस हुई।

''ओह बाबा, तुम बनियान भी पहनते हो।'' उन्होंने परेशानी के भाव से कहा। और बनियान के निचले सिरे को ऊपर खींचते हुए हँसने लगीं।

तभी दरवाज़े की घंटी बजी।

कामना का तापमान, जो बराबर बढ़ रहा था, ठिठक गया। फिर नीचे गिरने लगा।

वह जहाँ का तहाँ स्थिर हो उनकी ओर देख रहा था।

"जो भी होगा, चला जाएगा।" इस समय उनके चेहरे पर मुस्कान नहीं थी।

उसे याद आया, उन्होंने शहर के दस्तूर के विरुद्ध लैच और अतिरिक्त सिटकनी हटवा दी थी। उसकी जगह हैंडिल वाला ताला था, जिससे आगंतुक न जान सके कि दरवाज़ा अन्दर से बन्द है या बाहर से।

वे तेज़ी से आगे बढ़ीं और शयनकक्ष का दरवाज़ा बन्द कर दिया।

अब घंटी की आवाज़ नामालूम-सी हो गयी थी।

लौटते हुए उन्होंने नीवी-बन्धन खोला और पूरी निर्वसन हो उसे चूमने लगीं। कामना के ज्वार को फिर से जगाने में उसे कुछ क्षण लगे।

"चाय पियोगे?" गफ़ूर ने पूछा।

भोला ने हामी में सिर हिलाया।

गफ़ूर ने सतर्क निगाह से आसपास देखते हुए गियर बदला और सड़क के किनारे के ठेले के पास कार लगा दी।

दोनों नीचे उतरे।

"दो..." गफ़ूर ने कहने के साथ दो उँगलियों का संकेत भी किया।

दुकान वाले ने मक्खन के बड़े टुकड़े गर्म तवे पर डाले और पाव तलने लगा। साथ ही भाजी के ढेर में करछुल चलाई।

वे तीन घंटे से सप्लाई में लगे थे। कार की पिछली सीट पर माल था। किसी बन्द के कारण ट्रक को मध्यप्रदेश में तीन दिन रुकना पड़ा था। इस बीच यहाँ परम संकट हो गया। नूरे-नज़र, रहमत मंज़िल, पिंक हाउस और रातरानी में फ़ोन बराबर घनघना रहे थे।

प्याज़ के बारीक टुकड़ों के साथ भोला पाव-भाजी का निवाला चबाने लगा। शाम ढल चुकी थी। रोशनियाँ जलने लगी थीं। ऊपर मटमैला आसमान अँधेरे में डूब रहा था। ऊँची, बदरंग बिल्डिंगें सड़क पर इस तरह छाई थीं कि नीचे से ऊपर देखते हुए बेचारगी का अनुभव होता था।

उन्होंने कोलाबा से सप्लाई शुरू की थी, हालाँकि वह उनका नहीं, असलम

का क्षेत्र था। बम्बई पहुँचने वाला पहला ट्रक नूर भाई का था। असलम का फ़ोन आने पर इलियास भाई ने शकूर भाई को तुरन्त कार्रवाई करने की हिदायत दे दी थी।

वास्तविक स्वामी पिंक हाउस में रहने वाले नूर भाई थे। उनके पुराने सहयोगी शकूर भाई नम्बर दो थे। इलियास युवराज था और मुर्तज़ा प्रमुख सिपहसालार। इलियास से छोटा इम्तियाज़, जो गफ़ूर का अन्तरंग था, किसी वजह से छह महीनों से दुबई में था। बुढ़ापे के कारण नूर भाई ने 'अवकाश प्राप्त' कर लिया था।

आज सुबह पहली बार उसे पिंक हाउस जाने का सम्मान मिला था।

एक हफ़्ते पहले चौथे पैग के बाद गफ़ूर ने बता दिया था, कामथ के ज़रिए मथुरा से की गयी उसकी छानबीन की रिपोर्ट आ गयी है—साफ़-सुथरी। उसे पसन्द भी किया जा रहा है। उसे अब और ज़िम्मेदारी के काम सौंपे जाएँगे।

जै-जै-जै हनुमान गुसाईं, कृपा करो गुरुदेव की नाईं—मन-ही-मन जपते हुए वह माटुंगा स्थित बँगले के सामने टैक्सी से उतरा। टैक्सीवाले ने किसी से पता नहीं पूछा था। उसे मालूम था, पिंक हाउस कहाँ है। उसके हाव-भाव से भोला के प्रति सूक्ष्म सम्मान भी प्रकट हो रहा था।

तीन मंज़िल का पुराना बँगला कभी गुलाबी रहा होगा। अब उस पर हरे और सफ़ेद रंग हावी थे। ऊपरी मंज़िल की दो-तीन खिड़कियाँ खुली थीं। बाग में आम और नारियल के पेड़ लगे थे।

एक फाटक खुला था। एक वर्दीधारी चौकीदार स्टूल पर बैठा था। दूसरा हाथ में फुहारा लिये क्यारियों में पानी दे रहा था। पास ही पेड़ के नीचे बिछे तख्त पर तीन युवक ताश खेल रहे थे। उनमें से एक को उसने रातरानी के सामने इलियास भाई की कार चलाते हुए देखा था।

चौकीदार उसे देखते ही तुरन्त सवालिया मुद्रा में खड़ा हो गया।

"भोला...मुर्तज़ा भाई ने भेजा है।"

पहचाने युवक ने पास आते हुए सिर हिलाया और बरामदे की ओर बढ़ गया।

तभी सफ़ेद एम्बेसेडर सड़क से इस ओर मुड़ी। चौकीदार ने लपककर दूसरा फाटक खोल दिया।

भोला तत्काल पीछे हटा।

कार में दोनों खिड़कियों के पर्दे सरके हुए थे। भीतर बुर्का पहने दो स्त्रियों की झलक दिखाई दी। एक की गोद में चार-पाँच साल की बच्ची थी। बच्चे ने भोला की ओर हाथ हिलाते हुए टा-टा किया।

"आओ!" पहले युवक ने बरामदे की सीढ़ियों से बुलाया।

चाँदी के-से रंग की कार के बग़ल से गुज़रकर भोला आगे बढ़ा। एम्बेसेडर पोर्च में रुकी हुई थी। एक स्त्री बाहर निकल रही थी।

''जाओ।'' युवक ने संकेत किया।

दरवाज़े पर पर्दा लहरा रहा था। हिचकते हुए भोला आगे बढ़ा।

''सलाम साहेब!''

इलियास भाई रेशमी लुंगी-कुर्ता पहने कुर्सी पर बैठे डायरी में कुछ लिख रहे थे। उन्होंने निगाह उठाकर बैठने का इशारा किया।

सामने लम्बा सोफ़ा था। शायद उनका इशारा उसी की ओर था। पर वह नीचे बिछी दरी पर बैठ गया।

दीवारों पर नूरे-नज़र के जैसे मक्का-मदीने के दो चित्र लगे थे। एक मेज़ पर गुलदस्ता था।

भीतर कहीं से संगीत के साथ बोल उभरे, ''जलवे तेरे गुलशन गुलशन सतवत तेरी सहरा सहरा / रहमत तेरी दरिया दरिया सुबहानल्लाह सुबहानल्लाह...''

इलियास भाई ने आलमारी खोली। कपड़े का आवरण चढ़े दो बड़े बंडल एक थैले में डाले। फिर थैला उसकी ओर बढ़ाया। फिर डायरी से निकालकर एक पुर्ज़ा उसे थमा दिया।

''यह है नाम-पता...''

वह सलाम करके बाहर निकल आया।

टैक्सी में थैला गोद में रक्खे वह इस तरह चौकन्ना बैठा था, जैसे हवा का अदृश्य झोंका कहीं झपट्टा मारकर थैला न छीन ले।

तुम्हें दो लाख पहुँचाने हैं, मुर्तज़ा ने बताया था। यह हवाला है। दुबई में इम्तियाज़ को डॉलरों में यह रकम दे दी गयी है। यह काला पैसा है, हमारी तब्दीली दर सरकार से ज़्यादा है और हम आमतौर से चौबीस घंटे के भीतर भुगतान कर देते हैं।

मैं तो सिर्फ़ एक लाख कमाने के लिए मायानगरी में आया हूँ—बीड़ी सुलागते हुए भोला ने सोचा। अगर मैं यहाँ से सीधे स्टेशन पहुँचकर मथुरा की गाड़ी पकड़ लूँ, तो?

भोला के माथे पर नमी आने लगी।

मुर्तज़ा ने रातरानी से भरोसे की टैक्सी में उसे भेजा हैं, इस ड्राइवर को उस पर निगाह रखने का निर्देश मिला होगा।

किसी ने उससे कहा नहीं था, पर उसने छुरा साथ रख लिया था।

यह छुरा उसे खोली की सफ़ाई करते हुए मिला था। बहुत तेज़ और हल्का। लड़की की मूठ पर उँगलियों के दबाव की जगहें उभरी हुई थीं।

उसने साबुन से धोकर छुरे को कपड़े से रगड़-रगड़कर साफ़ किया था।

छुरा किसका है, इस बारे में ज़्यादा सोच-विचार की ज़रूरत नहीं थी। निस्सन्देह रामौतार भैया का रहा होगा।

वे यरवदा जेल में थे।

खिड़की के बाहर के एकरस कोलाहल पर फैक्टरी का क्वार्टर सुपरइम्पोज होने लगा, फिर पीढ़े पर बैठी माई दिखाई दी, फिर अँगीठी फूँकती साँवली-सलोनी चन्दा कूकी, ''चा बन गयी भैया!''

घर और परिवार की याद यकायक फाँस-सी चुभने लगी।

उसने अग्रिम में से तीन सौ का मनीऑर्डर आते ही भेज दिया था। इस महीने और ज़्यादा भेजने का इरादा था, पर चन्दा की चिट्‌ठी आ गयी। माँ ने लिखवाया था, हमारी गुजर तो हो ही रही है। तुम यहाँ पैसे मत भेजो। वहीं जमा करो। पाँच हजार हो जाएँ, तो साथ लेते आना। चन्दा के हाथ पीले कर देंगे। तुम यहाँ की कोई चिन्ता मत करना।

वह कल माँ-बहन के सामने पहुँचे और इन बंडलों के नोट दिखाकर उन्हें चमत्कृत कर दे, तो?

टैक्सीवाले को वह झाँसा दे सकता है। पर जानता है, इन लोगों के हाथ बहुत लम्बे हैं। ऐसे धोखे की इनकी दुनिया में एक ही सज़ा है।

सुना है, उस्मान को यही सज़ा मिली थी। हाजी मलंग की दरगाह में माथा टेकने के बाद उसे सत्रह गोलियों से छेद दिया गया था।

उसने इतने ही लाख राशि की वंचना की कोशिश की थी।

उसके हिस्से में दो गोलियाँ आएँगी।

वह शाम की आरती के बाद मथुरा में नटवरलाल के मन्दिर से निकलेगा, तो यकायक मुर्तज़ा, गफूर और किट्‌टू को पिस्तौलें ताने अपना रास्ता रोके पायेगा।

'अपने भगवान को आख़िरी बार याद कर ले भोला!' लबलबी की ओर उँगली बढ़ाते हुए मुर्तज़ा कहेगा।

नहीं, अगर पकड़े जाने का डर नहीं होगा, तब भी वह अपने धर्म के रास्ते पर चलेगा। पहले की तरह नमकहलाली करेगा। वह तो हनुमान का भक्त है, जिन्होंने अपनी भावनाएँ अपने प्रभु के चरणों में अर्पित कर दी हैं।

''यही है।'' टैक्सी वाला इमारत के गेट पर रुक गया।

जेब का काग़ज़ वह कई बार देख चुका था। हाँ, यही नाम है—ब्ल्यू बर्ड। वह फुर्ती से बाहर निकला। इस कंचनमृग से जितनी जल्दी पीछा छुड़ा ले, उतना ही अच्छा।

थैला सीने से लगाये उसने तेज़ क़दमों से सीढ़ियाँ चढ़ीं, ग्यारह नम्बर देखा और घंटी बजा दी।

दस-ग्यारह साल के लड़के ने दरवाज़ा खोला, "कौन माँगता?"

"कृष्णन साहेब हैं?"

लुंगी-गंजी पहने, चश्मा लगाये एक दुबला-पतला व्यक्ति सवालिया निगाह से देखते हुए आगे आया।

"आपकी पेटी आई है।"

दरवाज़ा पूरा खुलने पर वह भीतर आ गया। छोटे बच्चे को गोद में लिये एक युवा स्त्री रसोई के द्वार पर दिखाई दी।

"गिन लीजिए।" उसने थैला आगे बढ़ा दिया।

उस व्यक्ति ने थैला तख़्त पर रखा, बंडल निकाले और गिनने लगा।

भोला संकेत पर कुर्सी पर बैठ गया था।

आसपास चुप्पी थी।

इसके बेटे ने कितने समय में कितनी मेहनत से यह पैसा कमाया होगा—उसने सोचा।

"ठीक है।" उस व्यक्ति ने सिर हिलाया।

भोला बाहर निकल गया।

"बहुत थक गया हूँ।" अपनी जगह कसमसाते हुए गफ़ूर बोला, "सुबह छह बजे दहिसर नाके पर चला गया था। एक तरह से रात को सोया ही नहीं।"

"ड्यूटी में ऐसा हो जाता है।" भोला ने टिप्पणी की।

गफूर ने तिरछी निगाह से उसकी ओर देखा, पर भोला संजीदा था।

कार गली में मुड़ी तो भोला ने जगह पहचान ली। वह दो बार कुट्टी के साथ यहाँ आ चुका था।

"गफूर भाई, आप बैठो।" भोला ने कहा, "मैं देकर आता हूँ।"

गफूर हामी में सिर हिलाते हुए नीचे खिसक गया और सिगरेट जलाने लगा।

भोला ने पिछली सीट से तीन पैकेट उठा लिये।

गली आधी से ज़्यादा अँधेरे में डूबी थी। इमारत के ज़ीने पर फीकी, मटमैली रोशनी थी। गैराजवाला एक गाड़ी के नीचे घुसा ठोकाठोकी कर रहा था।

लकड़ी का पुराना ज़ीना उसके क़दमों से चरमरा रहा था। ऊपर तक धमक हो रही थी। उसने पहली मंज़िल के दराज़ पर धीरे से दस्तक दी।

"कौन?"

"भोला..."

दरवाज़ा खुल गया।

"भीतर आओ भोला सेठ!" राव बोला। वह अपनी लँगड़ी टाँग पर सहारे के लिए हाथ रखे था।

"जल्दी में हूँ। गफ़ूर भाई नीचे खड़े हैं।" भोला ने पैकेट आगे बढ़ाये।

"अरे, आधा माल दिया।"

"कल नहीं तो परसों और लाऊँगा। अभी इतने से चला लो।"

"बन्द का लफड़ा है?"

भोला हामी में सिर हिलाकर मुड़ने लगा। हर जगह यही हो रहा था। माँग ज़्यादा थी, माल कम। उसका बस चलता तो राव को और देता। वह पहले अपने ही साथ था। फिर एक मुठभेड़ में पाँव बेकार हुआ, तो उसने 'अवकाश प्राप्त' कर लिया।

वह जल्दी-जल्दी सीढ़ियाँ उतरने लगा। अच्छा हुआ, जो आने के हफ़्ते भर के भीतर मैंने कैनवास के जूते ले लिये—उसने सोचा।

ज़ीने के मोड़ पर उसने गोली की पहली आवाज़ सुनी।

पल के एक हिस्से के लिए वह निश्चल रह गया। फिर फुर्ती से नीचे उतरा।

अब तक तीन गोलियाँ चल चुकी थीं।

गली पहले की तरह अँधेरी और सूनी थी। गली के मोड़ से आगे एक कार ने आकर मोर्चा जमा लिया था।

दो गोलियाँ फिर चलीं।

गफ़ूर अपनी कार की ओट में ही था। पिछली गोली वहीं से चली थी, पर वह दिखाई नहीं दिया।

गैराज के सामने खड़ी बस के किनारे दुबकते हुए भोला आगे बढ़ा। उसने अपना छुरा निकाल लिया था।

गली के मोड़ पर खड़ी कार के पीछे कोई हिला और एक गोली चली। भोला को लगा, अपनी कार का काँच टूटा है।

वह दीवार से चिपका हुआ आगे बढ़ने लगा।

मोड़ वाली कार के पीछे एक सिर दिखाई दिया। फिर एक आकृति घूमकर थोड़ी और स्पष्ट हुई।

भोला अपनी जगह कचरे के ढेर के पास दुबक गया।

वह व्यक्ति कुछ क़दम आगे आया। उसके हाथ में पिस्तौल थी। दो क़दम चलकर उसने यकायक पीछे देखा।

इसी पल भोला झपटा और उसने उसकी पीठ पर छुरे का भरपूर वार किया। हल्की चीख के साथ वह नीचे झुक गया।

पल-भर भोला की समझ में नहीं आया कि वह क्या करे! तभी मोड़ से गोली चली और भोला की दाईं बाँह में बिजली के नंगी तार को छूने जैसा झटका लगा। अगले पल वह घुटनों के बल ज़मीन पर झुक गया।

इस बार तीन गोलियाँ चलीं, पर इमारत की पहली मंज़िल से। क्या राव खिड़की में आ गया है—उसने सोचा।

मोड़ की कार के काँच टूटे। एक कराह भी सुनाई दी।

फिर दरवाज़े बन्द हुए और कार के जाने की आवाज़ आई। घायल व्यक्ति कन्धे, पेट और घुटनों के सहारे गुड़ीमुड़ी था। क्या मर गया है—भोला ने सोचा।

खून निकलने से उसकी बाँह में सनसनी होने लगी थी।

छुरे पर मेरी उँगलियों के निशान हैं—उसने सोचा।

उसने छुरे पर उँगलियाँ रक्खीं और एक झटके में उसे निकाल लिया।

अब जल्दी-से-जल्दी यहाँ से निकल जाना चाहिए—उसने सोचा।

वह तेज़ क़दमों से अपनी कार की ओर बढ़ा। गफूर एक पहिए से टिका लम्बी-लम्बी साँसें ले रहा था। उसके पेट के आसपास खून की लाली थी।

उसने पिछला दरवाज़ा खोला और थैले में छुरा व गफूर की पिस्तौल डाल दी। फिर पैकैट बटोरकर भर दिये। सहारा देकर गफूर को खड़ा किया और दूसरी तरफ चलने लगा।

अगला गन्तव्य उसके सामने साफ़ हो रहा था।

वह दो बार कुट्टी और मुनव्वर के साथ खार में डॉक्टर बेग के यहाँ गया था। नीचे क्लीनिक थी, ऊपर निवास। वहाँ पहुँचकर मुर्तज़ा को फ़ोन कर देगा कि गाड़ी यहीं छूट गयी है।

यकायक उसे अपनी एक भूल का एहसास हो गया। उसने इग्नीशन में लगा गफूर का चाबियों का गुच्छा वहीं छोड़ दिया था।

कोने में खड़ा एक छोकरा आँखें फाड़े उनकी ओर देख रहा था।

उसकी बाँह से टपकते खून ने कमीज़ के निचले हिस्से को भिगोना शुरू कर दिया था। उसके हाथों पर गफूर का बोझ और बढ़ रहा था।

''कहाँ जाने...'' उसके हाथ के इशारे पर रुकी टैक्सी के चालक का सवाल बीच में ही डूब गया।

"खार..." उसकी अनियन्त्रित उँगलियों ने कमीज़ की जेब से सौ के दो नोट निकालकर बढ़ाए।

टैक्सी वाला सकपका गया था। फिर उसने पिछला दरवाज़ा खोल दिया।

गफूर को बिठाते हुए उसने दूर पीछे पुलिस का सायरन सुना।

सत्तार हमारे पीछे क्यों पड़ा है—कुछ क्षणों बाद हाइवे पर की तेज़ गति में पश्चिम से आती ठंडी हवा के झोकों से सँभलते हुए उसने सोचा।

छह

''कोना कॉफ़ी...'' नील ने कहा।

वह सुबह के पौने ग्यारह बजे होटल प्रेसीडेंट के गुलज़ार रेस्तराँ में बैठा था। जैसा कुमुद से तय हुआ था, वह ठीक सवा दस बजे पहुँच गया था, पर वह नहीं थीं। वह बाहर लॉबी में चला गया और सिगरेट पीते हुए आने-जाने वालों को जायज़ा लेता रहा।

कुमुद को एक बड़ी कम्पनी की आन्तरिक सज्जा का आदेश मिला था। वे प्राचीन भारतीय स्थापत्य और मोटिव्स में रुचि दिखा रहे थे। कुमुद के बनाये रेखाचित्रों में उसने कुछ सुझाव दिये थे। इनमें गुप्तकाल की शालभंजिका और हंसों के युग्म के मोटिव्स कुमुद को पसन्द आये थे। कम्पनी के कार्यकारी निर्देशक ने स्वीकृति देते हुए कुछ स्पष्टीकरण और विस्तार जानने चाहे थे। नील की प्रशंसा भी कर दी थी। तो कुमुद ने उत्साह से इस भेंट का आयोजन कर दिया।

मित्रता के पाँच महीने पूरे हो रहे थे। इस दौरान कुमुद उसकी यौन-गुरु हो गयी थीं।

नील को इतना तो एहसास था कि स्त्री पुरुष की शारीरिक निकटता होती है, लेकिन यह प्रक्रिया इतनी दुरूह, गहन और जटिल भी हो सकती है—यह उसने कुमुद से सीखा।

''नील, अभी तुम बिल्कुल नौसिखिए और अनगढ़ हो।'' पहली भेंट के उत्तरार्ध में कुमुद ने कॉफ़ी का घूँट लेकर संजीदगी से कहा, ''बोलो, ज़िन्दगी में कुछ करना है या नहीं?''

''जी, चाहता तो हूँ।'' उसने गम्भीरता का अभिनय किया।

''मैं तुम्हें दीक्षा दूँ? लेकिन ध्यान रहे, यह सच्ची लगन, कठिन परिश्रम और कट्टर अनुशासन का गुरुकुल होगा।''

''जी, गंडा बाँध दीजिए।'' उसने अपनी बाँह आगे बढ़ाई।

उसने समर्पित विद्यार्थी की तरह नियमित रूप से दीक्षा लेनी शुरू कर दी। आमतौर से दिन में कम-से-कम एक पाठ का लक्ष्य निर्धारित हुआ था। कुछेक बार ऐसा हुआ, जब कुमुद की व्ययस्तता, मासिक मजबूरी या मेहताबजी की ज़रूरत की वजह से नागा करना पड़ा। स्वाभाविक था कि कक्षा का समय एवं अवधि निश्चित नहीं की जा सकी। वह स्थिति एवं पाठ विशेष की दृष्टि से लचीली रही।

कुमुद लंच के लिए घर आती थीं, इसलिए ज़्यादा सुविधा इसी समय थी। बस, उन्हें समय थोड़ा आगे खिसकाना पड़ा। अब वे एक की बजाय दो बजे आने लगीं, क्योंकि पौने दो, दो तक मेहताबजी के साथ नील का रहना जरूरी था। शिष्य का इतना ध्यान रखने वाले गुरु पर नील बलिहारी हो गया। मेहताबजी ने यकायक लक्ष्य किया कि नील के दोपहर के भोजन की मात्रा काफी कम हो गयी है। उसने विनम्र भाव से 'चुस्ती बनाये रखने' के लिए अपनी प्रतिबद्धता प्रकट कर दी। सचाई यह थी कि गुरुजी ने भोजन के तुरन्त बाद के शिक्षण को उतना प्रभावी नहीं पाया था। इसलिए नील अब पाठ खत्म होने के बाद ही गुरु के साथ लंच ग्रहण करने लगा। "तात, अब तो ज्ञान-दान के साथ-साथ मेरे रोएँ-रोएँ में आपका नमक भी बस गया है।" एक दिन श्रमसाध्य प्रशिक्षण के बाद थके हुए गुरु के चरण अपनी गोद में रखकर दबाते हुए उसने कृतकृत्य भाव से कहा।

अगर किसी कारण वह दोपहर में पाठ्यक्रम से वंचित रहा, तो शाम को लाभान्वित हो गया। अगर किसी पेशेवर भेंट के कारण कुमुद शाम को भी व्यस्त थीं, तो किसी समय रात की टोह ली जाती। वह कई बार रात को साढ़े दस बजे मेहताबजी के 'शुभ रात्रि' के साथ ऊपर चले जाने के बाद पाठशाला गया था (रोज़ा से उसने पिछले दरवाज़े की अतिरिक्त चाबी ले ली थी और नागा न होने देने के लिए गुरु तथा शिष्य दोनों ही उतावले थे!)। दो बार कुमुद दो-तीन दिन तक अपने काम में उलझी रहीं और जब अपराह्न में यकायक समय की थोड़ी गुंजाइश निकली, तो विश्वविद्यालय पुस्तकालय से उसे ले गयीं।

"सम्बद्ध स्त्री-पुरुष के बीच आकर्षण बुनियादी शर्त है।" कुमुद ने दीक्षा के पहले दिन कहा, "यह सच है कि शारीरिक सम्पर्क के साथ-साथ भावना में भी गहराई आती है, लेकिन यह सम्पर्क उस कोमलता का विस्तार है, जो दोनों के भीतर एक-दूसरे के लिए पहले है। समागम धीरे-धीरे पनपने वाले इसी लगाव की परिणति है। लगाव के बिना शारीरिक सम्पर्क वेश्यावृत्ति के बराबर है।"

"स्त्री और पुरुष वीणा और वादक के समान हैं।" कुमुद ने अगला पाठ

पढ़ाया, ''निस्सन्देह ऊँचे स्तर की निर्दोष, कसी हुई वीणा भी रागोपलब्धि में अपना योगदान देती है, लेकिन अगर वादक में सही रागिनी की समझ और उँगलियों में सही झाला निकालने का कौशल नहीं है, तो? एक रागिनी फूटती है, तो कव्वे बोलने लगते हैं। और दूसरी उभरती है, तो हिरन आकर झूमने लगते हैं। पुरुष होने के नाते समागम की सफलता की मुख्य ज़िम्मेदारी तुम्हारे ऊपर है। तुम्हारा व्यवहार, तुम्हारी कार्य-प्रणाली ऐसी होनी चाहिए कि स्त्री भीतरी कोमलता से छलकने लगे। इस बाँध तोड़ देने की बेकल स्थिति तक स्त्री को लाना—यह भावात्मक कुरुक्षेत्र की अनिवार्य चुनौती है। संवेदनशील स्त्री धीरे-धीरे तैयार होती है। इस तैयारी के विविध सोपानों की बारीक़ समझ ही यौन-कला है और यौन-विज्ञान भी।'' उनके सुन्दर चेहरे पर लुभावनी संजीदगी थी, ''मैं सारी ललित-कलाओं से ऊपर प्रेम-कला को प्रतिष्ठित करती हूँ। एक नृत्यांगना और उसके साजिन्दे या जुगलबन्दी में सितार और तबलावादक एक ही कला-पथ के सहयात्री हैं, लेकिन उनके आदान-प्रदान की एक सीमा है। वे अपने कला, पक्ष, अपने क्राफ्ट का संगम कर रहे हैं। उनका व्यक्ति अलग खड़ा है। लेकिन प्रेम में दो शरीरों, दो भावतन्त्रों और दो स्नायुमंडलों का मिलन होता है। अपने इस संसार में अपने आपके स्वैच्छिक समर्पण की इससे गहरी मिसाल दिखाई नहीं देती। यह मेरे लिए सुन्दरता का स्वच्छ प्रतिमान है, इसलिए मेरे तईं हर प्रेम-शैया पावन और वन्दनीय है।''

''विपरीत लिंगियों के बीच स्पर्श विलक्षण है।'' कुमुद अगले दिन बोलीं, ''इसकी उपमा के लिए मुझे शब्द नहीं मिल रहे...आपसी लगाव को रेखांकित करने वाला स्पर्श बेजुबान सन्देशवाहक है। स्पर्श वे अमूर्त कुंजियाँ हैं, जो स्त्री के रोम-रोम में लगे तालों को खोलती हैं। तुम्हारी भावना अपने-आप तुम्हारे स्पर्श को स्त्री के लिए विशिष्ट, जीवन्त बना देगी; लेकिन उसके साथ अगर कामकला का क्राफ़्ट भी मिला हुआ हो, तो तुम दोनों के लिए अनिवर्चनीय सुख का दरवाज़ा खोल सकते हो।''

''तुमने अपनी बाँहें बढ़ाईं।'' कुमुद ने परवर्ती पाठ का खुलासा किया, ''...और स्त्री हल्की मुस्कान से उनमें समा गयी। उसने तुम्हारी बाँहों में अपने को ढीला छोड़ दिया। यह समर्पण की पहली सीढ़ी है। अभी उसके भीतर सही और गलत की खींचतान है, संशय और द्वन्द्व चल रहा है। अपने सीने से लगाये हुए तुमने उसकी पीठ और कमर पर एक-एक हाथ रखा। तुम्हारी इस स्पर्श-भाषा से ही मालूम हो जाएगा कि वह प्रेम-काव्य रचने में कितनी समर्थ है! तुम्हें समझ होनी चाहिए कि तुम्हें कहाँ, कैसे और कितनी देर छूना है, दबाव की भंगिमा और मात्रा कितनी होनी चाहिए...''

कुमुद ने उसे बाँहों में भरकर आलिंगन के विविध प्रकार और उनके प्रभाव समझाये।

"समर्पण का दूसरा सोपान है—चुम्बन!" वे आगमी सप्ताह आगे बढ़ीं, "मानवीय सभ्यता के विकास में वह दिन क्रान्तिकारी था, जब स्त्री और पुरुष ने एक-दूसरे को पहली बार अधरों पर चूमा। इसके बाद दुनिया पहले जैसी नहीं रही। चुम्बन...सुनने में कितनी आम बात लगती है, पर अभी भी जब मैं संजीदा चुम्बन-चित्रण देखती हूँ, विभोर हो जाती हूँ..." कुमुद ने अपनी हथेलियों के सहारे उसका चेहरा ऊपर उठाया, "आपसी लगाव की मासूम स्वीकृति—सादी, मोहक..." उन्होंने उदाहरण दिखाया..."अब कामना के ज्वार की शुरुआत...अब ज्वार में तीखा आलोड़न...अब कगार टूट रहा है...और इसे कहते हैं—पैशन...."

"प्रश्न किया जा सकता है कि अज्ञात की चिन्ता क्यों की जाए?" भारतीय विद्या भवन में स्वामीजी का प्रवचन चल रहा था, "उसका क्या उपयोग है? उत्तर यह है कि वास्तविकता की उपेक्षा करना मूर्खता है। अज्ञात इसलिए कम वास्तविक नहीं हो जाता, क्योंकि वह ज्ञात नहीं है। हम उसके बारे में इतना जानते हैं कि उसका अस्तित्व है और सारी सृष्टि से, जिसमें हम भी सम्मिलित हैं, उसका घनिष्ठ सम्बन्ध है। फिर हम उसकी उपेक्षा कैसे कर सकते हैं? हम जानते हैं कि मानवीय दृष्टि के सामने आने वाली शून्यता वास्तव में शून्यता नहीं है। वह अत्यन्त महत्त्वपूर्ण वास्तविकता से परिपूर्ण है। यह बात भिन्न है कि हम उसमें गहरे नहीं उतर सकते, उसका विश्लेषण नहीं कर सकते या उसे समझ नहीं पाते।"

मेहताबजी के लिए फुसफुसाकर अनुवाद करते हुए वह ठिठका।

क्या मैं अज्ञात की चिन्ता कर रहा हूँ—उसने सोचा।

"क्या भौतिक जगत में गणितशास्त्री ऐसी संख्याओं से काम नहीं लेता, जो व्याख्या के लिए बहुत छोटी या बहुत बड़ी होती हैं? अपरिमित, शून्य और असंख्यता की गणितशास्त्र में उपेक्षा नहीं की जाती, बल्कि उनसे विज्ञान के विकास में सहायता मिलती है। इसी प्रकार जो असीम हमें पहेली-जैसा दिखाई देता है, वह हमारे व्यावहारिक जीवन के लिए भी असत्य या निरुपयोगी नहीं है। हो सकता है, गीता, उपनिषद् और संसार के अन्य धर्मग्रन्थों में जो कुछ कहा गया है, वह हमें बहुधा उतना स्पष्ट न मालूम होता हो, जितना हम चाहते हैं। मनुष्य के तर्क की परिधि में आने वाले विषयों की व्याख्या की जा सकती है और उन्हें सिद्ध भी किया जा सकता है, परन्तु उसके परे के विषयों को समझने के लिए श्रद्धा और मनन की ज़रूरत हैं। धर्मग्रन्थ को श्रद्धापूर्ण मनन में सहायक माना जाना

चाहिए। श्रद्धापूर्ण मनन ही एकमात्र उपाय है, जिससे अज्ञात सत्य की झलक पाई जा सकती है। पहले जो परस्पर-विरोधी वाक्यांशों की निरर्थक ध्वनि-सी मालूम होती है, वही मन और कर्म को शुद्ध कर लेने से तथा ध्यान एवं प्रार्थना का बल पाकर ठोस या अर्थगर्भित बन जाती है।''

''रति-क्रीड़ा को हम तीन हिस्सों में बाँट सकतेत हैं।'' कुमुद ने कहा, ''सुचिन्तित, सुदीर्घ फ़ोरप्ले सफल केलि का आधार है। प्रणय-कक्ष में स्त्री आ चुकी है। अपने ऊहापोह पर क़ाबू पाकर उसने देहोत्सर्ग का निश्चय कर लिया है। तुम्हारी पूर्व-लीला ऐसी होनी चाहिए, जिससे उसके मन के इस निर्णय को उसका तन अपने-आप व्यक्त कर दे। ज़ाहिर है, तुम्हारी भावनात्मक रणनीति मौलिक, कल्पनाशील और प्रभावी होनी चाहिए। अभी स्त्री सिर से पाँव तक कपड़ों सक ढँकी सोफ़े पर बैठी है। पूर्व-लीला के दौरान स्पर्शों, आलिंगनों और चुम्बनों के भरपूर व्यवहार के साथ गाँठ, हुक, ज़िप, बटन के अवरोध पार करने हैं—दिमाग़ के निर्णय को मन से स्वीकार करवाते हुए देह से कहलवाना है। अगर हम वीणा के रूपक को आगे खींचें, तो इस बेला हमें कुछ तारों को ढीला करना, कुछ को कसना है—उनके सुरों को एकसार करना है, तारों की तनी स्निग्धता को उँगलियों की तपिश से परिचित होना है और प्रेमिका को प्रणय-शैय्या तक लाना है। पूर्व-लीलाएँ उतनी ही विविध हो सकती हैं, जितनी कि स्त्रियाँ। बस, लक्ष्य एक ही होता है—आत्मीय की निकटता से बढ़ती पुलक और तन में अपनी अपूर्णता का थरथराता आर्द्र एहसास, जिसे दूसरी पूरक देह भर देगी।''

उसके संकेत पर वह स्त्री की भूमिका में आत्मसजग स्मित के सोफ़े पर बैठ गया।

''अब दूसरे भाग के बारे में मैं क्या कहूँ!'' अगले महीने कुमुद हँसकर बोलीं, ''इसकी व्याख्या करने बैठूँगी, तो चारों वेदों के आकार का रति-वेद तैयार हो जाएगा और विषय फिर भी एग्ज़ॉस्ट नहीं होगा—बस, रोज़ाना हम दोनों हो जाया करेंगे! सचाई तो यह है कि महानगर में कामकाजी स्त्री-पुरुष के पास वह एकान्त और एकाग्रता कहाँ, जो रति-साधना के लिए अनिवार्य है। चूँकि हम हिमालय की कन्दराओं में नहीं जा सकते, इसलिए यहीं भूल-चूक लेनी-देनी पर आधारित अभ्यास करेंगे। गीता में कहा ही गया है कि सिर्फ़ कर्म पर ही मनुष्य का अधिकार है।''

''सत्य वचन...'' उसने हामी में सिर हिलाया।

"आओ जिज्ञासु..." वे उसका हाथ पकड़कर शैय्या की ओर ले गयीं, "हम मुद्रिका आसन से श्रीगणेश करेंगे।"

नील को पहली बार एहसास हुआ कि जीवन में वसन्त किस तरह आता है।

किरन को ज़्यादा जानने का समय नहीं मिला और बीना भावना की बाहरी सीमा-रेखा तक ही आ पायी। वह कुमुद ही थी, जो मदमाती बयार की तरह उसके भीतर भर गयी।

इस लुभावनी स्त्री की आत्मीयता ने मुझ ठूँठ को हरे-भरे वृक्ष में बदल दिया है—उसने पुलक के साथ सोचा।

कुमुद की छवि उसकी आँखों में इतराई हुई रति के रूप में आती, जो निचला होठ दाँतों-तले दबाये, अनुरागभरी तिरछी चितवन से भौंरों की पाँत की डोरीवाला पुष्पधनुष खींच रही हों। उनकी हँसी कानों में बजती रहती। अपने कमरे में आकर कपड़े उतारता, तो अपनी देह से उनके प्रिय मित्सौको इत्र की महक आती। जब-तब अपनी कमीज़ में उनका लम्बा बाल उलझा हुआ मिलता। सीने के अर्धचन्द्र और जंघाओं के मयूरपद नख-क्षत तो छिपे हुए रहते, पर एक बार जब उन्होंने गले को चंचल मुस्कान के साथ खंडित मेघ दन्त-क्षतों के भर दिया, तो उसे सर्दी-जुकाम का बहाना बनाकर बन्द गले का कुर्ता पहनना पड़ा।

"किस सोच में डूब गयीं?"

अपना वर्षगाँठ की शाम वह दर्पण के सामने मेकअप करते हुए ठिठक गयी थीं।

"बढ़ती उम्र के निशान देख रही हूँ।"

यकायक गुमसुम हो जाने की उनकी आदत उसके लिए एक कसक थी। दूसरी थी, इस रिश्ते को अँधेरे में रखने का दबाव।

"कहीं मेहताब को पता न चल जाए।" हर तीसरे दिन वे दुहरा देतीं।

"तुम्हें किस बात का डर है?" पहली बार यह विषय उठने पर उसने कहा, "तुम तो उनकी मुलाज़िम नहीं।"

"मैं जानती हूँ, उसे बुरा लगेगा। उसकी नैतिकता को ठेस पहुँचेगी।"

"हम दोनों वयस्क हैं और अकेले।"

"लेकिन मैं तुमसे उसकी मित्र की हैसियत से मिली हूँ। वह मुझे ग़लत समझेगी।"

"मैं दोष अपने ऊपर ले लूँगा। तुमने मेरे साथ बलात्कार तो नहीं किया है।"

कुमुद के मुँह पर मुस्कान नहीं आयी, "वह तुमसे नहीं पूछेगी। तुम्हारी नहीं सुनेगी।"

लंच के बाद से लेकर शाम की चाय से पहले के अलावा वायोलेट विला में उसे फ़ोन करना कुमुद के लिए मुश्किल होता जा रहा था। रोज़ा भी तो उनकी आवाज़ पहचानती थी। रोज़-रोज़ का फ़ोन उसके लिए भी कौतूहल बन सकता था। नील आसपास होता, तो घंटी बजते ही रिसीवर उठा लेता। पर हमेशा फ़ोन के आसपास मँडराना मुमकिन नहीं था। नतीजा यह हुआ कि अक्सर रोज़ा के 'हैलो' कहने पर कुमुद को लाइन काट देनी पड़ी। पहले महीने में ही एक बार दोपहर के भोजन की बातचीत देर तक खिंच गयी। घंटी बजी, तो मेहताबजी ने रिसीवर उठा लिया। कुमुद सकपका गयीं। सुबह भी उन्होंने रिसीवर उठा लिया था, पर तब कुमुद ने 'गुडमार्निंग' के साथ कामचलाऊ बात कर ली थी। इस बार हड़बड़ाकर लाइन काट दी।

"कोई है, जो मेरी आवाज़ पसन्द नहीं करता।" मेहताबजी ने हल्की मुस्कान से कहा। इस मैत्री के कारण उसमें जो परिवर्तन आ रहे हैं, क्या मेहताबजी ने लक्ष्य नहीं किये होंगे—वह अपने-आपसे यह सवाल कई बार पूछ चुका था।

"तुम्हें शायद यह सुनकर हँसी आये कि मैं तीसरे भाग को सबसे महत्त्वपूर्ण मानती हूँ।" पाँचवें महीने में कुमुद बोलीं, "मेरी दृष्टि में पुरुष की जिम्मेदारियों का सबसे संगीन दबाव यहीं से शुरू होता है। सम्भोग के बाद—यह शैय्या-शैली का बहुत नाजुक मोड़ है। कुछेक अधम प्रेमी ऐसे होते हैं, जो 'कांक्वेस्ट' का इज़्हारे-गुरूर करने लगते हैं। संवेदनशील प्रेमिका को चोट पहुँचाने वाला इससे गहरा वार दूसरा नहीं हो सकता। कुछ पतित प्रेमी ऐसे होते हैं, जो करवट बदलकर खर्राटे भरने लगते हैं। उन नरपिशाचों को पता नहीं कि ऐसे स्वार्थी, आत्मकेन्द्रित व्यवहार के लिए उन्हें रौरव नरक के 'निकृष्ट प्रेमी' सेक्शन में खौलते तेल की कड़ाही में डीप फ्राई किया जाएगा।"

उनका आक्रोश देखकर वह सकपका गया, "क्या मुझसे ऐसे दोष हुए हैं?"

"नहीं।" उन्होंने सिर सहलाकर उसका दुलारभरा चुम्बन ले लिया। कुछ पलों की चुप्पी के बाद कहा, "सम्भोग के बाद आमतौर से स्त्री अपराध-भाव से भर जाती है। प्रेमी के साथ कोई सामाजिक रिश्ता नहीं। यह अँधेरे का सम्बन्ध है और वह भीतरी-बाहरी आवरणों को विसर्जित करके स्त्रीत्व की सबसे गहरी अनुभूति से सिहर चुकी है। अब उसे आपसी लगाव का रेखांकन चाहिए, परम निकटता का सान्त्वना देने वाला आलिंगन चाहिए, विपरीत लिंगी सम्पूर्णता को व्यंजित करने वाले चुम्बन चाहिए। वे स्पर्श चाहिए, जो कहें कि समय के इस मोड़ पर हम एक और अविभाज्य हैं, सम्पूर्ण हैं।"

वह एकटक कुमुद को देख रहा था।

''तेरी माँ की...'' भोला ने एकदम ब्रेक लगाया।

गली से तेज़ी से मोड़ लेकर आये ऑटो-रिक्शे से कार पाँच-छह इंच की दूरी पर रुक गयी।

''साले, सड़क को मैया की कोख समझा है?'' भोला गुर्राया, ''कहीं से भी निकल आएगा?''

ऑटो-रिक्शावाले ने भोला को घूरकर देखा, तो उसने झपाटे से दरवाज़े खोला। पर वह बाहर नहीं निकल पाया था कि ऑटो-रिक्शा वाले ने दायाँ मोड़ ले लिया। अब भोला के पीछे हार्न बजने लगे थे।

उसने गियर बदलकर कार आगे बढ़ाई।

''साली इतनी तो भीड़ है यहाँ!'' उसने बुदबुदाकर कहा।

पाँच महीने में चक्के पर हाथ सध गया था। पहले और दूसरे महीने में उससे दो बिल्कुल मामूली टक्करें हुई थीं। दूसरी में अगले पहिए के ऊपर बॉडी में पतली-सी खरोंच आ गयी थी। बस।

उसका सिखाऊ लाइसेंस भी बन गया था। आर.टी.ओ. के दफ़्तर में गफूर उसके साथ गया था। अधिकारी ने उससे सड़क का छोटा-सा चक्कर लगवाया। फिर चार्ट में रेलवे क्रॉसिंग जैसे दो-तीन संकेत पहचानने के लिए कहा और दस्तख़त कर दिये।

मन्दिर को उसने दूर से ही देख लिया।

हाथ बाहर निकालकर मुड़ने का संकेत किया और गली में आ गया।

सामने ही शिन्दे भवन था। बाहर एक एम्बेसेडर खड़ी थी। विंड शील्ड पर चुनाव-पोस्टर।

वह गली में थोड़ा आगे निकल आया। बरगद के बहुत बड़े पेड़ के नीचे, जिसके तने पर 'वर्ष के सर्वश्रेष्ठ वृक्ष' की घोषणा वाली टिन-पट्टी ठुकी थी। उसने गाड़ी रोकते हुए घड़ी देखी। ठीक बारह बजे थे।

उसने सतर्क दृष्टि आसपास घुमाई। गली की आवाजाही सामान्य लगी। उसने पिस्तौल निकालकर ग्लोब कम्पार्टमेंट में रख दी, दोनों ओर के काँच चढ़ाये और बड़ा थैला उठाकर दरवाज़ा लॉक कर दिया।

शिन्दे भवन का पिछला दरवाज़ा बन्द था। घंटी का बटन दिखाई नहीं दिया, तो उसने दो बार मद्धिम दस्तक दी।

कुछ क्षणों बाद नौकर जैसे लड़के ने दरवाज़ा खोला। उसे देखकर थोड़ा चकित हुआ। शायद महरी की अपेक्षा कर रहा था।

''बोलो, इलियास भाई ने भेजा है।''

कुछ पल बाद नौकर ने उसे भीतर आने का संकेत किया। फिर बाईं ओर का दरवाज़ा दिखा दिया।

थैला गोद में रखे भोला कुर्सी पर बैठ गया। मेज़ पर 'वोट दो' वाले पैम्फ्लैटों के बंडल रखे थे, जिनमें से छपाई व स्याही की ताज़ी गन्ध आ रही थी। दीवार पर सूखी फूलमाला-टँगा शिवाजी का बड़ा-सा चित्र लगा था।

बाहर आहट होते ही वह तुरन्त खड़ा हो गया, ''सलाम साहेब!''

''जय हिन्द!'' चश्मे के पीछे से आँखों ने क्षण-भर उसका निरीक्षण किया। वे सामने की कुर्सी पर बैठे, तो कलफ़ लगी धोती और कुर्ते की खस-खस हुई।

उसने थैला आगे बढ़ाया, तो उन्होंने ले लिया। पर खोलकर नहीं देखा।

''पाँच जीपें परसों पहुँच जाएँगी साहेब!''

उन्होंने सिर हिलाया।

अगले मिनट सड़क पर कार मोड़ते हुए भोला ने इत्मीनान की गहरी साँस ली। बड़ी रक़म पहुँचाने का तनाव भी बड़ा था।

उसने जेब से पैकेट निकाला और डनहिल सुलगा ली। बाईं कलाई में चाँदी का ब्रेसलेट झिलमिला गया।

ओक गली में हुई मुठभेड़ का उसके कैरियर पर अच्छा असर पड़ा था। मौक़ा-ए-वारदात पर उसने जो-जो निर्णय लिये, उनका मुर्तज़ा के माध्मय से जानकर इलियास भाई ने अनुमोदन किया। उसका छुरे का व्यवहार ख़ासा मौलिक, साहसिक और प्रशंसनीय पाया गया। ''अगर भोला ऐसा न करता, तो शायद मेरा 'जाना' लाज़िमी था...'' बाद में गफ़ूर ने कहा था, ''मेरी तरफ़ बढ़ते जॉनी को उसकी गाड़ी से कवर मिला हुआ था।''

मौक़ा पाकर खुद भाग निकलने की बजाय बाँह में लगी गोली के बावजूद उसने पच्चीस लाख के पैकेट और ज़ख़्मी गफूर को बचाने के लिए अपने को खतरे में डाला—यह उसकी कर्तव्यपरायणता और वफादारी के उजले सबूत माने गये।

गली से बाहर निकलते ही उसने एक अपेक्षाकृत सूने पब्लिक बूथ से मुर्तज़ा को फ़ोन कर दिया था।

''शााबश!'' मुर्तज़ा ने कहा, ''मैं डॉक्टर बेग को फ़ोन कर रहा हूँ।''

क्लिनिक के पिछवाड़े जैसे ही टैक्सी रुकी, चारदीवारी के पीछे से एक नर्स और कम्पाउंडर स्ट्रेचर के लिये पास आ गये और बेहोश गफूर को उतारने लगे। तीसरी कर्मचारी ने सहारे के लिए भोला की ओर हाथ बढ़ाया, तो वह अपनी रक्तरंजित बाँह की तरफ़ देखता रह गया।

उसे जब होश आया, तब शायद रात का आख़िरी पहर था। दोनों अनुभूतियाँ एक साथ हुईं—हल्की-सी सर्दी और बाँह में बिच्छू के डंक-सा दंश। माथे पर नमी उभरने का एहसास हुआ। उसने धीरे-धीरे साँस छोड़ते हुए गर्दन मोड़ी।

मोटी पट्टियों से बँधा उसका हाथ एक तकिए के ऊपर रखा था।

एक पल की बौखलाहट के बाद उसे सबकुछ याद आया। इस बार जो साँस निकली, वह लम्बी थी।

उसने दूसरा हाथ धीरे-धीरे ऊपर उठाकर देखा। वह ठीक था। हमेशा की तरह हिलडुल रहा था।

वह ढीला-ढाला बिना आस्तीन का ऊपरी वस्त्र पहने था, जिनके सीने पर बटनों की जगह गाँठें लगी थीं।

आसपास गहरी खामोशी थी। बग़ल की दीवार पर ट्यूब जल रहा था।

अब मैं हत्यारा हूँ—उसने सोचा। छुरा ऊपर उठाने और उसकी तीक्ष्ण नोक जीते-जागते मांस में घोंपने की सनसनी भीतर भर गयी...जैसे ख़तरे तथा उत्तेजना का वह क्षण वास्तविक नहीं था, जब उसने सचमुच वार किया था। वार करने का सच्चा क्षण यही था, जब वह चारदीवारों की सुरक्षा में है और सुनसान, अँधेरी गली में किसी नली से निकली झुलसा देने वाली ज्वाला उस तक नहीं पहुँच सकती...

उसकी आँखें अपने-आप मुँद गयीं।

''फिक्र की कोई बात नहीं भोला!'' अगले दिन सुबह इलियास भाई ने उसका हाथ दबाते हुए कहा।

उनके पीछे मुर्तज़ा, किट्टू और मुनव्वर खड़े थे।

उसका मन, जिसमें नये शहर के बेगानेपन में अपनी अपंग स्थिति और अपराध-बोध घावों के साथ टीस रहे थे, ऐसी आत्मीयता पाकर यकायक भर आया। उनका हाथ थामे वह फफक पड़ा।

इलियास बग़ल की कुर्सी पर बैठ गये।

''तुम बिल्कुल ठीक हो भोला!'' मुर्तज़ा आगे बढ़ गया, ''दो हफ्तों में जख़्म भर जाएगा।''

"यहाँ तुम्हें किसी क़िस्म की तकलीफ़ नहीं होगी।" इलियास बोले।

उसे अनुभव हो गया था, यहाँ उपचार, दवा, भोजन—सबका ऊँचे दर्जे का प्रबन्ध है। नाश्ते में अंडे देखकर वह एक पल को अनमना हो गया था, तो नर्स ने तुरन्त शाकाहार का आदेश दे दिया था।

नर्स ने बता दिया था, उसके ये सारे साथी कल आधी रात तक यहीं थे, इलियास भाई को मिलाकर। गफूर इंटेंसिव केयर में है—ख़तरे से बाहर। मुर्तज़ा ने सुबह पाँच बजे फ़ोन करके दोनों का हालचाल पूछा था।

"मुझसे जो हो गया है..." उसने अटककर कहा।

"जॉनी बच गया है।" इलियास बोले, "तुम्हारा वार हल्का रहा।"

टैक्सी वाले को पैसे देकर भोला ने अपना सूटकेस उठाया और थोड़े आत्मसजग भाव से साइन की ब्लू चिप बिल्डिंग में घुसने लगा।

थोड़ी देर पहले उसने सामन्तवाड़ी छोड़ दी थी। खोली की चाबी अभी उसकी जेब में थी। थोड़ी देर बाद रातरानी पहुँचेगा, तो मुर्तज़ा को दे देगा।

अब उसे ब्लू चिप में गफूर के साथ रहना है—पिछली शाम मुर्तज़ा ने हल्की मुस्कान से बताया था।

उसे तीसरे हफ़्ते क्लिनिक से छुट्टी मिल गयी थी। गफ़ूर को कुछ हफ़्ते और वहाँ रहना था।

मध्यमवर्गीय इमारत के अहाते में सधे हुए क़दमों से भोला आगे बढ़ा।

यहाँ सामन्तवाड़ी की तरह हर मंज़िल पर क़तार में एक के बाद एक कमरे नहीं थे और सामान्य छज्जे की दीवार पर धोबी-घाट की तरह पूरी इमारत के कपड़े नहीं सूख रहे थे। पूरी इमारत कुछ ब्लाकों में बँटी हुई थी और एक मंज़िल पर आमने-सामने खुलने वाले सिर्फ़ दो फ़्लैट थे।

लिफ़्ट नहीं थी। पाँच मंज़िल की इमारत में कॉर्पोरेशन के नियुानुसार लिफ़्ट का होना जरूरी नहीं, मुर्तज़ा ने बताया था।

डी ब्लॉक में घुसकर वह तीसरी मंज़िल तक पहुँचा, जेब से चाबी निकाली और 302 नम्बर का फ़्लैट का लैच खोलने लगा।

ग्राउंड फ्लोर के बोर्ड पर इस फ़्लैट के स्वामी के तौर पर ए. खान का नाम लिखा था।

बेनामी होगा—उसने सोचा, या फिर शायद दूर-दराज़ का कोई रिश्तेदार हो।

भीतर आकर उसने दरवाज़ा बन्द किया। नीचे चार-पाँच अख़बार पड़े थे, गफूर के नाम दो चिट्ठियाँ और बिजली का बिल।

सब सँभालते हुए वह ड्राइंगरूम में आ गया।

बन्द फ़्लैट में उमस और घुटन थी।

उसने खिड़की खोल दी।

कमरे में सोफ़े और मेज़-कुर्सियाँ थीं। दीवारों पर तस्वीरें लगी थीं। ट्रॉली में रंगीन टी.वी. और वी.सी.आर. था। स्टूल पर फ़ोन रखा था।

वह फिर पैसेज में आ गया और शौचालय व स्नानघर के दरवाज़े खोलकर देखे।

अब मेरी खोली में मेरा अपना बाथरूम है—उसने गर्व से सोचा, अब सामन्तवाड़ी की तरह मुझे हमेशा लाइन में नहीं लगना होगा।

बाईं ओर ग़फ़ूर का कमरा था। उसकी पहचानी हुई पीली टी-शर्ट कुर्सी पर लटक रही थी।

उसने दाएँ कमरे का दरवाज़ा खोला। पलंग पर बिस्तर लिपटा हुआ था। दीवार पर चिपकी एक अर्धनग्न फिल्म तारिका उसकी ओर मुस्करा रही थी। तिपाई पर प्लेट-प्याला रखा था, जिस पर धूल की परत जम गयी थी।

जेब से छोटी-सी फ़ोन डायरी निकालते हुए वह ड्राइंगरूम में आ गया और एक नम्बर मिलाने लगा।

''हैलो...'' पहचाना नारी-स्वर सुनाई दिया।

''रोज़ाजी, नमस्ते...मैं भोला बोल रहा हूँ। ...नील भैया हैं क्या?''

''सलाम साब!''

भोला रहमत-मंज़िल के सामने गाड़ी से उतरा, तो गेट से टिका चौकीदार सीधा हो गया।

भोला को भला लगा। उठे हाथ और छोटी मुस्कान से उत्तर देकर वह भीतर आ गया।

लोगों की लाइन बरामदे तक आ रही थी। कुर्सी पर बैठा किट्टू मटके की पर्चियाँ काट रहा था।

''मुर्तज़ा भाई?''

किट्टू ने भीतरी दरवाज़े की ओर इशारा कर दिया।

वह भीतर घुसा।

मुर्तज़ा पाँव मेज़ पर रखे कुर्सी पर अधलेटा था। रिसीवर कान से लगाये।

''दे आए?''

हामी में सिर हिलाते हुए वह सामने बैठ गया।

मुर्तज़ा के चेहरे पर गहरी तल्लीनता थी।

टेलीफ़ोन-एक्सचेंज के माध्यम से बंगलौर रेस की कमेंटरी सुन रहा है—उसने समझ लिया।

इसी को क़ानूनी रूप से सुनें, तो हज़ारों रुपए लग जाएँ, पर एक्सचेंज का ठक्कर हफ़्ते में सिर्फ़ दो सौ रुपए में यह सेवा सुलभ कर देता है। नम्बर अलबत्ता हर हफ़्ते बदल जाता है।

पैसे की शक्ति किसी भी व्यवस्था में सेंध लगा सकती है, वह धीरे-धीरे समझ रहा था। पुलिस के कामथ, कस्टम के डिसूज़ा, एक्साइज के रंगनाथन, कार्पोरेशन के कर्णोक, नार्कोटिक्स कंट्रोल ब्यूरो के देसाई, सी.आई.डी. की क्राइम ब्रांच के घाटगे—सबको देख लिया था। नये साल में सबके यहाँ उपहार पहुँचाने गया था—रंगीन टी.वी., वी.सी.आर., सिलाई मशीन, मोटरसाइकिल, कमीज और सूट का कपड़ा, साड़ियाँ, स्कॉच की बोतलें।

''जीत गया!'' सहसा मुर्तज़ा सीधा होकर तालियाँ बजाने लगा, ''जे डांसर जीत गया!''

''भोला, आज तो पी लो यार!'' मुर्तज़ा ने झाग की सतह वाला मग आगे खिसकाया, ''जे डांसर ने रॉलय हांगकांग ट्रॉफ़ी जीत ली है। तुम्हारे हिस्से में पूरे दस हज़ार आएँगे।''

भोला ने मग उठा लिया।

''यह हुई न शेरों वाली बात!'' मुर्तज़ा ने अपना मग ऊपर उठाया, ''चियर्स!''

उसने बियर का पहला घूँट लिया। थोड़ी कड़वी-सी लगी, पर भीतर आह्लाद की तरंग-रेखा खिंची हुई थी। मुर्तज़ा पंटर को नोटों से भरा लिफ़ाफ़ा दे रहा था। जब से सीज़न शुरू हुआ था, उसकी जेब में 'कोल' दिखाई देती थी और 'विन-प्लेस' के साथ घोड़ों की वंशावली। हर तीसरे दिन उसकी जीत की ख़बर मिलती थी।

भोला को जिस दिन क्लिनिक से छुट्टी मिली, इलियास भाई ने उसे पाँच हज़ार दिये थे। भोला अचकचाकर रह गया। उसे ऐसे बोनस की कोई अपेक्षा नहीं थी। बाँह के सहज होते ही उसे ड्राइविंग सिखाई जाने लगी और उस महीने के अन्त में गफूर ने कल्याण ले जाकर हाजी मलंग की पहाड़ी पर उसका पिस्तौल से प्रारम्भिक परिचय करा दिया। अगले महीने उसे जब वेतन मिला, तो उसमें पाँच सौ रुपए ज़्यादा थे।

यहाँ पैमाना स्वामिभक्ति और कुशल दायित्वपालन है—उसने सोचा था।

''मुर्तज़ा भाई, मैं भी लगा दूँ?'' उसने बालोचित उमंग से कहा।

मुर्तज़ा की भौंहें ज़रा-सी टेढ़ी हो गयीं।

''अच्छा, पर थोड़ा ही लगाना।''

हज़ार के नोट देते हुए उसने सोचा, मुर्तज़ा मेरा शुभाकांक्षी ही नहीं, थोड़ा दूरन्देशी भी है। अभी गफ़ूर होता, तो मेरे 'ना-ना' करने पर भी मेरे सारे रुपए निकालकर लगवा देता। मदिरा-पान की जिद के दौरान गफ़ूर उससे दो बार नाराज़ हो गया था।

''अगर चाहो, तो चख लो।'' मुर्तज़ा ने शामी कबाब की प्लेट आगे खिसकाते हुए कहा, ''इसके लिए मैं ज़ोर नहीं दे रहा हूँ।''

वह नियमित रूप से तरह-तरह के गोश्त और मुर्गे के व्यंजन देख रहा था। उनकी सुगन्ध उसके नथुनों में घुसकर आमन्त्रण देती रहती थी। मेरे आसपास इतने आनन्द सुलभ हैं और मैं उनसे अनजाना चल रहा हूँ। मथुरा होता, तो दूसरी बात थी। यहाँ कौन देखने वाला है, वहाँ उसके कितने सजातीय थे, जो लुक-छिपकर हर चीज़ का आस्वाद लेते थे। फिर अब तो मुझे इन्हीं लोगों के साथ रहना है। ऐसे कब तक सकुचा-सिमटा रहूँगा।

उसने कबाब का आधा टुकड़ा मुँह में रख लिया।

''मज़े का स्वाद है!'' वह हँसकर बोला।

उसने बस स्टॉप के आगे कार रोकी, तो टिफ़िन कैरियर लिये शालू हल्की मुस्कान से बग़ल में आकर बैठ गयी। चोटियों में वेणी लिपटी हुई थी।

''मुझे देर तो नहीं हुई?'' भोला ने पूछा।

उसने वैसी ही मुस्कान से 'नहीं' में सिर हिलाया।

थोड़ी देर चुप्पी रही।

शालू अब मौन का अर्थ समझ रही है, उसने भीतरी मुस्कान के साथ सोचा।

सड़क पर रोशनियाँ जलने लगी थीं। धुँधलकों के बीच आलोक के दायरे थे। इस बेला वह नये शहर में उदासी और अकेलापन महसूस करने लगता था, पर आज अनुभूति वैसी गहरी नहीं लगी।

''ओ देवा, क्या हो गया तेरे कूँ?'' क्लिनिक में दूसरे दिन की दोपहर यकायक शालू उसके कमरे में आ गयी।

उसे देखते ही सहसा वह भीतर से भर आया। जी चाहा, उसे बाँहों में बाँधकर बिलख-बिलखकर रो पड़े...मैं कहाँ आ गया हूँ? कैसे जाल में फँस गया हूँ?

पर अपने नियन्त्रण रखने की कोशिश की।

''कुछ नहीं, मामूली-सा घाव है।''

शालू कुर्सी खींचकर बग़ल में बैठ गयी। फिर उसका एक हाथ अपने दोनों हाथों में दबा लिया।

यह दोनों के बीच पहला स्पर्श था।

भोला के मुँह से गहरी साँस निकली। फिर सिर तकिए पर टिक गया।

पहले महीने ही वह कैबरे के बाद उसे तीन-चार बार घर छोड़ने गया था। चचाजान को फ़्लू हो गया था और पड़ोस में हुए ताज़े दंगे के कारण शालू अकेली जाने से आशंकित थी। उसने मुर्तज़ा से कहकर भोला के साथ की व्यवस्था करवा ली।

''तेरे मुँह में जीभ नहीं है क्या?'' पहले दिन दस मिनट की चुप्पी के बाद शालू ने भवें टेढ़ी करके पूछा।

''मैं हनुमान चालीसा का पाठ कर रहा हूँ।'' वह गम्भीर भाव से बोला।

''मय चुड़ैल है क्या?''

''सो तो पता नहीं। पर मैं ब्रह्मचारी हूँ।''

''मय तेरा तप तोड़ रही क्या?''

भोला को उसका अन्दाज़े-बयान ख़ासा लुभावना लगा।

अगली भेंट में मालूम हुआ कि पाँच वर्ष पहले श्रमिक पिता के मरने के बाद उसने कई तरह के काम किये। फिर इस पेशे में आ गयी। उसका छोटा भाई तेरह साल का है और दो बहनें आठ व नौ की।

उसने पूछा नहीं कि ऐसा पेशा अपनाने की क्या विवशता थी! शालू ने कुछ नहीं कहा। पर एक बार उसकी खोली में जाने पर सब स्पष्ट हो गया।

वह अभी तक सामन्तवाड़ी को ही सबसे निकृष्ट समझता आ रहा था...

''आई पूछी, भोला पूरनपूरी खाने कब आएगा?'' दादर समुद्र-तट पर शालू बोली, ''मंगल को एकादशी है।''

वह भोला के बग़ल में बैठी थी। सामने लहरों की मद्धिम ध्वनि थी। बाईं ओर तट के साथ रोशनियों की झिलमिलाती क़तारें थीं।

आज एकान्त और अँधेरे में शालू उसे और अपनी लगी।

''अच्छा।'' उसने कहा और शालू का हाथ अपने हाथों में ले लिया। मुद्दत के बाद स्त्री को छूने की सिहरन हुई।

कुछ पल चुप्पी रही।

''तेरा मुँह भोला है और हाथ स्ट्रांग।'' शालू ने अपनी दोनों हथेलियों में उसका हाथ दबा लिया।

इस बार स्वर में चंचलता नहीं, थोड़ी असहजता थी।

उसने शालू की ओर देखा। हल्के अँधेरे में वह मुस्करा रही थी।

शालू की गर्दन पर एक बाँह रखते हुए वह झुका और उसके होठ चूम लिये।

शालू फिक्क-से हँस दी, ''देवा रे, हनुमानजी का भक्त इंग्लिश स्टाइल में लाइन मारता है...''

सात

"कोना कॉफ़ी..." नील ने कहा।

एक हफ़्ते से कुमुद से भेंट नहीं हुई थी। पहले मैसूर से उसके भाई-बहन आ गये थे। फिर वह नेहरू सेंटर में आधुनिक स्थापत्य और आन्तरिक सज्जा की प्रदर्शनी में व्यस्त थी। इस दौरान दफ़्तर में हमेशा फ़ोन का यही जवाब मिला कि बाहर हैं। घर पर सुबह और रात को उसने तीन बार फ़ोन किया। एक बार अनजाने स्त्री-स्वर ने और दो बार अनजाने पुरुष-स्वर ने 'हैलो' कहा। पहली दो बार उसने लाइन काट दी, तीसरी बार कुमुद को पूछ लिया। यह नहीं पूछा गया कि कौन बोल रहा है। जवाब दे दिया गया कि एक सम्बन्धी के यहाँ गयी हैं। देर से आएँगी।

आज सुबह छह बजे फ़ोन की घंटी बजी। वह आँखें मलते हुए अपने कमरे से निकला। साढ़े दस बजे गुलज़ार आ जाओ, कुमुद ने कहा, ज़रूरी बात करनी है।

और फ़ोन बन्द हो गया।

वह पूछना चाहता था, तुम्हारे भाई-बहन की स्नेहाभिव्यक्ति अभी पूरी नहीं हुई? कब तक और डेरा डाले रहेंगे? मेरी ट्रेनिंग चौपट हो रही है। कैसी समर्पित गुरु हो तुम?

पर उन्होंने समय ही नहीं दिया।

पहले उसे गुस्सा आया। फिर मन तरल लगाव से भर गया, आख़िर उनकी भी तो मजबूरियाँ हैं। बेचारी क्या-क्या सँभालें—अपना दफ़्तर, अपने रक्त-सम्बन्धी और फिर उसका इतना समयसाध्य प्रेम-सम्बन्ध।...

काश, मेरी अपनी जगह होती! इस पुरानी कचोट का दंश आज तीखा हो गया। यह सारा तनाव सिर्फ़ इसीलिए तो है, कि उसे सिर्फ़ कुमुद के फ़्लैट पर निर्भर करना पड़ रहा है। आज उसका अपना फ़्लैट होता, तो वह भरी प्रदर्शनी में से कुमुद को उठाकर ले जाता।

अब वह स्त्री किंचित् अर्थभरे भाव से उसकी ओर देख रही थी।

नील ने जार उठाया और कॉफ़ी प्याले नें उड़ेलने लगा। फिर थोड़ा दूध डाला और चीनी का एक क्यूब।

छह मेज़ें भरी थीं। अकेले वही दो थे—नील और वह स्त्री।

नील ने बैठते समय ही उसकी खोजभरी निगाह लक्ष्य की थी। तब से इतनी देर तक उसकी आँखों के अर्थ बदले थे। अगर वह ग़लत नहीं समझा था, तो तलाश और टटोल के बाद अब उसकी दृष्टि जाल-सा फेंक रही थी।

उसने घड़ी देखी, साढ़े ग्यारह बज रहे थे।

अब कुमुद नहीं आएँगी।

उसने कॉफ़ी के दो बड़े-बड़े घूँट लिये और सिगरेट सुलगाने लगा।

दाईं ओर खिड़कियों के पार सागर था। एक विशेष कोण से उजली सतह पर चमकीली धूप प्रतिबिम्बित हो रही थी। उसने कुछ पल एकटक देखने की कोशिश की, तो आँखों में चकाचौंध भर गयी। पलकों के भीतर आलोक की चिनगारियाँ कसमसाने लगीं।

अभी समुद्र मेरे लिए अजनबी है, कौतुक है—उसने सोचा। अभी इसके साथ मेरा निजी रिश्ता नहीं जुड़ पाया। अभी इसके साथ वह स्वीकृति और आसंग नहीं जुड़े, जो पुराने नगर निवासी में पनप आते हैं। पारावार से समक्षता का जैसा सहज भाव उसने कुमुद की आँखों में देखा है।

कुमुद की याद आते ही उसकी देह दर्द से चटखने लगी।

इतने महीनों में यह पहला वियोग था।

"गुरुजी, मेरा दीक्षान्त समारोह कब होगा?" पिछली बार उसने जिज्ञासा की थी।

उन्होंने गम्भीर भाव से मन-ही-मन कुछ हिसाब लगाया, "अगर मूल्यांकन की नम्बर तीन, दो और एक कोटियाँ निर्धारित की जाएँ—कामचलाऊ, सन्तोषप्रद और उत्कृष्ट, तो ऐसी ही लगन, परिश्रम तथा अनुशासन दिखाते हुए क़रीब पचास साल में तुम्हारे नम्बर तीन तक पहुँच जाने की उम्मीद की जा सकती है।"

उसने क्रोध दिखाते हुए उनके गले में दन्त-क्षत बना दिया, तो वे हँसने लगीं।

नीले आवरण का रजिस्टर सामने खुला था।

हर मिलन में सबसे पहले उसके पिछले दिन के प्रदर्शन का विश्लेषण किया जाता था, "तुम्हारी पूर्व-लील सुधर रही है। आलिंगनों का नियोजन सही है। चुम्बनों की शृंखलाबद्धता के साथ हाथों के स्पर्शों के दबाव का आनुपातिक सन्तुलन भी प्रभावी है। हाँ, दो चुम्बन-स्थलों के चुनाव में निरन्तरता बनी रहनी चाहिए।

नाभि से सीधे अधरों तक पहुँचने में थोड़ा झटका लगता है। बीच में एक जगह रुकने पर विचार किया जा सकता है...'' अपनी चंचल मुस्कान उन्होंने बीच में ही दबा ली, ''नखक्षतों की संख्या ठीक है, लेकिन वे आम तौर से जंघाओं तक ही सीमित रहते हैं। इस लिहाज़ से देह के पिछले हिस्सों की सम्भावनाएँ भी टटोली जा सकती हैं। जैसा कि मैंने समझाया था, दन्तक्षत पहली क़िस्म की तुलना में ज़्यादा गहन और संवेदनशील होते हैं, क्योंकि इनमें एक प्रकार का चुम्बन भी मिला रहता है और दाँतों का खासा कामोद्दीपक इस्तेमाल होता है। संख्या और गहनता की दृष्टि से तुम्हारे दन्तक्षत अभी अपर्याप्त ही कहे जाएँगे...''

''मुझे डर रहता है कि तुम कहीं आहत न हो जाओ।'' उसने अटकर सफाई दी।

''स्त्री की साँसों का आरोह-अवरोह पहचानो। उनकी गति का अर्थ समझो। उसके उच्छ्वासों और सीत्कारों की भाषा सीखो।''

''अच्छा, अगर मेरी साँसों की गति ऐसी हो...'' उसने तेज़ साँसों का अभिनय किया, ''तो तुम क्या करोगी?''

''मैं?'' वे शोख़ी से मुस्कराईं, ''यह करूँगी...'' और उसके गले पर रत्नरेखा दन्तक्षत सम्पन्न कर दिया।

कुमुद, तुम कहाँ हो...उसके भीतर से जैसे कातर पुकार निकली और फिज़ा में भर गयी।

क्या यह स्त्री मेरे पास आ रही है, उसने चौंककर सोचा।

''बैठ सकती हूँ?'' उस स्त्री ने पूछा।

उसने सिर हिला दिया।

उसकी उम्र चालीस के आसपास रही होगी। ब्लाउज़ बिना आस्तीनों का था, जिससे बाहुमूलों की त्वचा की शिथिलता दिखाई दे रही थी। स्कर्ट पर किशोरियों के जैसी चौड़ी पेटी बाँध रखी थी। पर नितम्बों के फैलाव से प्रकट था कि उससे कमर की मांसल लहर छिपी नहीं है। बाल डाई किए हुए थे, पर बहुत सफ़ाई से नहीं है। हाँ, भौंहों की तराश सुथरी थी। काजल की तीखी रेखाओं में भागते यौवन का आँचल पकड़ने की व्यग्रता का आभास मिला।

''तुम किसी का इन्तजार कर रहे हो?'' सधे स्वर में आधिकारिक खनक थी।

उसने हामी में सिर हिलाया।

''मैं भी इन्तज़ार कर रही थी, लेकिन बेकार ही गया।''

''लगता है कि मेरा इन्तज़ार भी बेकार ही है।''

उसकी ओर देखते हुए स्त्री की आँखों में विशेष अर्थ भर गया।

यह अर्थ क्या है—नील ने उलझन से सोचा।

''तुम्हें यहाँ कभी देखा नहीं।'' उसके साँवलेपन के साथ लिपस्टिक के रंग का चुनाव बहुत उपयुक्त नहीं लगा।

''नया आया हूँ।''

स्त्री ने इस बार ख़ासी स्पष्ट, रेखांकित करने-जैसी मुस्कान दी।

वह भी अनिश्चित-सा मुस्कराया।

यह क्या हो रहा है—उसने सोचा।

''तुम्हारे पास जगह है?'' स्त्री ने पूछा।

एक पल को नील की धड़कन लड़खड़ा गयी। उसने 'नहीं' में सिर हिलाया।

''मेरे यहाँ चलो। आज के दिन समस्या नहीं।''

वह दो पल ठिठका रहा।

उसे जाना चाहिए या नहीं? अगर नहीं, तो वह अब क्या करेगा? बस पकड़कर घर पहुँच जाएगा। रोज़ की तरह खाना खाते हुए मेहताबजी से बात करेगा। अगर जाता है, तो आगामी अज्ञात है, रोचक है।

''टैम्पटेशन से न कहना आसान नहीं।'' कुमुद का सुभाषित याद आया।

कुमुद के अभाव से उपजी देह के स्फुरण की कसक फिर सुगबुगा उठी। साथ ही एक और आकर्षण हवा के झोंके-सा लहराया—वह दूसरे माध्यम से यौन-पाठों को दुहरा सकता है।

''चलें?''

बिल के कवर में नोट रखते हुए वह उठ खड़ा हुआ, लेकिन उसका एक सूक्ष्म, पारदर्शी रूपाकार वहीं आशंकित बैठा रह गया।

''यह मेरा बेटा है—लियो।'' ब्लॉसम ने कहा, ''सुबह अपनी मंगेतर के साथ पूना गया है।''

तेज़ साँसों को नियन्त्रित करते हुए नील ने रैक पर रखा बड़ा फ्रेम देखा।

ब्लॉसम ने उसे अपनी गाड़ी से एक इमारत पहले उतार दिया था। उसने मेहताबजी को फ़ोन कर दिया कि पुस्तकालय में एक मित्र मिल गये हैं। वह लंच के लिए न आ पाये, तो चलेगा? फिर एक सिगरेट सुलगाकर मैरिन ड्राइव के पैरापैट पर टहलता रहा। फिर पन्द्रह मिनट के बाद 'गंगा विहार' में घुसा और ब्लॉसम के निर्देश के अनुसार लिफ़्टमैन का सामना करने की बजाय चार मंज़िल की सीढ़ियाँ चढ़कर फ़्लैट नम्बर 410 की घंटी बजाई।

''कॉफ़ी अभी पियोगे या बाद में?'' इस बार ब्लॉसम की मुस्कान स्पष्ट थी। साथ ही गोपनीयता की साझेदारी-जैसा भाव भी था।

''बाद में।'' उसके होठों पर भी छोटी-सी मुस्कान आ गयी। पर अगले ही क्षण ऐसी चुहल पर वितृष्णा हुई।

''एक मिनट...'' शयनकक्ष की ओर जाते हुए ब्लॉसम बोली।

उसकी चाल कुछ ऐसी लहराई हुई-सी थी कि उसके भीतर वितृष्णा फिर झनझना उठी। वह अपनी उम्र से कम-से-कम दस साल छोटे होने का अभिनय कर रही है।

और मैं क्या कर रहा हूँ—उसने सोचा।

उसका सूक्ष्म, रूपाकार उसे जैसे दूर से देख रहा था।

मुड़ते हुए उसने सिगरेट का गहरा कश लिया। फ़र्श पर उसके क़दमों की मद्धिम आहट हुई।

ड्राइंगरूम सुसज्जित था, पर भड़कीला नहीं। कॉर्निस पर ब्लॉसम की वधू के रूप में तस्वीर थी—पति के साथ। सात वर्ष पहले मैं विधवा हो गई थी—रास्ते में उसने बताया था।

तल-मंज़िल पर लगे सोसायटी के बोर्ड पर फ़्लैट की स्वामिनी की तरह ब्लॉसम का नाम था। मैरिन ड्राइव पर दो शयनकक्षों के इस फ़्लैट की कीमत क्या होगी—उसने सोचा।

ब्लॉसम की कार पुरानी थी। वह उसके साथ वैभव नहीं जोड़ पाया था।

क्या यहाँ आकर मैंने ठीक किया—उसने सोचा।

''आ जाओ।'' भीतर से आवाज़ आयी।

वह गहरी साँस लेते हुए मुड़ा। सिगरेट राखदानी में मसल दी और सधे क़दमों से आगे बढ़ा।

शयनकक्ष की एक खिड़की बन्द थी। दूसरी का एक पल्ला खुला था।

ब्लॉसम बालों में हाथ फेरते हुए स्नानगृह से निकली। उसने एक बड़ा तौलिया लपेट रखा था। निकट आते हुए निगाह मिलने पर वह किंचित् आत्मसजग ढंग से मुस्कराई।

इस एक पल नील का मन उसके प्रति तरल हो आया...बेचारी...

उसने ब्लॉसम को बाँहों में भरा, तो उसने आतुरता से अपना मुँह ऊपर उठाया। चुम्बन का दबाव भी उसी की ओर से आया, जिसकी बेकली पर उसे कौतुक हुआ, वितृष्णा नहीं।

होठों की नयी जोड़ी से पहचान बनाने में कुछ क्षण लगे। नहीं, स्पर्श प्रीतिकर नहीं है—उसने सोचा।

उसके हाथ नीचे फिसले, तो ब्लॉसम की नग्न पीठ उसकी हथेलियों के नीचे कसमसा उठी। बड़े-बड़े रेशों वाला तौलिया उसके पाँवों के पास खड़ा था—मुक्ति पाये हुए परों के समान। ब्लॉसम साँस लेने के लिए रुकी। उसकी पलकें झपकी थीं। निचला होठ हल्के से काँप गया।

कुमुद ने उसे श्वासप्रसून नाम का एक चुम्बन सिखाया था।

"जीसस..." ब्लॉसम उसे तेज़-तेज़ साँसों के साथ एकटक देखने लगी...

"कॉफ़ी!" ब्लॉसम ने उसके गाल पर होठ रखकर कहा।

नील ने आँखें खोलीं।

वह बिस्तर पर उससे सटी बैठी थी। एक हाथ में उसका हाथ थामे। दूसरा उसके पेट पर रखे।

नील ने एक घूँट लिया।

"अब तक तुम कहाँ छिपे थे?" वह भरे-भरे भाव से मुस्कराई।

वह सिगरेट जलाने लगा।

"तुम्हारे पिकअप ज्वायंट्स कौन-से हैं?"

"पैडर रोड से कफ़ पैरेड तक।"

"मुझे पूरा यकीन है।" ब्लॉसम ने उसका गाल चूम लिया।

तौलिया फिर खुल गया।

नील को मालूम था कि यौवन अस्थायी है, लेकिन जो सामने दृश्यमान था, उससे कुछ समय पहले की वितृष्णा फिर सुगबुगा उठी। चेहरे की गहरी शिकनें, शिथिल होती मांसपेशियाँ, ढले स्तन....

उसने जींस उठाई और पाँयचों में पाँव डालने लगा।

"तुम जा रहे हो?" ब्लॉसम अचकचा गयी।

उसने हामी में सिर हिलाया और ज़िप खींच दी।

"हमारे पास बहुत समय है।" ब्लॉसम ने अनुनय की।

"मुझे काम है।" वह उठ खड़ा हुआ और कमीज़ पहनने लगा।

"थोड़ी देर नहीं रुक सकते? मैंने खाना गर्म होने के लिए रक्खा है।" वह भी खड़ी हो गयी।

उसके चेहरे पर कातर भाव आ गया था। नील ने उसके स्वर से समझ लिया।

निगाह उठाकर नहीं देखा। देख लेता, तो स्त्री की अवमानना का अपराध-बोध होता।

"जाना ज़रूरी है।" उसने मोज़े उठा लिये।

यकायक उसे टेम्पटेशन को अस्वीकार न करने के अपने निर्णय पर पछतावा होने लगा। कुछ क्षणों पहले उम्ररसीदा स्त्री की तृप्ति पर जो गर्व जागा था, अब ग्लानि में बदलने लगा।

सहसा भीतर कहीं कुमुद की हँसी सुनाई दी।

''तुम्हारा फ़ोन नम्बर क्या है?'' नोटबुक खोलते हुए ब्लॉसम उमंग से पूछ रही थी।

वह इंकार करते-करते रुक गया। इस स्त्री के साथ अभी-अभी निकटतम शारीरिक सम्पर्क हो चुका है। वह उसकी अवमानना होगी।

उसने नम्बर बता दिया।

फ़ोन करेगी, तो टाल दूँगा—उसने सोचा।

''यह लो।''

जैसे ही वह खड़ा हुआ, ब्लॉसम ने अपना हाथ आगे बढ़ाया। वह सौ के कुछ नोटों को गिनने लगी।

''यह क्या...?'' उसका स्वर सामान्य था। न ऊँचा, न नीचा। पर उलझन से भरा हुआ।

''आठ सौ हैं।'' ब्लॉसम अस्थिर हो गयी, ''वैसे मैं पाँच सौ देती हूँ, और जगह भी उसी की होती है। पर तुम विशेष हो।''

ब्लॉसम की ओर देखते हुए नील को अपने माथे पर तप्त नमी का आभास हुआ।

''कम हैं?'' वह मलिन हो गयी, ''माफ करो। मैं और देती हूँ।'' उसने पर्स उठा लिया, ''हमारे बीच यह कंटाल नहीं होना चाहिए।''

बढ़ती हुई धड़कन के बीच अचानक नील को दो एहसास हुए—ढली हुई मांसपेशियों की ग्लानि नोटों की झलक से विलीन हो गयी और साथ ही ब्लॉसम का अपराधी-सा चेहरा उसे अपराध-बोध से भर गया।

''ठीक है।'' उसने नोट लेकर जेब में डाल लिये।

जब वह दरवाज़े से बाहर निकला, तो उसे लगा कि उसका सूक्ष्म, पारदर्शी रूपाकार उसे ऊपर से देख रहा है।

आज की रात विशेष है—भोला ने समझ लिया था।

''अब तुम फेंको।'' नन्ही ने अपने छोटे-छोटे हाथ लहराते हुए कहा।

भोला ने इस तरह धीरे-से गेंद फेंकी कि वह दो-तीन टप्पे खाती हुई उस तक पहुँच जाए। नन्ही ने किलकारी मारकर गेंद उठा ली।

वह पिंक हाउस के बरामदे में था। नौ बज रहे थे।

इस पखवारे से वह जब-तब इलियास भाई की ड्राइवरी के लिए बुला लिया जाता था। अपने अंगरक्षक चुन्नू के साथ वे पीछे बैठ जाते और वह चुपचाप, सामने देखता हुआ उन्हें गन्तव्य तक पहुँचा देता। उसके कार-चालन सीखने के दिनों में नील भैया ने न सिर्फ उसे बम्बई गाइड दे दी थी, बल्कि बड़ा मानचित्र खोलकर उसे शहर का भूगोल अच्छी तरह समझा दिया था। वह नक्शा अब उसके कमरे की दीवार पर चिपका हुआ था और रोज़ाना दिन में दो बार हनुमान चालीसा के समान इसका जायजा लेना उसकी दिनचर्या का हिस्सा बन चुका था। फ्लाईओवरों के जाल उसे गफूर ने समझा दिये थे। कोई नयी जगह होती, तो वह चुन्नू से पूछ लेता। जब-तब उससे भूल हो जाती, तो इलियास भाई झुँझलाये बिना गलती सुधार देते।

कुछ मिलन-स्थल और कुछ मुलाक़ाती तो पुराने थे, जैसे शहनाज़ रेस्तराँ में इन्स्पेक्टर कामथ, एसीपी गोखले व कस्टम के डिसूज़ा, डॉकयार्ड रोड स्टेशन की टिकट खिड़की के पास मुकुन्द।

इन दिनों एक नाम उसने बार-बार सुना—वर्सोवा का यूसुफ़ बाँसुरी वाला।

मुर्तज़ा उसके विरुद्ध था, पर इलियास उसका समर्थन कर रहे थे।

एक रात को ग्यारह बजे यूसुफ़ से भेंट निश्चित हुई—मुहम्मद अली रोड के एक पेट्रोल पम्प पर। रातरानी से चलते समय इलियास, मुर्तज़ा और चुन्नू तीनों बैठे थे, पर भायखला पहुँचने पर इलियास और चुन्नू उतर गये।

"मैं बाहर तक आता हूँ।" मुर्तज़ा ने कहा।

छोटे-छोटे टुकड़ों को धीरे-धीरे जोड़ते हुए भोला समझने की कोशिश कर रहा था।

इलियास भाई ने बम्बई-दुबई-बम्बई की यात्रा के लिए अरब डाउ किराये पर लिया था। यहाँ से चाँदी, दालें और बासमती चावल भेजा जा रहा था। वहाँ से सोना, बिजली के उपकरण और कपड़ा आएगा।

सारा विवाद इस बात को लेकर था कि वापसी में लैंडिंग एजेंट कौन हो, क्योंकि इस कारगुजारी को सफलता तक पहुँचाने की सबसे नाजुक एवं संगीन ज़िम्मेदारी उसी की थी।

टाटा थियेटर, राजभवन, सी-रॉक, जुहू, वर्सोवा, मड आइलैंड, भसीन और अलीबाग़—इनमें से चुनाव करना था। पर जगह से ज़्यादा महत्त्व एजेंट का था, जो कुशल भी हो और विश्वस्त भी। वर्ली के उनके पुराने सहयोगी एजेंट नाइक की पिछले साल हत्या हो गयी थी। मुर्तज़ा जुहू के खालिद की सिफ़ारिश कर रहा था, लेकिन इलियास ने बहुत सोच-विचार और उधेड़बुन के बाद अन्तत:

यूसुफ़ बाँसुरीवाला में अपनी आस्था प्रकट की। यूसुफ़ के सिर पर एक के बाद एक सात सफल लैंडिंग्स का सेहरा था और बाज़ार में उसकी कीमत सबसे ज़्यादा—पाँच लाख—थी।

"यह किसलिए?" उस सुबह घर से निकलते समय गफूर के हाथ में सूटकेस देखकर उसने पूछ लिया था।

"रात को शायद मुझे दुबई जाना पड़े।" गफूर ऐसे बोला, जैसे नासिक जाने की बात कर रहा हो।

दोपहर को सूचना आ गयी कि 'अलहिलाल' गहरे समन्दर में पहुँच गया है।

"हफ़्ते-भर में लौट आऊँगा।" सहार हवाई अड्डे के रास्ते में गफूर बोला, "इम्तियाज़ के वहाँ होने से कोई मुश्किल नहीं होगी। उसने सारा बन्दोबस्त कर लिया होगा।" दो पल ठहरकर जोड़ा, "अपने हनुमानजी से प्रार्थना करना भोला! यहाँ इम्तियाज़ के बिना इलियास भाई पहली बार इतनी जोखिम ले रहे हैं।"

"सुबह-शाम सिर नवाऊँगा।" भोला ने कहा।

हफ़्ते-भर बाद गफूर लौट आया था। पाँचवें दिन 'अलहिलाल' के बम्बई के पास गहरे समन्दर में आ जाने की बात थी। डाउ में कंट्राबैंड की निगहबानी के लिए इम्तियाज़ का विश्वास्त मुनीर आया था।

अब विश्वास रखने के साथ-साथ इलियास और यूसुफ़ के बीच पिछले दो दिन से चूहे-बिल्ली का खेल चल रहा था। यूसुफ़ को लैंडिंग की जगह पता थी, पर तारीख़ नहीं। उसने डोंगियाँ, कारें, ट्रक और लगभग पचास आदमी किराये पर ले लिये थे। वे लोग पिछले अड़तालीस घंटों के झूठे अलार्मों के तनाव के बीच मुस्तैद थे।

शायद पिछली रात लैंडिंग हो जाती। पर दस बजे लोबो का बदहवास फ़ोन आ गया। वसोवा तट 'गर्म' था।

"जिस तरह मैं अपने एजेंट को झाँसा दे रहा हूँ, उसी तरह कस्टम अफसर भी तो अपने लोगों को अँधेरे में रखता है।" इलियास बोले, "वह वर्सोवा जाने के लिए कहेगा और नरीमन प्वाइंट पहुँच जाएगा।"

"जब से इनाम की दर बढ़ी है, कस्टम वाले ईमानदार हो गये हैं।" मुर्तज़ा ने टिप्पणी की।

रातरानी में सारी रात आँखों में कट गयी।

"लैंडिंग से मुझे अल्सर हो जाएगा।" इलियास ने कहा।

घनघनाते फ़ोनों के बीच बैठे-बैठे इलियास ने छह बोतल बियर पी ली थी। गफूर ने कोकीन के तीन पानों के साथ पौन बोतल व्हिस्की ख़त्म की थी और मुर्तज़ा ने चरस मिली सिगरेट के पूरे पैकेट के साथ आधी बोतल।

भोला को अभी तक कई बार इन लोगों की जीवन-शैली से ईर्ष्या हुई थी। आज पहली बार वह एहसास मलिन हुआ।

"लैंडिंग होगी।" अगली रात को बारह बजे इलियास ने घोषणा की।

भोला सिहर उठा।

फ़ोन रखकर मुर्तज़ा तुरन्त यूसुफ़ के पास चला गया। उसे यूसुफ़ की प्रहरी-नौकाओं का आश्वासन मिलने पर पहली डोंगी में 'अलहिलाल' पहुँचना था। गफूर भी साथ गया। उसे तट पर यूसुफ़ के सलाहकार की भूमिका निभानी थी। इलियास ने उसे बेकार अपने को ख़तरे में डालने से रोकने की कोशिश की, पर गफूर ने इम्तियाज़ की हिदायत की दुहाई दे दी।

अगर पिछले दो दिन आमतौर से एक महीना और ख़ासतौर से एक पखवारे चलने वाले तनाव का शिखर थे, तो बाद के इन दो घंटों को क्या कहा जाए—भोला सोच रहा था।

मुर्तज़ा के जाने के बाद तनाव के मारे इलियास से बैठा नहीं गया। वे सिगरेट मुँह में दबाये कमरे के चक्कर लगाते रहे। वह फुँक जाती, तो उसी से दूसरी सुलगा लेते।

फ़ोन की घंटी पर इलियास ऐसे चिहुँकते, जैसे मरे में बम फटा हो।

जय हनुमान ज्ञान-गुण सागर, जय कपीश तिहुँ लोक उजागर—भोला ने मन-ही-मन प्रार्थना की।

'एम पन्द्रह कॉलिंग...' वायरलैस पर मुर्तज़ा की आवाज़ आयी, "मैं मुनीर की तरफ बढ़ रहा हूँ।"

"ठीक है।...ओवर..." इलियास ने बटन दबा दिया।

कारयारी मार्ग के अँधेरे कोने में अधबनी इमारत के साये में दुबकी थी। वर्सोवा गाँव के समुद्र-तट को जाने वाली सड़क सामने और सूनी थी। दस मिनट पहले वे वहाँ जाकर टोह ले चुके थे। मुर्तज़ा ने इलियास से कहा था, वे बाहर न निकलें, पर अपने तनाव में इलियास लरज़ गये थे।

यकायक दूर से एक कार की डगमगाती रोशनी दिखाई दी। भोला ने इंजन की चाबी पर उँगली रख दी, पर ऐसा आदेश नहीं मिला। सेफ्टी कैच खोलते हुए चुन्नू चौकस हो गया। इलियास का हाथ भी अपने होल्स्टर पर चला गया।

कार के निकट आते हुए पहले ऊँचे सुरों में विलायती संगीत की ध्वनियाँ

उभरीं। फिर दो लड़कियाँ खिलखिलाईं। उसने देखा, आठ-नौ लड़के-लड़कियाँ ठसाठस भरे थे।

वायरलेस जीवन्त हुआ, तो इलियास को झटका-सा लगा।

"एम पन्द्रह कॉलिंग...पहली खेप चल रही है।"

"ठीक है।...ओवर..."

पौने दो बज रहे थे, जब मुर्तज़ा ने सूचना दी कि तीन फियटें चली गयी हैं। सबसे पहले फियट कारों में सोना भेजा जाता है, उसे गफूर का खुलासा याद आया।

"तू ही तू है मौला!" इलियास ने गहरी साँस लेकर कानों को हाथ लगाये।

दो मिनट बाद एम्बेसेडरों के और तीन मिनट बाद ट्रक के जाने की सूचना आई। बिजली का सामान और कपड़े भी निकल गये हैं—उसने सोचा।

"भोला, अभी हाजी अली चलेंगे।" इलियास ने कहा।

"अच्छा साहेब!"

वह चाबी घुम रहा था कि इलियास ने फ्लास्क निकाला और शाम के पहले घूँट लिये—एक के बाद एक।

"भोला!"

उसने गर्दन मोड़ी, तो इलियास भाई फ्लास्क बढ़ा रहे थे। स्वामी सेवक के साथ भेदभाव नहीं बरत रहे हैं—भोला तत्क्षण भावविह्वल हो गया। उसे कुछ सूझा नहीं। तुरन्त फ्लास्क लिया और घूँट भर लिया।

आठ

दर्द से इस तरह बेकल कर देने वाली रात नील के जीवन में पहले कभी नहीं आई थी। दुख उसने पहले भी भोगे थे—गरीबी के, प्रेम के, नौकरी छूट जाने के। लेकिन इस पीड़ा की गहनता नयी थी। लगता था, जैसे यन्त्रणा का रन्दा उसकी आत्मा के रोओं-रेशों को छीलता जा रहा है।

आख़िर वह छटपटाकर बिस्तर पर बैठ गया। लैम्प जलाया, दो बजे थे। आसपास गहरा सन्नाटा था। सिर्फ़ उसकी धड़कन सुनाई दे रही थी।

भावना का यह नया आयाम उसके भीतर उद्घाटित हो रहा था। जिस चेहरे की छवियों से उसकी नसें कमल-नाल बनने लगती थीं, उसी की स्मृति अब मन में डंक-सा चुभो रही थी।

कुमुद, यह तुमने क्या किया—उसने अस्फुट स्वर में कहा।

उसका स्वर ख़ामोश कमरे में उभरा। पीड़ा से विह्वल ध्वनियाँ कुछ क्षण कटी शिराओं-सी छटपटाती रहीं। फिर धीरे-धीरे निस्पन्द हो गयीं।

''इतवार को कुमुद की शादी है।'' खाने की मेज़ पर मेहताबजी ने कहा था। उसके भीतर कहीं भूचाल-सा आया। पर वह जहाँ का तहाँ निश्चल हो गया।

ब्लॉसम से भेंट हुए दूसरा दिन था। कुमुद की ओर से कोई सन्देश नहीं आया था। गुस्से में उसने फिर फ़ोन नहीं किया था।

''फ़ोन है।'' लगभग ग्यारह बजे रोज़ा ने सूचना दी।

आख़िर कुमुद को फुर्सत मिल ही गयी—सोचते हुए वह ड्राइंगरूम में आ गया। मेहताबजी स्टडी में थीं।

''नील...'' उसने धीमे स्वर में कहा।

''मैं यास्मीन हूँ।'' अनपहचाना नारी-स्वर सुनाई दिया।

यह कुमुद की शरारत है, उसकी पहली प्रतिक्रिया हुई।

"नयी क्लाइंट के लिए वक्त होगा?"

वह अचकचा गया। पल-भर कुछ बोल नहीं पाया।

"मैंने आपको देखा तक नहीं।" कहते ही अस्थिर हो गया। यह क्या निकल गया मुँह से...

"मैं यकीन दिलाती हूँ। तुम्हें ज़्यादा नाउम्मीदी नहीं होगी।" मुस्कान से सराबोर स्वर थोड़ा ठिठका।

"मेरे मुँह से बेजा बात निकल गयी। माफ़ कर दीजिए।"

"कर दिया।" छोटी-सी हँसी खनकी, "दोपहर को फुर्सत है?"

"हुक्म दीजिए।"

"एस्टोरिया, रूम नम्बर 302, दो बजे।"

"ठीक है।"

"आगे बढ़ो...आगे..." कंडक्टर उसकी ओर देखते हुए गुर्राया।

अपने पर ज़ब्त किये उसने आगे बढ़कर स्ट्रैप थाम लिया और हिचकोले खाता रहा।

मेहताबजी और कुमुद की आरामदेह कारों की याद आयी।

आज एस्टोरिया जाते समय वैसी कशमकश नहीं थी, जैसी ब्लॉसम के यहाँ से लौटते हुए थी।

इस महानगर की गठन और प्रकृति मुद्रा-केन्द्रित है, आने के पहले दिन ही उसे ऐसा एहसास हुआ था। यहाँ की जीवन-शैली, आचार-विचार, भाव-भंगिमा—सब मुद्रा-अर्जन से संचालित हैं। उपनगर के स्टेशन पर लोकल पकड़ने के लिए लपकता हुआ आदमी, बिज़नेस डिस्ट्रिक्ट में शोफर द्वारा चलाई जाने वाली मर्सिडीज़ में फ़ाइल पर झुका हुआ आदमी, घड़ी देखकर मेकर चैम्बर्स में चारों लिफ्टों के बटन दबाने वाला आदमी—सब लक्ष्य प्रेरित और एक ही पथ के पथिक हैं।

'कमाओ, कमाओ, कमाओ!' सुबह चिड़ियों की चहचहाहट में उसे अक्सर यही व्यंजना सुनाई देती थी। सुबह उभरते हुए सूरज का गूढ़ार्थ था—लो, दिन निकल आया। ब्रीफकेस उठाकर तुम भी निकल जाओ। देर सुबह लहरों के आलोड़न में भर्त्सना मिली होती—यह भावविभोर होकर हमें निहारने की बेला है? स्टॉफ एक्सचेंज जाकर टाटा स्टील के प्वाइंट्स गिनो। प्रकृति-प्रेम ऐसा उमड़ रहा है, तो शाम को आ जाना।

मुझे अपना नया स्लॉट बनाना है, बम्बई आने के पहले दिन उसकी यही

चिन्ता थी। उसने ऐसा कर लिया। अब संयोग से उसके लिए दूसरा स्लॉट भी निकल आया है। वह उसमें भी अपने को स्थापित करने की कोशिश क्यों न करे? मेहताबजी की नौकरी विश्वविद्यालय की अध्यापिकी नहीं है। एक महीने के नोटिस पर कभी भी उसकी छुट्टी हो सकती है। फिर क्या नौकरीपेशा लोग ओवरटाइम नहीं करते? अर्थ को एक पुरुषार्थ माना गया है, तो काम भी तो दूसरा पुरुषार्थ है। वह सौभाग्यशाली है, जो उसने दोनों का संयोजन कर लिया है!

अपनी मौलिक उद्भावना पर वह मुस्कराये बिना न रह सका।

''एक चम्मच?'' यास्मीन ने पूछा।

उसने सिर हिलाया।

वे प्याले में चीनी डालकर चम्मच चलाने लगीं।

जब उसने एस्टोरिया के कमरे पर दस्तक दी, तो धड़कन बढ़ी हुई थी। दरवाज़ा खुला, तो अस्थिरता गहरी हो गयी।

चूड़ीदार कमीज़ में ढलती उम्र की अभिजात स्त्री ख़ासी आकर्षक थी। देह शिथिलता की ओर बढ़ रही थी, पर लावण्य बना हुआ था। नाक-नक्श बहुत सुघड़ थे। बड़ी-बड़ी आँखें और पतले होठ। कपोलों पर स्त्रीत्व और उसकी माँगों के बेझिझक स्वीकार की लाली। लहराते बाल कन्धों पर फैले थे।

मैंने इस स्त्री को पहले न देखने की बात कही थी—उसने शर्मिन्दगी से सोचा।

''माफ़ कीजिए, बस देर से मिलने से मुझे देर हो गयी।'' उसने कहा।

''तुमने कहा क्यों नहीं? आने-जाने का टैक्सी का किराया मैं दे देती।''

काम की लीला-भूमि में अर्थशास्त्र की घुसपैठ से शर्मिन्दगी का एहसास उसे फिर से कुरेद गया।

''वैसे तुम्हारा आना सही वक्त पर हुआ, वर्ना मैं हेल्थ क्लब जा रही थी।''

उनके संकेत पर वह सामने सोफ़े पर बैठ गया।

कुछ क्षणों की चुप्पी असहज करने वाली थी।

क्या ऐसे मौन को भरने के लिए मुझे अब कुछ स्टॉक सवाल तैयार करने चाहिए, जो थोड़े निजी होते हुए भी स्वीकार योग्य हों—उसने सोचा। मसलन, आपके शौक क्या हैं? आपको कौन-से रंग पसन्द हैं? क्या आपका धर्म में विश्वास है?...

''तुम बहुत खूबसूरत हो।'' यास्मीन ने कहा।

न चाहते हुए भी वह संकुचित हो उठा।

''मैं हमेशा की हुस्नपरस्त हूँ—फूल, रंग, दिलकश चेहरे।...तुम मेरा दफ़्तर

देखना, पूरा मीना बाज़ार है। मैं टाइपिंग स्पीड से ज़्यादा अहमियत टाइपिस्ट की नाजो-अदा को देती हूँ।'' उनका शुरू का गम्भीर भाव अब हल्की मुस्कान में बदल गया।

उन्होंने ट्रे से दूसरा प्याला पास रखा और चाय ढालने लगीं।

''तुम्हें जल्दी नहीं?''

उसने नहीं में सिर हिलाया।

''पर मुझे थोड़ी है। मेरी छोटी बेटी के बेटा हुआ है। मेरे एक्स शौहर भी आये हुए हैं।''

चाय का घूँट लेता हुआ वह ठिठक गया। उदासी से भरी, अजीब-सी अपरिभाषित ग्लानि भीतर रेंगने लगी। मैं किस दिशा में जा रहा हूँ—उसने सोचा।

''तुम चुप हो।'' यास्मीन मुस्कराई, ''क्या सोच रहे हो?''

''हम अपने आसपास खूबसूरती की चारदीवारी बनाने की कोशिश करते हैं, पर जहाँ-तहाँ दरारें पड़ जाती हैं।''

''वहाँ मैं मखमल का पर्दा लगा दूँगी।'' वे हँसीं।

हँसी में कहीं शिकन या कम्पन नहीं था। वह निर्बन्ध और बेबाक थी। इस स्त्री के भीतर कोई गाँठें नहीं हैं—उसने सोचा। यह अपनी जीवनशैली को लेकर आश्वस्त है।

अगले मौन में यास्मीन ने प्याले ट्रे में रक्खे, फिर ट्रे बाहर रखकर दरवाज़ा बन्द किया, चटखनी लगाई और आकर उसके पास बैठ गयीं। उसने उनके एक हाथ की उँगलियाँ अपने हाथ में उलझा लीं। उसकी ओर देखते हुए वे हल्के से मुस्कराईं। दूसरे हाथ को उनकी गर्दन के पीछे लगाते हुए उसने उन्हें सोफे की पीठ पर झुका दिया। अब उनकी पलकें झपक गयी थीं। होठों की नयी जोड़ी का स्पर्श मृदु था। प्रारम्भिक परिचय के तौर पर उसने छोटे-छोटे चार-पाँच चुम्बन लिये। तेज़ साँस यास्मीन की बढ़ती ऊष्मा प्रकट कर रही थी।

आज उसने काम-वन्दना के तौर पर चुम्बन के अधरालोड़न प्रकार का निश्चय किया।

क्लान्त, तृप्त यास्मीन उसकी बाँहों में लेटी थीं।

लीलान्त के बाद वह उन्हें सरोकार और स्नेह के पर्याप्त आलिंगन और चुम्बन दे चुका था। अब उनकी आँखें मुँदी थीं और साँसें समतल चल रही थीं।

ब्लॉसम के विपरीत आज की इस प्रेमाकांक्षिणी की माँगें थोड़ी गहन थीं। पूर्व-लीला में वे अपेक्षित उन्मादी नहीं हुई थीं। उसे जंघरश्मि नखक्षत और

कुचकुसुम दन्तक्षतों का व्यवहार करना पड़ा था। फिर भी कगार तोड़ने को आतुर स्थिति का आभास नहीं मिल रहा था, तो उसने श्वासपराग चुम्बनों का प्रयोग किया। तब कहीं जाकर यास्मीन थरथराईं। समागम के प्रारम्भ में उनकी प्रतिक्रियाएँ उतनी व्यग्र नहीं थीं। तो नीरक्षीर से उन्हें विह्लल करने के बाद हंसिनीसीत्कार आसन का सहारा लेना पड़ा। तब कहीं जाकर उन्हें चरम सीमा की उपलब्धि हुई।

यास्मीन की देह पेचीदी, समयसाध्य प्रक्रिया की माँग करती है। क्या इनकी उम्र ब्लॉसम से ज़्यादा होनी चाहिए—उसने सोचा।

''मुझे देर हो गयी।'' यास्मीन ने आँखें खोलीं और अँगड़ाई लेते हुए कहा। फिर हल्की मुस्कान से उसकी ओर देखा, ''मैं ब्लॉसम की तहेदिल से शुक्रगुज़ार हूँ।''

यह नाम पहली बार उन दोनों के बीच बोला गया था।

नील के भीतर जुगुप्सा रेंग गयी। यास्मीन इस बात के प्रति तटस्थ कैसे रह सकती हैं कि ब्लॉसम-नील के बीच वह सम्बन्ध बन चुका है, जो खुद यास्मीन व नील के बीच है। क्या वह उस स्त्री के प्रति तटस्थ रह सकता है, जो खुद उसके और, मसलन भोला, के साथ जुड़ी हुई हो?

''तुम ब्लॉसम को कब से जानती हो?''

''कई बरसों से।'' वे अब उठकर बैठ गयी थीं। लहराते हुए बाल आधे वक्ष पर फैले थे।

वह पीछे टिक गया और सिगरेट सुलगाने लगा।

ब्लॉसम और यास्मीन ने उससे पहले भी किसी पुरुष की साझेदारी की होगी—उसने सोचा। हालाँकि यह विचार पहले भी उसे चुभ चुका था, पर यास्मीन को अनुभव करने के बाद उबकाई भरा लगा।

''काश, मैं तुमसे सीधे मिली होती...'' यास्मीन ने कहा।

''मुझे बहुत अच्छा लगता।'' वह उनकी आँखों में देख रहा था।

कपड़े पहनकर यास्मीन बाथरूम से निकलीं।

वह अनावृत देह, जिससे उसकी पहचान बनी थी, अब फिर आवरणों में छिपी थी। एक बार यास्मीन के चेहरे पर भी किसी पारदर्शी आवरण का अभास हुआ। यह वह भाव नहीं था, जो शैया के उस तृप्त चेहरे की आँखों में उमड़ रहा था।

क्या मैंने अब इस चेहरे पर कसमसाती असुरक्षा पढ़ी है—उसने सोचा।

यास्मीन अपना पर्स उठा रही थीं।

''एक चम्मच?'' उसने पूछा।

वे ठिठक गयीं, ''नहीं, पहले ही देर हो चुकी है।...चाय पीने बैठूँगी, तो कोई और कमज़ोरी जाग आयेगी।''

अब चेहरे पर मुस्कान आ गयी थी। वह पारदर्शी आवरण पीछे कहीं छिप गया।

पर्स से उन्होंने कुछ नोट निकाले, ''हज़ार हैं...'' उसकी ओर देखे बिना कहा और एक पल ठिठककर नोट उसकी कमीज़ की जेब में रख दिये।

उनका यह संवेदनशील स्पर्श उससे अलक्ष्य नहीं रहा। ब्लॉसम ने नोट गिनते हुए उसके हाथ पर रखे थे, जैसे इस शहर में ग्राहक सौदा लेने के बाद भुगतान करता है।

दो पलों के लिए वातावरण असहज हो गया। जिस मुद्रा को वह जीवन-शैली में केन्द्रीय मान रहा था, उसी के विनिमय ने अब उसे अस्थिर कर दिया था।

उसने मलिन-सी मुस्कान से तनिक-सा सिर हिलाया।

''एक ख़याल अभी आया है।'' यास्मीन जल्दी-जल्दी बोलीं। (क्या कहीं वे भी असहज हो गयी थीं?) ''यह कमरा हमने कलकत्ते के एक मेहमान के लिए बुक किया था, पर आज टेलेक्स आया कि वे तीन दिन बाद आएँगे। अगर तुम्हारे पास वक्त हो, तो तब तक हम इस कमरे को रखे रहें?''

''वक्त मेरे पास बहुत है। पर तुम्हारे पास है?''

''अब तुम मिल गये हो, तो किसी तरह निकालना ही पड़ेगा।'' वे मुस्कराईं।

उस एक पल आँखों के मिलने से उसे नयी आत्मीयता का अनुभव हुआ।

''ब्लॉसम ने बताया था कि तुम्हारे साथ जगह की मुश्किल है।'' अब उनका स्वर संजीदा था, ''इतवार की दोपहर तक तुम जब चाहो, यहाँ रह सकते हो। मैं रिसेप्शन पर कह दूँगी।''

उसने आभार की मुस्कान दी।

''अच्छा, अब बज्मे-नाज से हम रुख़सत होते हैं।'' दरवाज़ा खोलते हुए यास्मीन मुस्कराईं, ''खुदा हाफ़िज!''

एस्टोरिया से निकलकर वह टॉक ऑव द टाउन तक आया। फिर तरह-तरह की कारों का अनन्त कारवाँ देखता रहा। जब लाल बत्ती हुई, तो सड़क पार की और समुन्दर के बगल में चौपाटी तक चलता गया।

दाएँ किनारे पर तेज़ कारों की सनसनाती साँय-साँय चल रही थी। कारों की गति भी यहाँ जीवन-शैली के अनुरूप है।

अपने दूसरे स्लॉट ने उसमें उथल-पुथल मचा दी थी।

इस महानगर में अर्थन्यूनता और अर्थप्राचुर्य, दोनों अति पर हैं—उसने सोचा। गरीबी के तमाम हृदयविदारक नमूने तो उसने कई शहरों में देखे थे, लेकिन यहाँ उसकी बहुत नग्न तथा वीभत्स झलकियाँ मिली थीं। देर रात वी.टी. स्टेशन पर एक लगभग नग्न, गँधाते भिखारी ने उसके हाथ की प्लेट से बटाटा बड़ा झपटकर जल्दी से अपने पीले दाँतों वाले मुँह में भर लिया था। उसकी एकाग्रता पूरी तरह अपने मुँह में घुलते पदार्थ पर थी। वह नील और अपनी हरकत के परिणाम से पूरी तरह उदासीन था। क्या करोगे? ज़्यादा से ज़्यादा मारोगे। पुलिस मे दे दोगे। दे दो। इसके दूसरे छोर पर श्रीमती दस्तूर थीं, जो अपने मन को हल्का करने के लिए उसे विश्वविद्यालय के अध्यापक के बराबर वेतन दे रही थीं। ब्लॉसम और यास्मीन थीं, जो दो घंटों की उसकी सेवाओं के लिए उतना पारिश्रमिक दे रही थीं, जो कितने मध्यमवर्गीय हिन्दुस्तानियों का एक महीने का वेतन होगा। और अगर वह समृद्धि के इन द्वीप-निवासियों को श्रेणीबद्ध करें, तो इन महिलाओं का क्रम काफ़ी नीचे ही आएगा, ऊपर नहीं। भोला ने बताया था, 'अलहिलाल' के एक आपरेशन में इलियास भाई ने लगभग दो करोड़ कमाया है। इसमें से बीस-पच्चीस प्रतिशत का खर्च निकाल दो, तब भी कितना बचा?

मुझे उस भिखारी और इलियास भाई के बीच कहीं अपनी ज़िन्दगी का सन्तुलन बैठाना है—नील ने सोचा।

''मैं तुम्हारी अपराधी हूँ। जो सज़ा देना है, दे दो।''

अनिश्चय और आशंका के जैसे भाव से कुमुद एस्टोरिया के कमरे में घुसीं, उससे अपने जमे हुए आक्रोश के बावजूद नील लरज़ गया।

आज शनिवार को तीन बजे यास्मीन ने 'खुदा हाफ़िज' कहा। थोड़ी देर के तनाव के बाद उसने फ़ोन किया, तो ऑपरेटर हँसने लगी, ''उनकी शादी हो रही है। घर फ़ोन कीजिए।'' दफ़्तर में फ़ोन करने की अपनी नासमझी पर वह भी कड़वाहट से हँसा। घर पर अनजान नारी-स्वर को उसने अपना नाम बताया।

डेढ़-दो मिनट बाद कुमुद लाइन पर आ गयीं, ''नील, मैं तुमसे क्या कहूँ...'' स्वर बहुत धीमा था।

''एस्टोरिया, रूम नम्बर 302...मैं इन्तजार कर रहा हूँ।'' कहकर उसने फ़ोन रख दिया।

दो घंटे वह तनाव में रहा। बिस्तर पर उलटा-पुलटा होता रहा, सिगरेट पीता रहा, 'बाम्बेआइट' व 'पेंटहाउस' के पन्ने पलटता रहा।

फिर दरवाज़े पर धीमी दस्तक हुई।

कुमुद ने वायल की हल्की-सी साड़ी बाँध रखी थी। बाल खुले। देह उजली और उबटन की महक से पगी।

उस चेहरे और उस देह को देखते हुए कई दिन से चुभने वाले दर्द के काँटे पैने हो गये। उसने हिलककर उन्हें बाँहों में भर लिया।

वियोग के कितने दंशों के बाद इस देह का सान्निध्य मिला था। गहन चुम्बन उस कसकते अभाव को भरने में अक्षम लगे। कुमुद की स्निग्ध हँसी, कामनाभरी चुहल, प्रखर हास्य-बोध से गुदगुदाते भाष्य—अब कभी नहीं मिलेंगे। उनसे जुड़ी उसकी भावना भीतर हरे घाव-सी रिसती रहेगी...कुमुद और उनकी देह के स्थायी बिछोह की अनिवार्यता उनके स्पर्श से और तीखी हो गयी। उसके भीतर हाहाकार का सोता-सा फूट पड़ा...अपने भीतर उन्हें सँजोने के ये आख़िरी पल हैं।

देह के माध्यम के बावजूद आज का मिलन जैसे देह से परे जा रहा था...

"उस दिन मैं प्रेसीडेंट के गेट से लौट आई।" कुमुद अपना सिर उसके कन्धे पर टिकाये थीं, "तुम्हारा सामना करने की हिम्मत नहीं जुटा पाई।...अपने को ऐसा कमजोर मैंने कभी नहीं पाया।"

उसने अपनी उँगलियाँ उनके बालों में उलझा लीं। भरी-भरी आँखों का कातर भाव उसे बेधने लगा।

"लेकिन इस तरह अचानक..."

"ऐसा अचानक नहीं है। मैं अपने अकेलेपन से, अँधेरे के रिश्तों से थक गयी थी।"

उसे अपनी सालगिरह पर उनका टूटना याद आया।...हमारे रिश्ते का कोई भविष्य नहीं...भीगे स्वर के उनके शब्द उसके भीतर अनार की तरह चमकते-बुझते रहे।

"मैंने तुम्हें अपनी पहली चोट के बारे में बताया था। अब मैं समझ पाई हूँ। उससे उबरने के लिए मैं लम्बे रास्ते पर चली गयी। सही और छोटा रास्ता अपना घर बसाकर बाहरी दुनिया को काट देना था, अपने दर्द को सहलाते रहना नहीं।...पर तब मैं कच्ची थी और यौवन की सम्भावनाएँ बहुत बड़ी जान पड़ती थीं। ऐसा नहीं कि मुझे विवाह के प्रस्ताव नहीं मिले, पर तब मैं एक सूत समझौते के लिए तैयार नहीं थी।"

उसने गहरी साँस ली। "अब?"

"अब ज़िन्दगी से मेरी अपेक्षाएँ बदल गयी हैं, बहुत थोड़ी हो गयी हैं।"

कुमुद ने उसके सीने पर हाथ फेरा। फिर उसकी उंगलियाँ अपने साथ उलझा लीं।

''होने वाले पति तुमसे कितने साल छोटे हैं?''

कुमुद हँसीं। यह शाम की पहली हँसी थी।

''मुझसे पाँच साल बड़े हैं।''

''उन्हें कब से जानती हो?''

''छह महीने से।''

उनके बालों में घूमती उसकी उंगलियाँ ठिठक गयीं। उनके साथ उसकी मैत्री की भी तो यही अवधि है।

कुछ पल मौन रहा।

क्या कुमुद ने एक साथ दो रिश्ते निभाये हैं—उसने सोचा। पहले भीतर जमे आक्रोश की सतह पर सुगबुगाहट हुई, फिर ऐसी प्रतिक्रिया की अपनी पात्रता पर शर्मिन्दगी। इस समय जिस कमरे में वे हैं, उसके भुगतान का दायित्व उससे जुड़ी हुई एक स्त्री उठा रही है।

''विश्वास करो...'' कुमुद उसकी ओर देख रही थीं, ''उनके साथ के रिश्ते की प्रकृति बिलकुल दूसरी रही है।'' फिर चिर-परिचित चंचल मुस्कान आ गयी, ''कुछ पुरुष सिर्फ़ प्रेमी हो सकते हैं और कुछ सिर्फ पति।'' फिर पहले-जैसी संजीदगी आ गयी, ''उन्हें सिर्फ़ पत्नी की तलाश थी और मैं जानती हूँ, वे आदर्श पति साबित होंगे।'' दो पल ठिठककर जोड़ा, ''अब जो आशंका तुम्हारे मन में है, उसे भी जुबान पर लाकर साफ़ कर दूँ। कल सुहागरात में मैं पहली बार आत्मसमर्पण करूँगी।...वैसे भी आदर्श पति को शादी से पहले होने वाली जीवन-संगिनी को गर्दन से नीचे नहीं छूना चाहिए।''

अब मुझे ऐसे शैय्या-वाग्वैदग्ध्य के बिना जीने की आदत डालनी है—उसने सिमटती हुई मुस्कान के साथ सोचा।

''करते क्या हैं?''

''बिजनेस।'' कुमुद मुस्कराईं, ''काफ़ी कमा लिया है, इसीलिए अब ख़र्च करने वाली की ज़रूरत है। भरोसा रखो, मैं उन्हें नाउम्मीद नहीं होने दूँगी। शिरडी के साईं बाबा के भक्त हैं। इतवार को तुम्हारी क्लास लेने की बजाय मुझे वहाँ पूजा की आदत डालनी होगी।''

दिल डूब-सा रहा था। पर वह मुस्करा दिया।

कुमुद उसे देखती रहीं। फिर दोनों बाँहें उसके गले में डाल दीं, ''मुझसे बहुत गुस्सा हो?''

वह एकटक उन आँखों में देखता रहा, जहाँ अनुराग के कितने-कितने रंग उसने देखे थे।

"मैं तुम्हारे बिना कैसे रहूँगा?"

"धीरे-धीरे आदत हो जाएगी नील!" उन्होंने झुककर उसका चुम्बन लिया, "मैं मानती हूँ, तुम्हारे साथ मैंने ज़्यादती की है। पर क्या करूँ, तुम्हारी कशिश मुझमें ऐसी तड़पी कि मैं अपने को सँभाल नहीं पाई..."

अब मुझे अपने को सँभालना है—उनके वक्ष में मुँह छिपाते हुए उसने सोचा।

"तुम्हारी स्मृतियाँ मेरे मन के बहुत भीतरी कोने में रहेंगी।" कुमुद का रुँधा स्वर सुनाई दिया।

अगले पल उसके कपोल पर एक तप्त बूँद गिरी।

रात के पौने दस बज रहे थे, जब भोला ने हिल रोड की उस गली का दूसरा चक्कर पूरा किया।

सब सामान्य था। चार-पाँच लोग आ-जा रहे थे। सामने आइसक्रीम को मना करते पति-पत्नी बच्चे का हाथ और पैकेट थामे लौट रहे थे। दाईं ओर का म्युनिसिपल स्कूल सन्नाटे और अँधेरे में डूबा था। उसके साथ के बस-स्टाप के बग़ल में एक कार खड़ी थी। कोने की पान की ओर कुछ आगे फरसाण की दुकान खुली थी। जनरल मर्चेंट का शटर आधा गिरा था और वह काउंटर की एक रोशनी में हिसाब कर रहा था।

उससे तीसेक कदम आगे दूध का डिपो बन्द था। अगले कोने के फ़ोन बूथ पर दो किशोरियाँ चिपकी हुई थीं। रह-रहकर उनकी किलकारियाँ सुनाई दे रही थीं।

आसपास के फ़्लैटों में प्रकाश था। बीच-बीच में दूरदर्शन के अँग्रेज़ी समाचार के टुकड़े बाहर बह आते थे।

हाँ, सब सामान्य है, कम से कम बाहर से—उसने सोचा।

उसने गियर बदला और पहिये तिरछे काटते हुए बस-स्टॉप की ओर मोड़ दिये। जैसे ही सामने की रोशनियों ने स्कूल सीमा की झाड़ियों से मुड़कर स्टॉप को घेरा, चुम्बन में लीन एक जोड़ चिहुँककर अलग हो गया। लड़की ने हाथ से अपने चेहरे को ओट दे दी और लड़के ने घुन्नाई निगाह से कार की ओर देखा। भोला को अफसोस हुआ। अगर उसे उनके कार्य-कलाप की जानकारी होती, तो वह मोड़ने से पहले रोशनियाँ बुझा देता। कार ठीक लगते ही उसने बटन दबा दिया और अँधेरा होने से पहले बस-स्टॉप के खम्भे पर क्रास (×) के निशान के साथ 'कैंसिल्ड' पढ़ लिया।

तभी स्टॉप सूना पड़ा है—उसने सोचा।

उसका जी चाहा कि युवा जोड़े से क्षमा माँगे, पर लड़की अब तिनककर स्कर्ट लहराती आगे बढ़ गयी थी और लड़का तेज़-तेज़ उसके पीछे जा रहा था।

तुमने प्रेमाचार में व्यवधान डालने का पाप किया है—उसने सोचा।

दूध का डिपो निर्जन था।

उसने घड़ी देखी। फिर डिब्बी से निकालकर चरसभरी सिगरेट सुलगाने लगा।

यह जगह क्यों चुनी गयी, उसकी समझ में नहीं आया। बैंड स्टैंड यहाँ से पास और सूना है। क्या वह बेहतर नहीं रहता? शायद पंचोली के परिवार का अनुरोध रहा हो।

उसने गहरा कश खींचा, तो शिथिल इन्द्रियाँ जागृत-सी होने लगीं।

सहसा दो सवारों वाला स्कूटर ज़ोर से ब्रेक लगाकर बिल्कुल उसके सामने रुका।

भोला का हाथ तत्क्षण अपनी पिस्तौल पर पहुँच गया।

''डॉली!'' पीछे बैठा लड़का ऊपर की खिड़कियों की ओर देखते हुए चिल्लाया, ''मैं चाइनीज़ लेकर आता हूँ।''

ऊपर से लड़की खिलखिलाई। स्कूटर आगे बढ़ गया।

भोला नीचे उतरा। सतर्क निगाहों से आसपास देखा। कहीं पुलिस की छिपी जीप का आभास नहीं मिला।

अगर वे आजू-बाजू के किसी फ़्लैट की अँधेरी खिड़की से निगाह रक्खे हों, तो?

तो मेरा नसीब है—उसने सोचा।

''इलियास भाई ने बुलाया है।''

पाँच दिन पहले रेनबो ज्वैलर्स के स्वामी मनसुख पंचोली की माहिम शाखा पर दिया गया सन्देश उसके भीतर रिकार्ड-सा बज रहा था।

वातानुकूलित दुकान के बाहर उसके दो बन्दूकधारी चौकीदारों ने रोक लिया था। सेठ के लिए सन्देश है—उसने कहा। एक भीतर जाकर अधेड़ मुनीम को बुला लाया। किसका सन्देश है—मुनीम ने पूछा। सेठ को ही बोलने का है—उसने कहा। मुझे बता दो, मैं बोल दूँगा, वे बोले। नहीं, सेठ को ही बोलने को बोला है—उसने कहा।

मुनीम भीतर चला गया। वहाँ से दो-तीन लोग उसे अजीब निगाहों से देख गये। कहीं पुलिस को फ़ोन तो नहीं हो रहा है—उसने सोचा।

''आओ!'' पाँच मिनट बाद मुनीम आया।

मुनीम और चौकीदार के बीच वह गलीचा-बिछी लम्बी-चौड़ी दुकान में आगे बढ़ा।

''जाओ।'' मुनीम ने सामने के केबिन का दरवाज़ा खोल दिया।

मेज़ पर दो फ़ोनों के बीच टोपी लगाये दुबला-पतला अधेड़ आशंकित-सा सामने देख रहा था।

मुनीम बाहर ठिठका रहा। भोला ने तिरछी निगाह से देखा, दरवाज़े में लगी मशीन अपने-आप धीरे-धीरे दरवाज़ा बन्द कर रही थी। पूरी तरह बन्द होने से पहले चौकीदार ने अपना जूता अड़ा दिया।

भोला ने पंचोली को देखा।

पंचोली के संकेत पर चौकीदार पीछे हट गया।

भोला ने अब तक मन-ही-मन सैकड़ों बार रिहर्सल किए गये शब्द दुहरा दिये।

पंचोली ने पल-भर ठिठककर गहरी साँस ली। चेहरे से पता नहीं चल पाया कि उसके भीतर क्या चल रहा है।

''ठीक है।''

भोला मुड़ गया।

सुबह वह गफूर के साथ नूरे-नज़र में बैठा था, जब बाहर एक गाड़ी रुकी। धोती-कुर्ता पहने चाँदी की मूठवाली छड़ी लिये जो व्यक्ति भीतर आया, उससे गफूर का अभिवादन हुआ। फिर वह इलियास भाई के केबिन में चला गया।

''झवेरी हैं।'' उसकी सवालिया निगाह के जवाब में गफूर फुसफुसाया।

''भोला, आज तुम्हारी ड्यूटी हमारे साथ है।'' दूसरी रात को रातरानी में मुर्तज़ा ने कहा।

भोला ने सिर हिला दिया।

उन्होंने पाली हिल में सी क्वीन बिल्डिंग और वर्ली में शिवसागर एस्टेट के तीन चककर लगाये। भोला गाड़ी में बैठा रहा। मुर्तज़ा ने जगहों का ज़्यादातर अकेले पर्यवेक्षण किया। दो बार उसने गफूर को परामर्श के लिए बुलाया।

"सी क्वीन में पंचोली का घर है और शिवसागर में एक दफ़्तर।" गफूर ने उसे बातया।

पंचोली नहीं आया था। दूसरे दिन सुबह उसने फ़ोन ज़रूर किया था। इलियास लाइन पर नहीं आये। उसने सन्देश छोड़ दिया, मैं सत्तार के प्रोटैक्शन में हूँ। झवेरी ने उसके ऊपर जो काले पन्द्रह लाख के घपले का आरोप लगाया है, वह एक पुरानी देनदारी में एडजस्ट हो गया है।

शिवसागर में थोड़ी दूर कार के भीतर से उन्होंने देखा था—पंचोली के दाएँ-बाएँ व आगे तीन युवक चल रहे थे।

बाईं ओर वाले का चेहरा हल्के अँधेरे में भी भोला पहचान गया।

वह जॉनी था, जिस पर ओक गली में उसने छुरे से वार किया था।

अहाते में आते ही गाड़ी पंचोली के सामने लग गयी। पंचोली दो अंगरक्षकों के बीच में बैठा। कार गेट से निकल गयी।

"साला, हमें गाजर-मूली समझने लगा है।" मुर्तज़ा के जबड़े कस गये।

भोला ने थूक-सा निगला और चुपचाप सामने देखता रहा।

उसके मन का एक हिस्सा अब मुर्तज़ा से सिहरने लगा था।

उस रात की याद नींद से चौंकाकार जगा देती है, जब वह रातरानी में नौ बजे के शो के पैसे ले रहा था।

"बहुत बिजी हो भोला भाई!" बिल्लू ने कहा।

"आओ भई...छोकरा, एक चाय और..."

इलियास भाई की अधिकतर ड्राइवरी करने के नाते वह बिल्लू का सम्मान करता था। दूसरे, बिल्लू हमेशा उससे दोस्ताना ढंग से पेश आता था।

"आज कौन-सी पिक्चर दिखा रहे हो?"

"साउथ इंडियन है आज। चड्डीवाला चक्कर नहीं।" भोला हँसा, "देखोगे?"

"नहीं यार, मुर्तज़ा भाई के साथ मुलुंड जाना है।" बिल्लू मुस्कराया, "मुझे फ़्लैट मिल रहा है।"

"बधाई हो बिल्लूजी!" भोला ने हाथ मिलाया।

"हाँ यार, शादी भी टल रही थी अभी तक।"

"अच्छा हुआ, आपको घरवाली मिलेगी और हमें मिठाई।"

भोला ने अपनी आँखों से देखा, बिल्लू खुशी-खुशी कार में बैठ रहा था।

मुर्तज़ा रात को बारह के आसपास अकेला लौटा। उसने कमीज़ दूसरी पहन

रक्खी थी। ज़्यादातर वह आख़िरी कैबरे के बाद ही पीता था, पर उस दिन हॉल का एक चक्कर लगाने के बाद व्हिस्की लेकर बैठ गया। दो बजे जब भोला और गफ़ूर वहाँ पहुँचे, तो वह तीन-चौथाई बोतल पी चुका था और अतिरिक्त रूप से मौन था।

"मैं जाऊँ?" भोला ने पूछा।

मुर्तज़ा ने सिर हिला दिया। बैठने के लिए नहीं कहा।

"क्यों? बिल्लू क्या कर रहे हैं?"

जब दो दिन बाद उसे पिंक हाउस जाकर इलियास भाई की सेवा का निर्देश मिला, तो भोला को उलझन हुई।

गफ़ूर ने आसपास देखा।

"आइन्दा यह नाम मत लेना।" उसने फुसफुसाकर कहा।

उसी रात को घर में धुत्त होने के बाद गफ़ूर ने बता दिया, "बिल्लू को गोराई बीच पर सज़ा मिल गयी। उसकी सत्तार से साठ-गाँठ चल रही थी।"

क्या मेरे ऊपर भी निगाह रखी जा रही है—भोला ने सोचा।

"भोला, होशियार रहना।" मुर्तज़ा ने कहा।

भोला ने सिर हिला दिया।

साँझ का झुटपुटा गहरा हो रहा था। रोशनियाँ जलने लगी थीं। आवाजाही और ट्रैफ़िक था।

कार तरह-तरह की मछलियाँ बेचने वाले एक्वेरियम के बग़ल में खड़ी थी। दुकानदार पहले रोकने को हुआ था, पर इन लोगों की भाव-भंगिमा देखकर चुपचाप जार में पानी डालने लगा।

यहाँ से हॉलीडे इन के बाहरी हिस्से की झलक मिल रही थी।

पीछे मुर्तज़ा के साथ गफ़ूर और आगे किट्टू बैठा था।

सबकी निगाहें होटल से आने वाली सड़क पर थीं।

कल उन्होंने इसी समय सामने टूरिस्ट होटल के बग़ल में गाड़ी लगाई थी, पर पंचोली का छोटा बेटा हेल्थ क्लब से अकेला नहीं निकला—उसके साथ दो लड़के और थे। मुर्तज़ा ने 'नहीं' में सिर हिला दिया।

उन्होंने तीन दिन पंचोली के पारिवारिक सदस्यों का अच्छा सर्वेक्षण कर लिया था। वयस्क सदस्यों में सही उम्मीदवार यही बेटा पाया गया।

"दरवाज़े से निकला है।" गफूर बोला।

भोला को अपने दिल की धड़कने की आवाज़ सुनाई दे रही थी। माथे पर पसीने की नमी झलकने लगी थी। गला सूख रहा था। तलब लग रही थी। तम्बाकू का पान बाईं ओर के ख़ाने में था, पर इस समय निकालना उपयुक्त नहीं लगा।

"चलो।" मुर्तज़ा का कसा स्वर सुनाई दिया।

आगे जो हुआ, उसमें शायद पैंतालीस-पचास सैकिंड लगे, पर भोला को समय ऐसा लचीला कभी नहीं लगा था। उँगलियों में ऐसी कँपकँपाहट भी उसने पहली बार महसूस की।

सामने से आती मारुति उनकी एम्बेसेडर के यकायक रास्ता रोक लेने से रुक गयी। गेट से निकलते हुए उसकी गति भी धीमी थी। जब तक चक्के पर बैठा लड़का कुछ समझे, मुर्तज़ा ने पिस्तौल की नली उसके माथे से लगा दी थी, पर भोला ऐसा अनुमान ही लगा पाया, क्योंकि गफूर व किट्टू ने उसे दोनों ओर से ओट देते हुए मारुति का दरवाज़ा खोल दिया था।

तीन-चार लोग ठिठक गये। पर चुप रहे। एक तो सिर झुकाकर तुरन्त खिसकने लगा।

इस शहर के लोग बहुत समझदार हैं—भोला ने सोचा।

खट्-खट् करके दरवाज़े खुले। लड़का बीच में बैठाया जा रहा था। मुर्तज़ा और गफूर दाएँ-बाएँ थे। किट्टू आगे का दरवाज़ा खोल चुका था।

भोला ने गाड़ी आगे बढ़ा दी।

मिल्क डिपो के सामने एक युवक हाथ में अटैची लिये खड़ा था।

भोला की धड़कन एक पल के लिए तेज़ हुई। फिर समतल होने लगी। सिगरेट का टोंटा फेंककर उसने चाबी घुमाई।

सड़क अभी भी सामान्य लग रही थी।

"सब सुखल है तुम्हरी सरना तुम रच्छक काहू को डरना..." बुदबुदाते हुए उसने चक्का घुमाया।

कार को आते देखकर युवक चौकन्ना और आशंकित होता लगा।

उसके ठीक सामने भोला ने कार रोक दी। क्या अब किसी भी दिशा से सत्तार के आदमी मुझे दबोच लेंगे—उसने सोचा।

दोनों एक-दूसरे को देख रहे थे।

"मेरा भाई ठीक है न?" युवक सड़क पर उतर आया। वह थोड़ा झुककर उसे देख रहा था।

''हाँ।''

''मैं साथ चलूँ? उसे लेकर आऊँगा।''

''मुझे ऐसा ऑर्डर नहीं है...वो घंटे-भर बाद घर पहुँच जाएगा।''

क्या यह मुझे रोकने की कोशिश कर रहा है—उसने सोचा। क्या यह घेरे जाने की भूमिका है।

कुछ पलों का विराम रहा। फिर युवक ने अटैची बढ़ाई।

भोला ने दरवाज़ा खोला और अटैची सीट पर रख ली।

आगे बढ़ते हुए उसने देखा, युवक ध्यान से नम्बर प्लेट देख रहा था।

''आज शाम मेरी अब तक की सबसे अन्तरंग मित्र की शादी हो गयी है।'' नील ने व्हिस्की का घूँट लेकर कहा, ''इस समय वह अपनी सुहाग-सेज पर होगी।''

''जीवन विकट पहेली है।'' भोला ने दार्शनिक भाव से टिप्पणी की, ''गोस्वामीजी कहे हैं...''

पर क्या कहे हैं, यह उसे याद नहीं आया। सुरूर गहरा रहा होगा।

वे भोला के ड्राइंगरूम में थे।

नील ने निढाल भाव से सिर पीछे टिका लिया, ''ज़िन्दगी का कोई मतलब है?''

भोला सामने देखता रहा। फिर गहरी साँस ली, ''जब मंगली की साँस टूटी, तो मुझे भी ऐसा ही लगा था।'' उसने नील के कन्धे पर हाथ रखा, ''फिर धीरे-धीरे सन्ताप की धरती पर शान्ति के बिरवे फूट आये।''

थोड़ी देर चुप्पी रही। फिर नील ने कुछ बड़े घूँटों में गिलास खाली कर दिया, ''हम इस शहर में क्या ढूँढ़ने आये थे और क्या मिल रहा है...''

—

नौ

''नील, तुम्हें चलना है।'' मेहताबजी ने कहा।

वह अचकचा गया। ''मैं क्या करूँगा! आप हो आइए।''

''नहीं, तुम चलो। मैं कई बार पार्टी में अकेली पड़ जाती हूँ।''

स्वामिनी का आदेश मानने के अलावा कोई उपाय नहीं था।

वे जब तैयार होकर नीचे आयीं तो उसने एक बार फिर कोशिश की, ''मुझे ले चलने के बारे में आप बिलकुल निश्चिन्त हैं?''

''तुम्हारी आनाकानी सुनकर और भी निश्चिन्त हो गयी हूँ।'' वे हँस दीं।

सड़क पर मद्धिम रोशनियाँ थीं और हवा के हल्के झोके। और सूनापन।

अब मुझे अनजान लोगों के बीच मुस्कराना होगा, बात के विषय ढूँढ़ने होंगे—उसने सोचा।

अजीब-सी अपरिभाषित उदासी भीतर पनपने लगी।

काश, यह शाम वह अपने कमरे में गुज़ार सकता। इस पार्टी की जानकारी उसे दो दिन से थी। उसने आलमारी में व्हिस्की की बोतल लाकर रख दी थी। वह रोज़ा से खाना रखकर चले जाने के लिए कह देता और आधी रात तक संगीत सुनता हुआ पीता रहता। फिर निढाल होकर सो रहता और सुबह हो जाती।

पर नहीं, आज उसके भाग्य में कुछ और लिखा था।

''मेहताबजी...'' कृपया मुझे यहीं उतर जाने की अनुमति दे दीजिए, वह कहने जा रहा था।

''लो, यह कॉटेज भी बिक गयी।'' तभी मेहताबजी ने अहाते में लगे बिल्डर के बोर्ड की ओर संकेत करते हुए आवेग से कहा, ''इस सड़क पर यह सबसे पुराना घर था। अब यहाँ भी एक हाइराइज़ खड़ी हो जाएगी।''

उसने सूनी आँखों से कॉटेज को देखा है, जो कुछ दिनों बाद सिर्फ़ स्मृति में रह जाएगी।

उसके भीतर कुमुद की स्मृतियों के समान...

जो क्षण उन्होंने साथ जिये थे, वे जीवन्त और गहन थे। उनके स्पर्श के साथ उन क्षणों की लम्बी परम्परा स्पन्दित होने लगती थी। उस गहनता का सार उन दोनों की आँखों में प्रतिबिम्बित होने लगता था। कुमुद की अनुपस्थिति से उसके व्यक्ति का वह अंश कट गया, जो उनसे जुड़ा था। दर्द सिर्फ़ इस अंश के कटने का ही नहीं है। कुमुद के माध्यम से उसने भावनाओं की जिस स्तर की सघनता पहचानी थी—जिसने उसके भावतन्त्र के तापमान को ऊँची, तपती डिग्री तक ला रक्खा था, वह अचानक चौथाई रह गयी थी, जैसे टोंटी घुमा देने पर फव्वारे की तीव्र, सबल धाराएँ कँपकँपाकर नन्ही फुहारों में बदलने लगती हैं...अब वह हाँफने लगा है। फ़िज़ा में जैसे उतनी हवा नहीं रह गयी, जितनी में साँस लेने का वह आदी था।

वह हीन और रहित हो गया है।

कुछ दिन बहुत यन्त्रणामय थे।

वह जी नहीं रहा था, सिर्फ़ बह रहा था। दूर-दूर तक पैदल घूमने निकल जाता। बिना रास्ता पूछे भटकता रहता। रास्ता पूछना निरर्थक लगता था। उसे कहीं जाना हो, तब तो रास्ता पूछे।

कितनी बार रात को दो, तीन बजे उठकर बैठ जाता। कभी धीमे वॉल्यूम पर संगीत सुनता। कभी किसी किताब के पन्ने पलटता।

ज़िन्दगी में पहली बार उसे नींद की गोलियों की ज़रूरत पड़ी। प्रैस्क्रिप्शन के बिना मुश्किल होती थी। मेहताबजी से कहना उपयुक्त नहीं लगा। अगर भोला इन्तिज़ाम न करता, तो वह रतजगे से अर्धविक्षिप्त हो जाता।

इस शहर में आने पर अपनी ज़िन्दगी को व्यवस्थित करने की जो चाह निर्मल आकाश में ऊँची पतंग-सी सरसराने लगी थी, अब सुराख हो जाने से उलटी-पुलटी होती हुई नीचे लुढ़क रही थी...

"नील, चुप-चुप हो।" यास्मीन ने कहा।

"तुमने ही तो कहा था, कभी-कभी ख़ामोशी बोलती है।" वह हल्के-से मुस्कराया।

यह कफ़ पैरेड की गोल्ड मिस्ट में अठारहवीं मंज़िल पर यास्मीन का फ़्लैट था। एस्टोरिया में पाँच मिलन हो चुके थे। जब उनकी बेटी प्रसव के बाद अपनी ससुराल हैदराबाद चली गयी, तो उसे यहाँ बुलाया जाने लगा।

पहली बार वह स्तम्भित रह गया। वायोलेट विला का कुल क्षेत्रफल जितना होगा, उतना तो यहाँ का ड्राइंगरूम था।

लम्बा पैसेज बाहरी हिस्से से यास्मीन के भीतरी शयनकक्ष तक जाता था। घर में दो चाकर थे—एक वृद्ध और एक किशोरी, जो सिर झुकाये चाय इत्यादि की ट्रे भीतरी भाग में ले आती थी।

"नील, आज रात का रक्खो और यहीं रह जाओ।" पिछली शाम यास्मीन फ़ोन पर बोलीं, "दिन में जल्दी रहती है। दिल को तसल्ली नहीं होती।" हल्की हँसी से जोड़ा, "ओवरटाइम स्टे के चार्जेज़ दुगुने होते हैं, हमें मालूम हैं।"

उसे मेहताबजी से छुट्टी माँगना उपयुक्त नहीं लगा। यों भी पहले के विपरीत वह मेहताबजी के साथ होते हुए कभी-कभी चुप रह जाता था। उसे एहसास था, वह अपनी जॉब-डेफ़ीनेशन का पहले जैसा कार्यान्वयन नहीं कर पा रहा है। हाँ, रात को भोजन के समय उसने भोला के यहाँ जाने का बहाना बनाकर सुबह कुछ देर से आने की सम्भावना पर उनकी अनुमति ज़रूर ले ली। इतवार की सुबह मेहताबजी कुछ देर से नाश्ता करती थीं—नौ, साढ़े नौ के आसपास। तब तक वह निश्चित रूप से पहुँच जाएगा। उसे ध्यान था, रोज़ा के छुट्टी लेने के कारण इतवार को अकेला रहना मेहताबजी को खलता था।

"दिन में यहीं रुको नील!" उसके घड़ी की ओर निगाह डालने पर जकूज़ी का टाइमर फिक्स करते हुए यास्मीन बोली, "लंच से पहले वीडियो पर फिल्म देखेंगे। लंच के के बाद नून शो करेंगे—रात की एक्सरसाइज बहुत दिलचस्प थी।" हल्की मुस्कान विलुप्त होने लगी, "हाँ, सुबह से तुम्हारा नया मीटर डाउन हो गया है।"

ऐसे विषयान्तर से नील संकुचित हो गया। पल-भर नीचे देखता रहा। "अभी तो जाना होगा। लंच के बाद आ जाऊँगा।"

यास्मीन ने होठों में दबी सिगरेट में लाइटर की लौ छुआई, "तुम यह नौकरी छोड़ने के बारे में नहीं सोचते?"

फिर रहूँगा कहाँ? नील कहने जा रहा था। फिर सँभल गया। अपनी बात का प्रश्नात्मक रूप की यास्मीन की ओर से उत्तर की अपेक्षा की आशंका ने चेता दिया। "फिर मुझे रहने की मुश्किल होगी।"

इस विशुद्ध शारीरिक नाते में अपनी वित्तीय स्थिति के ज़िक्र से वह बचता था। उनके बीच व्यक्तिगत सीमा-रेखाओं (देह का स्पर्श व्यक्तिगत तो मानना ही पड़ेगा) में जो व्यावसायिक सम्बन्ध था, वह उसे अनूठा लगता था और उसे ठेस न पहुँचने देने में ही उसकी भलाई थी। उसकी अर्थन्यूनता कहीं घुमा-फिराकर 'भावनात्मक' दबाव जैसा रूप न ले ले, यह बांत उसे चौकन्ना रखती थी।

कफ़ परैड में सम्पन्न हुए दूसरे मिलन के बाद ही उन्होंने उसे अपना कार्ड दिया था, जिसमें दफ़्तर का नाम, पता और फ़ोन नम्बर थे। पीछे हाथ से घर का फ़ोन नम्बर भी लिखा हुआ था। "घर का नम्बर हम अर्से के बाद दे रहे हैं..." उन्होंने खुलासा किया था।

वैसे भी वित्तीय पक्ष को लेकर यह यास्मीन का ठंडा, सख़्त रूप देख चुका था।

"मिस सम्पत..." उन्होंने फ़ोन पर निर्देश दिया था, "नायर का दफ़्तर से चर्नी रोड तक का पूरा टैक्सी बिल पास मत कीजिए। उन्हें दफ़्तर से चर्चगेट तक का किराया ही मिलेगा। उनके पास लोकल का पास है। फिर वे टैक्सी से क्यों गये?" सड़क पर बैठे लड़के से पान पराग ज़र्दे का पाउच लेते हुए वे तिनक गयी थीं, क्योंकि उसने दो रुपए पच्चीस पैसे माँगे थे। दो ब्लॉक का चक्कर लगाकर, जिसमें सवा दो रुपए का पेट्रोल तो फुँक ही गया होगा, उन्होंने दो रुपए में ही पाउच ख़रीदा था। सुन्दर चेहरे के लिए अपनी कमज़ोरी के बावजूद वह अपना वेतन वसूल करने में पक्की थीं। तीन महीने के प्रोबेशन के बाद मिस सम्पत को उन्होंने कन्फ़र्म नहीं किया, वेतन में कटौती करके पैंतालीस दिनों में अपना प्रदर्शन सुधारने का आदेश दिया था।

"यह सच है कि हसीन चेहरा अपने-आपमें सिफ़ारिशी ख़त है।" उन्होंने टिप्पणी की थी, "लेकिन प्रोबेशन पीरियड में हुस्न को तसल्लीबख़्श हो जाना चाहिए।"

सौन्दर्य और उसकी व्यावहारिक उपयोगिता का ऐसा दृष्टिकोण उसे ख़ासा मौलिक लगा था। उनके तईं मैं भी अभी प्रोबेशन पर ही चल रहा हूँ—उसने सोचा।

"मैं आज जहाँ हूँ, वहाँ लगन और कड़ी मेहनत से पहुँची हूँ।" उन्होंने कहा था, "तुम मानोगे नहीं, पर बीस साल पहले मैं कान्दवली में एक कमरे के फ़्लैट में रहती थी। बीस हज़ार की पूँजी से अपने घर में ही मैंने कम्पनी शुरू की थी। हाँ, अकेली और खूबसूरत होने का फायदा मुझे मिला।"

"मैंने अपनी ज़िन्दगी में सिर्फ़ एक बार जज़्बात से काम लिया—यानी शादी की। और धोखा खाया।" उनकी दूसरी उल्लेखनीय स्वीकारोक्ति थी, "वह सिर्फ़ नर्म ज़िन्दगी चाहता था। ऐसी ज़िन्दगी के लिए सुबह-से-शाम तक जो मशक़्क़त करनी पड़ती है, वह उसके लिए जानलेवा थी। सुबह ग्यारह बजे से जिन पीना,

लंच के बाद एयरकंडीशनिंग में सोना, फिर रमी खेलना...शादी के साल-भर के भीतर उसकी तोंद निकल आई। मैंने सुधरने के लिए उसे तीन महीने का प्रोबेशन दिया। नालायक समझा कि मैं मज़ाक कर रही हूँ। इक्यानवे दिन मैंने उसे दरवाज़ा दिखा दिया।''

''खूबसूरत, रईस और अकेली औरत बहुत वलनरेबिल होती है।'' उनका तीसरा सुभाषित था, ''...और अगर वह जज़्बाती हो, तब तो उसका बेड़ा ही ग़र्क समझो। उसको इस्तेमाल करने की उम्मीद रखने वाले नौजवान टिड्डियों की तरह मँडराने लगते हैं।''

सनाका खाया नील चुपचाप उन्हें देखता रहा।

''एसे दो तजुर्बे मुझे पिछले दिनों हुए।'' वह उनकी कड़वी मुस्कान का सामना नहीं कर पाया, ''एक ने मेरी ख़ातिर खुदकुशी का ऐलान किया, तो दूसरे ने ब्लैकमेल करने की धमकी दी। पहले से मैंने अपने नेक इरादे को अमली जामा पहनाने की गुज़ारिश की और वादा किया कि शहर के सभी अख़बार में उसकी ऑबीचुअरी छपवाऊँगी। दूसरे को मैंने पुलिस के जरिए तड़ी-पार करवा दिया।''

क्या यह मेरे लिए चेतावनी है—ठंडी साँस लेते हुए उसने सोचा।

''नील, शायद मैं छह महीने के लिए कनाडा जाऊँ।'' मेहताबजी ने अचानक एक क्रूर झटके में उसे दुख के कुहासे से निकाल लिया, ''नवरोज़, अपनी कम्पनी के काम के सिलसिले में मिडिल ईस्ट में रहेगा। स्पष्ट है, इतने लम्बे समय के लिए मैं तुम्हें मुफ़्त में वेतन नहीं दे सकती। रोज़ा अपने घर मोपासा जाएगी। ऐसी स्थिति में मैं चाहूँगी कि घर को बन्द करके जाऊँ।''

उसकी नौकरी धुएँ की लकीर-सी हल्की है, नील को पहली बार पता चला। वह उनकी ओर देखता रह गया। उसका ख़्याल था, मेहताबजी के साथ खासा मधुर रिश्ता बन गया है, वे उसकी शुभाकांक्षिणी हैं, दूर तक साथ देंगी।

रिश्ते की वास्तविक स्थिति जानकर उसके मुँह पर करुण मुस्कान आ गयी।

दो दिन तक मेहताबजी की चेतावनी उसके भीतर गूँजती रही। फिर उसने अपने को ही धिक्कारा। अपने सुस्ती पर उसे पछतावा हुआ और गुस्सा आया। जब उसने समझ लिया था कि उसके कैरियर के लिए दूसरा स्लॉट उपयुक्त, बेहतर और लाभकारी है, तो उसने उसे और फैलाने की कोशिश क्यों नहीं की? ब्लॉसम व यास्मीन के बाद और क्लायंट्स क्यों नहीं ढूँढ़े?

उस स्त्री ने तीसरी बार नील को अर्थभरी निगाह से देखा। फिर अपने जिन के गिलास पर झुक गयी।

नील के भीतर सनसनी-सी हुई। वह सिगरेट सुलगाने लगा।

एम्बेसेडर के सोसायटी रेस्तराँ में सुबह के ग्यारह बज रहे थे। वह तीन दिन से महँगे रेस्तराओं के चक्कर लगा रहा था और काफी खर्च कर चुका था।

नाश्ते के बाद और लंच से पहले का यह समय क्लाइंट की खोज के लिए उसे उपयुक्त लगता था। ऐसे समय उम्ररसीदा, अकेली औरतें अपने घर के बोझिल अकेलेपन से ऊबकर बाहर निकल आती हैं। दिन सम्भावनाओं से भरा है और उसके चेहरे पर अकेलेपन व तृप्ति की चाहत की परछाइयाँ हैं।

उसकी उम्र चालीस से ऊपर रही होगी। नफ़ीस साड़ी। गले, कान, नाक, कलाइयों और उँगलियों में जगमगाते आभूषण। उसके आसपास वैभव का प्रभामंडल था। जब उनकी निगाह मिली, तो नील को उसके गालों पर गुजरते यौवन की ललक की लाली दिखाई दी। उसकी भंगिमाओं में आत्मविश्वास था—यानी वह अकेली व आत्मनिर्भर है। सुबह की इस बेला वह जिन पी रही थी—अर्थात् ऊबी और उदारमना है। उसके हावभाव में बेबाकी थी—टेम्पटेशन से इंकार कर करने वाली...

नज़रों के दाँव-पेंच को आधा घंटा हो गया था।

अब मुझे पहल करनी चाहिए—उसने सोचा।

वह उठा और स्थिर क़दमों से आगे बढ़ा। निकट आते हुए उसने अपनी एक मँजी हुई मोहक मुस्कान निकाली।

"हाइ..." नील ने मीठे स्वर में कहा।

स्त्री अनिश्चित-सी उसे देख रही थी।

"क्या मैं आपका अकेलापन बाँट सकता हूँ?"

नील को आशा थी, अब वह उसे बैठने का संकेत करेगी। पर ऐसा नहीं हुआ।

"मतलब?" स्त्री उलझन के भाव से बोली।

वह अचकचा गया। "जहाँ तक मेरा ख़याल है, आपको किसी का इन्तज़ार है।" और ध्यानाकर्षी होने से बचने के लिए वह निःशब्द उसके सामने बैठ गया।

"तुम्हारी समस्या क्या है?" नील की अपेक्षा के विपरीत अभी तक स्त्री के मुँह पर मुस्कान नहीं आयी थी।

नील के माथे पर नमी आने लगी। ऐसे शाब्दिक खिलवाड़ के लिए वह तैयार नहीं था। पर अब कोई रास्ता भी नहीं था।

"हम दोनों के पास एक-दूसरे की समस्या का समाधान है।" नील ने बारीक अर्थभरी मुस्कान से कहा।

अब स्त्री उसे एकटक देख रही थी।

शायद मुझे लेकर आश्वस्त होना चाहती है—नील ने सोचा। ठीक भी है। मैं इसके लिए अनजबी जो हूँ।

"मैं आपको पूरे सन्तोष की गारंटी देता हूँ।" कहते-कहते वह अटक गया, "मेरे रेट भी वाजिब हैं।"

औरत के चेहरे पर कई रंग आये और गये, पर अन्त में दहकता हुआ क्रोध रह गया।

"यह कौन-सी जगह है?" मेज़ पर घूँसा मारते हुए वह चीख़ी, "कैसे-कैसे लोग यहाँ आते हैं? यह इज़्ज़तदार होटल है या कमाठीपुरा?"

अगला आधा मिनट नील को घंटे के समान लगा। सोलहसाला छुईमुई की तरह स्त्री अभी भी उबली जा रही थी। मैत्रे दी उससे क्षमा माँग रहा था। आसपास की मेज़ों से लोग नील की दिशा में देख रहे थे, जिसे अब सुरक्षा अधिकारी बाँह पकड़कर बाहर खींचे लिये जा रहा था।

लिफ़्ट का दरवाज़ा बन्द होते ही दूसरों की चुभती आँखों से नील का बचाव हो गया। लेकिन अब गर्म हवाएँ उसके भीतर चल रही थीं। बाहर से वह सुन्न था—किसी कठपुतली की तरह।

लॉबी में सुरक्षा-अधिकारी उसके साथ-साथ चला, पर अब उसने उसकी बाँह छोड़ दी थी। बाहरी दरवाज़े पर पहुँचते ही छह फुट का सिख चौकीदार तुरन्त पास आया।

"ये हज़रत कभी भीतर न घुसने पाएँ।" अधिकारी ने नील की ओर इशारा किया।

चौकीदार ने हल्की मुस्कान से नील को देखा।

"हमें स्केंडल रास नहीं आते, इसलिए आज तुम्हें छोड़ दिया है।" अधिकारी ने बाहर की ओर उसे धक्का दिया।

दो दिन नील पर शर्मिन्दगी की धुन्ध छाई रही। फिर अपनी तर्कशक्ति और मनोबल के सहारे उसने उन बादलों को पीछे ठेल दिया। जिस स्लॉट का मैंने वरण किया है, उसमें ऐसे पेशेवर ख़तरे तो आएँगे ही—उसने सोचा।

टाइम्स ऑव इंडिया के 'मीटिंग ग्राउंड' शीर्षक के वर्गीकृत विज्ञापन में उसने कुछ ध्यानाकर्षी नमूने देखे थे, 'बुद्धिमान, आकर्षक, अपना फ़्लैट और कार वाले

बिजनेस एग्ज़ीक्यूटिव को महिला-मित्रों की तलाश है। उदार हृदयवाली मौज-मज़े की इच्छुक सम्पर्क करें। जाति, आयु की कोई बाधा नहीं।', 'पाँच आँकड़ों वाली मासिक आय के नौजवान व्यवसायी को, जो साल में दो बार विदेश जाता है, युवती मित्रों की ज़रूरत है। खुले मन के, लचीली मान्यताओं वाले युवा दम्पती भी पत्र-व्यवहार कर सकते हैं। कृपया फ़ोन नम्बर दें।'

थोड़ा सोच-विचार करके नील ने अपना विज्ञापन दे दिया, 'कुशाग्र बुद्धि, सम्भाषण-कुशल सजीले युवक को युवती मित्र चाहिए। ज़िन्दगी को बर्दाश्त के लायक बनाना हो, तो आज ही सम्पर्क करें।' आगे पोस्ट बॉक्स नम्बर की जगह उसने सीधे फ़ोन नम्बर ही दे दिया।

जिस सुबह नील का विज्ञापन आया, उसी सुबह दस बजे फ़ोन की घंटी बजी।

"मुझे ज़िन्दगी बर्दाश्त के लायक बनानी है।" नारी-स्वर हल्के-से हँसा।

"जानकर खुशी हुई।"

"कब से शुरुआत हो सकती है?"

"आज से ही।"

"कितने बजे?"

"आप चाहें, तो एक घंटे बाद।"

पल-भर की चुप्पी रही।

"आप ऑफिस नहीं जाते?"

"नहीं, मैं पेशेवर समाजसेवक हूँ।"

दूसरी ओर से हँसी सुनाई दी। फिर प्रतिवाद आया। "पर मुझे ऑफिस जाना होता है।"

"कौन-सा ऑफिस है आपका?"

"सबकुछ पहली बार में ही जान लेंगे?"

"चलिए, आगे के लिए छोड़ दीजिए।...शाम को?"

"कहाँ?"

"आप बताइए। मेरे पास जगह की मुश्किल है।"

दो पल चुप्पी रही।

"रंगोली में?" नारी-स्वर ने पूछा।

"जहाँ आप कहें। बिल तो आपको ही देना है।"

"मुझे?" वह हँसी, "आपी डेट्स में लड़की बिल देती है?"

"हाँ।" वह समझ रहा था कि गड़बड़ है।

"देखिए, मैं घाटकोपर में पेइंग गेस्ट हूँ और मेरी पगार बारह सौ है। इनमें से तीन सौ मैं अपनी माँ को भेजती हूँ। मैं देखने में अच्छी नहीं हूँ। नौकरी करते हुए मुझे दस साल हो गये हैं और मैं ज़िन्दगी से बहुत थक गयी हूँ।"

गहरी साँस लेकर उसने कहा, "हम दोनों एक ही नाव के मुसाफ़िर हैं।"

"बाई-बाई..." फ़ोन बन्द हो गया।

"मेरी एक फेंटेसी है।" शिल्पा बोलीं।

यास्मीन के दिए हुए 'द बॉम्बेआइट' के अंक में उसे अपनी समस्या का हल मिला था। घंटे-भर की मेहनत के बाद उसने अपना विज्ञापन तैयार कर लिया था, 'क्या आपको अकेलापन चुभ रहा है? जिस्मानी पुनर्यौवन और भावात्मक स्थिरता के लिए इस नम्बर पर कन्दर्प और काफ़्का के मिले-जुले अवतार को फ़ोन करें। हम आपको विश्वास दिलाते हैं, ज़िन्दगी में आपकी आस्था फिर जाग जाएगी। ऐसी गारंटी के बावजूद पारिश्रमिक वाजिब। जगह की ज़िम्मेदारी आपकी (हम महानगर के सन्त्रास से जरूर बचाते हैं, लेकिन इससे हमें भी मुक्ति नहीं!)'

जिस शाम पत्रिका का नया अंक आया, उसी रात को पहले फ़ोन की घंटी बजी, "मुझे ज़िन्दगी में आस्था जगानी है।" नारी-स्वर ने कहा।

"आपका स्वागत है।"

"आप कन्दर्प और काफ़्का के मिले-जुले अवतार हैं, पर आपके पास अपना फ़्लैट नहीं?" हल्की हँसी से पूछा गया।

"पुष्पधनुष ही मेरी पूँजी है।"

"अच्छा?" पल-भर रुककर कहा, "कल दोपहर को ठीक है?"

"समय?"

"मेरे पास सिर्फ दो घंटे होंगे—एक से तीन।"

"दो से चार हो सकता है?"

"नहीं, चार बजे मुझे बच्चों को स्कूल से लेना है।"

मेहताबजी से कोई बहाना बना दूँगा—उसने सोचा।

"ठीक है।"

"आप सान्ताक्रुज, सेंटोर में कमरा नम्बर 320 बुक कर लीजिए—साढ़े बारह बजे।"

उसने दो पल सोचा।

"यहीं टाउन में कहीं मिल सकते हैं?"

"मैं भी मालाबार हिल में ही रहती हूँ। लेकिन टाउन में मेरे लिए जोखिम है।"

"तब ठीक है।"

"तो फिर कल एक बजे..."

बिल्कुल ठीक एक बजे साड़ी के पल्लू से सिर ढँके लगभग चालीस वर्ष की स्त्री अटके हुए दरवाज़े से भीतर आयी (हिदायत के अनुसार उसने दरवाज़ा बन्द नहीं किया था)। हाथों के पर्स और डफ़ल बैग को उसने मेज़ पर रख दिया। फिर नील को देखा।

नील सोफ़े से उठकर अभ्यर्थना की मुस्कान से खड़ा हो गया था।

"नमस्ते!" स्त्री ने हाथ जोड़कर हल्की मुस्कान से कहा, "मेरा नाम शिल्पा है।"

"नील..." उसने उत्तर दिया।

स्त्री मुड़कर दरवाज़ा बन्द करके सिटकनी लगाने लगी।

उसकी देह की अतिरिक्त मांसलता मुखर थी। पेट पर प्रसवों के बाद का ढीलापन आ गया था। चेहरे के भाव में ठंडी-सी निरपेक्षता थी।

"तुम्हें शावर की ज़रूरत है?" स्त्री उसका जायज़ा ले रही थी।

नील ने इंकार में सिर हिलाया।

"क्या मैं उम्मीद करूँ कि तुम्हें कोई बीमारी नहीं?"

एक पल के लिए नील का चेहरा तमतमा गया। फिर उसे दिल्ली के डिपार्टमेंटल स्टोर में दीवार पर सुशोभित वेद-वाक्य याद आया, 'ग्राहक भगवान है।'

"भरोसा रखिए।" उसने सहज भाव से कहा।

"स्ट्रिप..." शिल्पा ने आदेश दिया।

इस तरह का यह पहला अनुभव था। वह चुपचाप कमीज़ के बटन खोलने लगा।

शिल्पा के बैग खोल लिया था और कुछ निकाल रही थीं।

"लेट जाओ।"

वह बिस्तर की ओर बढ़ा।

शिल्पा ने दो झटकों में अपने ऊपरी वस्त्र हटा दिये।

आज पहली बार अर्धनग्न स्त्री के निकट होने पर भी नील के भीतर कामना की ऊष्मा नहीं जागी। ब्लॉसम उसके लिए उत्तेजक नहीं थी। फिर भी ब्लॉसम की स्त्री-सुलभ आंशिक कमनीयता से उसके भीतर थोड़ी-सी कोमलता भर आयी थी।

शिल्पा को देखते हुए भीतर किंचित् जुगुप्सा-सी जागी। अगर भीतर ऊष्मा की तरंग लहराई, तो सिर्फ इस बात से कि उसे एक सम्पन्न क्लाइंट मिल गयी है।

''हिलना-डुलना मत।''

यकायक वह चिहुँक पड़ा।

शिल्पा नाइलॉन की रस्सियों से उसके हाथ बाँध रही थीं...

''ओह मेहताब...'' आतिथेय जयन्त और पारुल ने अगवानी की।

नीली साड़ी में लिपटी गोरी, नाजुक-सी पारुल में परिष्कृत लालित्य था। पीठ पर खुले हुए बाल लहरा रहे थे। आँखें गहरी और शान्त। तराशे होठ कसे-से। भाव-भंगिमा संयमित।

अगर विवाह स्वर्ग में संयोजित होते हैं, तो कम-से-कम पारुल के लिए यह पद्धति गलत है—नील ने सोचा।

सिल्क के तंग पाजामे और कुर्ते में साँवले, मोटे व अनगढ़ नक्शवाले जयन्त में कोई नफ़ासत नहीं थी। उसके चेहरे पर बनैले पशु-जैसा भरपूर आहार से अघा जाने का सन्तोष था। वह सिर्फ़ बुनियादी तौर पर मनुष्य होने का आभास देता था।

''तुम्हें देखकर बहुत अच्छा लगा।'' जयन्त ने मेहताबजी के एक कपोल से होठ छुआते हुए कहा।

उस एक पल नील की निगाह पारुल से मिल गयी। उनकी मोनालिज़ा-मुस्कान में एक और अर्थ कसमसा रहा था—व्यग्र उदासी का।

यह स्त्री अन्दर कहीं बहुत अकेली और व्यथित है—उसने सोचा।

इसके जैसा भव्य घर उसने अभी तक नहीं देखा था।

ताड़ के पेड़ों और हरियाली के झुरमुटों के पीछे बाग़ के पश्चिमी कोने पर छोटी-बड़ी खिड़कियों वाला दोमंज़िला सफ़ेद ढाँचा हर जगह बेलों से ढँका। तरणताल के बग़ल में बारबेक्यू और बार लगा था। सफ़ेद दस्तानोंवाले बैरे ट्रे लिये घूम रहे थे।

ड्राइंगरूम में घुसते ही पीतल की चमकती नाँद से लहराती बेल छत को छू रही थी। सामने की आधी दीवार पर स्लाइडिंग काँच की खुली खिड़की के सिरे पर फूलों की क़तारें हिल-डुल रही थीं। नीचे तीन मख़मल-मढ़े बड़े सोफ़ों

के बीच में रखी मेज़ पर पतले, पारदर्शी काँच का फूलदान था। खिड़कियों, सीलिंग, डोर पैनल और पार्टीशनों में तरह-तरह के सजावटी काँच का इस्तेमाल किया गया था।

दाएँ हिस्से की वालयूनिट में टी.वी., वी.सी.आर. और स्टीरियो थे। आसपास के ख़ाने लांगप्लेइंग रिकॉर्ड और कैसेट से भरे हुए।

सादा शेडवाले पाँच लैम्प जहाँ-तहाँ जल रहे थे, जिनके आधार गमले थे।

हरियाली और काँच इस घर की सजावट की रीढ़ हैं--उसने सोचा।

जिस कारण से वह आने से हिचकिचा रहा था, वही हुआ। वह खिड़की के सामने अनमना-सा खड़ा व्हिस्की का घूँट ले रहा था कि जयन्त हल्की मुस्कान से सामने आ खड़ा हुआ।

अतिथि होने के नाते अब उसका कर्तव्य था कि बात करने के लिए विषय ढूँढ़े।

''आजकल आपके डाइवर्सीफिकेशन की चर्चा है।'' उसने कहा।

''हमारे देश में खिलौनों का बाज़ार 25 फ़ीसदी सालाना के हिसाब से बढ़ रहा है।'' जयन्त बोला, ''खिलौने बच्चों की दुनिया को वास्तविक बनाते हैं, जो तेजी से बड़े न होने के कारण वयस्क संसार की क्रियाशीलता व उत्तेजना में हिस्सा नहीं ले पाते। इसलिए मीनीएचर पिस्तौलें, टेंकर, फाइटर प्लेन, रेसिंग कार उन्हें आकर्षित करती हैं। यह मुश्किल और कैपिटल-इंटेसिव उद्योग है। उत्पादन में परिवर्तन तेज़ होता है। दूसरी तरफ़ भारतीय मध्यमवर्ग को इस धारणा को स्वीकार करने में समय लग रहा है कि खिलौने बच्चों के भावात्मक विकास में महत्त्वपूर्ण भूमिका निभा सकते हैं। अगर माता-पिता बच्चों के साथ थोड़ा समय बिताएँ, तो बाजार में मिलने वाले खिलौनों का बेहतर उपयोग हो सकता है। एक सर्वेक्षण से मालूम हुआ है कि ग्लैमरस खिलौने ज़्यादा बिकते हैं। खिलौने भी प्रतिष्ठा और स्टेटस के प्रतीक बन रहे हैं। बार्बी डॉल्स, कैसिल ग्रे स्कल और जी.आई. जो जैसे खिलौनों के समृद्ध माता-पिता सबसे ज़्यादा भोले खरीदार बनते हैं। ऊँची क़ीमत के अलावा उनके लिए उन खिलौनों का और कोई मूल्य नहीं।''

वह पूरी तरह अपने विषय में डूब गया था।

नील हैरानी से मिले-जुले प्रशंसा भाव से भर गया।

''क्या आप औद्योगिक सलाहकार हैं?'' अपनी बात ख़त्म करके जयन्त ने पूछा।

नील ने इंकार में सिर हिलाया।

मैं भावात्मक सलाहकार हूँ—उसने हल्की मुस्कान से सोचा।

वह बाथरूम से निकला, तो सामने स्टडी दिखाई दी। तीन दीवारों के साथ रैक लगे थे। दाईं ओर खिड़की के साथ मेज़ थी। कोने में फूलदान।

उसने सरसरी निगाह से किताबें देखीं। उसकी पुरानी मान्यता थी कि किताबों के चुनाव में स्वामी के व्यक्तित्व की झलक देखी जा सकती है। ज़्यादातर अर्थशास्त्र, व्यावसायिक प्रबन्ध व राजनीति की किताबें थीं।

दो रैकों के बीच में लगे एक चौखटे को देखकर वह ठिठक गया।

यह व्यावसायिक प्रबन्धन में पारुल की डॉक्टरेट का प्रमाणपत्र था।

वह अचकचा गया। उसने पारुल को सिर्फ औद्योगिक घराने की स्त्री समझा था।

सिगरेट सुलगाकर उसने धीरे-धीरे धुआँ छोड़ा।

खिड़की से हवा के झोंके आये, तो मेज़ पर रखी किताब के पन्ने फड़फड़ाये। वह आगे बढ़कर सामने खुली तस्वीर देखने लगा।

पीछे से सुगन्धि का लिश्कारा आया। वह हल्का, नर्म और सेंसुअस तरंग लिये था।

''आप अकेले खड़े हैं।'' पारुल ने एक पल उसे देखा।

यहाँ इस कमरे में अकेले उनके स्वर की खनक उसे कुछ भिन्न लगी। यह वह स्वर नहीं था, जिसे उसने बाहर लोगों के बीच सुना था।

उसकी पहली प्रतिक्रिया राखदानी में सिगरेट मसलने की हुई।

''नहीं, मुझे धुआँ अच्छा लगता है।'' पारुल ने कहा।

विराम सघन था—और उनकी आँखों के समान मुखर। अनजाने अर्थों व संकेतों से भरा।

ऐसी अनुभूति उसे पहली बार हुई। वह अजीब ढंग से सिहर उठा।

''यह क्या तस्वीर है?'' पारुल ने पूछा।

''टोकियो के अमरीकी दूतावास में सितम्बर 27, 1945 को जनरल मैकआर्थर के सामने सम्राट हिरोहितो पेश हुए हैं—'मैं तुम्हारे पास आया हूँ मैकआर्थर, जिन शक्तियों का तुम प्रतिनिधित्व करते हो, उनके निर्णय के लिए अपने को प्रस्तुत करने...युद्ध के दौरान मेरे लोगों द्वारा लिये गये हर राजनीतिक व सामरिक फैसले की पूरी जिम्मेदारी लेने वाले व्यक्ति के रूप में'...''

''तो यह विजेता और पराजित की समक्षता है।'' पारुल ने धीमे स्वर में कहा, ''पर टैक्स्ट तो यहाँ नहीं।''

''यह ऐतिहासिक वक्तव्य इतिहास में नहीं मिलता। मैकआर्थर की किताब में मिलता है।''

पारुल ने पन्ना पलटा, ''चर्चिल के चेहरे में क्या दिखाई देता है?''

''बच्चे का भोलापन।''

''हर मोटा चेहरा भोला नहीं होता।''

क्या इन्होंने ऐसी प्रतिक्रिया अपने पति को याद करते हुए व्यक्त की है—उसने सोचा।

''दरअसल यह अपने-अपने पर्सेप्शन की बात है।'' वह बोला, ''अगर मैं मुस्कराना चाहता हूँ, तो हार्डी को याद करना मेरे लिए काफी है। ऐसा करने के लिए आप क्या करती हैं?''

''मैं हिटलर को याद करती हूँ।'' पारुल गम्भीर बनी थीं।

इस स्त्री का हास्य-बोध विशिष्ट है—उसने सोचा।

''हिटलर के नाम से मेरे सामने एक इमेज़ आता है। धूपछाँही दरवाज़े से टिका एक वायोलिन रखा है। सिम्फनी के सुर अभी भी हवा में अटके हैं। तभी कीलों से जड़ा एक काला बूट उस वायोलिन को रौंद देता है...चमकीली पॉलिश वाली लकड़ी, खाज लगी खाल दिखने लगती है। तार टूट गये हैं।''

पारुल ने पन्ना उलटा, ''मुनरो में आपको क्या दिखाई देता है?''

''तीखा व अकेलापन। अपनी इमेज़ से अपने वास्तविक व्यक्तित्व का लगातार द्वन्द्व।''

''पोर-पोर से टपकता यौवन-मद नहीं?''

''उससे भी पहले उसकी उदासी और विषाद।''

''इसमें?'' उन्होंने क्रिस्टीन कीलर की ओर संकेत किया।

''अकेली, मजबूर लड़की; जो दुनिया में अपनी जगह बनाने की कोशिश कर रही है।''

''आपका मन बुद्ध की तरह सारी मानवता के लिए करुणा से भरा है।'' पारुल मुस्कराईं, ''आप शायद बोस्टन स्ट्रैंगलर को भी अकेला, उदास और मिसफिट कहकर गाल पर थपकी लगाते हुए माफ़ कर देंगे।''

''आप सज़ा देंगी?''

''सामाजिक ढाँचा बनाये रखने के लिए अपराधी को सज़ा देना जरूरी है, चाहे अपराध कैसी भी विवशता में किया गया हो और अपराधी में दूसरे कैसे भी गुण हैं!''

''नानावटी को उम्रकैद देंगी आप?''

पारुल ने पल-भर सोचा, "नहीं। उसे बाइज़्ज़त रिहा करके सिल्विया को दस साल की क़ैदेबामुशक़्क़त दूँगी।"

"आपकी निर्णयबुद्धि बहुत पेचीदी है।" वह मुस्कराया।

एक पल का विराम सहज लगा—शार्टकट की तरह फासले दूर करने वाला।

"मेहताब के लिए क्या करते हैं आप?"

"ज़िन्दगी कुछ बर्दाश्त के लायक़ बनाता हूँ।"

एक क्षण उनकी निगाह मिली रही।

कोने में फ़ोन की घंटी बजी। आगे बढ़ते हुए पारुल हल्के स्पर्श से बटन दबाती गयीं, तो पिछला हिस्सा शेड से आरक्षित आलोक से भर उठा। दीवार से सटा एक के बैठने वाला सोफ़ा काली धारियों वाले वन्य पशु की खाल से मढ़ा था और सामने की दीवार पर भाँति-भाँति के रूपाकार वाले हथियार सजे थे—चाँदी की मूठ वाले नक़्क़ाशीदार छुरे, तीखी नोक के लहरिया बल्लम, आभा का लिश्कारा प्रतिबिम्बित करते भाले...

उनकी पृष्ठभूमि में पारुल का रिसीवर में बहुत धीमे और मृदुल ढंग से बोलता प्रोफ़ाइल था...

यकायक भोला को छींक आ गयी।

सुबह के दस-चालीस हो रहे थे। वह अभी-अभी सोकर उठा था और रसोई की खिड़की के सामने आ ऊपर आ गये सूर्य देवता को नमस्कार कर रहा था।

मथुरा में जो अर्चना वह सूर्योदय की पहली उजास के साथ किया करता था, वह अब उनींदी होकर मध्याह्न तक पहुँचने लगी थी।

उठते ही ऐसे अपशकुन से वह विचलित हो गया। फिर "शान्तं पापम्' के साथ हाथ जोड़कर बुदबुदाने लगा, "जय-जय-जय हनुमान गुसाईं..."

दातुन उठाते-उठाते वह ठिठक गया। इसमें उसे समय लगता है। ब्रुश की तरह तीन बार इधर और तीन बार उधर मारकर सन्तोष नहीं होता। फिर बची भी दो ही हैं। दादर की मंडी में कभी-कभी मिल जाती हैं, पर एक तो उसे जाने का समय नहीं मिलता, दूसरे वे मथुरा के जैसी रसभरी भी नहीं होतीं।

सहसा उसे कुछ याद आया और पल-भर को रक्त का संचार रुक गया-सा लगा। तेज़ी से अपने कमरे में आकर उसने मेज़ पर रखा बैग खोला।

पीले, बिस्कुट जहाँ के तहाँ पड़े थे।

एक हथेली पर रखकर उसने भारीपन का अन्दाज़ा लगाया। फिर उनके किनारों की चिकनाई महसूस की।

मेरे हाथ में इस वक्त कम-से-कम छह व्यक्तियों द्वारा उठाई गयी जोखिम का मूल्य है—उसने सोचा। अगर एक भी पकड़ा जाता, तो उसे कम-से-कम कितने साल की सज़ा होती?

उसने जल्दी से बिस्कुट जहाँ का तहाँ रखा और बेसिन के सामने आ हज़ामत बनाने लगा।

अब परिणाम के विचार से वह डरने लगा था। परिणाम की सीमा-रेखा तक अपनी कल्पना के पहुँचने को वह भरसक रोकने की कोशिश करता था। गफूर कभी उसे बताने लगता कि यह कौन-सी दफ़ा है और वे कितनी सज़ा के अधिकारी हो सकते हैं, तो वह यहाँ-वहाँ की बातें सोचते हुए अनसुनी करने का प्रयास करता।

वह समझ चुका था, अब तक वह कितनी दफ़ाओं का उल्लंघन कर चुका है। सज़ा हो, तो कुल मिलाकर कम-से कम पचास साल के लिए अन्दर जाएगा।

मुर्तज़ा, गफूर, किट्टू—सभी हवालात की थोड़ी-बहुत हवा खा चुके हैं। एक दिन मुझे भी जेल जाना है—रामौतार भैया की तरह।

उसने सिर झटका। सुबह-सुबह वह क्या अमंगली बातें सोच रहा है...

"गफूर भाई, चा य..." उसने प्याला तिपाई पर रखते हुए कहा।

पूरी गति से चलते पंखे के नीचे गफूर लुंगी बाँधे सो रहा था। वह ऐसे बेतरतीब ढंग से पसरा था कि उसने पूरा पलंग घेर रखा था।

उसके मद्धिम खर्राटे ठिठक गये, "क्या टाइम हुआ?"

"ग्यारह।"

भोला ने दरवाज़े के नीचे पड़े दोनों अखबार उठाये। उर्दू 'इंकिलाब' गफ़ूर के बिस्तर पर रख दिया और 'नवभारत टाइम्स' लेकर सामने कुर्सी पर बैठ गया।

नहाने के बाद सिर का भारीपन कम हो गया था। अनिद्रा का कसैलापन जरूर भीतर था और आँखें लाल। ऐसा अहसास अब उसकी आदत बनता जा रहा था।

गफूर जमुहाई लेते हुए बैठ गया। प्याला उठाया और एक घूँट लिया। फिर तिपाई से डिब्बी उठाते हुए सिगरेट सुलगाने लगा।

"तुम्हारी हेयर ड्रेसिंग से अक्खा बिल्डिंग महक जाती है।" गफूर मुस्कराया।

भोला अचकचा गया। नहाने के बाद सिर में अंजुली-भर सरसों का तेल डालना उसकी बचपन की आदत है। शालू भी दो बार मीठा ताना मार चुकी है। आज याद रहता तो टाल जाता। दोपहर को थोड़ी देर उसके घर जाना है।

"यह तो अपने शिन्दे हैं।" उसने उर्दू अख़बार के मुखपृष्ठ की तस्वीर को देखा।

गफ़ूर ने हामी में सिर हिलाया। फिर बोला, "बैग सँभालकर रक्खा है न?"

"पीछू ले लो।" ट्रैफिक सिपाही ने बोनट पर थपकी दी, "इदर वीआयपी आने का..."

गफ़ूर ने मुँह ही मुँह में गाली दी। फिर कार पीछे लगा ली।

भोला ने घड़ी देखी। तीन बजकर दस मिनट हुए थे।

सहार हवाई अड्डे पर दीपावली-सी जगमगाहट थी। पंक्तिबद्ध खम्भों की फ्लूरोसेंट रोशनियों में अँधेरे के धब्बे पीछे छिटक गये थे। इस शहर में आने के बाद मेरी रात की अवधारणा एवं चर्या किस तरह बदल गयी है—उसने सोचा।

वह शाम से तनाव में था, हालाँकि उसके लिए जोखिम का प्रतिशत बहुत कम था, लेकिन उसकी दुनिया का नियम था—जिसके हाथ में होते हुए माल ख़तरे में पड़ता है, ज़िम्मेदारी उसी की होती है।

उसने भरी हुई सिगरेट का गहरा कश लिया। अब तम्बाकू का पान काफी नहीं था। तनाव में इन्द्रियों को समतल रखने के लिए अपेक्षाकृत गहरी चीज़ की ज़रूरत पड़ती थी।

लाउडस्पीकर पर अँग्रेज़ी में कुछ घोषणा हुई। वह गफ़ूर की ओर देखने लगा।

गफ़ूर ने उसे संकेत किया।

"संकट तें हनुमान छुड़ावै, मन-कर्म-वचन ध्यान जो लावै..." बुदबुदाते हुए उसने दरवाज़ा खोला।

आगमन के लाउंज के सामने कारें व टैक्सियाँ आकर लग रही थीं। काँच के दरवाज़े में लोग बाहर निकल रहे थे।

अपनी स्वाभाविक चाल से उसने सड़क पार की और कोने के दरवाज़े पर आ गया। हाथ का टिकट उसने आगे बढ़ाया, तो एक विदेशी के सवाल का जवाब देते हुए 'हाकिम' ने आधा फाड़ लिया।

उसे तसल्ली हुई कि उसे भोला की ओर ध्यान देने की फुर्सत नहीं थी।

यात्रियों की टुकड़ियाँ निकल रही थीं। टी.वी. पर्दे पर सूचनाएँ चमक रही थीं। इस बार की घोषणा उसकी समझ में आ गयी। दो उड़ानें आई थीं।

गफ़ूर ने हिदायत दी थी, बेकार यहाँ-वहाँ घूमकर पुलिस की नज़रों में मत आना। लोगों के बीच चुपचाप बैठकर इन्तज़ार करना।

उसने कक्ष में निगाह दौड़ाई। सभी सोफ़े भरे हुए थे। बाएँ कोने के निकट एक पुलिस इन्स्पेक्टर सिपाही से बात कर रहा था। ''एक्सक्यूज़ मी...'' अचानक एक विदेशी की ट्राली उसके पाँवों से छू गयी।

विदेशी कुछ कह रहा था, पर भोला फुर्ती से दाएँ मुड़ गया।

यकायक उसे ज़ोर की पेशाब महसूस हुई।

उसे ताज्जुब हुआ। अभी आधे घंटे पहले वह और गफूर साथ-साथ बार में निवृत्त होने गये थे। शायद इसका कारण मेरी घबराहट है—उसने सोचा।

टॉयलेट का दरवाज़ा खोलते हुए उसने अपने हाथ के सधेपन का परीक्षण किया। नहीं, सब ठीक था। गफूर ने रोज़ की तरह काफ़ी पी थी, लेकिन उसने सिर्फ़ दो बड़े पैग लिये थे। फिर गन्ध मिटाने के लिए पान खा लिया था।

बटन बन्द करते हुए वह बेसिन के सामने आ गया। आँखों पर पानी के छींटे मारे, तो जाने किस कोने से तौलिया बढ़ाता हुआ एक 'हाकिम' निकल आया। एक पल को भोला सकपका गया। फिर सहज होने की कोशिश की।

तौलिया लेकर मुँह पोंछा।

अब जैसे भाव से वह उसे देख रहा था, उसे पहचानने में उसे मुश्किल नहीं हुई। नूरे-नज़र में पहली बार जाते हुए उसके अपने चेहरे पर यही भाव रहा होगा। अब वह इस भाव को सुबह से रात तक अपने आसपास देखा करता था—याचना, कातरता...लालबत्ती होने पर गाड़ी पर कपड़ा मारने को लकपता छोकरा, सड़क पर हाथ फैलाये भिखारी, मुर्तज़ा को सलाम करने आया सिपाही...इस शहर में हर तीसरे आदमी के चेहरे पर उसे यही भाव दिखाई देता था।

उसने जेब में हाथ डाला। जो निकला, वह दो का नोट था। वही आगे बढ़ाकर वह बाहर निकल आया।

दाएँ सोफ़े से एक स्त्री उठ रही थी।

उसने तुरन्त उसकी जगह ले ली।

सब सामान्य लग रहा था। कोने में इन्स्पेक्टर व सिपाही कुछ पीछे हट गये थे। अब दोनों के हाथों में काग़ज़ के गिलास थे।

सामने अल्पाहार के काउंटर पर एक स्त्री बच्चे को दूध पिला रही थी। बच्चा बीच-बीच में बोतल से मुँह हटाकर माँ को देखता था। माँ उसे चूम लेती थी।

भोला ने ठंडी साँस ली। उसे मंगली की याद आ गयी थी—गले में चाँदी की हँसिली और कन्धों पर पड़ी चुनरी...

उसने निगाह हटा ली। ऐसे दृश्य से उसकी एकाग्रता भंग होने लगी थी। वह भरी हुई सिगरेट जलाने लगा।

"सबीना एयरलाइन्स से ब्रुसेल्स से वाया दुबई सूटकेस आ गया है—अनमैनीफेस्टिड कार्गो के तौर पर।" दोपहर को मुर्तज़ा गफ़ूर को बता रहा था, "एयर इंडिया लोडिंग सुपरवाइजर कोटनीस एयर इन्टेलिजेंस यूनिट की निगाह बचाते हुए उसे हटाने की कोशिश करेगा—लोडर राजू और ट्राली ड्राइवर अब्दुल की मदद से।"

भोला ने घड़ी देखी—तीन-चालीस हुए थे।

यकायक नौ-दस विदेशी लड़कियों का झुंड ज़ोर-ज़ोर से बात करते हुए निकला। कई हँस रही थीं। एक किलकारी मार रही थी। कुछ की विचित्र-सी वेशभूषा भोला कौतुक से देखता रहा, विशेषकर पीछे की दो लड़कियों की, जो एक-दूसरे का हाथ थामे थीं।

सहसा झटके के साथ वह सतर्क हो गया।

जिस चिह्न की उसे प्रतीक्षा थी, वह काउंटर पर खड़े व्यक्ति के कन्धे पर था।

भोला ने इन्स्पेक्टर की दिशा में देखा। वह सिपाही के साथ आगे बढ़ आया था।

लोग पहले की तरह निकलते आ रहे थे।

वह उठा। अब धड़कन की गति बढ़ गयी थी। उसे गला सूखता-सा महसूस हुआ। शायद यूनिट ने कोटनीस को पकड़ लिया हो और इस समय सोफ़े पर बैठा यूनिट का कोई 'हाकिम' भोला पर निगाह रखे हो।

"हुइहै वहि जो राम रचि राखा..." बुदबुदाते हुए वह आगे बढ़ा।

अब उस व्यक्ति के बैग को वह बिलकुल पास से देख रहा था। वह भोला के बैग के समान था—काला चमड़ा, सामने दो जेबें और 'फ्लाइ एयर फ्रांस' की मुहर।

"लिमका..." उसने पाँच का नोट काउंटर पर रखते हुए कहा। अपना बैग वह पहले ही हाथ में ले चुका था, जिसे उसने अब निःशब्द फर्श पर रख दिया।

एक पल के छोटे-से हिस्से के लिए उसने उस व्यक्ति को देखा। वह चैक की कमीज़ पहने था। कनपटियों के बाल सफ़ेद। खोये-खोये ढंग से बोतल की नली मुँह से लगाये वह व्यक्ति यूनिट का 'हाकिम' हो सकता है?

भोला ने नज़र फेर ली और लिमका पीने लगा। चार-पाँच घूँटों के बाद माथा नम होने लगा। धड़कन पहले की तरह बढ़ी हुई थी। अपना सारा मनोबल इकट्ठा करके वह अपने को नीचे देखने से रोके हुए था।

बोतल को ख़त्म करना उसे हिमालय पर चढ़ने के जैसा लग रहा था।

फिर कोई घोषणा होने लगी। साहस करके वह मुड़ा।

चैक की कमीज़वाला व्यक्ति नहीं था। उसका बैग भोला के बैग की जगह रक्खा हुआ था।

बस, यही निर्णय का क्षण है।

उसने बोतल काउंटर पर रख दी...और साँस रोकते हुए बैग उठाया...वह एकदम चिहुँक उठा...नहीं, आसपस से कोई उस पर नहीं झपटा था, पर बैग बहुत भारी था। मेरे मुँह से कोई आवाज़ तो नहीं निकल गयी—उसने सोचा।

काउंटर का आदमी प्याले में मशीन से झागदार कॉफ़ी डाल रहा था।

इन्स्पेक्टर व सिपाही अब कोने में नहीं थे।

वह सधे हुए क़दमों से आगे बढ़ा। यात्रियों की एक टोली उससे कुछ आगे थी।

वह बाहर निकला, तो उसकी ओर किसी का ध्यान नहीं था।

''भोला, वीनस ले लो।'' वे रातरानी से निकले, तो गफ़ूर ने कहा।

उसने हामी में सिर हिला दिया।

शाम के धुँधलके के बीच रोशनियाँ जलने लगी थीं। वही समय हो रहा था, जो उसे बिना कारण उदास कर देता है। इमारतों के ऊपर मटमैला आसमान टँगा था, जहाँ इक्के-दुक्के तारे टिमटिमाने लगे थे।

आज कितने दिनों के बाद आसमान की ओर मेरी निगाह गयी है—उसने सोचा।

''लोगे? आज तुम्हें बहुत थकान हो गयी है।''

उसने पल-भर सोचा, फिर गफ़ूर के हाथ से कोकीन का पान लेकर मुँह में रख लिया।

आज का दिन सचमुच लम्बा और श्रमसाध्य था। पहले बैग लेकर नूरे-नज़र गया। घंटे-भर के इन्तज़ार के बाद इलियास भाई आये। फिर उनके निर्देश के अनुसार बैग लेकर झवेरी के फ़्लैट वाली बिल्डिंग के सामने खार में प्रतीक्षा करता रहा। आधे घंटे तक वे नहीं आये, तो सामने के पब्लिक बूथ से फ़ोन किया। वे बोले, यहाँ डिलीवरी नहीं लूँगा। घंटे-भर बाद रानीबाग़ के सामने मिलो। उसने इलियास भाई को फ़ोन करके सहमति ली और रानीबाग़ पहुँचा। फिर पौन घंटे तक झवेरी का पता नहीं था। वह भूखा भी था और घबराया हुआ भी। इतनी क़ीमती चीज़ साथ में है। गेट पर दो पुलिसवाले थे। उसने गाड़ी गन्ने के रस के स्टॉल के साथ खड़ी कर ली और सिगरेटें धौंकता रहा। फिर झवेरी की कार बग़ल में धीमी हुई और उन्होंने उसे पीछे आने का संकेत किया। दस मिनट वह उनके पीछे गलियों में घूमता रहा। आख़िर एक गोदाम में उन्होंने डिलीवरी ली ओर जो अटैची उसे थमाई, वह भी बैग के समान भारी-भरकम थी।

उसकी भूख तेज़ हो गयी थी, लेकिन अटैची कार में छोड़कर कहीं बैठना

उपयुक्त नहीं समझा। पिंक हाउस जाकर अटैची इलियास भाई के हवाले की। उन्होंने उसे तीन बंडल देकर घाटकोपर का पता दिया।

सनफ्लावर बार में वह दो बोतल बीयर के साथ एक तन्दूरी मुर्गा खा गया, तब कोटनीस आये। इलियास ने हुलिया बता दी थी। उसे पहचानने में मुश्किल नहीं हुई। कोटनीस घबराये हुए थे। बंडल लेकर ऐसे भागे, जैसे गोलियाँ चलने वाली हों।

शालू के घर पहुँचा, तो वह रुकी हुई थी। खाना ठंडा हो गया था। उसने सफ़ाई दी, इलियास भाई ने जरूरी काम से भेज दिया। तुम्हारे यहाँ फ़ोन होता, तो मैं ख़बर देता।

''फ़ोन चाहिए था, तो किसी फ़्लैटवाली को लाइन मारते न!'' शालू ने ताना मारा।

पचास मिनट उसे मनाने में लगे।

''यहीं ले लो।'' गफ़ूर ने इशारा किया।

अब पान की हल्की तरंग उस पर छाने लगी थी।

वीनस मसाज पार्लर में घुसते ही वह धप-से कुर्सी पर बैठ गया।

''हैलो सर!'' काउंटर पर बैठे अधेड़ व्यक्ति ने गफ़ूर को मुस्कान दी।

''सूज़ी है?'' गफ़ूर ने पूछा।

''हाँ, आप चलिए।'' उसने दाएँ गलियारे को इशारा किया, जहाँ एक के बाद एक कई केबिन थे।

''आपकी च्वायस क्या है सर?'' उस व्यक्ति ने एक एलबम भोला की ओर बढ़ाया।

भोला अचकचा गया।

''नहीं...थैंक्यू...'' उसने अटककर कहा।

''भोला, पैसे की फ़िक्र मत करो।'' गफ़ूर उसके कान में फुसफुसाया।

''नहीं, वह बात नहीं।''

सामने वाला आदमी भोला को देख रहा था। भोला का चेहरा लाल होने लगा।

''तुम बाहर गाँव गये थे क्या?'' बाएँ दरवाज़े से आई स्कर्टधारिणी युवती बोली।

''हाँ।'' गफ़ूर मुस्कराया, ''स्टेशन से सीधा यहाँ आया हूँ।''

युवती हँसी और गफ़ूर का हाथ पकड़कर एक केबिन में घुस गयी।

"तुम साले पूरे पोंगा पंडित हो।" कार में गफ़ूर बोला, "पैसा जमा करके क्या करोगे? ताजमहल होटल बनवाना है?"

भोला चुप रहा।

"हर दिन हमारी ज़िन्दगी का आख़िरी दिन हो सकता है। मौज़-मस्ती नहीं करेंगे, तो जिएँगे कैसे?"

"गफ़ूर भाई, सबके अपने विश्वास और मान्यताएँ होती हैं।"

"अच्छा, रहने दो। मौलवी वाला फ़ल्सफ़ा मत झाड़ो।" गफ़ूर ने घड़ी पर नज़र डाली, "साढ़े आठ हो रहे हैं। साला आप्टे न हुआ, तो एक और मुसीबत खड़ी हो जाएगी।"

शाम को मुर्तज़ा के साथ भोला कामथ के यहाँ गया था। डीसीपी सक्सेना और इन्स्पेक्टर बाघमारे के तबादले हो गये थे। इससे कुछ दिन काम में रुकावट की आशंका थी।

पंचोली-प्रसंग के बाद सत्तार बौखलाया हुआ था। मुर्तज़ा की सलाह पर इलियास सिन्धिया कप की रेस देखने न महालक्ष्मी गये थे, न ईद पर उन लोगों के साथ हाजी मलंग।

गोल पुलिस चौकी के गेट से पहले सड़क के बाईं ओर उसने कार लगा दी।

गफ़ूर ने दरवाज़ा खोला। फिर यकायक ठिठक गया।

भोला चौंक गया।

"देखो, सूज़ी सिर्फ़ मसाज करती है। मैं चार महीने से उसके पीछे पड़ा हूँ। आज कहीं जाकर वह राज़ी हुई है। तुम मुझे वीनस पर छोड़कर रातरानी चले जाना। मुर्तज़ा को बोलना, आप्टे नहीं था, इसलिए गफ़ूर ने मुझे भेज दिया। मैं साढ़े दस तक आ जाऊँगा। बात यह है कि मुर्तज़ा छोकरी-वोकरी को रिहायशी जगह ले जाने के ख़िलाफ़ है। खुद कुछ भी करे, पर हमारे ऊपर बेकार की पाबन्दी लगा रखी है। सत्तार की वजह से होटल में कमरा लेना ठीक नहीं।"

गफ़ूर पहली बार मुर्तज़ा के विरुद्ध बोला था। भोला सकपका गया। पर उसके लिए तो गफ़ूर भी 'हाकिम' था। क्या कहता?

"और अगर मुर्तज़ा भाई ने यहाँ फ़ोन कर दिया, तो?"

"वो नहीं करेगा यार, मैं जानता हूँ। अभी आप्टे ने हमसे हफ्ता लेना मंजूर नहीं किया है।" गफ़ूर नीचे उतर गया "मैं पाँच मिनट में आया।"

उसका गफ़ूर के साथ आने का यह तीसरा दिन था। उसका अनुभव था, गफ़ूर को पाँच मिनट से ज़्यादा नहीं लगेंगे।

गेट से निकलते एक सिपाई ने गफ़ूर को सलाम किया और उसके साथ फिर भीतर चला गया।

पुलिस चौकी के बरामदे में मटमैली-सी रोशनी थी। सीढ़ियों से आगे एक जीप खड़ी थी।

वह भरी हुई सिगरेट सुलगाने लगा।

आसपास सन्नाटा था। खम्भों की रोशनियों के बीच अँधेरे के दायरे सिमटे हुए थे।

सामने, सड़क के दाईं ओर एक गड्ढा खुदा था, जिस पर महानगर टेलीफ़ोन की तख्ती लगी थी। निकट खड़ी एम्बेसेडर का डिकीवाला हिस्सा गड्ढे के पास था, इंजनवाला हिस्सा नहीं। पार्किंग का यह ग़लत ढंग उसे अटपटा लगा। एम्बेसेडर के गहरे काँच चढ़े हुए थे। अन्दर रोशनी नहीं थी।

कोई बड़ा आदमी होगा। चौकी में गया होगा—उसने सोचा।

इस शहर के बड़े लोगों से वह आशंकित रहता था। झवेरी, पंचोली, इलियास—उन्हें अगर वह सड़क पर देखता, तो क्या इनकी हैसियत का अन्दाज़ा लगा सकता था? कुछ दिन पहले रातरानी में टेरीलीन की कमीज़ पहने एक अधेड़ को नर्तकियों पर फब्तियाँ कसने से वह रोक रहा था, जहाँ यकायक मुर्तज़ा ने आकर खुद उसे रोक दिया। बाद में मालूम हुआ, वह वाशी का करोड़पति है।

धीरे-धीरे उसकी समझ में आ रहा था कि कानून और नियम उसके जैसे लोगों के लिए ही होते हैं।

अब अगर सड़क पर कोई गलत ढंग से ओवरटेक करने की भी कोशिश करता, तो वह जब्त कर लेता। पता नहीं, सामनेवाला क्या निकल आए। वह तो छोटा है, उसे कम खाना है और गम खाना है।

अगले चौराहे की दिशा से नारों की हल्की गूँज सुनाई दी। कामगारों का जुलूस होगा। छोटे और क़ानून के पाबन्द लोग। अगर क़िस्मत उसका साथ न देती, तो इस समय वह कार में न होता, हाथ में झंडे लिये उनके साथ चल रहा होता।

अपराध से ग्रसित होने के बावजूद उसे अपने ऊपर गर्व हुआ।

तभी पहली गोली चली, जिसे सुनते ही वह सुन्न और जड़ हो गया...दूसरी गोली के साथ उसने गेट पर लड़खड़ाते गफ़ूर को देखा।

अभी ख़ामोशी थी। सिर्फ सामनेवाली एम्बेसेडर, जिसका अगला बायाँ काँच अब गिरा था और अगली-पिछली रोशनियाँ बुझी थीं, हल्की आवाज़ से आगे बढ़ रही थी...

दस

नील अपने फ़ाइल लिये कमरे से निकल रहा था, जब फ़ोन की घंटी बजी। उसने तुरन्त रिसीवर उठा लिया, जैसी कि अब उसकी कोशिश रहती थी।

"गुडमार्निंग!" पारुल का स्वर सुनाई दिया।

उसका दिल जोर-जोर से धड़कने लगा। पाँच दिन से पारुल की छवियाँ सोते-जागते उसकी आँखों में मचल रही थीं।

"अच्छी तो हैं आप?" उसका स्वर काफ़ी धीमा हो गया।

खाने की मेज़ पर मेहताबजी अपना कुछ हिसाब लिख रही थीं।

"आपकी सौ साल की उम्र होगी।" पारुल के कुछ कहने से पहले ही उसके मुँह से निकल गया, "मैंने अभी-अभी फिर आपको याद किया था।"

"सुबह-सुबह सौ साल की ज़िन्दगी का शाप मत दो।" वे हँसीं, "वैसे जान सकती हूँ, मुझे याद करने की वजह क्या थी?"

स्वर में आह्लाद की तरंग आ गयी थी, जिसको सायास दबाया जा रहा था।

"इतनी सुन्दर आँखों में इतनी उदासी सही नहीं जाती।" विराम में उसे गहरी साँस का छोड़ा जाना सुनाई दिया।

"उन आँखों को ऐसा सरोकार अच्छा लगेगा।"

कुछ ठहरकर उसने कहा, "मैं खुद ही कह दूँ? मध्यस्थ कभी-कभी सन्देश पहुँचाने में गड़बड़ कर देते हैं।"

"ज़रूर..." स्वर मुस्कराया, "990, सी ब्रीज...आज एक बजे..." लगा कि दोनों पक्षों को रिसीवर रखने की जल्दी थी। शायद दोनों ओर आशंका थी कि दूसरा या वह स्वयं सहसा इरादा न बदल दे।

"नील, अब तुम्हारे काफ़ी फ़ोन आने लगे हैं।" मेहताबजी ने सिर उठाया।

वह ठिठक गया। फिर मुस्कराने की कोशिश की।

"जब पौधा लगाया जाता है, तो कुछ समय बाद उसकी जड़ें फैलने लगती हैं।"

मेहाताबजी की टिप्पणी गलत नहीं है—नैवी नगर को जानेवाली बस में बैठे हुए उसने सोचा। 'द बॉम्बेआइट' वाले विज्ञापन के बाद उसकी नौ क्लाइन्ट बनी थीं। यह उसकी बदकिस्मती थी कि वे सबकी सब शादीशुदा थीं। पहली भेंट में शिल्पा के अलावा लगभग सब उसके प्रति आशंकित थीं। उसे विश्वास था, होटल में बुलानेवाली दो ने उसे अपने नाम झूठे बताये थे। उसका उनसे फ़ोन नम्बर माँगना तत्काल ग़लतफ़हमी पैदा कर सकता था। वैसे भी स्वामिनी वे थीं। वह सेवक था। जब उन्हें उसकी सेवाओं की ज़रूरत होगी और ऐसी सुविधा भी होगी, तब वे ही उससे सम्पर्क करेंगी, वह अपनी ओर से फ़ोन करके थोड़े ही पूछ सकता है—क्या आज दो से चार के बीच में आप मिलना चाहेंगी?

एक तो ऐसी रणनीति से उसकी साख में गिरावट आएगी। दूसरे, अगर फ़ोन परिवार के किसी पुरुष-सदस्य ने उठा लिया, तो?

आनेवाले फ़ोनों को रोकने का कोई उपाय नहीं था। उलटे पिछले तीन दिनों में उनकी संख्या बढ़ी ही थी। नौ में से चार स्त्रियों ने दूसरी बार मिलना चाहा था और दो नयी आकांक्षी दृश्य पर प्रकट हुई थीं। तीन दिनों से वह दिन में दो-दो मिलन निपटा रहा था। आज भी यही स्थिति थी।

कोलाबा की दूसरी पास्ता लेन के मंगल निवास में ग्यारह बजे उसे श्रीमती वत्सला गांगुली से मिलना था और साढ़े छह बजे तुलसियानी चैम्बर्स में स्थित लोटस एंटरप्राइज के कार्यालय में श्रीमती पिंकी अहलूवालिया से।

तीन दिन में मैंने मेहताबजी से मिलनेवाले एक मास के वेतन से भी ज़्यादा कमा लिया है—उसने उमंग से सोचा।

मेहताबजी की फ़ोनवाली टिप्पणी से उसे ताज्जुब नहीं हुआ। उसे इसकी आशंका पहले से ही थी।

रोज़ा ने उसके तीन-चार फ़ोन के सन्देश लिये थे और अकेले में गम्भीर भाव से प्रेषित कर दिये थे। पखवारे पहले यकायक यास्मीन की इच्छा बलवती हो उठी। मेहताबजी ने रिसीवर उठाया। 'नील हैं?' का जवाब उन्होंने 'बाहर गये हैं' से दे दिया। घंटे-भर बाद यास्मीन ने फिर फ़ोन किया, तब भी मेहताबजी ही आसपास थीं। 'अभी लौटे नहीं हैं' उन्होंने कह दिया। 'वे आएँ, तो मेहरबानी करके यास्मीन को फ़ौरन फ़ोन करने के लिए कहें। बेहद जरूरी है।'

थोड़ी देर बाद नील लौटा, तो मेहताबजी ने हल्की मुस्कान से सन्देश दे दिया। विज्ञापन आने के बाद दो बार फ़ोन मेहताबजी ने उठाया, 'नील माथुर हैं?' का उत्तर उन्होंने 'बाहर गये हैं' से दे दिया। 'आप कौन बोल रही हैं?' की प्रतिक्रियास्वरूप एक स्त्री ने 'नेवर माइंड' कहकर फ़ोन रख दिया। दूसरी से उन्होंने पूछा, 'नील आपको कौन से नम्बर पर कॉल बैक कर सकते हैं?' तो उसने कुछ

भी कहे बिना लाइन काट दी (विज्ञापनदाता चालाकी से मेरी आइडेंटिटी जानने की कोशिश कर रहा है—उसने सोचा होगा।)

नील को फ़ोन रपट देते हुए मेहाबजी संजीदा थीं।

"तुम्हारे मित्रों को शिष्टाचार नहीं सिखाया गया?" आख़िरकार उन्होंने कह ही दिया।

मेरे पास मामूली-सा दिखाई देने वाला फ़ोन नहीं है, इसलिए मुझे ऐसी जिल्लत उठानी पड़ रही है—उसने सोचा (मामूली-से दिखाई देने वाले फ़ोन के लिए पहले मामूली-से दिखाई देने वाले फ़्लैट की ज़रूरत होती है—यह बात उसने नज़रअन्दाज़ कर दी थी!)

दो दिन पहले अख़बार देखते हुए उसे एक विचार सूझा था। वह फ़ोर्ट की फ़ोन मैसेज सर्विस की सुविधा ले ले और दिन में दो बार स्वयं उन्हें फ़ोन करके सन्देश प्राप्त कर ले। पर इसमें भी कुछेक कठिनाइयाँ थीं। ज़्यादातर क्लाइंट एक ही फ़ोन में मिलन के पक्के होने के बारे में आश्वस्त होना चाहती थीं। वे अपना फ़ोन नम्बर नहीं छोड़ेंगी, ताकि वह कालबैक करके बुकिंग के कन्फ़र्म होने की सूचना दे सके। दूसरे, अमूमन स्त्रियाँ उसी दिन फ़ोन करती थीं, जिस दिन मिलना चाहती थीं—कई बार तो उसे एक घंटे का ही नोटिस मिलता था। उन बेचारियों का दोष नहीं था, क्योंकि भेंट घर से एक-दो घंटों के लिए गायब हो जाने की सुविधा पर ही निर्भर करती थी और कई इस सुविधा की जानकारी मिलने पर ही बेताबी से उसका नम्बर घुमाने लगती थीं। सन्देश-सेवा का सहारा लेने पर उसकी कई भेंटें खटाई में पड़ जाएँगी। कैरियर के उठान लेते ही ऐसा कदम सूझबूझ भरा नहीं माना जाएगा। तीसरे, यास्मीन और शिल्पा जैसी ग्राहकों को, जिनके वह अपेक्षाकृत निकट आ चुका है, अनजान ऑपरेटर को सन्देशवाहक बनाना पसन्द नहीं आएगा। यास्मीन जैसी बेबाक स्त्री भी ऑपरेटर के पास अपना नाम छोड़ना आपत्तिजनक मानेगी। एक ग्राहक का एक कोड नेम हो सकता है, लेकिन तब उसे कोड नामों की डायरी बनानी पड़ जाएगी। चौथे, शाम पाँच बजे सन्देश सेवा का दफ़्तर बन्द हो जाता है। फिर? ब्लॉसम, कुमकुमनायिकी और विशेषकर यास्मीन तो उसे रात को दस बजे तक तलब करती हैं।

कोई रास्ता दिखाई नहीं दे रहा था। लेकिन मेहताबजी के क्षोभ के बावजूद उसे दूसरे स्लॉट पर एकाग्र रहना था, जिसमें अब तक उसने लगभग चालीस हज़ार कमा लिये थे।

मेहताबजी के विदेश चले जाने पर भी मेरे पास बम्बई में रहने का आधार है—उसने सोचा।

हालाँकि अब ऐसी स्थिति आने की नौबत नहीं लग रही थी। नवरोज़ अपने परिवार को मिडिल ईस्ट ले जाने का इरादा बना रहा था। हालाँकि भोला ने उसके सामने अपने साथ रहने की पेशकश रखी थी, लेकिन कुछ कारणों से नील को यह स्वीकार्य नहीं था। अव्वल तो कार्माइकेल रोड से सीधे मध्य रेलवे की सायन जैसी ग़ैरफ़ैशनेबिल बस्ती में जाना अप्रीतिकर था। दूसरे, उसे विश्वास था, भोला के वरिष्ठ साथी बाहरी आदमी का साथ रहना पसन्द नहीं करेंगे। भोला को लेकर उनका जो विश्वास पनप रहा है, उसमें रुकावट आएगी। वह दो बार रातरानी जा चुका था और भोला के साथियों के साथ अजनबी-सा महसूस करता था। गफ़ूर के एक सवाल के जवाब में नील ने अपने को 'इमोशनल कन्सल्टेंट' बताया था। गफ़ूर ने क्या समझा, नील को नहीं मालूम। पर साथ रहने पर ग्राहकों के फ़ोन आने की वजह से देर-सबेर उन्हें मालूम पड़ ही जाएगा। ऐसी स्थिति उसे मंजूर नहीं थी। फिर वहाँ सोना, हेरोइन और न जाने क्या-क्या पड़ा रहता है! कभी पुलिस का छापा पड़ गया तो? तीसरे, अनेकानेक क्लाइंट लगातार उसे अपनी जगह न होने का उलाहना दे चुकी थीं। वह एक बार ऐसा अनुभव भी कर लेना चाहता था। उसने एक एस्टेट एजेंट से बात कर ली थी। वह बान्द्रा या खार में पाँच हजार मासिक किराये पर एक बेडरूम का फ़ोन लगा फ़्लैट ले लेगा—छह महीने के लिए। एजेंट को दस हज़ार कमीशन देना होगा। भोला ने आश्वासन दिया था, वह छह महीने के लिए एक फर्नीचर हाउस से, जो इलियास भाई की सुरक्षा में था, मुफ़्त में फ़र्नीचर दिला देगा। उसके फ़्लैट में घुसते समय उसकी सारी पूँजी खर्च हो चुकी होगी। फिर वह देखेगा, जगह की सुविधा के साथ उसकी बुकिंग पर कैसा प्रभाव पड़ता है!

गड़बड़ बात सिर्फ़ एक ही थी। अब तक के उसके सारे तलबगार टाउन के ही थे।

क्या उपनगरों की जीवन-दृष्टि मलाबार हिल कफ़ परेड से अलग थी या बान्द्रा से बोरीवली तक के भूभाग में वैवाहिक सन्तोष पनपाने की ख़ास क्षमता थी?

"हाई..." सी-ब्रीज़ के फ़्लैट का दरवाज़ा खुलने पर उसने कहा।

पारुल सकुचाई-सी मुस्कराईं। फिर मुड़ गयीं।

उसने भीतर आकर दरवाज़ा बन्द कर दिया।

आसपास गहरी ख़ामोशी थी। लगता था, सिर्फ़ उसकी धड़कन से ही शान्ति भंग हो रही है।

गेट से भीतर घुसते हुए चौकीदार ने उससे गन्तव्य पूछा था। फिर फ़्लैट का नम्बर जानने पर अदब से उसे लिफ़्ट तक छोड़ गया था। फ़्लैट के दरवाज़े तक उसे छोड़कर आश्वस्त होने की ज़रूरत उसने नहीं समझी थी।

बोर्ड पर फ़्लैट के स्वामित्व के तौर पर लोटस एंटरप्राइजेज़ का नाम था।

पारुल खिड़की के सामने वक्ष पर हाथ बाँधे तिरछी-सी खड़ी थीं। बिना बाँहों के ब्लाउज़ के साथ बन्धेज की आसमानी साड़ी का पल्लू हवा में थरथराये जा रहा था। गले में तीन लड़ियों की माला थी और कानों में वैसे ही डुलते मनकों वाले बुन्दे।

अपने घर की चारदीवारी में पारुल का लावण्य दबाव में लगा था। अब यहाँ उसमें खुलेपन की कसमसाहट थी। पर उलझन से भरी।

नील का मन पारुल के लिए कोमलता से भरने लगा।

वह एकटक सामने देख रहा था—हवा में लहराती रूखी लटें, कन्धों की कमनीय गोलाई और खुले देहमध्य की स्निग्धता।

वह धीमे क़दमों से निकट आया। आज उनकी सुगन्धि हल्की थी—दिन की धूप की तरह सजग और कार्यशीलता से अनुशासित।

"पारुल..." उसने बाँह पर हाथ रखते हुए धीरे-से कहा।

उस स्पर्श के स्पन्दन को नील ने अपने भीतर वैसे ही महसूस किया, जैसे सोख्ते पर स्याही की बूँद फैलती जाती है।

पारुल ने तिरछी निगाह से उसे देखा...वह दृष्टि कैसी थी...सीने में तीर चुभोए क्रौंच पक्षी की तरह असहाय और कातर...

"तुम्हें यहाँ बुला तो लिया।" पारुल ने घूँट-सा भरा, "अब समझ नहीं आ रहा, क्या कहूँ..."

विवशता का भाव आँखों से फैलकर चेहरे पर आ गया था।

"कुछ कहने की ज़रूरत नहीं।"

उसने दूसरे कन्धे पर हाथ रख पारुल को सीधा किया। अब चेहरा उसके बिल्कुल सामने था।

उसने पहले बाईं आँख पर होठ रक्खे। एक पल पलक कसमसाई। फिर शिथिल हो गयी। दूसरी पलक पहली के विपरीत स्पर्श के लिए प्रस्तुत थी—मूक पर व्यग्र।

उनके चेहरे की रेखाओं का अनिश्चयभरा तनाव अब पिघल रहा था।

जब उसने उनके होठों को छुआ, तो पारुल एक पल को निश्चल हो गयीं। पहले दबाव में होठ नम-से लगे। फिर भीतर की तप्तता का एहसास हुआ।

उसे लगा, पारुल के भीतर ऊष्मा की हिलोर-सी उठी है...जैसे मेले में भटके हुए अबोध को अन्तरंग स्पर्श की सुरक्षा मिल गयी हो। तन्मय चुम्बन के आवेग में पारुल की बाँहें उसे कसने लगीं और उसके अन्दरूनी बीहड़ों में कातर पुकार गूँजी—अब तक तुम कहाँ थीं पारुल?

''ससुराल छोड़कर मैं मैके चली गयी थी। दस महीने बाद पिता के दबाव डालने पर फिर वापस आना पड़ा। पिछले महीने मैंने नींद की गोलियों का ओवरडोज़ ले लिया था। पर मेरा नसीब ही खोटा है। बच गयी।''

वह बेडरूम में बिस्तर पर लेटा था। पारुल उसके सीने पर कोहनी टेके बैठीं, लगभग एक घंटे से बोल रही थीं।

वे औद्योगिक सोमपुरिया घराने की सबसे बड़ी बेटी थीं। एक छोटा भाई था और एक छोटी बहन। उनका बचपन अपने नाना के पास जयपुर में बीता और प्रारम्भिक शिक्षा वनस्थली विद्यापीठ में हुई। दस साल पहले माँ के देहान्त से परिवार की जीवनशैली बदल गयी। दर्शन के उच्च अध्ययन के लिए बर्कले जाती पारुल रुक गयीं। पिता महीनों शैय्याग्रस्त रहे और इस आघात से कभी उबर नहीं पाये।

अगर पारुल आज शाह परिवार की बहू हैं, तो इसके पीछे संकट के समय में मानिक भाई शाह का पूरी ईमानदारी से अपने पुराने मित्र चन्दन सोमपुरिया के व्यवसाय को सँभालना है। पारुल को कैशोर्य से पिता के ऐसे इरादे की भनक थी। उन्हें जयन्त पसन्द न था। उन्होंने अपनी माँ को इस सम्बन्ध के प्रति अपने विरोध की जानकारी उन्हीं दिनों दे दी थी। पारुल का निश्चित मत है, अगर माँ जीवित रहती, तो उनकी आत्मा को रूखे, मोटे बोरे में लपेटकर जयन्त के हाथ में नहीं दे दिया जाता। टूटे, रोगी पिता की 'अन्तिम अभिलाषा' को टालने का साहस वे नहीं कर पायीं।

क्योंकि विधि का विधान पूरी तरह उनके विरुद्ध चल रहा था, इसलिए सुहागरात को ही वे गर्भवती हो गयीं। अगले पाँच साल उन्होंने वाणिज्य की शिक्षा लेते हुए अहमदाबाद में काटे। अब वे शाह परिवार की तीन और सोपुरिया परिवार की पाँच कम्पनियों के बोर्ड पर हैं और दोनों की एक-एक कम्पनी की मैनेजिंग डायरेक्टर।

"जब मैंने तुम्हें स्टडी में अकेला देखा था..." निर्वसन पारुल ने अटककर कहा, "तभी मुझे डर लगा था कि आज का यह पल आयेगा..."

उसने दृढ़, पुष्ट उरोजों पर होठ टिकाये तो वह थरथरा गयीं। मुँह से सीत्कार निकला। बात बीच में ही टूट गयी।

कसी हुई कमनीय देह कामना से तनी हुई थी। उसकी चुम्बन-रेखा त्रिवली तक पहुँची, तो उनकी सिहरन की तरंग से वह स्वयं आर्द्र हो उठा। मन पारुल के लिए कोमलता से छलछलाने लगा।

...अगले कुछ क्षण भावनाओं के ज्वार के थे। पारुल की मांसलता कामना के झाग में पिघल गयी थी। उनकी आँखें गहनता में झपी हुई थीं। चुम्बन-जकड़े अधरों से उच्छ्वास फूट पड़ते थे।

...चरम सीमा के बाद पारुल की आँखों से दो नन्हे आँसू ढुलक आये।

यकायक उन्होंने अपने गले से कार्टियर की माला उतारी और नील के गले में डाल दी, "नील, तुमने मुझे ज़िन्दगी का पहला ऑर्गेज़्म दिया है..."

घंटी की तीखी आवाज़ से भोला की नींद टूटी। पल-भर वह उजबक-सा आँखें खोले रहा।

"कचरा दे दो साब!" दरवाज़े पर दस्तक के साथ आवाज़ सुनाई दी।

स्लीपरों में पाँव डालते हुए वह उठ खड़ा हुआ। आँखें झपकाते हुए रसोई के कोने से डिब्बा उठाया। फिर दरवाज़ा खोलकर जमादार के हवाले कर दिया।

अभी गफ़ूर होता, तो इस तरह जगाये जाने की नौबत नहीं आती—उसने सोचा। वे रात को जब भी लौटते, गफ़ूर डिब्बा बाहर गलियारे में रख देता था। अख़बार वाले को भी उसने स्थायी हिदायत दे रखी थी—अख़बार डालते समय घंटी बजाने की ज़रूरत नहीं।

दरवाज़ा बन्द करके उसने नीचे पड़े अख़बार उठा लिये। 'इन्किलाब' ऊपर ही था। छोकरे को उर्दू अख़बार के लिए मना ही नहीं कर पाया। वह सुबह कब आता है, उसे पता ही नहीं चलता।

गहरी साँस के साथ वह गफ़ूर के कमरे के सामने आ खड़ा हुआ।

उसका बिस्तर वैसे ही बिछा था। मेज़-कुर्सियाँ रखी थीं। राखदानी में तीन-चार सिगरेट के टुकड़े पड़े थे। सिरहाने मक्का का कैलेंडर लटका था।

उसने चाय का पानी रख दिया और बीड़ी सुलगाने लगा।

''गफूर भाई का सामान है।'' भिंडी बाज़ार के कमरे में सूटकेस नीचे रखते हुए उसने धीमे स्वर में कहा था।

दुपट्टे से सिर ढँके बहन उसकी ओर दो पल देखती रही थी। उसके चेहरे पर वही छाया थी, जो मौतवाले घर में घिर आती है। सोलह-सत्रह साल की रही होगी। उसे अनायास चन्दा की याद आ गयी।

''या मौला।'' तख़्त पर बैठी माँ बुदबुदाई, ''तवफ़्फ़ानी इज़ा कानतिल वफ़ातु ख़ैरैल्ली*...''

ऐसा ही मौन कब्रिस्तान में था, जहाँ वह शकूर, इलियास, मुर्तज़ा और किट्टू इत्यादि के पीछे खड़ा था। गफूर के पिता रास्ते-भर सिर झुकाये चलते रहे थे। अभी भी, जब ताबूत नीचे ले जाया जा रहा था, वे वैसे ही सर झुकाये खड़े थे।

यह पहली शव-यात्रा थी, जिसमें उसे लोगों में पहले से मृतक की मौत की अपेक्षा का आभास मिला।

बहन ने सूटकेस उठाकर तख्त के पास रख दिया था।

ख़ामोशी अब चुभने लगी थी। माँ-बहन की आँखों में शिकायत या आरोप नहीं था। सिर्फ़ बेधती हुई स्वीकृति थी।

वह सिर झुकाये बाहर निकल आया।

''शाम को गफूर पुलिस चौकी जाएगा, यह बात सत्तार तक कैसे पहुँची?'' इलियास ने पूछा।

कार में ख़ामोशी रही।

''पुलिस चौकी के आप्टे ने तो मुख़बिरी नहीं की?''

''नहीं, आप्टे ऐसा नहीं है।'' मुर्तज़ा बोला, ''वैसे भी अपनी ही चौकी के गेट पर गफूर को ट्रैप करवाते हुए वो खुद शक का निशाना नहीं बनेगा।''

''गफूर की भी जुबान लम्बी थी।'' किट्टू ने कहा, ''यहाँ-वहाँ अपने प्रोग्राम के बारे में बोलता रहता था।''

हम लोगों में फिर कोई बिल्लू पैदा हो गया है—भोला ने सोचा।

इलियास ने सिगरेट जलाई, ''इम्तियाज़ ने क्या कहा?''

''बहुत भड़के हुए थे।'' कुछ रुककर मुर्तज़ा जैसे अपने-आपसे ही बोला, ''बदला तो लेना ही होगा।''

* मुझे मौत दे जब मरना मेरे लिए अच्छा हो।

कच्ची सड़क सूनी थी।

बाएँ किनारे पर मिश्रीलाल कन्स्ट्रक्शन का बोर्ड लगा था—मिश्री पार्क। एक व दो बेडरूम के फ़्लैट। आर्कीटेक्ट हफ़ीज़ रहमान। मुख्य कार्यालय मिश्री हाउस, घोड़बन्दर रोड, विले पार्ले। साइट ऑफ़िस मीरा रोड ईस्ट। उसके बाद ही पुराना गोदाम था। चारदीवारी की सामने वाली दीवार दो जगह से टूटी थी। दाईं दरार से कुछ ईंट गायब हो गयी थीं। उस पर शिवसेना के चुनावी पोस्टर चिपके हुए थे।

गोदाम में बीचोंबीच सींकचोंवाला दरवाज़ा था। फिर शटर गिरा हुआ था। कोने में छोटा दरवाज़ा था, जिस पर ताला लगा था। सिटकनी पर मकड़ी ने जाला बुन दिया था।

गेट का लोहे का जालीदार फाटक बन्द था। उसके बगल में दो खाली, कटे-फटे ड्रम रखे थे।

अहाता भी सूना पड़ा था। जहाँ-तहाँ घास उग आई थी। एक कोने में पानी का नल था, जिसकी टोंटी पर कपड़े की पट्टी कस दी गयी थी।

कुछ क़दम आगे चलकर सड़क पर दाईं ओर लकड़ी का खोखा था, जिसके बन्द तख्ते पर हाथ से बड़े-बड़े अक्षरों में पांडुरंग डिपो लिखा हुआ था।

दो इंच सरके हुए टाट के पर्दे से भोला पीछे हट आया। ‘

स्टूल पर बैठे-बैठे कमर अकड़ गयी थी।

वह उठा और झिलंगी चारपाई पर आ बैठा। बंडल से बीड़ी निकालकर सुलगाई और तीन बड़े-बड़े कश खींचे।

भरी हुई सिगरेट की ज़रूरत महसूस हो रही थी, पर आते समय लाने की याद नहीं रही। रात को किट्टू आएगा, तो उसके पास ज़रूर होगी।

उसकी निगाह दो पल झोंपड़पट्टी की सामनेवाली दीवार पर जमी रही, जहाँ सिने तारिकाओं की पाँच तस्वीरें चिपकी थीं। उसके नीचे दूसरी चारपाई थी, जिस पर मोटी शोलापुरी चादर बिछी थी। सिरहाने तकिया रखा था। बाईं ओर पुराना, ताला लगा बक्सा था। दाएँ कोने में स्टोव के पास चार-छह बर्तन और पानी की बाल्टी।

यकायक बाहर आहट सुनाई दी। फिर तीसरी-चौथी झोंपड़ी का दरवाज़ा खुला। फिर ऊँचे स्वर में दक्षिणी भाषा के गीत के बोल उभरे।

मुझे ट्रांजिस्टर भी लाना होगा—उसने सोचा।

“छेनू आएगा भी या नहीं?” घड़ी देखते हुए मुर्तज़ा बुदबुदाया।

पिछली रात पौने ग्यारह बजे वे ‘दर्पण’ सिनेमा के बगलवाली गली में कार में बैठे थे। पाँच मिनट इंटरवल ख़त्म हो गया था। अब सामने की बड़ी-बड़ी

रोशनियाँ बुझी हुई थीं। गली सूनी थी। सामने की मुख्य सड़क पर थोड़ा ट्रैफ़िक चल रहा था।

मुँह में कोकीन का पान भरे भोला चक्के पर था।

मुर्तज़ा ने सिगरेट निकाली। तीली जली, तो अँधेरी गाड़ी में दो पल को उजास हो गयी।

मैंने कब से सिनेमाघर में बैठकर पिक्चर नहीं देखी—भोला ने सोचा।

यकायक खिड़की के काँच पर टक-टक हुई। भोला ने पीछे को मुख़ातिब शीशे में धुँधली-सी झलक देखी कि कोई मुर्तज़ा के बगल में बैठ गया है।

"कल सत्तार का ट्रक आ रहा है।" छेनू ने धीमे स्वर में कहा, "डिलीवरी लेने आई पार्टी लीला पेंटा में ठहरी है। मीरा रोड ईस्ट में मिश्री पार्क की कच्ची सड़क के गोदाम में माल स्टोर होगा।"

मुर्तज़ा ने रूमाल में बँधा मोटा बंडल उसके हाथ में दे दिया।

"खुदा हाफ़िज़..." नीचे उतरते हुए छेनू ने कहा और देखते-देखते अँधेरे में खो गया।

"चलो भोला..." मुर्तज़ा ने कहा।

रात के आठ बज रहे होंगे, जब बाहर दरवाज़े के टीन पर हल्की खट्-खट् हुई। भोला ने साँकल खोल दी।

"क्या खबर है?" किट्टू भीतर आ गया।

"सब सुनसान है।"

किट्टू ने हाथ का बैग बक्से पर रख दिया और स्टूल पर बैठकर बाहर देखने लगा।

कोने में ढिबरी की मटमैली ज्योति कँपकँपा रही थी।

"भरी सिगरेट है?" भोला ने पूछा।

"हाँ!" किट्टू ने उसकी ओर देखे बिना बैग की ओर इशारा कर दिया।

भोला ने जिप खोली। पीटर स्कॉच की दो बोतलें थीं, सिगरेट के छह पैकेट और बँधे हुए पान। पॉलीथीन में लिपटी पिस्तौल भी थी।

पान मुँह में दबाकर वह सिगरेट सुलगाने लगा।

सिर भारी हो रहा था।

वह चार बजे तैयार होकर अपनी बिल्डिंग के गेट पर खड़ा किट्टू की राह देखने लगा था। थोड़ी देर बाद बान्द्रा से उन्होंने लोकल पकड़ी थी। उसे ताज्जुब हुआ, इस समय भी गाड़ी में भीड़ थी।

मुर्तज़ा की कार्य-कुशलता पर वह प्रशंसा से भर उठा था। रात को पौने ग्यारह बजे उसे सूचना मिली थी। फिर वह हैदर को लेकर मीरा रोड गया था। तीन बजे उसने पिंक हाउस से भोला को फ़ोन करके तैयार रहने के लिए कहा था।

चार चालीस पर वे मीरा रोड उतरे। अभी भी अँधेरा था, पर पटरियों के दूसरी ओर चौकोर खानों में भरे पानी की झलक मिल रही थी।

"वेस्ट की बस्ती आगे है?" उसने स्टालों से रहित प्लेटफ़ार्म पर बढ़ते हुए पूछा।

"अभी वहाँ बस्ती नहीं। सिर्फ़ नमक बनता है।" किट्टू बोला, "बिल्डर ज़मीन ख़रीद रहे हैं।"

सब तरफ़ खुला-खुला था। ताज़ी ठंडी हवा चल रही थी।

"मैं तुम्हें झोंपड़ी दिखाकर मुर्तज़ा भाई के पास चला जाऊँगा। फिर रात को आऊँगा।" किट्टू ने कहा, "अगर गोदाम में कोई मूवमेंट हो, तो तुम फौरन फ़ोन करना।"

भोला ने सिर हिलाया।

"झोंपड़ी किसकी है?" उसने पूछा।

"किश्नैया की। दो रात के लिए पाँच सौ दिये हैं।"

'किश्नैया..." बाहर दस्तक के साथ नारी-स्वर सुनाई दिया।

किट्टू ने दरवाज़ा खोला।

चौबीस-पच्चीस साल की काली-सी लड़की खड़ी थी।

"किश्नैया साइट पर है।"

किट्टू बोला, "तुम कौन?"

"सुन्दरी..." वह मुस्कराई तो पान से रँगे दाँत झिलमिला गये। "मय इदरीच रहती है।"

एक पल किट्टू उसे देखता रहा।

"मसाले का पान खाओगी?"

लड़की हँसी। फिर भीतर आ गयी।

किट्टू ने बैग से एक पान निकालकर आगे बढ़ाया। लड़की ने पान लिया तो उसकी चूड़ियाँ खनक गयीं।

"थोड़ी चाय बनाओगी?"

''दूद नईं है।''

''तो ले आओ।'' किट्टू ने बटुआ निकालते हुए कहा, ''थोड़ी भजिया भी ले लेना।'' उसने पचास का नोट आगे बढ़ा दिया।

भोला जब पॉलीथीन के थैले लिये झोंपड़ी के दरवाज़े पर पहुँचा, तो ग्यारह बज रहे थे। भीतर से लड़की की खिलखिलाहट सुनाई दे रही थी।

हाथ भरे होने से वह दस्तक देने से मजबूर था।

''किट्टू...'' उसने आवाज़ लगाई।

''खुला है।''

उसने जूते से दरवाज़ा ठेला।

भीतर व्हिस्की की गन्ध भरी थी। किट्टू और लड़की सामने की चारपाई पर आड़े बैठे थे, हाथों में गिलास लिये।

वह नीची निगाह से आगे बढ़ा और थैले बक्से पर रख दिये। भुने हुए मसालों के भभके नथुनों में भरने लगे।

''फ़ोन कर दिया?'' किट्टू ने पूछा।

''हाँ।''

''मुर्तज़ा भाई मिले थे?''

''हाँ।''

''उन्होंने कुछ बोला?''

''नहीं।''

वह आगे बढ़कर स्टूल पर बैठ गया और टाट एक इंच आगे बढ़ाकर देखा।

गोदाम सूना और अँधेरे में डूबा था। सड़क पर एक दूधवाला डिब्बा खड़खड़ाते हुए निकल रहा था। पीछे कहीं दो-चार कुत्ते भौंक रहे थे।

''बर्फ़ लाये?''

''हाँ।''

किट्टू ने बर्फ़ की थैली उठाई, तो लड़की ने लेकर एक पतीली में डाल दी। किट्टू ने यहाँ-वहाँ देखा, फिर ताँबे का गिलास उठा लिया। उसमें व्हिस्की उड़ेली, पानी और बर्फ़ के टुकड़े डाले। फिर गिलास भोला की ओर बढ़ा दिया।

''तुम्हें खाने की जल्दी तो नहीं?'' किट्टू ने पूछा।

''नहीं।''

उसने होटल में दो समोसे खा लिये थे। पेट की कुड़-कुड़ बन्द हो गयी थी।

किट्टू ने लड़की से फुसफुसाकर कुछ कहा, तो वह भोला की ओर देखकर हँस दी। अब किट्टू उसका हाथ थामे उससे सटकर बैठा था।

'ड्यूटी' पर होते समय भोला को ऐसा व्यवहार आपत्तिजनक लग रहा था। पर वरिष्ठ होने के कारण किट्टू भी उसका 'हाकिम' था। क्या करता!

"भोला, मैं थोड़ी देर इसकी खोली में होकर आऊँ, तो चलेगा?" किट्टू ने खड़े होकर थोड़ी अनुनय के स्वर में कहा।

भोला ने हामी में सिर हिला दिया।

किट्टू हँसती हुई लड़की का हाथ पकड़े बाहर निकला और उसने दरवाज़ा बन्द कर दिया।

भोला ने गहरी साँस ली।

मैं कहाँ हूँ, क्या कर रहा हूँ—उसने सोचा।

"चाय..." भोला ने गिलास बढ़ाते हुए कहा।

स्टूल पर बैठे मुर्तज़ा ने गिलास ले लिया। उसकी निगाह फिर सड़क पर चली गयी। चौकन्नी आँखों से बाहर देखते हुए उसने जेब से पैकेट निकाला।

चारपाई पर बैठा हुआ किट्टू उठा।

"कहाँ?" मुर्तज़ा का स्वर तीखा हो गया।

'पेशाब करना है।"

"बिल्कुल पास ही रहना। सड़क से दिखाई मत दे जाना।"

किट्टू सिर हिलाकर बाहर निकल गया।

सुबह पाँच नहीं बजे थे, जब मुर्तज़ा आ गया था।

रात खाना खाने के बाद किट्टू को स्टूल पर बैठना था। चौकसी करते हुए भोला को तेरह घंटे हो गये थे, पर वह लड़की की खोली से निकला ही नहीं।

भोला को गुस्सा तो बहुत आया, पर विवश था। अगर गफ़ूर होता तो इतना ओछापन नहीं दिखाता।

"कोई मूवमेंट है?" भीतर घुसते हुए मुर्तज़ा ने पूछा था।

"नहीं।"

मुर्तज़ा चारपाई पर बैठ गया। हाथ में बैग था।

"किट्टू कहाँ है?"

"फारिग होने गया है।"

दो मिनट बाद वह दबे पाँव बाहर निकला और फुसफुसाकर किट्टू को सूचना दे दी।

नौ बज रहे होंगे, जब सड़क के दाएँ, दिखाई न देनेवाले सिरे से भारी इंजन की आहट मिजी। भोला और किट्टू तुरन्त मुर्तज़ा के पीछे आ बाहर देखने लगे।

कुछेक पलों बाद निगाह की सीमा में ट्रक आ गया—कच्ची सड़क पर मस्त हाथी की तरह धीरे-धीरे झूमता हुआ। जब वह गोदाम के गेट पर दाईं ओर मुड़ा, तो पीछे से लदे हुए केले दिखाई दिए।

आगे से एक आदमी उतरा और गेट की ओर बढ़ा।

मुर्तज़ा ने गहरी साँस ली।

''मानिक है।'' किट्टू धीरे से बोला।

ड्राइवर ट्रक को रिवर्स करके भीतर ले जा रहा था।

मानिक ने गोदाम का सींखचोंवाला दरवाज़ा खोल लिया था और अब शटर उठा रहा था।

सड़क पर इक्के-दुक्के लोग आ-जा रहे थे। पांडुरंग डिपो में दुकानदार बैठा एक बूढ़े ग्राहक से बात कर रहा था। आगे डबलरोटी का ढेर था।

तीन सिर बार-बार गोदाम में आते-जाते दिखाई दे रहे थे। वे क्या ढो रहे हैं—यह ट्रक के ढाँचे से छिप गया था।

स्प्रिंगफील्ड रायफल खिड़की में लगाये मुर्तज़ा मुस्तैद था।

नौ-पैंतीस हो रहे थे।

ट्रक चला गया था। शटर गिरा हुआ था। सिर्फ़ मानिक भीतर था।

फिर पीछे गिलास की खनक हुई। किट्टू बाल्टी से पानी ले रहा था। आधे घंटे में वह चार बार पानी पी चुका था। तनाव की चुभन उसके चेहरे पर साफ़ थी।

मुर्तज़ा बिल्कुल शान्त था। चीते की तरह सतर्क।

भोला का मुँह सूख रहा था। पर भीतर अपने पर नियन्त्रण की कोशिश जारी थी।

'साधु सन्त के तुम रखवारे, असुर निकन्दन रामदुलारे...' उसने मन-ही-मन कहा।

''आ गये।'' मुर्तज़ा बोला और उसने सेफ्टी कैच खोल दिया।

सड़क से मोड़ काटती हुई सफेद मारुति वैन काफ़ी तेज़ी से अन्दर घुस रही थी। वह अभी रुकने नहीं पाई थी कि पीली कमीज़ पहने एक युवक नीचे उतरा।

''करीम...'' किट्टू फुसफुसाया, ''व्हील पर फत्ते है।''

अब तक गोदाम का दरवाज़ा खुल गया था और मानिक की झलक दिखाई दे रही थी।

डिपो पर एक स्त्री खड़ी थी। पास छोटी-सी बच्ची गेंद उछाल रही थी। दुकानदार कुछ तौल रहा था।

करीम तेज़ क़दमों से भीतर घुस गया। फत्ते सिगरेट सुलगाते हुए सड़क की ओर देख रहा था।

मुर्तज़ा ने टाट का पर्दा एक इंच फैला दिया।

फत्ते नीचे उतरा और भीतर घुस गया।

वैन उसने गेट के पास ही खड़ी की थी—शायद इसलिए कि मोड़ने में आसानी हो।

पिछला दरवाज़ा उसने खोल दिया था।

बच्ची की गेंद लुढ़ककर गेट की ओर चली गयी, तो वह किलकारी मारकर पीछे दौड़ी।

''लाहौल बिलाकूवत...'' मुर्तज़ा के दाँत भिंच गये।

करीम हाथ में दो थैलियाँ लिये आया, जिनके मुँह बँधे थे। पीछे मानिक था, जिसके हाथ में वैसी ही थैलियाँ थीं।

अब थैलियों के तीसरे जोड़े के साथ फत्ते दरवाज़े पर दिखाई दिया।

भोला को मालूम नहीं हुआ कि मुर्तज़ा ने कब लिबलिबी दबा दी। मद्धिम विस्फोट के साथ गोलियों की बौछार हुई और वैन के काँच टूटे। पिछली सीट पर थैलियाँ रखता हुआ मानिक लड़खड़ाया। हाथ आगे बढ़ाता हुआ करीम एकदम नीचे झुक गया। हाथ का बोझ छोड़ते हुए फत्ते दीवार की ओट लेते हुए हाथ जेब में डाल रहा था।

स्त्री ज़ोर से चिल्लाई, बच्ची का हाथ पकड़ा और सड़क के दाईं ओर दौड़ गयी। दुकानदार भौचक्का इधर-उधर देख रहा था। फिर उसने हाथ बढ़ाया और दुकान का तख्ता गिरा दिया।

गली में फिर दनदनाहट हुई और फत्ते अनियन्त्रित ढंग से टेढ़ा हो गया।

दरवाज़े पर हाथ टिकाये मानिक नीचे फिसल रहा था। पीली कमीज़ पर लाल धब्बे उभरने लगे थे।

''करीम...'' किट्टू ने रुँधे स्वर में कहा।

दो पल अहाते में करीम दिखाई नहीं दिया। फिर दीवार से सटी उसकी तेज़ झलक दिखाई दी। वह पिछली दीवार की ओर भाग रहा था।

फिर दनदनाहट हुई। पर करीम सही-सलामत बाईं ओर मुड़ गया।

''किट्टू, गाड़ी लेकर आओ...'' मुर्तज़ा दरवाज़े को झपटा, ''भोला, मेरे पीछे...''

सड़क पर पाँच-छह लोग थे, जो उन्हें बदहवास दौड़ते देखकर छितराने लगे।

खून से लथपथ मानिक और फत्ते पर निगाह डालते हुए भोला मुर्तज़ा के पीछे था, जो वैन से एक थैली निकाल रहा था।

गेट पर अपनी कार के रुकने की आहट हुई।

चार भारी थैलियों के बोझ से भोला झुका था।

किट्टू ने पिछला दरवाज़ा खोला और लपककर भोला से दो थैलियाँ ले लीं।

आसपास उड़ती निगाह के साथ मुर्तज़ा अगला दरवाज़ा खोल रहा था।

भोला का दिल ऐसे धड़क रहा था, जैसे खाल फाड़कर बाहर निकल आएगा।

'को नहिं जानत है जग में, कपि संकटमोचन नाम तिहारो..' वह मन-ही-मन बुदबुदाया।

कुछ मिनटों बाद हाइवे पर साठ की रफ़्तार से दौड़ती कार में भोला ने सोचा, रातरानी पहुँचते ही मुर्तज़ा इम्तियाज़ को दुबई फ़ोन करके कहेगा, सत्तार के दो आदमियों का 'विकेट गिरा' दिया और दो करोड़ की हेरोइन लूट ली।

ग्यारह

''तुम्हारा पाँच हज़ार का ड्राफ्ट मिला।'' माँ ने लिखा था, ''इतने पैसे भेजने की क्या ज़रूरत थी? ढेर सारे रुपयों का मैं क्या करूँगी? वैसे भी तुम परदेस में हो। तुम्हें कुछ पैसा अपने पास रखना चाहिए। पता नहीं, कब कैसी ज़रूरत पड़ जाए। ये रुपए बैंक में जमा करा दिये हैं। जब ज़रूरत हो, लिख देना। दो-चार दिन को घर नहीं आ सकते? तुम्हें कब से नहीं देख सकी।''

अन्तर्देशीय सामने रखे नील चुपचाप बैठा रहा।

माँ की याद बार-बार आती थी। दिल्ली में किरन प्रसंग से पहले उसे आश्वासन दिया गया था कि अगले साल स्थायी जगह पर उसकी नियुक्ति हो जाएगी। उसने माँ को लिख दिया था, स्कूल और शिकोहाबाद छोड़ने के लिए अपने को तैयार कर लो। पर माँ को अपने आराम से ज़्यादा चिन्ता उसकी पक्की नौकरी और ब्याह की थी।

कुछ भी नहीं हो पाया, उसने ठंडी साँस लेते हुए सोचा।

''फ़ोन...'' रोज़ा ने कमरे में झाँका।

''मुझे आज शाम की बुकिंग चाहिए, फिर अगले वीक-ऐंड की...'' नारी-स्वर ने कहा, ''शनिवार की शाम से इतवार की शाम तक।''

''माफ़ कीजिए करुणाजी, आज तो समय नहीं है।''

''अच्छा, तो मुझे शाम से पहले एडजस्ट कर लीजिए।''

''हो नहीं पाएगा। दोपहर ग्यारह बजे से रात नौ तक व्यस्त हूँ।'' उसने डायरी का पन्ना देखते हुए कहा।

''तो लंच ब्रेक में सही।''

''दूसरी बुकिंग लंच ब्रेक में ही है।''

करुणा मुस्कराईं, ''तुम लंच नहीं करते?''

''कारोबार नहीं जमाऊँगा, तो लंच कहाँ से मिलेगा?'' यह मुस्कराया।

''सात पर रख लो।''

''मैं पौने नौ तक खाली नहीं हूँ।''

''नहीं, नौ बजे तो मुझे परिवार के साथ हरे कृष्ण मन्दिर पहुँचना है।''

''और मुझे डिनर के लिए घर।''

दो पल रुककर करुणा बोलीं, ''आज बहुत मूड था।''

''मैं बहुत शर्मिन्दा हूँ। ग्राहक भगवान होता है...रात को ग्यारह के बाद आपको सुविधा होगी?''

''नील, मेरा घरबार नहीं है क्या?'' वे हँसीं।

उसने भी साथ दिया।

''कल सुबह ग्यारह बजे?''

''ठीक है।'' उसने डायरी में नोट कर लिया, ''हाँ, आपको नये रेट्स पता हैं न? एक बुकिंग के तीन हज़ार और वीक-ऐंड के छह...''

करुणा ने ताज्जुब से पूछा, ''रेट कब से बढ़ा दिये?''

''नये बजट के साथ।''

''ज़्यादा हैं यार!''

''करुणाजी, सब्जी, दूध, पेट्रोल—सबके दाम बढ़ गये हैं। सुबह के अख़बार से लेकर रात की व्हिस्की तक महँगाई ने किसी को नहीं छोड़ा। अब बताइए, मुझे भी तो गुजर करनी है न! तीन हज़ार का तो आप लोग पान खाकर थूक देते हैं। आप अपने दिल पर हाथ रखकर कह दीजिए, क्या मैं इतनी उजरत के लायक नहीं?''

''हो, डार्लिंग हो!'' वे हँसीं।

वह अभी मुड़ा ही था कि घंटी फिर बजी।

''मिस्टर नील माथुर हैं?'' नारी-स्वर ने पूछा।

''बोल रहा हूँ।''

''मिस शहनाज हैदर-ग्लोब ट्रैविल्स से। आपसे एक पेशेवर समझौते के बारे में बात करनी है। हो सके, तो आज शाम को।''

''साढ़े आठ के करीब पन्द्रह-बीस मिनट को मैं निकल सकता हूँ।''

''ठीक है। रहेजा चैम्बर्स, सातवीं मंज़िल।''

मुड़ते हुए एक पल को वह अचकचा गया। मेहताबजी अख़बार लिये सोफ़े पर बैठी थीं। दूसरे फ़ोन के दौरान वे कब आ गयीं, उसे पता नहीं चला। यों यहाँ फ़ोन पर वह बहुत धीमे स्वर में बोलता है।

''नील, सुबह तुम फ़ोन के पास ही बैठा करो।'' मेहताबजी ने अपेक्षाकृत ठंडे स्वर में कहा, ''रोज़ा को काफी भागदौड़ करनी पड़ जाती है।''

वह चुपचाप सामने बैठ गया। उसके चेहरे पर खिसियानी-सी मुस्कान आ गयी।

''कल रात को जब तुम लौटे, तो तीन बज रहे होंगे?''

उसने आहिस्ता-से हामी से सिर हिला दिया।

वातावरण भारी हो गया था। वह क्या कहे, समझ में नहीं आया। कोई बहाना बनाना उसने उपयुक्त नहीं समझा। देर तक चलनेवाला कोई कारगर बहाना सूझा भी नहीं। आज कह सकता था कि विदेश जानेवाले एक मित्र को छोड़ने सहार हवाई अड्डे पर गया था। पर दो दिन बाद जब फिर ऐसी स्थिति आ जाएगी, तो क्या कहेगा?

बस, यही उम्मीद थी कि मेहताबजी वयस्कता का मान रखते हुए उससे कोई सीधा सवाल नहीं करेंगी। समय-असमय गायब हो जाने के अलावा वह अपनी ओर से भरकस कोई कोताही नहीं कर रहा था। पिछली रात ही वह सवा तीन बजे सोया था, पर सात बजे तैयार होकर मेहताबजी की सेवा के लिए प्रस्तुत हो गया था।

''आज शाम मैं वियना आर्केस्ट्रा को सुनना चाहती हूँ।'' मेहताबजी ने कहा, ''आशा है, तुम्हें सुविधा होगी।''

पारुल ने कहा था, वे उसे पौने नौ बजे छोड़ेंगी, ताकि वह रात्रि-भोजन के समय वायोलेट विला पहुँच जाए। अब उसे किसी तरह उन्हें मनाकर छह बजे निकलना होगा।

यह आसान नहीं होगा—उसने सोचा।

''मैं सवा छह बजे यहाँ पहुँच जाऊँगा।'' वह बोला, ''कार्यक्रम खत्म होने से थोड़ी देर पहले, सवा आठ बजे मुझे निकलना होगा। साढ़े आठ पर पन्द्रह मिनट का मेरा एक अप्वाइंटमेंट है। नौ बजे मैं डिनर के लिए पहुँच जाऊँगा। अगर आप कहें, तो मैं अपना एप्वाइंटमेंट कैंसिल कर दूँ।''

मेहताबजी ने नहीं में सिर हिलाया। वह उठने लगा, तो उनकी दृष्टि उसकी उँगली के बड़े, नीला हीरा-जड़ी अँगूठी पर एक पल के लिए जमी रही।

यह पारुल की भेंट थी।

टैक्सी में से उतरकर सी-ब्रीज़ के गेट में घुसते हुए नील के क़दमों में तेज़ी थी। उसे पूरे चालीस मिनट की देर हो गयी थी।

अपने समय-प्रबन्धन में मुझे और होशियारी बरतनी चाहिए—उसने सोचा। पर कैसे?

कुन्तल राव ने एक घंटा तो प्रेम-चर्चा में ही लगा दिया था। उसने दो बार घड़ी देखी, पर उन्होंने संकेत नहीं समझा। फिर पारिश्रमिक पहले से बता दिये जाने के बावजूद उन्होंने बीस मिनट हुज्जत की। उसे ऐसा लगा, जैसे वह कुंजड़ा हो। फिर उन्होंने एक-एक करके गिनते हुए उसे नोट थमाये, "एक सौ...दो सौ...तीन सौ...एक हज़ार एक सौ...एक हज़ार दो सौ..."

वह कहना चाहता था, "कुन्तलजी, दुनिया में विश्वास नाम की भी कोई चीज़ है।" पर कह नहीं पाया। इस शहर में लेन-देन का यही दस्तूर है—बेलौस, नग्न।

कुन्तल के स्त्रीत्व में उसे ऐसी ही क्रूर नग्नता का एहसास हुआ था—अपना पैसा वसूल करने की व्यावसायिक मनोवृत्ति का। वह असहाय शैय्या पर पड़ा रहा। कुन्तल की जीभ उसके शरीर के मध्य भाग पर लपलपा रही थी। लिजलिजे छिपकली-जैसे स्पर्श को सहन करने के लिए उसे अपना मनोबल सँजोना पड़ा।

कर्मयोगी अपनी अनासक्ति के कारण बाह्य कर्म करते हुए भी ज्ञानयोगी की शान्ति का अधिकारी अनायास बनता है। उसे गीता में कृष्ण का उपदेश याद आया, जिसने योग साधा है, जिसने हृदय को विशुद्ध किया है, जिसने मन व इन्द्रियों को जीता है, ऐसा मनुष्य कर्म करते हुए भी उससे अलिप्त रहता है। देखते, सुनते, स्पर्श करते, सूँघते, खाते, चलते, सोते, साँस लेते, छोड़ते, बोलते, आँख खोलते, मूँदते—केवल इन्द्रियाँ ही अपना काम करती हैं, ऐसी भावना रखकर तत्त्वज्ञ योगी यह समझे कि मैं कुछ भी नहीं करता हूँ।

कुन्तल की देहगन्ध के कारण अपने को अलिप्त रखने की कोशिश ज़्यादा सफल नहीं हो पायी। ढीली मांसपेशियों को तो नज़रअन्दाज़ करने की आदत पड़ती जा रही थी, लेकिन मरी हुई मछली-जैसी इस कसैली बू का वह क्या करे, जो उसके परिष्कृत सौन्दर्य-बोध के चन्दनवृक्ष को गँधाते नागपाश में कसे जा रही थी...

जब वह वायोलेट विला पहुँचा, तो मेहताबजी खाने की मेज़ पर बैठ रही थीं। वह क्षमा माँगते हुए स्नानघर में घुस गया और झाग की मोटी परतों से अपने शरीर की स्मृतियाँ मिटाने लगा। हाँ, अब उसने जान लिया था कि मन की तरह तन की भी स्मृतियाँ होती हैं—वैसी ही गहन और आवेगमयी।

"प्रकृति क्या है? ईश्वर के साथ उसका क्या सम्बन्ध है?"

भोजन हो चुका था, पर मेहताबजी अचानक दार्शनिक चर्चा के मूड में थीं।

''सब भौतिक तत्त्वों से, जिनमें चेतन वस्तुओं से अचेतन शरीर और उनकी ज्ञानेन्द्रियों-कर्मेन्द्रियों के कार्य भी शामिल हैं, संसार का सदा-विकारी जड़ रूप बनता है। इसे प्रकृति कहा जाता है। चेतन जगत के भीतर आत्मा निवास करती है, जो सब प्राणियों को चेतना देती है। इन सबके भीतर ईश्वर है। सारी सृष्टि में दिखाई देनेवाले विकारों को उसकी ही शक्ति समन्वित करती है। वह हर एक वस्तु के भीतर रहता है, हर एक वस्तु का आधार है और हर एक वस्तु को गति देता है, लेकिन फिर भी सबसे अलग रहता है।'' दो पल ठहरकर नील ने कहा, ''सृष्टि प्रकृति के नियमों के अनुसार चलती है। प्रकृति का नियम परमात्मा की इच्छा का प्रकट रूप है।

''परमात्मा दिखाई क्यों नहीं देता?''

''वह अपने पूर्ण रूप में दिखाई नहीं देता। उसका जो रूप दिखाई देता है, उसे हम भौतिक और नैतिक नियम कहकर सन्तोष कर लेते हैं और जीवन ऐसे चलता जाता है, जैसे वह परमात्मा से स्वतन्त्र हो। परमात्मा अपनी सर्जनात्मक प्रवृत्ति यानी योगमाया से ढँका हुआ है, इसलिए उसे देखा नहीं जा सकता।'' मन-ही-मन नील को कमनीय पारुल की झलक दिखाई दी, जो सी-ब्रीज़ के फ़्लैट में आतुरता से उसकी राह देख रही थीं।

''मनुष्य के साथ ईश्वर का क्या रिश्ता है?''

''यह सच होते हुए भी कि ईश्वर सबका भरण-पोषण करता है, हम इससे अनजान हैं, क्योंकि हम खुद और हमारे विचार, तर्क व भावनाएँ उसके द्वारा ही संचालित होती हैं। सृष्टि में हमें जो कुछ दिखाई देता है, वही उसकी इच्छा का प्रकट रूप है। ईश्वर ही नियम है और नियम ही ईश्वर है। वह नियम के द्वारा शासन करता है और दिखाई ऐसा पड़ता है, जैसे नियम ही शासन कर रहा हो, वह नहीं। पर दोनों अलग नहीं हैं।''

''कैसे?''

नील पल-भर ठिठका, ''मान लीजिए, कोई जादूगर एक तालाब बनाता है और उसमें मछलियाँ पैदा करता है, जिनमें औसत विवेक-बुद्धि है। मछलियों को वह तालाब, पानी और अपने जीवन की सारी परिस्थितियाँ प्राकृतिक माननी होंगी। उन्हें नहीं पता कि यह सब जादूगर की इच्छा का परिणाम है। अगर जादूगर पानी की जगह व्हिस्की पैदा करता है तब भी मछलियाँ इसे प्राकृतिक ही मानतीं। उन्होंने सब पर्यवेक्षणों का विश्लेषण करके उन्हें प्राकृतिक नियमों का रूप दे दिया होता। वे वास्तविक रचयिता और नियामक से अनजान रहतीं।''

मेहताबजी मुस्कराने लगीं।

लिफ़्ट से निकलती हुई युवती एक पल को ठिठक गयी और उसने चाहत की बहुत गहरी दृष्टि से नील को देखा।

ऐसी दृष्टियों का उसे अभ्यास था, पर पारुल से नाता जुड़ने के बाद उनमें धार आ गयी थी।

इस समय डिज़ायनर रंगीन चश्मे के साथ वह लॉर्ड जिम लेबेल की बटन-डाउन कमीज़ पहने था, वान ह्यूसेन की स्टील ग्रे ट्राउजर्स और रेंगलर की आसमानी जैकेट।

दूसरे मिलन से पहले एक दिन के नोटिस पर पारुल ने ये चीज़ें लन्दन से मँगवाई थीं। हर भेंट में वे उपहारों के दो-तीन पैकेट लेकर आती थीं। अब उसके पास हीरों से जड़ी अँगूठियाँ, कफ-लिंक्स और टाई-पिनें थीं, वार्डरोब पूरा भर चुका था और स्नानघर की आलमारी तरह-तरह के विदेशी रेजर, शेविंग क्रीम, आफ्टरशेव लोशन और शैम्पू की शीशियों से ठसाठस थी।

अपनी डुप्लीकेट चाबी से दरवाज़ा खोलकर वह भीतर आ गया।

''पारुल...'' दरवाज़ा बन्द करते हुए उसने धीरे-से पुकारा।

ड्राइंगरूम, बालकनी और रसोई खाली थी।

मेज़ पर शैम्पेन की खुली बोतल के पास दो भरे हुए प्याले रखे थे।

उसने हल्की मुस्कान से दोनों प्याले उठाये और शयनकक्ष की ओर बढ़ा, जिसका दरवाज़ा थोड़ा-सा खुला था।

तभी भीतर से मद्धिम संगीत के सुर उभरने लगे।

अँधेरे कमरे में दो स्टैंडों पर मोमबत्तियाँ जल रही थीं और अगरबत्तियों की महक भरी हुई थी।

उसने प्याले तिपाई पर रख दिये और दरवाज़ा बन्द करने लगा।

संगीत के सुरों ने जैसे ही नया मोड़ लिया, पारुल बिकिनी में नृत्य की मुद्रा में आगे आ गयी। पाँवों में पायलें।

वह मोहाविष्ट हो देख रहा था।

बहुत सधी हुई मुद्राएँ थीं। सलोनी देह की पल-पल बदलती छवियाँ, जिनके आलोकित बाहरी कटाव क्षण-क्षण बनते-मिटते जा रहे थे। देह जैसे सौन्दर्य की दीपशिखा थी—हवा के झोके में थरथराती हुई। चपल। कमनीय।

''मेरी माँग भर दो।''

यकायक ठिठककर पारुल ने उसके सामने हाथ बढ़ा दिया था।

वह स्तब्ध रह गया। फिर चुटकी-भर सिन्दूर से उनकी माँग भर दी।

चुम्बन आवेग से दीप्त था। तप्त और दीर्घ। दो जोड़ी साँसों के कर्पूर जैसे अर्घ्य से तीखा होता हुआ।

पारुल के हाथ और अधर व्यग्र थे, उनकी साँसें व्यग्र थीं...उनके जिस्म की थरथराहट व्यग्र थी...

''मेरी बाँहों में आ जाओ नील!'' पीछे भागती अधेड़ स्त्री की बेताब पुकार उसे सुनाई दी।

भूलभुलैया की दीवारों के बीच वह बदहवास दौड़ता गया। उसकी साँस फूल रही थी। वह कितनी देर से भटक रहा था, उसे याद नहीं। उसकी टाँगें जवाब देने लगी थीं। शायद इस मोड़ पर दरवाज़ा मिल जाए, उसने अपना मनोबल इकट्ठा करते हुए सोचा। मोड़ पार करते ही वह सुन्न होते हुए ठिठक गया।

''नील, मेरी बाँहों में आ जाओ!'' ढले स्तनों और प्रथुल नितम्बोंवाली स्त्री ने कामुक गुहार लगाई।

वह मुड़ा और नयी दिशा में भागने लगा। चार कदम...आठ क़दम...फिर एक मोड़ सामने था। अब उसे मुक्ति मिल जाएगी।

''मैं कब से इन्तज़ार कर रही हूँ नील!'' नये मांस-सरोवर ने बाँहें फैलाये आह्वान किया।

...उसकी आँखें खुल गयीं।

उस पर झुकी हुई पारुल एकटक उसे देख रही थीं—तृप्त। भरी-भरी।

''कितना आनन्द देते हो तुम...'' पारुल फुसफुसाईं। फिर उसके माथे पर होठ रख दिये। उनकी पीठ को बाँहों से घेरते हुए वह निश्चल पड़ा रहा। अब धड़कन स्थिर होने लगी थी। पर मुँह सूखा हुआ था।

आसपास गहरी ख़ामोशी थी, जैसे वे किसी निर्जन द्वीप में हों। सिर्फ़ वे दोनों, नीले, अनन्त सागर से घिरे छोटे-से भूखंड पर। ऊँची फुनगियों वाले पेड़ों और हरियाली से घिरे।

बढ़ा हुआ वातानुकूलन उसकी त्वचा पर हल्की फुरहरी ले आया।

यकायक वह चौंक उठा। छोटा-सा, तप्त आँसू पारुल की आँख से उसके गाल पर टपक गया था।

''पारुल''...वह सीधा हुआ।

उसने आँसू पोंछने को हाथ आगे बढ़ाया, तो पारुल ने उसे थामकर अपने कपोल से सटा लिया, ''मैंने तन-मन की कितनी यन्त्रणा सही है, मैं तुम्हें शब्दों में बता नहीं पाऊँगी। मैं जैसे जलते रेगिस्तान में जी रही थी...मेरा तीन-चौथाई हिस्सा मुर्दा था...आधी रात को यकायक मेरी नींद टूट जाती तो बाहर लहरों की गरज के साथ मैं सोचती, मैं क्यों जिन्दा हूँ? मेरे जीवन का अर्थ क्या है?''

पारुल की आँख में फिर एक आँसू आ गया।

''तुम शायद न मानो, पर विश्वास करो, मैं अपने ईश्वर से झूठ बोल सकती हूँ, पर तुमसे नहीं। प्रेम क्या होता है, तुमसे मिलने से पहले मैं नहीं जानती थी। हमारे परिवार में लड़की को यही सिखाया जाता है कि प्रेम ब्याह के बाद करते हैं और वह भी सिर्फ़ पति से। अहमदाबाद में एक सहपाठी पर मेरा क्रश था, पर दूर-दूर से उसे देखकर ही उतावली होती रही। फिर कलेजे पर पत्थर बाँधकर जयन्त से ब्याह कर लिया। फिर यातना के दूसरे दौर की शुरुआत हुई...'' आँसू सूख गया था। अब उस नमी की जगह पारुल की आँखों में अजीब-सी सख्ती आ गयी, ''जयन्त को शीघ्रपतन की बीमारी निकली।...मन को तो सूना रहना ही था, तन भी देखते-देखते कुम्हला गया। पिता से कहा, मुझे मैके में रहने दो, तो वे बुढ़ापे में बेटी का दुख देख न पाने का रोना रोने लगे...और कि सोमपुरिया घराने में ब्याहता बेटी ने कभी ससुराल नहीं छोड़ी। मैंने कहा, ठीक है। तुम्हारी बेटी ससुराल नहीं छोड़ेगी, अपने प्राण छोड़ देगी...''

नील की घड़ी से चेतावनी फूटी, तो पारुल अचकचा गयीं।

''अरे, छह बज गये!'' वह चौंक उठा, ''मुझे मेहताबजी को लेकर कन्सर्ट में जाना है।''

''क्यों?'' पारुल के चेहरे पर स्याह छाया तैर गयी। ''साढ़े आठ तक साथ रहने की बात तय हुई थी।''

''सुबह उन्होंने अचानक कार्यक्रम बना लिया।''

''तो पहले से बनाये गये कार्यक्रम को रद्द कर दोगे?''

''पारुल प्लीज़...'' उसने उनका कपोल थपथपाया, ''आज माफ़ कर दो।''

''नील...'' पारुल की आँखें भर आईं, ''ऐसे मत सताया करो।''

उसने उन्हें सीने से लगा लिया। भीतर नरमी का सोता-सा फूटा। चार दिन में यह स्त्री मेरे ऊपर इतना निर्भर करने लगी है—उसने सोचा।

वह कपड़े पहनकर स्नानघर से निकला तो पारुल मुस्कराने लगी थीं।

''शनिवाद की सुबह तुम पंजी जा रहे हो।'' उन्होंने टिकट हवा में लहराया, ''हम लोग शुक्रवार की शाम को जा रहे हैं। ताज हॉलीडे विलेज में तुम्हारी 202 नम्बर की कॉटेज है, 203 में मैं और जयन्त हैं और 204 में आया और बिटिया। शनिवार की सुबह गोवा के उद्योग मन्त्री से जयन्त को मिलना है। फिर उसी शाम वे बंगलौर चले जाएँगे। हम लोग इतवार की शाम को वापस लौटेंगे।...हाँ, गोवा की हवा ऐसी है कि शनिवार की सुबह से मेरे सिर में दर्द हो जाएगा और मैं बिस्तर में पड़ी रहूँगी। तुम्हारे दरवाज़े पर जैसे ही दस्तक हो, फ़ौरन खोल देना।''

नील के चेहरे का भाव बदल गया। सप्ताहान्त पर तो करुणा की बुकिंग भी है।

''इतनी जोखिम लेना चाहिए?'' उसने सूखे गले से कहा।

''कोई जोखिम नहीं है। तुम्हारी उड़ान के आने का जो समय है, तब तक जयन्त होटल से निकल चुका होगा। तुम्हें सिर्फ़ इतना अनुशासन दिखाना है कि शनिवार की शाम तक कॉटेज से बाहर न निकलो।'' आगे मनुहार से जोड़ा, ''अपनी पारुल के लिए इतना नहीं कर सकते?''

वह पल-भर उन कामनाभरी आँखों से देखता रहा। फिर पूछा, ''इसकी ज़रूरत क्या है?''

''यहाँ हमें हमेशा जल्दी रहती है।'' पारुल ने विवश भव से पलकें झपकाईं। ''हम पूरी तरह एक-दूसरे में डूब नहीं पाते।''

''थोड़ी कोशिश के साथ यहाँ ऐसा हो सकता है।''

पारुल ने उसके हाथ थामे। फिर चूमने लगीं, ''मैं एक बिस्तर पर रात-भर तुम्हारे बगल में सोना चाहती हूँ। मैं देखना चाहती हूँ कि अपने प्रेमी के साथ जागने पर सुबह का उजाला कैसा लगता है...''

अब उन आँखों में जो पारदर्शी भावना पारावार तोड़ रही थी, उसका सामना वह नहीं कर पाया।

रहेजा सेंटर के सामने जैसे ही टैक्सी रुकी, वह लपककर बाहर निकल आया। मीटर पर निगाह दौड़ाकर पर्स से रुपए पहले ही निकाल लिये थे।

जल्दी-जल्दी क़दम बढ़ाते हुए उसने घड़ी देखी, आठ-चालीस हो चुके थे।

मिस शहनाज हैदर कहीं चली न गयी हों—उसने सोचा।

अपना टाइम-मैनेजमेंट वह कैसे करे! शाम को जब वह वायोलेट विला पहुँचा, तो मेहताबजी कार में बैठ रही थीं। टैक्सी ठीक से रुक भी नहीं पाई थी कि वह झपटकर बाहर निकला। छह पच्चीस हो रहे थे। मेहताबजी का चेहरा भावहीन हो गया था। फिर अभी कन्सर्ट के बीच से आना पड़ा। अब ग्यारह बजे सान्ताक्रुज सेंटोर में शिल्पा की बुकिंग है। यास्मीन के यहाँ से लौटते हुए कल रात यानी आज सुबह तीन बज गये थे। कल भी तीन बुकिंग हैं। पहली सुबह ग्यारह बजे—करुणा की।

बदन में थकान थी। सिर भारी हो रहा था।

लॉबी में बैठे सुरक्षा मुखिया ने उसकी ओर देखा। फिर उसके चेहरे का भाव नम्र हो गया।

उसकी वेशभूषा में नफीस कोट की आकर्षक वृद्धि हो गयी थी।

''माफ कीजिए, मुझे देर हो गयी।'' मिस हैदर के कमरे में घुसते हुए उसने कहा।

''कोई बात नहीं।'' उन्होंने उठते हुए अपना हाथ आगे बढ़ा दिया।

आत्मविश्वास से कसा पेशेवर स्पर्श था—स्त्रीत्व की झिझक से विहीन।

ऐसी आकर्षक युवती को मुझसे क्या काम हो सकता है—समाने बैठते हुए उसने सोचा। इनका तो मनचले नौजवानों ने घिराव कर रक्खा होगा।

''आप क्या लेंगे?'' दरवाज़े पर खड़ी सेक्रेटरी ने पूछा, ''टी, कॉफी, और मी?''

शहनाज सेक्रेटरी की ओर देखती हुई मुस्कराईं।

''फिलहाल कॉफी...'' वह हल्के से मुस्कराया।

फ़ोन की घंटी बजी।

दफ़्तर बहुत सुसज्जित था। दीवारों पर देश-विदेश के ऐतिहासिक स्थलों के रंगीन पोस्टर लगे थे। सेक्रेटरी के केबिन में पर्सनल कम्प्यूटर रखा हुआ था।

''यस मिस्टर विल्सन...'' शहनाज फ़ोन पर कह रही थीं, ''योर पैकेज विल एराइव विदिन ट्वेंटी मिनिट्स।''

प्याले में चम्मच चलाते हुए वह काँच के सतह वाली मेज़ पर शहनाज का प्रतिबिम्ब देखता रहा।

''लीजिए।'' शहनाज बेंसन ऐंड हेजेस का पैकेट उसकी ओर बढ़ा रही थीं।

उसने एक सिगरेट मुँह में दबाई। फिर अपने लाइटर से उनकी सिगरेट सुलगाने लगा। सुर्ख होठों में दबी सिगरेट का कोना चिंगारी से झुलसा, तो एक पल के लिए उसकी निगाह मिल गयी। एक-एक अदद आकर्षक स्त्री-पुरुष के अकेले कमरे में होने का तनाव वातावरण में धड़कने लगा।

शायद दूसरी ओर भी इस तनाव का एहसास था।

''आप इजाज़त दें, तो मैं सीधे मतलब पर आ जाऊँ?'' कश बाहर छोड़ते हुए शहनाज ने कहा।

उसने हामी में सिर हिलाते हुए कॉफ़ी का घूँट लिया। सिर के भारीपन को थोड़ी राहत मिली।

''हम सुपर ए तबके के गोरे टूरिस्ट और मल्टीनेशनल्स की ऊँची एग्ज़ीक्यूटिव बिरादरी की खिदमत में हैं।'' शहनाज ने धीरे-धीरे सधी हुई आवाज़ में कहा, ''इस सिलसिले में हमें बहुत भरोसेमन्द और तालीमयाफ़्ता सजीले नौजवान की

ज़रूरत होती है। कई बार कोई अकेली क्लाइंट अजन्ता-एलोरा, ताजमहल या कत्थक-सितार के प्रोग्राम में जाना चाहती है, तो उसे सूझबूझ वाला कल्चर्ड एस्कोर्ट चाहिए। अगर क्लाइंट चाहें, तो ऐसी एस्थेटिक शाम और दिलचस्प अंजाम तक भी पहुँच सकती है। कई बार किसी डायरेक्टर खातून या किसी टाइकून की बीवी को अपनी बोरियत दूर करनी होती है। इस सबके लिए हमें ठंडे, पेशेवर रुखवाला हस्सास, सोफिस्टीकेटिड मुलाजिम चाहिए, जो न क्लाइंट के सामने जज़्बात में बहकर इज़हारे-मुहब्बत कर दे और न उसके साथ शिकागो जाने की ज़िद पकड़े।''

''मेरे बारे में आपको कैसे मालूम हुआ?''

''आपकी एक क्लाइंट के जरिए...'' शहनाज के चेहरे पर गम्भीर भाव था, ''फिर हमने आपको चैक आउट कर लिया है।''

नील ने पल-भर सोचा, ''इसमें किसी तरह की जोखिम है?''

शहनाज ने 'नहीं' में सिर हिलाया, ''हम सिर्फ़ फाइव स्टार्स के वी आई पी सुएट्स में ऑपरेट करते हैं। ऐसी ओपनिंग से आपके कैरियर का सबसे सुनहरा चैप्टर शुरू हो सकता है।''

''मेरा पेमेंट कौन करेगा? आपकी क्लाइंट?''

''नहीं, हमारी कम्पनी।''

''रेट क्या होंगे?''

''आप फर्माएँ।''

नील ने कुछ सोचा, ''वक्त की मेरे पास कमी है। करीब दो घंटों की एक शाम का मुआवजा पाँच हज़ार होगा—चाहे वह दिलचस्प अंजाम तक पहुँचे या नहीं। पूरा वीकऐंड इसका दुगुना होगा और फैंटेसी के साथ या बम्बई से बाहर जाने पर तीन गुना।''

शहनाज कुछ सोचते हुए कैलकुलेटर पर हिसाब लगाने लगीं। फिर उठीं और मुस्कान के साथ हाथ आगे बढ़ाते हुए बोलीं, ''इट्स ए डील!''

''सखी, तुम्हें पता नहीं, तुम कितनी सुन्दर हो!'' शिल्पा चंचल मुस्कान से बोलीं।

नील के भीतर रुआँसी मुस्कान उभरी, जिसके बाहर आते हुए उसने उसे सामान्य बनाने की कोशिश की।

वह बहुत थका हुआ था। उसकी आँखें नींद से बोझिल थीं।

भोजन के बाद सवा-दस बजे मेहताबजी 'शुभरात्रि' कहकर ऊपर चली गयीं। पन्द्रह मिनट बाद जब रोज़ा भी सारी रोशनियाँ बुझाकर आउटहाउस में चली

गयी, तो वह दबे पाँवों से बाहर निकला। सेंटोर के सामने पहुँचते हुए ग्यारह-बीस हो रहे थे।

''आप आपको रात की कैसे सूझी?'' उसने शिल्पा से पूछा।

''पति को बंगलौर की आख़िरी फ्लाइट पर छोड़कर आई हूँ।'' वे मुस्कराईं।

उसने सोचा, घंटे-भर में यहाँ से छुट्‌टी मिल जाएगी। फिर जाकर गहरी नींद सोऊँगा। पर शिल्पा को बैग खोलते देखकर अचकचा गया।

''आज मेरी नयी फैंटेसी है।'' शिल्पा कुटिलता से मुसकराईं।

उन्होंने उसे अपना पेटीकोट पहनाकर लिटा दिया था। पलंग के पायों से उसके हाथ-पाँव बाँध थे। मुँह पर पाउडर लगाया था और आँखों में काजल।

''मेरी सखि के बिम्बाफल तो देखो।'' शिल्पा ने लिपस्टिक उसके होठों से छुआई।

मनुष्य संसार की सबसे विकट पहेली है—नील ने सोचा।

अगर वह बाहर कहीं समाजिक समारोह में शिल्पा से मिलता, तो सुहाग-चिह्नों से शोभित और भरीपूरी गृहस्थी से दीप्त इस अधेड़ स्त्री की सुप्त, जटिल कामनाओं का अन्दाज़ा लगा सकता था?

''कैसा रूप निखर आया है मेरी सखि का...'' शिल्पा ने हँसकर उसके होठ चूम लिये।

उन्होंने उसे पायलें और करधनी पहना दी थीं और अब कर्णफूल लिए उसका कान टटोल रही थीं।

नील को अपने ग्राहकों की कुछ फैंटेसियाँ याद आयीं। एक ने उसे काले, चमकते फुलबूट पहनाकर हाथ में कोड़ा थमा दिया था। आदेश था कि वह निरीह अबला की कमनीय पीठ पर प्रहार करे। दूसरी उसे भरे हुए टब में लिटाकर विभोर देखती रहती थी। तीसरी ने अपने कुचाग्रों पर लिपस्टिक लगाकर नील को अपने होठ रँगने का निर्देश दिया था। चौथी को सिर्फ 69 स्थिति से तृप्ति मिलती थी।

ऐसे क्षणों में वह गीता की याद करते हुए अपने बचाव की कोशिश करता था—देखते, सुनते, स्पर्श करते केवल इन्द्रियाँ ही अपना काम कर ही हैं, ऐसी भावना रखकर तत्त्वज्ञ योगी यह समझे कि मैं कुछ भी नहीं कर रहा।

वह यकायक चिहुँक उठा। शिल्पा की जीभ लिजलिजे साँप की तरह उसके ऊपर रेंग रही थी।

कोटि-कोटि जन्मों के पुण्यों से मिलने वाले अपने शरीर से उसे आज पहली बार जुगुप्सा हुई। यह शरीर न होता, तो वह आज ऐसी गर्हित अनुभूतियों से न गुज़रता...

बहुत दिनो के बाद उसे आज अपनी आँखों में नमी-सी महसूस हुई। उसने

अपने पर ज़ब्त करने की कोशिश की। रति–शैय्या पर पुरुष की आँखों में आँसू...कोई सुनेगा, तो क्या कहेगा...

उसे लगा कि उसका सूक्ष्म रूपाकार उसे ऊपर से एकटक देख रहा है।

आत्मग्लानि के क्षण बहुत गहन थे, पर फिर भी उसने बाहरी दरवाज़े में घुमाई जानेवाली चाबी की बहुत हल्की आवाज़ सुन ली। लेकिन आत्मभर्त्सना का आवेग ऐसा प्रबल था कि उससे उदासीन रहा।

''तो मेरे पीछे यह होता है?'' धोती–कुर्ता पहने, साँवले मोटे पुरुष की क्रुद्ध हुंकार सुनाई दी।

दरवाज़े की ओर पीठ किये शिल्पा जहाँ की तहाँ स्थिर हो गयीं। उनके चेहरे पर कई रंग आये और गये। उन्होंने मुड़कर पीछे नहीं देखा।

पुरुष ही आगे आ गया, ''इस उम्र में अपना मुँह काला करते हुए तुम्हें शर्म नहीं आई?''

अब शिल्पा का चेहरा कसने लगा।

''कब से चल रहा है यह सिलसिला?'' पुरुष ने जलती आँखों से देखा।

''बहुत दिनों से।'' शिल्पा का स्वर सहज और स्थिर था।

''एक मरद काफ़ी नहीं है तेरे लिए?''

''तुम्हें कुछ नहीं आता। तुम वन–टू–थ्री की तरह पीटी करते हो और सो जाते हो।''

''और तुम्हें क्या चाहिए?'' पुरुष गुर्राया।

''तुम नहीं समझोगे।''

''हाँ, बड़े तत्त्व–ज्ञान की गुत्थी है न, जो मैं नहीं समझूँगा।...गू की ढेरी में मुँह मारते बच्चों के बारे में नहीं सोचा?''

''मेरी अपनी भी ज़रूरतें हैं।''

''ऊपर से कैसी सदाचारी और पतिव्रता बनती है!''

''भीतर से भी वैसी ही हूँ।''

''तो यहाँ क्या करने आई थी? गायित्री पाठ?''

''दोनों चीज़ों का कोई सम्बन्ध नहीं।'' शिल्पा चिड़चिड़ा गयीं। ''तुमसे कहा है न, तुम नहीं समझोगे।''

''तेरी जीभ न खींच ली, तो...'' पुरुष तिलमिला गया।

''हाथ लगाकर दिखाओ।'' शिल्पा गुर्राईं, ''चिल्ला–चिल्लाकर पूरे होटल को इकट्ठा कर लूँगी, पुलिस को फ़ोन कर दूँगी।''

पुरुष दाँत पीसता हुआ ठिठक गया। वह लम्बी–लम्बी साँसें ले रहा था, जैसे साँस लेने में तक़लीफ़ हो रही हो।

''गोली खा लो। कहीं दौरा न पड़ जाए।'' शिल्पा ने सुझाव दिया।

सामने देखते हुए पुरुष ने अनसुना कर दिया। यकायक आँखों पर हाथ रखते हुए कहा, ''अब तो कपड़े पहन ले बेशरम...''

शिल्पा बैठे-बैठे साड़ी लपेटने लगीं।

''जल्दी करो। अब यहीं डेरा डालना है क्या?''

शिल्पा उठीं। फिर चप्पलों में पाँव डालते हुए ठिठक गयीं, ''नील, तुम जाओ।'' उन्होंने एक रस्सी की एक गाँठ खोलते हुए कहा।

''मुझे इससे बात करनी है।'' पुरुष बोला।

''मुझसे बात करो।'' शिल्पा तमक गयीं, ''इस बेचारे से क्या बात करनी है?''

''तुम जाओ। गाड़ी नीचे खड़ी है।''

''मैं इसके जाने से पहले नहीं जाऊँगी।''

''मैं इसका खून कर दूँगा क्या?'' पुरुष घुटे हुए गुस्से से उबल पड़ा, ''मुझे फाँसी पर लटकना है?''

शिल्पा अनिश्चित-सी खड़ी रहीं।

''नील, मैं जाऊँ?''

नील ने हामी में सिर हिला दिया।

शिल्पा ने पर्स से नोट निकाले और सोफे पर पड़ी नील की कमीज़ की जेब में रख दिये। पुरुष स्तब्ध भाव से यह कार्य-व्यापार देख रहा था।

दरवाज़ा बन्द हो गया।

आज पहली बार नील का मन शिल्पा के लिए नर्मी से भरने लगा।

दरवाज़ा बन्द करते हुए शिल्पा ने जैसे उसकी ओर देखा था, वह भाव मुखर होकर उनकी साझेदारी उजागर कर रहा था। शिल्पा की आँखों में ऐसी पीड़ा थी, जैसे डोली में बैठती हुई दुल्हन आख़िरी बार अपने मैके को देख रही हो।

उसने गहरी साँस छोड़ी।

अभी तक जो घटित हुआ था, वह यकायक और तेज़ी से। अब उसकी संजीदगी जैसे पहली बार स्पष्ट हुई और उसमें अपनी हिस्सेदारी भी।

पुरुष अब एकटक उसकी ओर देख रहा था।

''इसने तुम्हें रोकड़ा क्यों दिया?''

''यह मेरा पेशा है।'' उसने धीमे स्वर में कहा।

इस बार पुरुष चेहरे पर कई भाव आये और गये।

''कुत्ता, कमीना, हरामजादा...शक्ल से तो पढ़ा-लिखा लगता है। कोई नौकरी क्यों नहीं ढूँढ़ लेता?''

''नौकरी में पैसा बहुत कम है।''

''हाँ, हराम की कमाई की आदत जो पड़ गयी है।''

''हराम की नहीं है...'' उसने स्थिर स्वर में कहा, ''इसमें भी बहुत मेहनत है।...खबरदार, जो अब गाली दी, तो...''

पुरुष की आँखों में तीखा गुस्सा था, जो कुछ क्षणों बाद देखते-देखते धुँधलाने लगा। अब उसकी आँखों में दो बड़े-बड़े आँसू थे।

''तुमने मेरे बच्चों की माँ को अपवित्र किया है।'' वह जैसे अपने-आपसे ही बुदबुदाया।

उसने खोजभरी निगाह से यहाँ-वहाँ देखा। फिर सोफ़े पर पड़ी नील की ट्राउजर से काफ लैदर की बेल्ट निकाल ली।

बेल्ट ऊपर लहराई, तो हवा में सरगोशी-सी हुई।

बकलवाले हिस्से के तीखे प्रहार को खेलते हुए नील के दाँत भिंच गये।

हवा की सरगोशियों में ऐसी ध्वनि थी, जैसे साँप उछल-उछलकर फुफकार रहे हों। आघात चमड़ी को दहकती कीलों की तरह झुलसा रहे थे...

उसे ताजमहल के सामने के उस काले, अधनंगे की याद आयी, जो अपनी ही लहूलुहान पीठ पर कोड़े मारे जा रहा था...

''मैं अपने-आपको मार रहा हूँ, इसलिए मुझे पैसा दो।'' नील को अपनी जुगुप्सा-भरी टिप्पणी याद आयी।

''नील भैया, तुम्हारा बहुत पतित पेशा है।'' भोला ने कहा।

नील भोला के फ़्लैट में बिस्तर पर पड़ा था। मरहम-पट्टी हो चुकी थी। चेहरे पर दो चिप्पियाँ लगी थीं। सूजी हुई कनपटी को गर्म पानी भरी रबड़ की थैली से सेंकता जाता था।

होटल से निकलकर उसने टैक्सी ली और लड़खड़ाता हुआ नानावटी अस्पताल में इमरजेन्सी वार्ड में पहुँचा।

''क्या हुआ?'' कमसिन डॉक्टर उसकी ओर देखता रह गया।

नील के चेहरे पर लिपस्टिक के निशान थे। कमीज़ की जेब से कर्णफूल झाँक रहे थे। बैग से करधनी की लड़ियाँ दिखाई दे रही थीं। गनीमत थी कि पाँवों की पायलें ट्राउजर्स में छिपी थीं।

''बाथरूम में फिसल गया।''

डॉक्टर कमीज़ उठाकर उसकी पीठ देखने लगा, तो कमसिन नर्स नील को देखते हुए मुस्कराने लगी।

''एफ.आई.आर. दर्ज होने के बाद मरहम-पट्टी करूँगा।'' डॉक्टर रिसीवर उठाता बोला।

नील फ़ौरन बाहर निकल आया। बरामदे के खम्भे का सहारा लिये कुछ पल सोचता रहा। फिर बगल के पब्लिक फ़ोन से रातरानी को फ़ोन किया।

''तुम टैक्सी लेकर सीधे डॉक्टर बेग के यहाँ पहुँचो।'' भोला ने पता बताते हुए कहा, ''मैं वहीं मिलूँगा।''

डॉक्टर बेग नहीं मुस्कराये। बराबर संजीदा रहे, ''मामूली चोट है। तीन-चार दिन में ठीक हो जाएगी।''

बाद में नील ने आईने में अपना चेहरा देखा, तो चौंक पड़ा। शर्म का जो एहसास निजी था, उसने सार्वजनिक रूप ले लिया।

भोला की बात सुनकर एक ओर ग्लानि की अनुभूति तीखी हुई, तो दूसरी ओर गुस्सा भी आ गया।

''मैंने किसी के साथ जबर्दस्ती तो नहीं की।'' गर्म-गर्म चाय का घूँट भरकर उसने कहा।

''जबर्दस्ती तो फारस रोड की रंडी भी नहीं करती, लेकिन इससे क्या उसका दोष कम हो जाता है?''

''हम जिस पूँजीवादी समाज में जी रहे हैं, उसमें हमारे सामने पेट भरने का एक ही रास्ता है—अपनी किसी काब्लियत को बाजार में बेच पाना।''

''तुमसें और कोई काब्लियत नहीं?''

''बाजार में उसकी कीमत बहुत नीची है।...और क्या ये औरतें भी दोषी नहीं जो मेरे पास बाँहें फैलाये दौड़ी चली आती हैं? फिर तुम कौन-से सदाचारी हो? तुममें भी तो चौकीदारी की काब्लियत है। तुमने वह क्यों नहीं किया?''

''मैं दूसरों की बहू-बेटियाँ तो नहीं बिगाड़ता। सप्तपदी की मर्यादा तो भंग नहीं करता।''

''मैं तो सिर्फ दूसरों की प्यास बुझाता हूँ पर तुम नशीले जहर से देश की नयी पीढ़ी को मारते हो। क़ाननू के ढाँचे में न सिर्फ़ घुन बनकर उसे खोखला करते हो, बल्कि सरे बाजार उसे जूते-तले रौंदते भी हो।''

''मैं तो बाहरी ढाँचे को ही खोखला कर रहा हूँ, पर तुमने तो आत्मा को ही डस लिया है। विवाह की संस्था समाज की रीढ़ होती है। दूसरे के नाम का मंगलसूत्र पहने और दूसरे के बच्चे की माँ का धर्म भ्रष्ट करके तुम समाज को रसातल में ले जा रहे हो।''

''मैंने इन औरतों को, जो सूखा हुआ ठूँठ थीं, फिर से फूलों से लदी हरी-भरी टहनी में बदल दिया है।''

"तुम्हारे बम्बई आने के बाद कोलाबा से मालाबार हिल तक विष बेलें फैल गयी हैं।"

"मेरे आने से पहले यहाँ सब सती-सावित्रियाँ थीं?"

दो पल मौन छाया रहा।

"अच्छा, सच-सच बताना।" भोला बोला, "तुम्हारा विवेक तुम्हें नहीं चुभता?"

"और तुम्हें?"

दोनों एक-दूसरे की ओर देखते रहे।

बारह

''गुडमार्निंग...'' मेहताबजी की स्टडी में घुसते हुए नील ने कहा।

सुबह के दस बज चुके थे। वह पाँच मिनट पहले सोकर उठा था। चाय का प्याला देते हुए रोज़ा ने सन्देश दिया था कि मैडम ने उसे स्टडी में बुलाया है।

हामी में सिर हिलाकर उसने बड़ा-सा घूँट लिया।

जब वह सुबह लौटा था, तो पाँच बज रहे थे। भोर की हल्की उजास उभरने लगी थी। चिड़ियाँ चहचहाए जा रही थीं। उसका दिन ख़त्म हो रहा था और लोगों का शुरू...

देह की सामर्थ्य की सीमा होती है, अब वह स्वीकार कर रहा था।

पिछली रात पौने ग्यारह बजे वह ओबेरॉय की लॉबी में पहुँचा और नूरजहाँ स्वीट में फ़ोन किया, ''योर पैकेज इज हियर!''

पाँच मिनट बाद वह शैम्पेन पी रहा था। सामने दो स्त्रियाँ बैठी थीं।

''यू स्पीक फ्रेंच?'' नैग्लीजी पहने ब्लांड ने पूछा।

उसने 'नहीं' में सिर हिला दिया।

''शी कैन गिव यू ए क्रैश-कोर्स!'' सिर्फ़ जी-स्ट्रिंग पहने ब्रूनैट मुस्कराईं।

एक हफ़्ते कोवालम बीच पर सनटैन करने के बाद यही आयी है—नील ने सोचा।

उनकी उम्र पैंतीस से ऊपर ही होगी।

''मुझे अँग्रेजी नहीं आती।'' पहली ने कहा।

इनमें से मेरी क्लाइंट कौन है—वह सोच रहा था।

दूसरी ने फ्रेंच में कुछ कहा, तो पहली हँसने लगी। फिर दोनों अपने सोफे पर दाएँ-बाएँ खिसकीं।

''तो हमें स्पर्श-भाषा से ही संवाद बनाना होगा।'' पहली ने बीच की खाली जगह की ओर इशारा किया।

वह अचकचा गया। फिर धड़कते दिल से बीच में बैठ गया।

"कल हम खजुराहो जा रहे हैं।" दूसरी बोली।

"मुझे उम्मीद है, आपको पसन्द आएगा।"

वह स्वयं दो दिन पहले खजुराहो से लौटा था—एक स्विस क्लाइंट के एस्कोर्ट की हैसियत से। दिन में आसनों की अकादमिक और रात में मैथुनिक व्याख्या से क्लान्त हो गया था। पर पारिश्रमिक के अतिरिक्त पाँच हज़ार की टिप से क्षतिपूर्ति हो गयी थी।

फ़ोन की घंटी बजी।

"यस मिस हैदर...थैंक्यू वेरी मच..."

पहली स्त्री के रिसीवर रखने से पहले वह उठ गया।

"मोहतरिमा, आपको हालते-नाजुक का अन्दाज़ा है न?" नील ने फ़ोन में कहा।

"क्या हुआ?" शहनाज के स्वर में चंचल मुस्कान थी।

"हमारी जान पर बनी है और आपकी अदा ठहरी।"

"हौसला रखिए। ऑर्जी की उजरत फैंटेसी से दुगुनी होगी।...खुदा हाफ़िज..."

एक बजे के करीब यहाँ से निकल जाऊँगा—रिसीवर रखते हुए उसने सोचा।

सिर भारी था। नींद पलकों को छू रही थी। उसे कितने दिनों से वांछनीय निद्रा नहीं मिली थी।

पर सिल्विया की तरह इन आकांक्षियों की माँगें भी श्रम व समयसाध्य निकलीं। शैय्या-कुरुक्षेत्र में आज उसे पहली बार लगा कि दूसरे स्लॉट के लिए स्त्री होना ज़्यादा उपयोगी होता है। क्योंकि उसे अपने को ढीला नहीं छोड़ना था, तकनीक के बारीक विस्तारों के साथ त्रि-आयामी द्वन्द्व का संचालन करना था। प्रारम्भिक पैंतरों से ही उजागर हो गया कि विरोधी अक्षौहिणी के दोनों योद्धा महारथी थे।

अब तुम्हारे ऊपर वात्स्यायन के सम्मान की जिम्मेदारी है। क्लाइन्ट की खुशी ही हमारी साख है, उसे शहनाज की स्थायी हिदायत याद आयी, पर तेज़ साँसों के बीच शरीर के प्रति विरक्ति की रागिनी भी भीतर बजने लगी।

"बैठो।" मेहताबजी ने गम्भीर भाव से कहा।

कुर्सी खींचते हुए उसे आशंका ने ग्रस लिया। हमेशा की तरह मेहताबजी ने उसके दरवाज़े के बाहर खड़े हो उसे आवाज़ नहीं दी थी, बल्कि सन्देश भेजा था। फिर हमेशा की तरह आज उनके चेहरे पर सुबह की स्वाभाविक ताज़गी नहीं थी।

''नील...'' मेहताबजी ने कोहनियाँ मेज़ पर रखे उसकी ओर देखा, ''काफ़ी सोच-विचार के बाद मैं इस नतीजे पर पहुँची हूँ कि अपने कम्पेनियन के तौर पर मैं अब तुम्हें यहाँ नहीं रख सकती।''

जिस क्षण की उसे आशंका थी, वह आख़िर आ गया था। उसने गहरी साँस छोड़ी और पीछे टिक गया। उसे सन्तोष हुआ कि ज़्यादा विह्लता नहीं थी। सिर्फ उदासी की एक लकीर भीतर खिंचती गयी।

''मैं यह साफ़ कर दूँ कि जिस मकसद के लिए मैंने तुम्हें रखा था, उस सिलसिले में मुझे कोई शिकायत नहीं है।'' सुनहरे फ्रेम के चश्मे से उनकी आँखें उस पर लगी थीं, ''मेरी शिकायतों का दायरा दूसरा है।...क्या तुम जानना चाहोगे?''

उसने हामी में सिर हिलाया।

वे दो पल चुप रहीं, जैसे सही शब्दों का चुनाव कर रही हों, ''मैंने तुम्हें मानसिक शान्ति की तलाश में मदद के लिए रक्खा था। लेकिन पिछले कुछ महीनों से मेरा तनाव बढ़ने लगा है। मेरा यह एहसास अब गहरा हो गया है कि तुम्हारी एक समानान्तर पोशीदा ज़िन्दगी है। बेशक यह तुम्हारा निजी मामला है, लेकिन अब उसके साये मेरे, मेरे घर के ऊपर पड़ने लगे हैं...तुम अब भी फाइल लेकर घर से निकलते हो, लेकिन मुझे मालूम है, काफी दिनों से तुमने लाइब्रेरी में पाँव नहीं रक्खा। लंच व डिनर पर तुम्हारी मौजूदगी नियमित नहीं रही और तुम अक्सर सारी-सारी रात गायब रहते हो। तुम्हारे लिए अजीबोगरीब फ़ोन आते हैं और तुम्हारी इस बदली जीवन-शैली ने मुझे परेशान कर दिया है।''

उसने गहरी साँस ली और नक्काशीदार आलमारी को देखता रहा।

''कल बहुत मजबूर होकर मैंने तुम्हारे कमरे की तलाशी ली। तुम्हारी आलमारी में बहुत कीमती कपड़े हैं। तुम्हारी पासबुक में ऐसे आँकड़े हैं, जिन्हें तर्कसंगत नहीं कहा जा सकता। तुम्हारे सूटकेस में बहुत मूल्यवान गहने हैं। कुल मिलाकर सबकुछ खासा गलत है।...तुम इस बारे में कुछ कहना चाहोगे?''

उसने पल-भर सोचा। फिर कहा, ''आपके माध्यम से मैंने समृद्धि की शक्ति पहचानी है और मैं वही पाने की कोशिश कर रहा हूँ। मैंने शार्टकट का चुनाव किया है, जो आपको खासा गलत लग सकता है। आपको नये शहर में सिर्फ अपने सहारे अपनी जगह बनाने की जद्दोजेहद नही करनी पड़ी, इसलिए आपको ऐसे संघर्ष और उसकी पीड़ा का अन्दाज़ा नहीं होगा। नैतिक दृष्टि लचीली होती है। वह व्यक्ति के साथ बदलती रहती है। हमारे समाज ने हजारों साल पहले एक स्त्री के पाँच-पाँच पतियों को स्वीकार किया है। मैंने अपने चुनाव के लिए जो तर्क आपको दिये हैं, उन्हें शायद आप इस समय स्वीकार न करें। लेकिन हर समाज में आख़िरी मूल्यांकन की कसौटी सफलता ही होती है।''

मेहताबजी ने बारीक-सी मुस्कान दी। वह मुस्कान थी भी या नहीं—कहना मुश्किल था।

''जैसा कि तय हुआ था, नोटिस के तौर पर मैं तुम्हें एक महीने के वेतन का चैक दे रही हूँ।'' उन्होंने चैक आगे खिसकाया, ''मैं चाहूँगी कि यह कमरा तुम जल्दी-से-जल्दी खाली कर दो।''

चैक जेब में रखते हुए वह उठा, ''मैं आधे घंटे में चला जाऊँगा।''

उन्होंने अपना हाथ आगे बढ़ाया। उनके स्पर्श में विषाद की रंगत भी थी और छुटकारे की भी।

''नील भैया, चाय...'' भोला बोला।

नील सीधा हुआ और प्याला ले लिया।

जहाँ-तहाँ खूँटियों पर उसके कुछ कपड़े लटके थे। चादर व तौलिए से लिपटी कपड़ों की दो गठरियाँ मेज़ पर थीं। दो बड़े गत्ते के बक्सों में प्रसाधन-सामग्री भरी थी।

वायोलेट विला से निकलते हुए उसे ताज्जुब हुआ था कि उसका सामान कितना बढ़ गया है!

विदा का अन्तिम दृश्य उसे याद आया। वह सूटकसे लिये बरामदे की सीढ़ियाँ उतर रहा था। खम्भे से टिकी रोज़ा उदास संजीदगी से खड़ी थी। मुझे बहुत अफ़सोस है; उसने अटककर कहा था।

''ऐसा ज़िन्दगी में होता रहता है।'' नील हल्के से मुस्कराया। फिर जोड़ा, ''ऑल द बेस्ट...''

वह सूटकेस लेकर गेट से निकला तो चौकीदार ने सलाम किया। उसके कन्धे पर हाथ रखकर नील बाहर निकल आया।

भोला ने कार का दूसरी ओर का दरवाज़ा खोल दिया था।

बैठने से पहले नील ने मुड़कर देखा। उसे अपने इंटरव्यू की याद आ गयी। तभी मेहताबजी टैरेस पर निकल आईं और हाथ हिलाया।

''मैंने इलियास भाई से पूछ लिया है।'' भोला ने कहा, ''तुम्हारे यहाँ रहने पर उन्हें एतराज नहीं।''

नील ने सिर हिलाते हुए चाय का घूँट लिया।

भोला के फ़्लैट में यह छठवाँ दिन था, पर कई तरह की मुश्किलें सामने आ रही थीं। टाउन से दूरी काफ़ी थी। आने-जाने में डेढ़-दो घंटे बरबाद होते थे। दोनों ही बार दूरी खलती थी। जाते हुए वह तीन बार पहली बुकिंग के लिए

लेट हो गया था। जाते हुए वह इतना थका और उनींदा होता था कि पाँच मिनट के भीतर टैक्सी में ही झपक जाता था। बिल्डिंग तक पहुँचने पर फिर नींद टूटती थी। दूसरा कारण रोज़ा जैसी किसी सेविका का अभाव था, जिसके कारण ग्राहकों के तीन-चौथाई फ़ोन उसे नहीं मिल रहे थे। भोला और उसका बाहर रहने का समय लगभग समान था, जिसका उसके कैरियर पर बुरा असर पड़ रहा था। तीसरे, उसका काफ़ी समय बेकार जा रहा था। दो बुकिंग के बीच में अगर दो घंटों का अन्तर हो, तो वह घर आकर छोटी-सी झपकी लेने की बजाय फाउंटेन में बेकार टहलते रहने के लिए मजबूर था, जिससे थकान और बढ़ती थी। चौथा कारण वेशभूषा से जुड़ा था। इन दिनों रोजाना रात को शहनाज की एजेंसी की बुकिंग चल रही थी, पर शाम को नहाकर कपड़े बदलना सम्भव नहीं था। वायोलेट विला के दिनों में वह दो मिलनों के बीच में स्नान का ध्यान रखता था, ताकि एक स्त्री दूसरी की देह-गन्ध से आक्रान्त न हो। वैसे भी शहनाज के क्लाइंट विशिष्ट थे। एक, दो हज़ार टिप मामूली बात हो गयी थी।

''नील, तुम्हारे पूरे बीस मिनट देर से पहुँचने की शिकायत आयी है।'' शहनाज ने बहुत खिन्न भाव से कहा, ''हॉस्पिटैलिटी इंडस्ट्री में ऐसी लापरवाही से तबाही आ सकती है। मूड खराब हो जाने से क्लाइंट की लिबाइडो इंटेंसिटी में कमी आ जाती है और वह रिसैप्टिव नहीं रहती। हमारी क्रेडिट रेटिंग किस तरह चौपट हो जाएगी, तुम समझ सकते हो।''

नील ने कारण बता दिया।

''या खुदा...'' शहनाज उसे देखती रह गयीं, ''अब तुम क्या करोगे?''

''मैं एक एस्टेट एजेंट के पास गया था—टाउन में किराये की जगह के लिए।

उसने कहा, मलाबार और कंपाला हिल तक तो मेरी पहुँच नहीं हो सकती। कोलाबा की एक साठ साल पुरानी बिल्डिंग में उसने 380 स्क्वायर फुट का फ़्लैट दिखाया है। दस हजार महीने किराये की हिम्मत मैं एक बार कर भी लूँ, पर पाँच लाख डिपोजिट कहाँ से लाऊँगा? मेरे पास सिर्फ़ सवा लाख है।''

शहनाज कुछ क्षण सोचती रहीं, ''मैं अपने बॉस से बात कर सकती हूँ। हो सकता है, वह एक लाख तक तुम्हें लोन देने को तैयार हो जाएँ। इससे ज़्यादा हो पाएगा, मुझे उम्मीद नहीं है। हाँ, साल-भर के बाद जब कम्पनी को तुम्हारी खिदमत से काफ़ी रेवेन्यू मिल जाएगा, तो दो-ढाई लाख तक सोचे जा सकते हैं।''

''यह कम्पनी तुम्हारी नहीं?'' इस बार नील उसे देखता रह गया।

''नहीं बाबा...'' शहनाज मुस्कराईं। ''मैं भी तुम्हारी तरह एक मुलाज़िम हूँ। फ़र्क़ सिर्फ़ इतना है कि तुम फ्रीलांसर हो और मैं पे-रोल पर।''

नील को कोई रास्ता नहीं सूझ रहा था। रोज़ाना एक-दो बुकिंग का नुकसान हो रहा था। कल जब वह वक्त कटी के नाम पर दोपहर को रीगल में पिक्चर देख रहा था, तो कल्याणी अय्यर भोला के फ़ोन की लगातार बजती जा रही घंटों पर कुढ़ रही थी। उसकी साख गिर रही थी, दुकान चौपट हो रही थी और वह विवश भाव से देखे जा रहा था।

''नील, अगर मुझे सोसायटी का डर नहीं होता, तो मैं तुम्हें अपने फ़्लैट में रख लेती।'' शहनाज़ ने धीमे स्वर में कहा, ''कोई नहीं समझेगा कि हमारी दोस्ती की क़िस्म क्या है...''

नील हल्के से मुस्कराया।

''तुम अपना फैसला बदल नहीं सकते?'' भोला ने पूछा।

कल शाम नील कालबादेवी में आकाशदीप लॉज गया था। पचास रुपया रोज़ाना पर छोटे-छोटे, दड़बानुमा कमरे थे। लकड़ी के पार्टीशन के पार छठवें-सातवें कमरे से भी तीली जलाने तक की आवाज़ सुनाई देती थी। बिलकुल नीचे सड़क थी, जहाँ ट्रैफ़िक का शोर भरभराता हुआ भीतर घुस आता था। पर वह किसी भी समय आ-जा सकता था और सौ रुपए मासिक के अतिरिक्त भुगतान पर उसके फ़ोन सन्देश भी मिल सकते थे। दिन में वह कालाबादेवी के पाँच चक्कर लगा सकता था—शहनाज ने शोफर के साथ कम्पनी की एक पद्मिनी कार उसके हवाले कर दी थी।

''अभी जाने दो भोला! हमारा सपना पीछे सरकता जा रहा है।''

दरवाज़े की घंटी बजी।

''तुम्हारा ड्राइवर आया है।'' भोला ने लौटकर बताया।

''कह दो, नीचे इन्तज़ार करे। पन्द्रह-बीस मिनट में सामान लेकर आता हूँ।''

नील ने सिगरेट सुलगाते हुए सामान पर सरसरी निगाह डाली। अभी पाँच-छह जोड़ी कपड़े सूटकेस में ले जाएगा। लॉज के कमरे में आलमारी नहीं, सिर्फ़ खूँटियाँ हैं। स्नानघर भी दस कमरों के लिए एक ही है। सामन्तवाड़ी जैसी स्थिति होगी।

''हाँ, मैं बिलकुल भूल ही गया।'' भोला यकायक दरवाज़े पर ठिठका, ''रात तीन बजे पारुलजी का फ़ोन आया था। तुमने उन्हें वापस फ़ोन क्यों नहीं किया? बहुत परेशान थीं।''

नील ने गहरी साँस ली।

पारुल से मिले एक हफ़्ता हो रहा था। खजुराहो से लौटते ही भेंट तय

हुई थी, पर वायोलेट विला से निकलते-निकलते एक अपनी निजी और एक ग्लोब ट्रेवल्स की बुकिंग की सूचना आ गयी। उसने तुरन्त सी-ब्रीज में पारुल को फ़ोन किया, तो वे बहुत हताश हो गयीं। दस मिनट उन्हें मनाने में लगे।

लॉज पहुँचने के बाद पारुल को फ़ोन करूँगा—उसने सोचा।

वह बाथरूम में था, जब दरवाज़े की घंटी बजी। मुँह धोकर निकला, तो गलियारे में सकपकाया हुआ भोला खड़ा था।

''आई हैं...'' उसने भिंचे स्वर में कहा।

''कौन आयी हैं?''

वह कमरे की ओर बढ़ा।

सामने कुर्सी पर पारुल बैठी थीं।

''कैसा सुहाना ताज्जुब है...'' उसने सँभलने की कोशिश की।

भोला का सकपकाना गलत नहीं था। ऐसी आकर्षक स्त्री उसने पहली बार देखी होगी।

उसे देखते ही पारुल डबडबाई आँखों के साथ उठीं और उसे बाँहों में भरते हुए उन्मत्त-सी चूमने लगीं, ''नील...'' स्वर रुँधा हुआ था, जैसे साँस लेने में मुश्किल हो रही हो। एक आँख की कोर से नन्ही-सी बूँद फिसल आई थी।

''कितनी सजीली लग रही हो!'' उसने स्थिति सँभालने का प्रयास किया।

''तुम्हें देखने की फुर्सत है?'' पारुल ने आरोप की निगाह उठायी, ''बस, कह दिया, मुझे घाघरा-चोली अच्छी लगती है। मैंने ऑर्डर देकर रातोंरात कपड़े तैयार करवाये...कितनी मेहनत से मेहँदी लगाई...'' आवेग में विषयों के क्रम गड्डमड्ड होने लगे, ''कैसी उतावली बैठी थी कि तुम देखकर क्या कहोगे...अब तो धुँधली भी पड़ने लगी है...'' और हथेलियाँ खोलकर मेहँदी के बेल-बूटे दिखा दिये।

नील ने हथेली होठों से छू ली। उनका आवेग पारदर्शी था। आँखें ऐसी भरी-भरी, जैसे गुब्बारा अपने सामर्थ्य से बाहर की हवा झेलने लगा हो।

उसने उन्हें बाँहों में भर लिया, ''बस...बस...''

पारुल धीरे-धीरे स्थिर हुईं। साँसों की गति समतल होने लगी।

''ऐसे क्यों सताते हो?'' उसके सीने को पारुल के खुलते-बन्द होते होठों ने स्पर्श किया।

''पता है, वायोलेट विला और यहाँ मैंने सौ फ़ोन किये होंगे। तुम एक बार बता नहीं सकते थे कि क्या बात है?''

"माफ़ कर दो।" उसने उनके बालों पर हाथ फेरते हुए कहा, "मैं बहुत परेशान था।"

"हुआ क्या?"

उसने दो पल सोचकर कहा, "मेहताबजी मेरी जगह पर किसी लेडी को रखना चाहती हैं। मैं रहने की जगह को लेकर बहुत परेशान था, इसलिए तुम्हें फ़ोन नहीं कर पाया। आख़िर अब जाकर कालबादेवी के एक लॉज के बन्दोबस्त हुआ है। थोड़ी देर बाद शिफ़्ट कर रहा हूँ।"

पारुल उससे अलग हो गयी थीं और एकटक उसे देख रही थीं।

"हालाँकि जगह मेरे हिसाब से कुछ महँगी है, पर वहाँ फ़ोन की सहूलियत होगी।" उसने कहा, "एक-दो महीने देखूँगा। अगर नहीं जमा, तो कांदीवली चला जाऊँगा। वहाँ मुझे किराये पर सस्ता फ़्लैट मिल रहा है।"

पारुल के चेहरे पर भावों की ऐसी शोभायात्रा वह पहली बार देख रहा था।

"तुम एक दिन और रुक जाओ।" पारुल ने कहा, "कल दोपहर एक बजे आकाशवाणी थियेटर के सामने मैं तुम्हें पिक कर लूँगी।"

"पारुल, मुझे चिकोटी काटो।" नील ने रुँधे स्वर में कहा, "मैं सपना देख रहा हूँ।"

पारुल भरी-भरी-सी मुस्कराई।

ठीक एक बजे पारुल की हरी टोयोटा आकाशवाणी थियेटर के सामने रुकी, तो वह भीतर बैठ गया। आसपास उनके इत्र की गन्ध थी—मद्धिम नशे की तरह उसकी चेतना पर छाती हुई।

"हम कहाँ जा रहे हैं?" कार मैरिन ड्राइव पर आई तो उसने पूछा।

"पाँच मिनट चुप रहोगे?" पियरे कारदाँ गॉगल्स के पीछे आँखों का भाव छिपा था, लेकिन पतले अधरों के कोने सूक्ष्म मुस्कान में खिंचे थे।

उस सड़क पर उनका यों खुलेआम उसे अपने साथ बैठाकर ले जाना उसे उपयुक्त नहीं लगा, जहाँ हर दूसरी कार में पारुल को पहचानने वाला हो सकता था।

हवा का एक झोंका आया, तो एक कन्धे से दुपट्टा फिसल गया। उन्नत उरोज उद्धत होने लगे। उन्होंने दुपट्टा सँभाला नहीं, तिरछी चितवन से उसकी ओर देखा।

इन्हें थोड़ा 'डिस्क्रीट' होना चाहिए, उसकी पुरानी प्रतिक्रिया बलवती होने लगी।

पैडर रोड की नेबला बिल्डिंग के सामने कार रुकी। वे लिफ़्ट में घुसे। पारुल ने बटन दबाया।

"आओ।"

चौदहवीं मंज़िल पर लिफ़्ट रुकी तो वे बाहर निकल गयीं।

लिफ़्ट का सींखचा बन्द करके जब वह गलियारे में आगे बढ़ा, तो वे 142 नम्बर के फ़्लैट के दरवाज़े के सामने रुकीं, पर्स से निकाली गयी चाबी उसकी ओर बढ़ा रही थीं।

दरवाज़े पर लगी प्लेट पर उसका पूरा नाम लिखा था।

अब तक के जीवन के कई ऐतिहासिक क्षण उसकी स्मृति में सुरक्षित थे—जब उसने आइएएस की लिखित परीक्षा में क्वालीफाई किया था, जब उसे कॉलेज में अस्थायी नियुक्ति मिली थी, जब डॉक्टर शर्मा ने उसकी ज़िन्दगी बरबाद कर देने की चेतावनी दी थी।

आज के ये क्षण भी उसी तरह उसकी स्मृति में सुरक्षित हो गये।

जैसे नींद में चलते हुए उसने फ़्लैट का निरीक्षण किया।

"यह फ़्लैट तो बहुत महँगा होगा?" उसने दुर्बल स्वर में कहा।

पारुल ने उसकी ओर गहन भाव से देखा, "नील, तुमने मुझे कितने आर्गेज़्म दिये हैं! सोमपुरिया घराने की राजदुलारी और शाह घराने की गृहलक्ष्मी को मिले सुख का क्या मोल लगाया जाएगा?...मेरा कम्प्यूटर कहेगा कि यह फ़्लैट फिर भी सस्ता है।"

...शैय्या पर पारुल के विभोर कर देनेवाले सीत्कारों के बीच उसने सोचा, आभार मिली ऐसी कोमल जिम्मेदारी के साथ शायद मैं पहली बार रति-दान दे रहा हूँ....

"हम बोनस पन्द्रह पर्सेंट से कम नहीं लेंगे।" यूनियन का जनरल सेक्रेटरी नायर बोल रहा था, "हमारी माँग जायज़ है, क़ानूनी है। यह अधिकार की लड़ाई है। हमने अपना खून-पसीना बहाया है। उसकी कीमत हमें चाहिए।"

उसके पीछे फैक्टरी का बन्द फाटक था, जहाँ सुरक्षा के लोग मुस्तैद थे। फाटक पर बँधा बैनर फड़फड़ा रहा था, जिस पर कामगार यूनियन की हड़ताल की घोषणा थी। बगल के पंडाल में रिले अनशन करने वाले पाँच श्रमिक बैठे थे। सामने करीब सौ लोगों की भीड़ में सात-आठ सिपाही जहाँ-तहाँ खड़े थे।

फुटपाथ पर खड़े चश्मा लगाये व्यक्ति ने किट्टू को देखा। फिर भाषण देते व्यक्ति की ओर आँखों से संकेत किया।

किट्टू ने आख़िरी कश के साथ टोंटा बाहर फेंकते हुए कहा, "चलो भोला..."

भोला ने इग्नीशन की चाबी घुमाई।

रेडरोज देशी दारू बार से एक व्यक्ति निकल रहा था।

"वही तो नहीं?" पिस्तौल का सेफ्टी कैप हटाते हुए किट्टू ने भिंचे स्वर में पूछा।

पीछे से आते प्रकाश में उस व्यक्ति की बाहरी शारीरिक रेखाएँ ही आलोकित थीं। वह पाँच-छह क़दम आगे बढ़ा, तो बरामदे की दीवारों पर दो-तीन टेढ़ी-मेढ़ी छायाएँ मँडराईं। सोडे की बोतलों के एक-के-ऊपर एक रखे क्रेटों के बगल से जब वह दाईं ओर मुड़ा, तो उसके चेहरे पर प्रकाश पड़ा।

"नहीं।" भोला ने कहा।

फिर कैप के लगाये जाने की आवाज़ हुई।

ड्रमों के आसपास फैले कीचड़ में वह व्यक्ति सँभल-सँभलकर आठ-दस कदम चला। अब सड़क की ओर उसकी पीठ थी। उससे थोड़े आगे झोंपड़ियों की कतार से धुआँ और हल्का कोलाहल उठ रहा था।

पतलून के बटन बन्द करता हुआ वह व्यक्ति वापस लौट रहा था। आख़िरी ड्रम के पास कीचड़ में तनिक फिसला। फिर सँभल गया। जल्दी-जल्द क़दम बढ़ाते हुए उसने बरामदे की सीढ़ियाँ चढ़ीं और बार में घुस गया।

"क्या टाइम हुआ?" किट्टू ने पूछा।

भोला ने घड़ी देखी, "सवा दस।"

पीपल के नीचे खड़ी गाड़ी के आसपास अँधेरा था। बाईं ओर बिजली कम्पनी का काम चालू होने की सूचना देनेवाला बोर्ड लगा था। उसके बाद लम्बे गड्ढों की अनियमित रेखा थी।

"छोटी-सी सुपारी इलियास भाई ने क्यों ले ली?" भोला ने पूछा।

"इस फैक्टरीवाले की जब ज़रूरत होती है, हमारे पास ही आता है।"

किट्टू ने सिगरेट निकालकर मुँह में दबाई। दो पल को तीली जली, तो उसकी घनी मूँछों की झलक मिली।

एक साइकिल सवार ऊँचे स्वर में गाता हुआ सड़क पर निकल गया।

"अरे, निकल आ यार! बहुत पी ली।" किट्टू ने बार की ओर देखते हुए उबासी ली।

भोला बीड़ी निकालने लगा। आज भरी हुई सिगरेटें ज़्यादा हो गयीं थीं। सिर में धीमी-धीमी धमक हो रही थी। गला थोड़ा सूख रहा था। यहाँ से निकलते ही व्हिस्की पियूँगा—उसने सोचा।

बार से दो व्यक्ति हँसते हुए निकले और सड़क पर आ गये।

"क्या टाइम हुआ?" किट्टू ने फिर पूछा।

"बहुत बेताब हो किट्टू भैया!" भोला मुस्कराया, "किससे मिलने जाना है?"

किट्टू कुछ कहने वाला था, फिर यकायक रुक गया।

बार के रौशन दरवाज़े पर नायर खड़ा था और किसी से कुछ कह रहा था। किट्टू ने कैप हटाया, तो नायर हाथ की सिगरेट मुँह में दबाते हुए आगे आ गया। वह तेज़-तेज़ क़दमों से कीचड़ में चल रहा था। यकायक वह ठिठका और ड्रमों के पीछे बढ़ने की बजाय सड़क की ओर दो क़दम आगे बढ़ा। फिर सिगरेट मुँह में दबाये पतलून के बटन खोलने लगा।

ऊँचे पटाखे-जैसी आवाज़ हुई।

नायर लड़खड़ाया। फिर धप-से नीचे कीचड़ में लुढ़क गया।

"चलो भोला..." किट्टू ने कहा।

सप्तपदी में भोला शालू के आगे-आगे चल रहा था।

श्लोक पढ़ता हुआ पंडित अग्निकुंड में आहुति दे रहा था।

पुरुषों की पंक्ति में नील आगे कोने में था। बाईं ओर मुर्तज़ा, किट्टू और दूसरे साथी थे। सुरक्षा के विचार से इलियास भाई नहीं आये थे। उन्होंने अपनी शुभकामनाएँ भेज दी थीं।

धोती-कुर्ते के साथ मौर पहने भोला नील को संजीदा और चिन्तित लगा। वर के साथ जुड़ी सहज प्रफुल्लता उसके चेहरे पर नहीं थी।

"चियर्स..." नील ने अपना गिलास ऊपर उठाया।

भोला ने साथ दिया।

वे ब्ल्यू चिप के छज्जे पर खड़े थे। रात के ग्यारह बज चुके थे। आसपास खामोशी थी।

"मैं अचानक बहुत अकेला महसूस करने लगा था।" भोला ने अटककर कहा।

नील ने समझने के भाव से सिर हिलाया। भोला के अकेलेपन की उसकी खतरों से भरी दिनचर्या ने और तीखा कर दिया होगा—उसने सोचा

दूर कहीं गणपति-वन्दना के स्वर उभरे।

"इस शहर में हमारा एक साल पूरा हो रहा है।" नील भोला की ओर मुस्कान के साथ देख रहा था।

उन्हें वह दिन याद आया, जब वे दादर स्टेशन से निकलकर आशंकित भाव से सामन्वाड़ी को जा रहे थे।

सामने की ऊँची बिल्डिंग की खिड़कियों की रोशनियाँ चमक रही थीं। पीछे आकाश था, जहाँ सितारे झिलमिला रहे थे। भोला को लगा, जैसे दोनों ही किस्मों का प्रकाश उसका आह्वान कर रहा हो।

"नील भैया, हमें इस शहर का शुक्रगुज़ार होना चाहिए।" भोला ने आवेग से कहा।

दरवाज़ा बन्द करके भोला मुड़ा।

सुनहरे काम की लाल साड़ी में लिपटी शालू घूँघट निकाले बिस्तर पर बैठी थी। हाथ घुटनों पर बँधे थे। कलाइयाँ चूड़ियों से भरी थीं।

भोला आहिस्ता से बिस्तर पर बैठ गया।

अब यह मेरी पत्नी है—उसने सोचा।

मन के किसी कोने में मंगली की छवि उभरी। फिर पानी पर फेंके गये कंकड़ की तरह विलीन हो गयी।

"शालू..."

उसने धीरे से घूँघट सरकाया, तो शालू की पलकें गीली थीं।

"क्या हुआ?" उसने शालू के हाथों पर हाथ रख दिया।

"मय अक्खा ज़िन्दगी तुम्हारे पाँव धो-धोकर पिएगी।" शालू ने फुसफुसाकर कहा, "तुमने मुझकूँ उबार लिया।"

तुमने भी तो मुझे उबारा है—उसने सोचा।

घंटी उन्मादी बजे जा रही थी। बीच-बीच में दरवाज़े पर दस्तक। आधी नींद में नील ने दरवाज़ा खोला।

"भोला?" वह चौंक गया, "कुशल तो है?"

"अब नहीं सहा जाता।" भोला आवेग में था, "मैं मथुरा लौट जाऊँगा।"

नील ने बाँह पकड़कर उसे बिठाया, "हुआ क्या?"

"मैंने कैसे-कैसे अपराध किये हैं और उनके कैसे-कैसे नतीजे निकले हैं!" भोला तनाव से तनतनाया हुआ था, "मैं गफूर का भागीदार था, जब यूनियन नेता को ठिकाने लगाया गया। उसके घर में फाकों की नौबत आ गयी। उसकी जोरू ने दो बच्चों के साथ कीड़े मारने की दवा पीकर दुनिया छोड़ दी। जवान ननद भी इस समझौते में शामिल थी, पर नसीब की मार, वह बच गयी।...अभी सुना, वह रातरानी में नंगे नाच की नौकरी पर लग गयी है—शालू की जगह।...एक ईमानदार आदमी का हँसता-खेलता कुटुम्ब हमारे हाथों उजड़ गया। उसकी आह नहीं लगेगी क्या?" वह अपने मुँह पर तमाचे मारने लगा।

नील चुपचाप देखता रहा।

"कल के दिन मुझे कुछ हो गया, तो शालू फिर उसी गटर में वापस चली जाएगी? और मुझे कुछ-न-कुछ तो होगा ही। जल्दी अगर मरूँगा नहीं, तो जेल तो जाना ही पड़ेगा।" भोला समर्थन की आशा से उसे देख रहा था।

नील ने ड्रिंक बनाकर उसके सामने रखी, "लो।"

"और मुझे देखो, मथुरा में भाँग के आगे किसी चीज़ को हाथ नहीं लगाया। यहाँ कौन-सा नशा है, जो मुझसे छूटा हो? एक दिन मांस न मिले, तो मुँह का स्वाद बिगड़ जाता है...कैसा पतन हो गया है मेरा!"

नील ने अपनी ड्रिंक का घूँट भरा। सिगरेट का कश लिया, "यूनियन नेता का कुटुम्ब उजाड़ने की जिम्मेदारी उस मिल मालिक की है, जिसने तुम लोगों को कांट्रैक्ट दिया था। नेता की आह, अगर गरीब की आह का बम्बई में असर होता है तो, मिल मालिक की लगेगी। गफ़ूर और तुम निमित्त थे। उस नेता को जाना ही था।"

"क्यों जाना था? वह अपने अधिकार की लड़ाई लड़ रहा था।"

"वह मिल मालिक से टकराया क्यों? जान प्यारी है, तो सहन करो। विद्रोह करो, तो क़ीमत चुकाने के लिए तैयार रहो। हमारे सामाजिक ढाँचे का यही दस्तूर है।" नील ने स्थिर दृष्टि से उसे देखा, "तुम एक बहुत बड़े पहिये की छोटी-सी घिर्री हो। तुम घूमने से इंकार कर दोगे, तो पहिया रुक जाएगा?...अभी मैं चीखने लगूँ कि यह क्या हो रहा है? पैंतालीस साल की थुलथुल, गन्धाती औरत मेरे सामने नोटों का बंडल फेंककर हुक्म देती है, उतारो कपड़े!...तुम देखती नहीं, मैं कितना सॉफिस्टीकेटिड हूँ! मेरा टेस्ट कितना नफ़ीस है! मेरी

सेंसिबिलिटी कितनी रिफाइंड है! मैं यह बर्दाश्त कर सकता हूँ कि तुम मुझे छुओ?...पर अगर मैं यह कह दूँ, तो मुझे किसी पूरबी उपनगर के गेस्ट हाउस में चारपाई नम्बर तेरह पर जाना पड़ेगा। प्रिंसेस स्ट्रीट में नौकरी करनी पड़ेगी। सात चालीस की लोकल पकड़ने के लिए साढ़े पाँच बजे उठना पड़ेगा।'' नील ने भोला को देखते हुए दो क्षण का विराम दिया, ''अगर तुम हज़ार रुपये महीने के चौकीदार होते, तो अभी रात के एक बजे इमारत के अहाते में घूमते हुए फर्श पर लाठी ठोक रहे होते। आधा दर्ज़न लोगों के साथ कुठरिया में पड़े होते, सुबह संडास की आधा मील की लाइन में लगते। पत्नी के साथ फ़्लैट में रहना सपना नहीं, पागलपन होता...अभी तुम्हारी आत्मा क्रन्दन कर रही है। छोड़ दो रातरानी। मुर्तज़ा को मुश्किल होगी? तुम्हारी जगह भरने के लिए सौ लोग गुहार लगाएँगे।''

भोला चुपचाप सामने देख रहा था।

भोला ने फ्लास्क से बड़ा घूँट लिया, ''हमारे यहाँ नया लड़का आया है—शकील। अभी मसें भीग रही हैं। बहुत हँसमुख है। सब उसे पसन्द करते हैं। मैंने पूछा, कोई और काम नहीं मिला, तो बोला, घिस-घिसके नहीं जीना चाहता, अकड़ के जीना चाहता हूँ, चाहे ज़िन्दगी छोटी ही हो।''

चक्का साधे नील ने हल्की मुस्कान दी।

भोला ने हाथ बढ़ाकर ठंडक बन्द कर दी और काँच खोल दिये। हवा के ठंडे झोंके भीतर भर गये।

मैरिन ड्राइव की रोशनियाँ तेज़ी से पीछे छूट रही थीं। आधी रात की खामोशी में महानगर के सबसे सम्पन्न इलाके में सिर्फ़ वाहनों की प्रभुता थी। दिन में सड़क पर बजबजाते आदमीनुमा कीड़े अपने बिलों में छिपे थे...

''कितना शोर है!'' भोला ने अपने कानों पर हाथ रखा।

साइकैडेलिक रौशनियों वाले डिस्को में ऊँचे संगीत-सुर उन्मत्त वन्य पशुओं की तरह सींग फैलाये एक-दूसरे को खदेड़ रहे थे। सामने युवाओं की एक टोली थी—नाच में हाँफती। बीच-बीच में शैम्पेन से गला तर करती। सीने के खुले बटनों वाले नौजवान पर आतिथ्य क़ी ज़िम्मेदारी थी, जिसके सामने वेटर अनुग्रह से झुका जा रहा था।

''एक शाम की क़ीमत पच्चीस हज़ार...'' नील ने भोला से कहा।

...ओबेराय के पीछे से कार मुड़ी, तो पीपा झलक गया, जिसे तीन-चार

छोकरे खँगाल रहे थे। एक के हाथ कुछ लग गया था, जिसे वह तन्मयता से बकर-बकर चबा रहा था।

"देख रहे हो?" नील ने पूछा।

भोला ने हामी में सिर हिलाया।

वीटी के पास जीपीओ वाली सड़क पर पान के लिए भोला ठहरा।

"सेठ, बैठने का?" चमकीली साड़ी और पाउडर-पुते चेहरे ने पूछा।

कैपिटल से मोड़ लेती कार में भोला बुदबुदाया, "दुनिया की सारी लड़ाई बस, यहीं सिमटकर रह गयी है—पेट, और उससे नीचे की जगह।"

'हर तरफ़ से फ़ौजे-ग़म ने आके घेरा है मुझे
दे पनाह या रब शहीदे कर्बला के वास्ते
मैं बहुत हैरान हूँ कर रहम की मुझ पर नज़र
बाक़रो जाफ़र अली मूसा रज़ा के वास्ते...'

मांडवी के आगे दुकान के पटरे पर दो-तीन लोगों का गाना चल रहा था।

यकायक पुलिस का सायरन सुनाई दिया और एक पद्‌मिनी ने आकर ब्रेक लगाये। पिछले पहिए कुछ इंच घिसटते गये और सायरन के पास आने के साथ पद्‌मिनी से दो लोग दो दरवाज़ों से निकले और विपरीत दिशाओं में भागे। नील ने वैसे ही गति बनाये रखी। पीछे पुलिस जीप के रुकने की आवाज़ आई। फिर एक गोली चली...

"क्या हो सकता है?" नील ने पूछा।

"किसी की खेप आई होगी।" भोला ने कहा,"कपड़े के थान यहाँ एक-एक घर में बाँट देते हैं। घंटे-भर में छोटी साइज का कट जाने पर ले जाते हैं और औरतों और बूढ़ों को दो पैसे मिल जाते हैं।"

माफ़िया के पनपने और एकछत्र सत्ताधारी बनने के लिए सबसे उपयुक्त महानगर यही है। यहाँ से आधी रात के बाद तक सुदूर उपनगरों को जानेवाली लोकल गाड़ियाँ हैं, देश के सब प्रमुख नगरों को जोड़नेवाली रेल सेवाएँ हैं, अन्तर्राष्ट्रीय हवाई अड्डा और बन्दरगाह है, लम्बा सागर-तट है, जिसकी निगाहबन्दी मुमकिन नहीं। नागरिक कानून के पाबन्द और होनी-अनहोनी से तटस्थ, अपने काम-से-काम रखनेवाले हैं। ऐसी मनोवृत्ति माफ़िया का सुरक्षा-कवच है। ज़मीन का टुकड़ा सोने की खान-सा बहुमूल्य है। जन क्योंकि ज़रूरत से बेहद ज़्यादा हैं, इसलिए जान कीड़े-मकोड़े-सी सस्ती है। यह महानगर देश के कुल आय-कर का चालीस से भी ज़्यादा प्रतिशत देता है। यहाँ वैभव की सर्वग्रासी चमक है और ग़रीबी का नागपाश भी उतना ही दारुण। देखते-देखते मुद्रासम्राट बन जाने

वाले सटोरियों, तिकड़मियों, तस्करों और अपराध सामन्तों की मर्मस्पर्शी किंवदन्तियाँ हैं, जो भूखे पेट में महत्त्वाकांक्षा की अतिरिक्त अग्नि जुटाती हैं। तभी दस हज़ार के लोभ में बेकार नौजवान बरसों के लिए जेल जाने की जोखिम उठा लेता है। ऐसे नेता और अफसर हैं, जो भ्रष्ट होने को गर्मजोशी से तैयार हैं। सौ साल पुरानी इमारतों के लम्बे साये, अँधेरे कोने, पुरपेच गलियाँ, और कीड़ों की तरह खदबदाता जनसमूह—माफिया की रमणीय, पावन लीलाभूमि...

''नील, मेरी बाँहों में आ जाओ।'' हस्तिनी नायिका ने कामुक मुस्कान से आह्वान किया।

...नील की आँखें खुल गयीं।

वह अपने निजी शयनकक्ष में अकेला और सुरक्षित था। वहाँ कोई नहीं था, जो उसे अनचाहे स्पर्श के लिए मजबूर करे।

उसने घड़ी देखी। आठ बज रहे थे।

सुबह-सुबह ऐसा काला सपना संगीन अपशकुन है, उसने सोचा।

उसने बेसिन के सामने आ मुँह पर पानी के छींटे मारे, फिर रसोई में आ पर्कोलेटर का बटन दबा दिया।

वह दरवाज़े के नीचे पड़ा अख़बार उठा रहा था कि फ़ोन की घंटी बजी।

''मिस्टर माथुर?'' नारी-स्वर ने पूछा।

''बोल रहा हूँ।''

''मुझे आज की बुकिंग चाहिए।''

उसने डायरी देखी, ''कितने बजे?''

''दोपहर को तीन-सवा तीन पर।''

उसने नोट करते हुए कहा, ''ठीक है।''

वह फ़्लैट उसके लिए बहुत कल्याणकारी साबित हो रहा था। बुकिंग में तीव्रता आ गयी थी। यहाँ वह दूसरे शयनकक्ष का व्यवहार करता था, जिसके लिए ग्राहक को देखकर एक हज़ार या उससे ऊपर अतिरिक्त भुगतान लेता था। अपने निजी शयनकक्ष में ग्राहक को ले जाना उसे पसन्द नहीं था। उसे यह भी पसन्द नहीं था कि ग्राहक रात को यहीं सो जाए। हालाँकि कल वैशाली ने अतिरिक्त पारिश्रमिक के साथ ऐसी पेशकश रखी थी। पर उसने नींद आने का बहाना बना दिया।

''तो तुम सो जाओ।'' वैशाली ने मुस्कराकर कहा, ''मैं सिर्फ तुम्हारे पास पड़ी रहूँगी।''

''क्या है कि दूसरा कोई बिस्तर पर हो, तो मुझे नींद नहीं आती।''

''अच्छा? औरतों की सर्विस चलाते हो और उन्हीं से ऐसा परहेज?''

वह कह नहीं पाया कि अपनी सर्विस से जुड़ी निन्यानबे प्रतिशत स्त्रियों से उसे परहेज ही नहीं, वितृष्णा है।

उसके निजी शयनकक्ष में अब तक सिर्फ एक ही स्त्री जा पाई थी—पारुल।

मंगलमय बात यह थी कि मिलन-स्थल के रूप में पारुल को सी-ब्रीज ज़्यादा उपयुक्त लगता था। वहाँ ज़रूरत होने पर मेरी सेक्रेटरी मुझे एकदम फ़ोन कर सकती है—उन्होंने कहा था।

नेबुला में पारुल तीन बार आयी थीं और हर बार फ़ोन करके। दूसरी बार उनके आने में पच्चीस मिनट का समय था और तीसरी बार सिर्फ़ दस मिनट का। उस बेचारी ग्राहक को क्षमा माँगते हुए उसने जल्दी-जल्दी पिछले दरवाज़े से सर्विस लिफ़्ट की ओर ठेला था।

''कौन आ रही है, जिसके डर से मुझे भगा रहे हो?'' ग्राहक ने रुखाई से आपत्ति की, ''क्या तुम उसके 'कीप' हो?''

''ऐसा ही समझ लीजिए।''

''हमने भी पूरा मेहनताना दिया है।'' वे नाराज़ हो गयीं।

''आप आधा वापस ले लीजिए...या पूरा ले लीजिए।'' उसने नोट आगे बढ़ा दिये।

उन्होंने लाल-लाल आँखों से उसकी ओर देखा। फिर लिफ़्ट का दरवाज़ा बन्द करते हुए कहा, ''अब मैं कभी तुम्हारी सर्विस नहीं लूँगी।''

दो दिन सोच-विचार करने के बाद नील ने जवाबी मशीन लेकर फ़ोन के साथ संलग्न कर दी थी। अब ग्राहक की मौजूदगी में वह फ़ोन नहीं उठाता था। जानता था कि इससे दूसरी किस्म की गड़बड़ियाँ होंगी, पर कोई उपाय नहीं था।

दरवाज़े की घंटी बजी।

कौन है—उठते हुए उसने सोचा। दूध कल ही एक लीटर लेकर फ्रिज में रख दिया था और हिदायत दे दी थी कि अब तीसरे दिन ही आना।

उसने छेद से नहीं झाँका, सीधे दरवाज़ा खोल दिया।

''गुडमार्निंग...'' पल्लू से सिर ढँके, हाथ में सूटकेस लिये पारुल खड़ी थीं।

वह स्तब्ध रह गया।

''मैं तीन दिन के लिए नाथद्वारा चली गयी हूँ।'' भीतर आ दरवाज़ा बन्द करते हुए पारुल चहकीं, ''ऐसा पक्का बन्दोबस्त किया है कि इंटरपोल भी नहीं पकड़ सकती।''

उसके चेहरे का भाव देखकर पारुल की फैली बाँहें जहाँ-की-तहाँ रह गयीं।

"पारुल, ऐसे नहीं करना चाहिए।" उसका गला सूखने लगा था।

उसकी ओर देखते हुए पारुल के नक्श पिघलने लगे, "कल करवाचौथ है। मैं तुमसे दूर कैसे रह सकती हूँ?"

वह सोच नहीं पाया कि अब क्या कहे।

"डर लग रहा है?" पारुल उसे बाँहों में बाँधते हुए मुस्कराईं "...कि तीन दिन का बहाना करके कहीं हमेशा के लिए गले न पड़ जाए?"

उसने गहरी साँस ली।

घंटे-भर बाद गेट से आते हुए उसने चौकीदार की आँखों में एक पल को झलकता कौतूहल देखा। सोच रहा होगा, साहब के पास कैसी-कैसी औरतें आती हैं! एक तो आज सूटकेस लेकर ही आ गयी है। ये साहब करते क्या हैं? दफ़्तर तो जाते कभी देखा नहीं। फ़्लैट है, गाड़ी है, कपड़े कैसे सजीले पहनते हैं! सब मायानगरी का चमत्कार समझो!

लिफ़्ट में आकर उसने बटन दबाया।

बाहर निकलकर एक के बाद एक फ़ोन किये थे। अगले तीन दिन की घर की सारी भेंटें कैंसिल करनी पड़ी थीं।

पारुल के प्रति खिन्नता उपजने लगी। उनका असंयत व्यवहार, जो सूटकेस देखकर आशंका ले आया था, अब मद्धिम डर में बदलने लगा। इतने बड़े औद्योगिक घराने की स्त्री के साथ यह अँधेरे का जमा हुआ रिश्ता है, ज़रा-सी धूप पाकर पिघल गया, तो उसका क्या होगा?

वह लिफ़्ट से निकलकर अपने दरवाज़े के सामने आया। जेब में हाथ डाला, तो चाबी नहीं थी। एक पल को अच्छा लगा कि उसके घर में भीतर से दरवाज़ा खोलनेवाला कोई है—भोला की शालू के समान, लेकिन इस सुहाने एहसास के अंजाम कितने संजीदा हो सकते हैं...

उसने घंटी के बटन पर उँगली रखी, तो दरवाज़ा आधा इंच खुला।

"किससे मिलना है?" पारुल की चहक सुनाई दी।

अपने क्षोभ के बावजूद नील का मन तरल हो आया। उनकी चपलता के प्रति सर्द होना क्रूर लगा।

"साहब हैं?" उसने खुशमज़ाकी का अभिनय किया।

"वो तो बाहर गये हैं जी!"

"आप कौन हैं?"

"आप भी कमाल करते हैं जी! घर में घरवाली नहीं होगी, तो और कौन होगा?"

वह भीतर घुसने लगा, तो स्टीरियो पर चलती शहनाई की धुन कानों में भर गयी। अगले ही क्षण वह फिर स्तब्ध रह गया।

पारुल वधू के वेश में सामने थीं। नीचे से ऊपर तक आभूषण। लम्बे घूँघट से सिर्फ़ चिबुक दिखाई दे रही थी।

वे लचककर मुड़ीं और उसके निजी शयनकक्ष की ओर बढ़ने लगीं।

हे प्रभु, मैं क्या करूँ—उसने सोचा।

जब वह धीरे-धीरे भीतर आया, तो पारुल ठेठ दुल्हनियाँ अन्दाज़ में बिस्तर पर बैठी थीं। ऊपर पुष्पलड़ियाँ झूल रही थीं। सेमल के तकियों पर नये गिलाफ थे। शैय्या पर पंखुरियाँ बिखरी हुई थीं।

कमरे में अगरबत्तियों की महक फैली थी।

"पारुल, यह क्या हो रहा है?" उसका स्वर स्थिर था।

वे चौंक गयीं। घूँघट की ओट से उसकी ओर देखा। फिर आँखें झुका लीं।

"गठबन्धन करके नयी-नवेली दुलहन को लाये हो। अब उसका घूँघट उठाने की बजाय उल्टे-सीधे सवाल कर रहे हो?" अब स्वर में चंचलता नहीं, उसे बनाये रखने की हताश कोशिश की।

वह धीरे-से बिस्तर के सिरे पर बैठ गया।

पारुल की साँसों से वक्ष के आभूषणों में हल्का स्पन्दन हुआ।

"यह सब...हमें शोभा देता है?" वह 'तुम्हें' कहने जा रहा था, पर यकायक साहस छोड़ बैठा।

"हाँ, देता है।" पारुल ने तमककर कहा, "मुझे थोडी खुशी पाने का अधिकार क्यों नहीं है?"

"खुशी का मतलब ऐसे स्वाँग भरना है?"

"क्या?" पारुल आहत होकर उसकी ओर देखती रह गयीं, "तुमने मेरी...भावना को ऐसा नाम दिया?"

"क्या सचाई इस तरह झुठलाई जा सकती है?"

"हाँ।" हताशा में आवेग सघन हो गया था, "मैं अपनी एक-एक स्मृति नोंचकर फेंक देना चाहती हूँ...मैं अपने मन में नये अंकुर रोप रही हूँ और तुम हो कि छिड़काव करने की बजाय..." और वे हथेलियों में मुँह छिपाकर फफक उठीं। कंगन और पहुँचियाँ खनकीं। फिर सिसकियों के उत्ताप से दब गयीं। झुकी हुई पीठ रह-रहकर हिल उठती थी।

उसका मन भर आया, जिसमें अपना अपराध-बोध घुलमिल रहा था।

''पारुल...'' उसने कन्धे पर हाथ रख दिया।

सिसकियाँ नहीं थमीं। घायल पंछियों की तरह पड़ फड़फड़ाती रहीं।

''माफ़ कर दो...''

उसने आँसुओं से भीगा मुँह अपने सीने से सटा लिया। पारुल की आँखें बन्द थीं, पर भीतर जैसे आँसुओं की नस कट गयी थी...एक के बाद एक बूँद कपोल से टपककर अधखुले घूँघट में जज्ब हो जाती थी। झूमर टेढ़ा हो गया था...

यकायक पारुल सीधी हुईं और स्नानघर में चली गयीं। गहनों के झलर-मलर पर दरवाज़ा बन्द हो गया।

वह चादर की ओर देख रहा था, जिस पर शिकनों के बीच कुछ पंखुरियाँ मसल गयी थीं।

आसपास सन्नाटा था। बस, शहनाई के धीमे सुर वातावरण में रुई के रेशों की तरह भरे हुए थे।

उसने उठकर बटन दबा दिया। मौन अचानक भारी हो गया—और गहन।

''देखा मेरा नसीब?'' पारुल बाहर निकलीं, ''मुझे इमोश्नली डिस्टर्ब कर दिया...और सुहागरात पर मेरे पीरियड्स आ गये...''

''मैं तुम्हारा बहुत आभारी हूँ।' जयन्त ने कहा, ''तुमने मेरा टूटता घर बचा लिया है।''

दो पलों को नील की साँस और धड़कन रुक गयी।

वह बेहद थरथराती आशंका के साथ यहाँ आया था। गहरी मजबूरी के भाव से। एक-दो बार सोचा था, भोला को बुला ले, ताकि वह सड़क के किनारे से उस पर नज़र रख सके। अगर जयन्त उसका गला घोंटने की कोशिश करे, तो भोला लपककर उसे बचा ले। फिर अपने डर पर काबू पाने की प्रक्रिया शुरू हुई। जब बाँबी में हाथ डाला है, तो फुफकार से कैसे बचोगे?

जब सुबह फ़ोन की घंटी बजी, तो सहज भाव से रिसीवर उठाते हुए उसने सोचा—कौन-सी क्लाइंट होगी, नयी या पुरानी?

''जयन्त...'' दूसरी ओर से आवाज़ आयी, ''रात साढ़े-नौ बजे एनसीपीए के सामने पैरापेट पर मिल सकते हैं?''

उसे जैसे बिजली का झटका-सा लगा।

''अच्छा...'' अटककर सूखे गले से एक ही शब्द निकल पाया।

क्या यह मेरी ज़िन्दगी का आख़िरी दिन है—रिसीवर रखते हुए उसने सोचा।

फिर थोड़ी उधेड़बुन के बाद लगा कि नहीं, उस समय तो समुद्र-तट पर आसपास काफ़ी लोग होते हैं। अगर जयन्त का लक्ष्य प्रतिशोध होता, तो किसी सुनसान जगह उसे तलब करता।

फिर भी कार से उतरकर आगे बढ़ते हुए उसके पाँव शिथिल हो रहे थे।

हल्के अँधेरे में जयन्त हाथ सीने पर बाँधे खड़ा था। उसके चेहरे पर क्या भाव है, दिखाई नहीं दिया।

छोटे-छोटे क़दमों से नील पास आकर रुक गया।

कुछ क्षण मौन रहा।

...जयन्त के शब्द अभी भी हवा में तैर रहे थे...लहरों पर डगमगाती काग़ज़ की किश्तियों की तरह।

''ज़िस दिन तुम हमारे घर की पार्टी में आये थे, उसी दिन पारुल ने मुझसे ज़िद की थी कि वह अलग रहना चाहती है...'' जयन्त सिगरेट सुलगाने लगा, ''हफ़्ते-भर के भीतर उसमें सुहानी तब्दीलियाँ दिखने लगीं...'' यकायक वह अटका। आगे जो कहने जा रहा था, उसे रोक लिया। कुछ पलों के बाद सधे हुए ढंग से जोड़ा, ''मेरा तुमसे एक ही आग्रह है। उससे 'डिस्क्रीट' होने के लिए कहो। टाउन में तुम्हें बगल में बैठाये घूमना, होटलों में हमारे बगल में तुम्हारे लिए कमरा बुक करवाना, ज़्यादा घंटों के लिए ऑफिस या घर से गायब हो जाना— ये बातें गलत हैं। यह मैट्रोपोलिस हमारे जैसे लोगों के लिए गाँव की तरह है। उसे समझाओ कि सी-ब्रीज़ या नेबुला में घुसे रहना ज़्यादा सुरक्षित है।''

हवा के तेज़ झोंकों के बावजूद नील को अपना मुँह सूखता-सा लगा।

दाईं ओर अर्धचन्द्राकार क्वींस नैकलेस था, उससे आगे मलाबार हिल की झिलमिलाती रोशनियाँ। दोनों के बीच में तरल अँधेरा भरा था।

क्या जयन्त भी मेरे अँधेरे रिश्ते का ही विस्तार है—उसने ब्लैक कौतुक से सोचा।

''मुझे नहीं मालूम, तुम मेरे बारे में कितना जानते हो।'' अब जयन्त उसकी ओर देखने लगा था, ''पर मैं कुछ बातें साफ़ कर देना चाहता हूँ। मेरी व्यक्तिगत ज़रूरतें बहुत कम हैं। फिर मुझे डायबिटिज़, हाइ ब्लडप्रेशर और हार्टट्रबुल भी हैं। मेरी ज़िन्दगी का एक ही पैशन है—मेरा काम।''

नील चौंक गया। जयन्त के स्वर में पहली बार भावना का तीखापन आया था।

''मैं लालच को बहुत पवित्र भावना मानता हूँ। यही हमें अपनी पहुँच से बाहर हाथ बढ़ाने के लिए प्रेरित करती है। एक के बाद एक रुकावटें पार करने की सामर्थ्य देती है। मुझमें बहुत लालच है—अपनी शक्ति बढ़ाने के लिए। आज हमारे उद्योग समूह में सात हज़ार कर्मचारी हैं। मैं उनकी नियति का नियामक

हूँ। अगले कुछ सालों में मैं यह संख्या दुगनी कर देना चाहता हूँ। पर पारुल बीच-बीच में अपनी बहकी बातों से मेरी एकाग्रता तोड़ देती है, शक्ति बढ़ाने के मेरे तप को भंग कर देती है।...उसके अलग होने का मतलब तुम जानते हो?"

जयन्त के स्वर में पैनी थर्राहट थी। नील उसकी ओर देखता रह गया।

"हमारे एसैट्स का बँटवारा होगा। मेरी शक्ति एक-तिहाई रह जाएगी।"

कुछ क्षण मौन रहा।

अब जयन्त के चेहरे पर अँधेरे रिश्ते की वही छाया घिर आयी थी, जिससे नील ग्रसित था।

जयन्त ने घड़ी पर निंगाह डाली। फिर जेब से एक बंडल निकालकर उसके हाथों में रखते हुए आवेग से कहा, "मेरा घर न टूटे, इसके लिए मुझे तुम्हारी मदद चाहिए।"

"शहनाज..." उसने पब्लिक बूथ से कहा, "मेरी आज की बुकिंग कैंसिल कर दें, तो बड़ी इनायत हो।"

"क्यों?" शहनाज चौंक गयीं।

"मेरा मन डावाँडोल हो रहा है।"

"हुआ क्या?"

"कुछ ऐसा, जो नहीं होना चाहिए।"

"यार, पहेलियाँ बुझा रहे हो।"

वह चुप रहा।

"तुम्हारे इमोशनल पीरियड्स आ गये हैं क्या?"

उसने हँसकर रिसीवर रख दिया।

बिज़नेस डिस्ट्रिक्ट सूना हो गया था। गगनुचम्बी इमारतों में प्रकाश का जीवन था, लेकिन स्पन्दन नहीं। सन्नाटे में डूबी वे अजीब ढंग से अभिशप्त दिखाई दे रही थीं। ऊपर आकाश छाया था। वैसा ही विराट और सूना।

नील को अपना आप बहुत अकेला और निरीह लगा। जैसे कांक्रीट-काँच के इस जंगल में वह घायल छोड़ दिया गया हो।

यकायक उसमें कहीं और जाने की आकांक्षा जागी—अपनी अँधेरी दुनिया से दूर...

"देखो तो, कौन आया है!" मोहिनी दरवाज़े से चहकी।

कुर्ता-पाज़ामा पहने परेश ड्राइंगरूम में निकल आया, ''ओह नील...'' और ठेठ दिल्लीवाले अन्दाज़ से गले मिलने लगा।

''जब हम राह देखते हैं, तो चकमा दे जाते हो।'' मोहिनी ने उलाहना दिया।

''ऐसा कब हुआ?'' नील बैठने लगा।

''इतवार को मैं सरसों का साग और मक्की की रोटी बनाये बैठी रही।''

''माफ़ करो। उस दिन कुछ ज़रूरी काम निकल आया था।''

एक अदद पत्नी और एक अदद पति मिलकर अपने में एक सम्पूर्ण इकाई बन जाते हैं, यह एहसास उसके भीतर मोहिनी-परेश को देखकर ही जागा था। अब वे दोनों सोफ़े पर सामने बैठे थे—एक-दूसरे से सटे, हाथ थामे। उनके बीच साहचर्य की जो ऊष्म तरंगें थीं, उनसे घर भी थरथराता मालूम देता था।

इस घर में आकर उसे ज़िन्दगी में आस्था होने लगती थी। विवाह के प्रति आकर्षण पनपने लगता था।

परिणय के बाद भोला की बढ़ती हुई तृप्ति भी वह देख रहा था, लेकिन मोहिनी के प्रति परेश की प्रतिबद्धता उसे मुग्ध कर देती थी।

और मेरी प्रतिबद्धता कैसी है—अपनी काली मन:स्थिति की कड़वाहट में उसने सोचा। मैं अपने भावनाहीन स्पर्श का भुगतान लेता हूँ, थोड़े भावनाओं वाले स्पर्श लेने वाली स्त्री से मूल्यवान भेंट लेता हूँ और आज उस स्त्री के पति से अपने अँधेरे रिश्ते को बाहरी धूप से बचाये रखने के लिए मैंने रिश्वत ली है।

जेब का वह बंडल आज उसे काँटों-सा चुभने लगा।

गलाज़त की कितनी हदें वह एक के बाद एक पार करता जा रहा है।

''क्या पियोगे नील?'' परेश ने पूछा।

वह सिगरेट जलाता हुआ ठिठक गया, ''तुम दोनों सजे-धजे हो। शायद कहीं जाना है... मैं दस मिनट में चला जाऊँगा।''

मोहिनी मुस्कराई, ''तुम हमारे साथ ही जा रहे हो।''

नील मोहाविष्ट बैठा था।

तानों के सुर उसे घेरे हुए थे। उन्होंने उसके इर्द-गिर्द फूलों की बाड़-सी बना दी थी। वे उसकी चेतना पर छाये जा रहे थे। उसकी तप्त आत्मा पर गुलाब-जल की तरह छिड़काव कर रहे थे।

तानपुरा नैन की गोद में था। उंगलियाँ धीरे-धीरे तारों को छेड़ रही थीं। पलकें मुँदी थीं। पतले-पतले अधर खुलते और बन्द होते थे।

अजीब-से उत्तेजित आनन्द से नील विह्लल होने लगा। पर यह विह्ललता भी अजीब थी—बेकल करने की बजाय अनिर्वचनीय सुख से स्थिर करती जा रही थी। उसके विभोर मन को थपकी देकर सुला रही थी।

स्त्री के सौन्दर्य की ऐसी किस्म वह पहली बार देख रहा था।

नैन साँवली और सामान्य थी। पर नील को उसमें अदम्य आकर्षण लगा। उसका नामकरण बहुत सोच-समझकर किया गया होगा। पूरे चेहरे में आँखें विशिष्ट और ध्यानाकर्षी थीं। लहरते हुए लम्बे बाल कन्धों पर झूल रहे थे। माथे पर बड़ी-सी बिन्दी थी। कुल लिाकर बहुत पावन लावण्य।

नील के मुँह से गहरी साँस निकल गयी।

नैन के पीछे बड़ी स्लाइडिंग खिड़की थी। बाहर आकाश जहाँ सितारे टिमटिमा रहे थे।

नील को ये सुर ऐसे ही प्रदीप्त लगे।

वे लम्बे-चौड़े ड्राइंगरूम में भरे हुए थे, अल्हड़ हिरण-शावकों की तरह अठखेलियाँ कर रहे थे। मनोरम कन्दुकों की तरह एक दीवार से दूसरी पर उनका नर्तन चल रहा था...

तालियों के साथ उसकी भाव-समाधि टूटी।

"आज मुझे बहुत शान्ति मिली।" नील ने अटककर कहा।

नैन ने अपनी बड़ी-बड़ी आँखें उठाकर उसकी ओर देखा।

"लैंडिंग होगी।" मुर्तज़ा ने फ़ोन का रिसीवर रखते हुए उत्तेजना के साथ कहा।

भोला को अपने पाँव शिथिल होते हुए लगे, पर नज़ीर फ़ौरन उठ खड़ा हुआ।

"मैं तीन-चार फ़ोन कर लूँ?"

मुर्तज़ा वहीं फ़ोन के पास खड़ा रहा। जो नम्बर नज़ीर मिला रहा था, उस पर मुर्तज़ा की निगाह थी।

आधी रात के बावजूद मलाड का सनशाइन बार भरा हुआ था। बातचीत और हँसी-ठहाकों के बीच अँग्रेज़ी संगीत भी चल रहा था, जिसके बोल भोला की समझ में नहीं आये थे। डमरू की ऊँची थापों के बीच वह सिर्फ़ 'लव लव लव' ही समझ पाया था।

तीन दिनों से लैंडिंग का तनाव चल रहा था, जिसकी जगह इस बार मड आइलैंड निर्धारित हुई थी। एजेंट नज़ीर था।

इस बार भी मुर्तज़ा और इलियास के बीच बहस हुई थी। सत्तार के ख़तरे और कस्टम की गर्मी के कारण मुर्तज़ा कारगुजारी का विरोध कर रहा था, पर इलियास मानसून की छुट्टी से पहले एक खेप लाना चाहते थे। ऐसा लालच भोला की समझ में नहीं आया। इन्हें क्या कमी है, जो ये ख़तरे से खेलना चाहते हैं? मुर्तज़ा का दूसरा विरोध लैंडिंग की जगह को लेकर था। इस बार वह बान्द्रा का समर्थन कर रहा था, पर वहाँ के एजेंट में इलियास की आस्था नहीं हुई।

पन्द्रह दिन पहले इसी बार में वह मुर्तज़ा के साथ नज़ीर से मिलने आया था। दुबला, गोरा नज़ीर उसे काफ़ी मासूम-सा लगा। बस, उसके दाएँ गाल पर पुराने घाव का रुपए के बराबर टेढ़ा चिह्न था।

यहाँ से माल लेकर डाउ 'सन्त ज्ञानेश्वर' छह दिन पहले चली गयी थी। कल किट्टू एक-दो दिन के लिए दुबई जा रहा था।

"मुझे नज़ीर पर एतबार नहीं हो रहा।" पेशगी देने के बाद वापस लौटते हुए मुर्तज़ा ने टिप्पणी की।

भोला अपनी आशंका से सहमा हुआ था। अगर कोई अनहोनी हो गयी तो?

अब घर उसके जीवन की धुरी हो गयी थी, जहाँ शालू थी। रात के दस बजते और वह बेचैन होने लगता। शालू अकेली होगी। उसे पता था, उसके घर पहुँचने तक शालू सो नहीं पाती। आख़िरी 'नमस्कार' तक टीवी देखती रहती है। फिर किसी फ़िल्म की कैसेट लगा देती है। अक्सर उसके साथ के लोभ में खाना भी नहीं खाती। फिर तीन बजे जब सारी इमारत सोई रहती है, उनकी रसोई में खाना गर्म होता है।

उसने शालू को समझाया था, तो जवाब मिला, "मय ने क्या अकेले खाने और अकेले सोने के वास्ते शादी बनाई है?"

बस, अच्छी बात यह थी कि शालू में कहीं शिकायत नहीं थी। उसने जैसे का तैसा सब स्वीकार कर लिया था।

अब अपने साफ़-सुथरे घर में शालू जैसे इतराती घूमती, उससे भोला विभोर हो जाता। उसने कई तरह के अचार डाले थे, बड़ी-पापड़ बनाये थे, मेज़पोशों-गिलाफों पर बेलबूटे काढ़े थे।

"मय घर की रानी है।" शालू की दर्पोक्ति पर वह मुस्करा देता।

उसने चन्दा को समझाकर छोटा-सा पत्र लिखा था। उत्तर आ गया था कि माँ-बहन शालू से मिलने को व्याकुल हैं। भोला ने सोचा था, हफ़्ते-भर को शालू को लेकर 'मुलुक' जाएगा।

"मय डॉक्टरनी के पास अकेली जाएगी क्या?" तीन दिन पहले शालू ने लाजभरी टिप्पणी की।

भोला आँखें फाड़े देखता रह गया। फिर हिचककर उसे कलेजे से लगा लिया।

मेरा घर बस गया है—उसने गीली आँखों के साथ सोचा।

''सिगनल मिल गया है।'' नज़ीर ने कहा।

सागर के ऊपर अँधेरे का पारावार था। बहुत दूर 'सन्त ज्ञानेश्वर' की रोशनी ने तीन बार संकेत किया था। भोला को वह लकीर खिंचते जुगनुओं-जैसी मालूम दी। अगर वह अकेला होता, तो ऐसा संकेत नहीं पकड़ पाता।

नज़ीर ने सिगरेट निकाली, तो भोला को भी हौसला हुआ। उसके माथे की नस तड़क रही थी। तलुओं से रह-रहकर दुर्बलता की झुरझुरी उठती। वह बार से निकलते हुए कोकीन का पान खा चुका था, पर थोड़ी-सी देर बाद ही उँगलियाँ अशक्त लगने लगी थीं।

''लो।'' उसकी भरी हुई सिगरेट नज़ीर ने जला दी।

तट अँधेरा और सुनसान था। जहाँ चाँद को होना चाहिए था, वहाँ बादल छाये हुए थे। बालू का सिलसिला जहाँ ख़त्म होता था, वहाँ गाड़ियाँ खड़ी थीं—एक ट्रक, चार एम्बेसेडर और तीन पद्मिनी। मज़दूर भी वहीं थे।

''मुर्तज़ा भाई, जाइए।'' नज़ीर का सहायक मुन्ना किनारे से दौड़ता हुआ आया।

मुर्तज़ा तेज़ क़दमों से आगे बढ़ गया।

लहरों के आख़िरी छोर का कानों से ही आभास मिलता था, आँखों से नहीं। मद्धिम, गिलगिली-सी ध्वनि थी, जैसे थकी हुई नागिनें हाँफ रही हों।

यकायक मोटरबोट का इंजन घनघनाया, तो भोला के रोंगटे खड़े हो गये। फिर किनारे से टकराने वाली लहरों की हिलोर में अपेक्षाकृत तेज़ी आ गयी।

नहीं, मेरे डर का कोई आधार नहीं है—भोला ने सोचा।

लैंडिंग का आदेश मिलने से पच्चीस मिनट पहले मुर्तज़ा ने कस्टम के नाइक के घर फ़ोन किया था और बार का नम्बर छोड़ दिया था। पाँच मिनट बाद नाइक ने पब्लिक बूथ से सूचना दे दी—नहीं, आज मड जेटी 'गर्म' नहीं है। वर्ली से टाटा थियेटर तक का घेराव है। मुर्तज़ा ने फौरन इलियास को इत्तिला दी थी। उन्होंने कहा था, वे आधे घंटे के भीतर फ़ोन करेंगे।

शाम से इलियास रातरानी में ही थे। एक-एक करके बीयर की बोतलें ख़त्म हो रही थीं। उंगलियों में दबी एक सिगरेट राख हो जाती, तो वे नयी जला लेते। फ़ोन घनाघन बज रहे थे। थोड़ी देर को कामथ भी आये थे। मड के क्षेत्र में गश्त

के न होने का दिलासा उन्होंने दिया था। दुबई से यकायक इम्तियाज़ का फ़ोन भी आ गया था। दूसरे कमरे में जाकर मुर्तज़ा ने बात की थी।

अतिरिक्त तनाव का कारण भोला को दिन में मालूम हो गया था। इस खेप में चार-पाँच लोगों की सिंडीकेट शामिल नहीं थी। पूरा इनवेस्टमेंट और सारा ख़तरा इलियास अकेले झेल रहे थे।

"मुर्तज़ा भाई का सिगनल हो गया।" नज़ीर ने कहा।

इस बार भोला को जुगनुओं-जैसा संकेत दिखाई नहीं दिया। मुन्ना फिर किनारे की ओर दौड़ रहा था।

चार-पाँच क्षण बाद फिर मोटरबोट का इंजन चालू हुआ।

अचानक भोला को पेशाब महसूस हुई। नसें सख़्त करते हुए उसने सोचा, नहीं, यह कुछ नहीं। सिर्फ़ मेरी कमजोरी है।

बार-बार शालू का चेहरा सामने आ रहा था।

उसने गहरा कश लिया। फिर सिगरेट नीचे मसल दी।

कल सुबह ही शालू को लेकर डॉक्टरनी के पास जाएगा। पिछले तीन दिन तनाव-भरे ढंग से व्यस्त थे। कल निकलेगा, तो शालू को घुमा भी लायेगा।

उसका ध्यान छप-छप से टूटा, जो किनारे पर आती हुई नाव से हो रही थी। मजदूरों का झुंड तेज़ी-से किनारे को बढ़ रहा था। देखते-देखते उन्होंने पैकेट उठाये और गाड़ियों की ओर दौड़ने लगे।

"रास्ता साफ़ है?" नज़ीर ने वाकी-टॉकी में पूछा।

पहली डोंगी से थोड़ा पीछे दाईं व बाईं ओर अब दो डोंगियाँ और दिखाई दे रही थीं। कुछ मज़दूर उनकी ओर बढ़ने लगे थे। पीछे एक कार का इंजन चालू हुआ।

आगे आख़िरी निगाह डालकर भोला पीछे दौड़ा। फिएट मुड़ रही थी, जब वह आगे का दरवाज़ा खोलने लगा। ड्राइवर ने उसे दो क्षण का समय दिया। बैठकर दरवाज़ा बन्द करते हुए भोला ने देखा, चार-पाँच मज़दूर बोझा उठाये आ रहे थे।

उसने एक निगाह पीछे डाली। सीट पर सात-आठ पैकेट थे।

"जय-जय-जय हनुमान गुसाईं, कृपा करो गुरुदेव की नाईं..." वह बुदबुदाया।

कच्ची सड़क पर गाड़ी बढ़ने लगी थी।

भोला को यकायक सिगरेट की तलब लगी। उंगलियाँ फिर अशक्त-सी होने लगी थीं। मुख्य सड़क पर आते ही सुलगाऊँगा—उसने सोचा।

दाईं ओर के टीले पर नेवी बेस की ऊँची रोशनियाँ दिखाई दे रही थीं। पीछे जहाँ-तहाँ बस्ती की जगमगाहट छितरी थी।

यकायक ड्राइवर ने ब्रेक लगाया। भोला लड़खड़ा गया। उसका सिर सामने के खाने से टकरा गया था।

सामने आ रुकी जीप से दो वर्दीधारी लोग निकलकर हाथ में पिस्तौल लिये दौड़े। जीप के पीछे आतीं गाड़ियाँ सरसराती हुईं किनारे की ओर बढ़ गयीं। खुली खिड़की से धूल का बगूला भीतर आ गया।

''हैंड्स अप...'' अधिकारी ने उसको नली का लक्ष्य बनाते हुए आदेश दिया।

तेरह

''नील...'' पारुल ने आरोप लगाया, ''तुम मुझसे छह साल छोटे क्यों हो?''

वे रंगीन ब्लोअप शयनकक्ष की दीवार पर लगाते-लगाते ठिठक गयी थीं, जिसमें हँसती पारुल की बगल में वह पहले अनमना खड़ा हुआ था, फिर रुआँसी मुस्कान ले आया था। उनके हाथों में ऑटोमैटिक शटरवाला कैमरा देखते ही वह आशंकित हो गया था।

''यह क्या कर रही हो?'' उसने प्रतिवाद किया था, ''बन्द करो इसे।''

''तुम क्यों मुझे चोट पहुँचाते हो?'' पारुल का चेहरा उतर गया, ''मेरी छोटी-सी खुशी भी तुम पर क्यों इतनी भारी पड़ती है?''

''तुम्हारी छोटी-छोटी ख़ुशियाँ ख़तरनाक हैं, इसलिए...''

''चार मासूम तस्वीरों में तुम्हें कौन-सा ख़तरा दिखाई देता है? इसमें क्या अशोभनीय है? प्रोसेसिंग भी मेरे भरोसे के स्टूडियो में होगी।''

उनका जो आवेग था, उसे देखकर वह चुप रह गया।

''हम साथ-साथ आदर्श दम्पती दिखाई देते है!'' पारुल तस्वीर की ओर देखते हुए बोलीं, ''पर ध्यान से देखने पर मालूम हो जाता है कि स्त्री बड़ी है।''

वह एलबम के पन्ने पलटने लगा—सुबह पारुल उसे चाय का प्याला दे रही थीं, उसकी बाथरोब पहने गुस्लखाने से निकल रही थीं, उसकी कमीज़ पर इस्तरी कर रही थीं, रसोई में प्रेशर कुकर में दाल-चावल लगा रही थीं, तकिए पर बाल फैलाये पुलकभरी आँखें खोल रही थीं—फ़र्क़ बस, इतना था कि यह बिस्तर उनका नहीं था।

''तो क्या हो गया?'' उसने पन्ना पलटते हुए कहा।

''कोई कम उम्र लड़की आएगी और तुम्हें मुझसे छीन लेगी।''

नील ने इसे पारुल की चुहल समझा, लेकिन जब निगाह उठाई, तो वे सचमुच सन्त्रस्त थीं।

''तुम बेकार की बातों में सिर खपाती हो।''

पारुल पास आईं और उसका हाथ थाम लिया, ''वादा करो, तुम मुझे छोड़कर नहीं जाओगे।''

उसने लव-सीट पर उन्हें अपने साथ बिठा लिया, ''मैं कहीं नहीं जा रहा हूँ।''

उसने डिब्बी उठाई, तो पारुल ने हाथ आगे बढ़ा दिया। उसकी सिगरेट अपने होठों में दबाकर सुलगाना और एक कश लेकर उसे दे देना उनका प्रिय 'रिचुअल' था।

वातावरण के भारीपन पर धुएँ की लकीरें सरसरा रही थीं।

''सोमपुरिया और शाह घरानों में कभी तलाक नहीं हुआ।'' पारुल ब्लोअप की ओर देखते हुए बोलीं, ''पिताजी कब से बीमार हैं, पर परलोक नहीं सिधारते। अब मैं करूँ, तो क्या करूँ?''

उनके चेहरे का गहन भाव देखते हुए वह स्थिर हो गया। पहले क्षण पारुल के लिए नर्मी उपजी। फिर वितृष्णा सुगबुगाने लगी।

''नील, देश छोड़कर भाग चलें?'' पारुल यकायक उसका हाथ कसते हुए विह्वल हो गयीं, ''साउद ऑव फ्रांस मुझे बहुत पसन्द है, पर वहाँ हम छिपे नहीं रह सकेंगे। मैक्सिको या बोलीविया चलें? मैं स्विस बैंक में पैसा जमा करा दूँगी...हम हज़ार एकड़ के फ़ार्म में रहेंगे—दिन-रात एक-दूसरे के सामने। झील के पास हमारा विला होगा। सुबह एक-दूसरे की बाँहों में सोकर उठेंगे। घोड़े दौड़ाते हुए दूर-दूर तक अपनी फ़सल का मुआयना करेंगे। मैं झील से तैरकर निकलूँगी, तो तुम मुझे तौलिए से सुखाओगे। फिर हम वहीं ऊँची-ऊँची घास पर प्यार करेंगे...तीन बच्चे पैदा कर लेंगे। हमें किसी का डर नहीं होगा।''

उनका आवेग देखकर वह सिहर उठा, ''पारुल, कैसी बातें करती हो!''

''क्यों?''

उसने तमतमाये हुए चेहरे को देखा।

''यहाँ हमारे रिश्ते का कोई भविष्य नहीं।'' पारुल ने कहा।

वह कहना चाहता था, यह रिश्ता उनमें से नहीं है, जिनका भविष्य होता है, पर जिन दीवारों के साये में इस घड़ी बैठा था, वे इसी रिश्ते की बदौलत थीं।

इस रिश्ते में मुझे बार-बार मन की बात दबानी पड़ती है—उसने सोचा।

''थोड़ा हो सकता है, अगर तुम संयम से काम लो।'' उसने अटककर कहा।

''मैं संयम से बेज़ार हो चुकी हूँ...लक्ष्मण-रेखा के दूसरी ओर खुशियाँ अपना आँचल फैलाये खड़ी हैं।''

''तुम्हें लक्ष्मण-रेखा के भीतर भी खुशियाँ मिल सकती हैं।''

''मैं दिन और रात तुम्हारे साथ रहना चाहती हूँ। मैं उगता हुआ सूरज और डूबता हुआ चाँद तुम्हारी बाँहों में देखना चाहती हूँ...मैं अब और घड़ी की सुइयों से डरते हुए प्यार नहीं कर सकती।''

उसने अपना हाथ छुड़ा लिया, ''मेरी एक माँ है। मेरे बिना वह रो-रोकर मर जाएगी।''

''हम उन्हें भी बुला लेंगे।''

''वह देश छोड़कर नहीं जाएगी।''

''तो तुम बीच-बीच में मिलने आ सकते हो। हम यहाँ उनके आराम का सारा बन्दोबस्त कर देंगे।''

''मैं भी इस तरह देश छोड़कर नहीं जा सकता।''

उसने सिगरेट ज़ोर से राखदानी में मसल दी।

''अच्छा, एक बात मुझे कुछ दिनों पहले सूझी थी।'' पारुल ने उसकी ओर देखा, ''तुमने नलिनी को तो देखा है न?''

उसे पारुल की पार्टी में मिली जयन्त की लँगड़ी मौसेरी बहन की याद आयी।

वह बेचारी माँ भी नहीं बन सकती—मेहताबजी ने बताया था।

''नलिनी के साथ तुम्हारी शादी करा दूँ?'' पारुल के स्वर में उत्तेजना थी, ''तुम दोनों को अपने ही घर में रख लूँगी। जयन्त मेरी यह शर्त मान जाएगा...समाज में हमें एक पर्दा मिल जाएगा।''

पारुल की आँखें चमक रही थीं। वह जुगुप्सा से थरथरा गया।

यहाँ से दफ़ा हो जाओ—उसने कहना चाहा। पर फिर अपने पर जब्त करना पड़ा।

''नलिनी दो दिन में समझ जाएगी पारुल!'' उसने सन्तुलित स्वर में कहा।

''नलिनी के साथ मेरी अच्छी अंडरस्टेंडिंग है। मैं उसे राज़ी करने की कोशिश करूँगी।'' पारुल की साँस तेज़-तेज़ चल रही थी, ''हम तीन बच्चे पैदा करेंगे न, तो एक उसको दे सकते हैं। मैं तुम्हें अपनी कम्पनियों के बोर्ड पर रख लूँगी। हम साथ-साथ आया-जाया करेंगे। अगल-बगल हमारे ऑफ़िस होंगे। कोई हम पर उँगली नहीं उठा सकेगा।''

''बस करो पारुल!'' वह उठ खड़ा हुआ।

उसके स्वर की तेज़ी के बावजूद पारुल का आलोड़न कम नहीं हुआ।

''एक काम करूँ?'' पारुल ने उसका हाथ पकड़ लिया, ''जयन्त को स्लो पॉयजन दे दूँ?''

फ़ोन की घंटी मृदु ढंग से बजी।

पिछली दोपहर पारुल का जो रूप उसने देखा था, उससे वह बहुत विचलित हो गया था। यकायक अपने दूसरे स्लॉट के संसार में दम घुटता-सा महसूस हुआ। तुरन्त गाड़ी लेकर निकल पड़ा और इधर-उधर घूमता रहा। गेट-वे ऑव इंडिया पर टहलते हुए तीन-चार सिगरेटें फूँकीं। एक हाउसबोट वाला एलीफेंटा की पुकार लगा रहा था। वह सीढ़ियाँ उतरकर बोट में बैठ गया। फिर आधी रात तक परेश और मोहनी के घर गप्पें लगाता रहा।

सुबह से फ़ोन की घंटी कई बार बजी थी। सन्देश रिकार्ड हो रहे थे, पर उसने सुने नहीं थे।

भीतर अजीब-सी बेचैनी थी—डर से मिली-जुली।

सान्ताक्रुज सेंटोर वाले हादसे के बाद अपने पेशे के प्रति जो आतंक जागा था, वह अब तीखा होने लगा था। इसी के समानान्तर नैन के प्रति सम्मोहन रेखा स्पन्दित हो रही थी। उसके पावन सौन्दर्य की ज्योति भीतर कुंकुमों-सी जल-बुझ रही थी। किसी युवती के प्रति ऐसे सात्विक आकर्षण से वह पहली बार व्यग्र हुआ था।

''नील, नैन का फ़ोन आया था।'' पिछली रात मोहिनी ने चंचल मुस्कान से कहा, ''तुम्हारे बारे में पूछ रही थी।''

वह रिद्‌म हाउस से नैन की कैसेट और लांग-प्लेइंग ले आया था। बस, उनकी यही दो चीज़ें मार्किट में आई हैं—सेल्समैन ने बताया था। 'बाट किसी की जोह रही हैं आँखें' गीत वह कई बार सुन चुका था। पिछली रात एक झपकी के बाद आँखें उचट गयीं, तो वह अँधेरे कमरे में चुपचाप बैठा यही गीत सुनता रहा। खिड़कियाँ खुली थीं। सागर की आकुलता उसके एहसास के साथ एकाकार हो रही थी। फिर उसने रिकार्ड लगा दिया और कार्पेट पर पसर गया। अँधेरे में नैन के सुर आलोक कपोत-से एक शाख से दूसरी पर थिरकते रहे। रागिनी की शुभ्र निर्मलता धीरे-धीरे वातावरण में घुलने लगी।

अभी जब घंटी बजी, तो वह जैकेट में नैन की छवि देख रहा था। पतले अधर कसे थे, पर बड़ी-बड़ी आँखों में बारीक-सी मुस्कान थी। उसे लगा, उसकी मनोदशा नैन ने जान ली है और यह मुस्कान सिर्फ उसकी प्रति में प्रदर्शित हुई है। दूसरी जैकेटों में नैन वैसे ही धीर-गम्भीर बनी होंगी।

''एक के बाद एक तीन गुलदस्तों के लिए धन्यवाद...'' जो स्वर उसके भीतर लहरा रहा था, वह फ़ोन के छत्ते से मधु की तरह रिसने लगा, ''मैं शहर के बाहर थी, इसलिए देर से आभार प्रकट कर रही हूँ।...आपने जो शुभकामनाएँ दी हैं, उनसे मनोबल बढ़ा।...नहीं, इस महीने मेरा कोई सार्वजनिक कार्यक्रम नहीं है...''

''क्यों?'' उसने झपटकर रिसीवर उठाते हुए बटन दबाया, ''आपके प्रशंसक कैसे ज़िन्दा रहेंगे?''

दो पल चुप्पी रही। फिर हल्की मुस्कान में सराबोर नैन का स्निग्ध स्वर सुनाई दिया, ''आप सचमुच अजीब हैं। मेरे घर को फूलों से महका दिया, पर पुर्जे पर अपने नाम के साथ फ़ोन नम्बर क्यों नहीं लिखा?...अब घर में बैठे हुए थे, पर रिसीवर नहीं उठा रहे थे।''

''काश, मुझे मालूम होता कि मेरे नम्बर को आपकी उँगलियों के स्पर्श का सौभाग्य मिलेगा।''

इस बार चुप्पी कुछ ज़्यादा रही।

''आप दूसरे छोर पर हैं न?'' उसने अधीरता से पूछा।

''हूँ...''

''कहाँ हैं?''

''संगीत भारती में। एक रिकॉर्डिंग होने वाली है।''

''मैं आ सकता हूँ? चुपचाप एक कोने में बैठा रहूँगा।''

''यह कौन थे?'' गियर बदलते हुए नील ने हल्के क्रोध का अभिनय किया।

''चक्रधर...कम्पनी के प्रोग्राम डायरेक्टर।'' नैन खिड़की का काँच गिराते हुए बोली।

''मुझे इनका पता चाहिए।''

''ऑडीशन देना है?'' नैन चंचलता से मुस्कराई।

नील को भला लगा। अब तक उसने नैन को गम्भीरता से ही जोड़ रक्खा था।

''मल्ल-युद्ध के लिए ललकारना है।''

नैन हँसी।

अब उसे विश्वास होने लगा था कि यह सपना नहीं है। नैन उसके पास बैठी है। प्रिंटेड सूती साड़ी में लिपटी। बिना बाँहों की चोली। पल्लू कन्धे पर कसा हुआ। हल्की हवा में डोलती लम्बे बालों की लटें।

''जहाँ तक मैं जानती हूँ, यह रास्ता चर्चगेट का नहीं हैं।'' नैन ने बनावटी गम्भीरता के साथ टिप्पणी की।

''ज़िन्दगी ऐसी ही उलझी हुई है।'' उसने दार्शनिक भाव से कहा, ''जहाँ हमें जाना होता है, वहाँ हम अक्सर नहीं जा पाते।''

''हे भगवान, मैं कहाँ फँस गयी!...चक्रधर से बचने के लिए तुम्हारा सहारा लिया। अब तुमसे कैसे बचूँ?''

नैन के कातरता के अभिनय को देखते हुए वह उसका रिकार्ड किया हुआ भजन गुनगुनाने लगा।

''मुझे मालूम नहीं था कि तुममें भक्ति-भावना कूट-कूटकर भरी हुई है!'' वह बोली।

गियर बदलते हुए उसने धीमे स्वर में कहा, ''कृष्ण मेरी माँ के भी आराध्य हैं।''

''आज यशोदा की पुकार सुनकर मुझे उनकी बहुत याद आ रही है।''

''क्यों? वे तुम्हारे पास नहीं?'' नैन ने उसकी ओर देखा।

उसने 'नहीं' में सिर हिला दिया।

''जब आएँ, तो मुझे मिलवाना।...उन्हें देखने के लिए मैं बहुत उत्सुक हूँ।''

''क्यों?'' वह हल्के से मुस्कराया।

नैन सकुचा गयी, ''फिर बताऊँगी।'' और कसे हुए पल्लू को और कसने लगी।

वे हाजी अली के सामने से निकले, तो नैन ने सिर झुकाकर नमन किया।

''घर में कौन-कौन हैं?''

''कोई नहीं।'' नैन के चेहरे पर उदास छाया घिर आई, ''पाँच से दस की उम्र तक मामा ने भोपाल में पाला। फिर ग्वालियर में होस्टल में रही—वजीफों के सहारे। फिर संगीत की शिक्षा लेने लगी।''

''यहाँ कब से हो?''

''पाँच साल से।'' नैन के मुँह पर हल्की मुस्कान आ गयी, ''मजेदार संघर्ष था। कान्दीवली की इसी बिल्डिंग में पेइंग गेस्ट थी—शिन्दे परिवार के साथ। उन्होंने घर की बेटी की तरह रक्खा। सुबह चार बजे से रियाज़ शुरू करती थी। फिर नौ बजे सैकिंड क्लास के पास के सहारे भागदौड़ करती थी—कभी रिकॉर्डिंग कम्पनियों में, कभी प्रोग्राम पाने के लिए। दो बार विदेश भी गयी। पारिश्रमिक ठीक मिला। पर अच्छा नहीं लगा।''

उसकी निगाह में सवाल उभर आया।

''वे लोग हल्के गानों के लिए कहते थे। बाद में पार्टी में जाने की ज़िद करते थे।'' नैन संजीदा हो गयी, ''मुझे यह सब अच्छा नहीं लगता।''

''बम्बई की मीरा जो हो!''

नैन हँसने लगी।

''चीनी ठीक है?'' नैन ने पूछा।

छोटा, सादी सजावट का फ़्लैट था। केन का हल्का फ़र्नीचर।

बैठक के दाएँ हिस्से में गद्दे पर हैंडलूम की चित्रित चादर थी और गाव-तकिए। कोने में तानपुरा टिका था और बगल में तबलों की जोड़ी। पूजा की चौकी पर वीणावादिनी और नटराज की काँसे की मूर्तियाँ थीं।

उसने हामी में सिर हिलाकर घूँट लिया।

''तुम क्या करते हो?''

नील एकदम अस्थिर हो उठा। मेज़ पर जमी निगाह वहीं ठहरी रह गयी। इससे पिछले पल वह नैन को देख रहा था—सलोनी देह का सहज संचालन। बड़ी-बड़ी निर्दोष आँखें। निष्पाप लावण्य को पीने के पल ज़्यादा खिंच गये थे।

क्या नैन मुझसे विवाह करेगी—यकायक धड़कन बढ़ने के साथ भीतर सवाल उठा।

नैन ने आँखें झुका लीं। चेहरे पर लाली दहकने लगी। झुकी पलकों की लम्बी बरौनियों तक ऊष्म छाया फैल रही थी।

क्या मेरे मन की बात मेरी आँखों में झलक आई है—नील ने सोचा।

''मैं भावात्मक सलाहकार हूँ...'' उसने अटककर कहा, ''एक तरह का मैरिज काउन्सलर...''

ऐसी असहजता से पहली बार उसका सामना हुआ। शब्दों में जैसे नोंकें लगी थीं। उसके मुँह को छेद रही थीं।

''इसका कोई कोर्स होता है?'' नैन ने आँखें उठाईं।

उस दृष्टि की निर्मलता से वह बिंधकर रह गया।

जल्दी से डिब्बी निकाली और सिगरेट सुलगाने लगा।

''मेरी मानसिक सेहत के लिए यह जानना बहुत जरूरी है...'' उसने लम्बा कश खींचकर कहा, ''...कि तुम्हारी जन्मतिथि क्या है?''

नैन एक क्षण को अचकचा गयी। फिर मुँह पर कौतुक का भाव आ गया।

''मैं तुमसे दो साल बड़ी हूँ।'' नैन ने चंचलता से कहा।

''ईश्वर मेरे साथ इतनी ज़्यादती नहीं कर सकता।''

''अच्छा, दो साल छोटी सही। अब तो मन की शान्ति मिल गयी?''

वह नैन के मुस्कान से दीप्त चेहरे को देखता रहा।

''क्या बात है?'' उर्वशी ने खीझ के स्वर में पूछा।

नील की साँसें तेज़-तेज़ चल रही थीं, माथे पर पसीना झलक आया था, गला सूखा हुआ था। उसके होठ खुले, पर क्या कहे, यह समझ में नहीं आया।

कान्दीवली से लौटते हुए वह आवेश में था। आगामी जीवन की रूपरेखा सामने उभर रही थी। वह जल्दी-से-जल्दी नैन से ब्याह कर लेगा। नेबुला का फ़्लैट बेच देगा और दिल्ली से बसेगा। उसके पास काफ़ी पैसा होगा। कोई व्यवसाय शुरू करने में मुश्किल नहीं होगी।

पारुल के तनाव व डर से हमेशा के लिए मुक्ति मिल जाएगी। मानवीय टैक्सी बने होने का पेशा पीछे छूट जाएगा। मांस-सरोवर की दहशत से हमेशा के लिए छुट्‌टी मिल जाएगी।

नैन पत्नी की तरह आकर उसके घर को भरा-पूरा बना देगी। भोला और परेश की तरह वह घर वापस लौटने को व्यग्र रहा करेगा।

...चवालीस वर्ष की उर्वशी के बिम्ब पर नैन की कमनीय देह सुपरइम्पोज होने लगी। उर्वशी की ढली मांसपेशियों की वादियों में नैन की निर्दोष आँखें खुलने-बन्द होने लगीं।

उसकी नसें शिथिल रहीं।

उर्वशी ने उसे कसा, झिंझोड़ा, चूमा, काटा। उनके आक्रामक आवेग ने उसके शरीर को नाजुक दूब-सा रौंदा, पर उसके भीतर उत्तेजना की जगह ठंडी सिहरन भरती गयी।

उसने बहुतेरी कोशिश की। रति वेद के नुस्खों का आह्वान किया, अपनी बाँहों में यास्मीन व पारुल की कल्पना की, नैन के चेहरे को धुँधला करना चाहा।

पर बार-बार लगा कि नैन की बड़ी-बड़ी निर्दोष आँखें उसे ऊपर से देख रही हैं...

''मैंने तो सुना था कि तुम बड़े प्रोफ़ेशनल हो!'' उर्वशी ने शैय्या से उतरते हुए भर्त्सना की।

घुटनों में सिर झुकाये वह अचल बैठा रहा।

''सामान्य भाषा में कहें?'' डॉक्टर सिंघवी ने पाइप का कश छोड़ते हुए कहा, ''यह दिमाग के साथ तुम्हारे मन व तन का द्वन्द्व है। तुमने अर्से तक ऐसी स्त्रियों का स्पर्श किया है, जो तुम्हारे तन-मन को स्वीकार नहीं थीं। अब तुम्हारी दमित भावनाओं ने विद्रोह कर दिया है। इस विद्रोह को बल दिया है उस मासूम युवती के आकर्षण ने जिससे तुम्हारा भावतन्त्र थरथरा रहा है।...तुम सुशिक्षित हो। तुम्हारा परिष्कृत सौन्दर्य-बोध है। यह स्थिति तो आनी ही थी, क्योंकि शारीरिक उत्तेजना कहीं भावनाओं से जुड़ी है—उसका कोई बटन नही होता।''

उन्होंने उसके विभिन्न परीक्षणों की रिपोर्ट उठाई और पन्ने पलटे।

"अब सवाल उठता है कि निदान क्या है? तुम उत्तेजक औषधियों का इस्तेमाल कर सकते हो, पर बदन को धीरे-धीरे इसकी आदत होती जाएगी और तुम्हें मात्रा बराबर बढ़ानी पड़ेगी। फिर देर-सबेर वे न सिर्फ़ कारगर होना बन्द कर देंगी, बल्कि तुम्हारे तन-मन को भी स्थायी नुकसान पहुँच चुका होगा।" वे कुछ क्षण चुप रहे, "जिस पेशे में तुम हो, वह स्त्री से निभ सकता है, क्योंकि उसे सक्रिय नहीं होना होता। पर पुरुष की तो यही नियति है।"

नील ने गहरी साँस ली।

"भोला सेठ, चाय माँगता?" सिपाही ने पूछा।

भोला ने सिर हिला दिया।

वह दीवार से टिककर बैठा था। चुपचाप। हाथ में बीड़ी थी। दस-बारह बन्दी अलग-अलग समूहों में जहाँ-तहाँ छितरे थे।

तो अब मैं बाकायदा एक औपचारिक अपराधी हो गया हूँ—उसने सोचा।

गिरफ़्तारी के दूसरे दिन उसके हाथों की छापी और चेहरे की तस्वीर ले ली गयी थी। उसने पूछताछ में कुछ नहीं बताया था। सब-इन्स्पेक्टर भोसले ने उसे चार-छह झापड़ रसीद किये थे। वयस्क होने के बाद अपनी तरह का यह पहला अनुभव था। वह दाँत भींचकर अपने पर ज़ब्त किये रहा।

दूसरे दिन मुर्तज़ा आया।

लॉकअप से बुलाहट होते ही भोला लरज गया था। सोचा—अब यह कौन-सी यन्त्रणा की भूमिका है?...पर मुर्तज़ा को देखकर ऐसा लगा, जैसे मेले में खोये बच्चे को परिवार मिल गया हो।

मुर्तज़ा एसएचओ के साथ चाय पी रहा था। उसे देखकर खड़ा हो गया।

मुर्तज़ा के गले से लगते हुए भोला की आँखें नम हो गयीं। मुँह से सिसकी निकल गयी।

"क्या छोकरी का माफिक आँसू टपकाता है?" मुर्तज़ा ने स्नेह से डाँटा, "सब ठीक हो जाएगा। कोई फिक्र नहीं करने का..."

उसने भरी हुई सिगरेट के पैकेट और कोकीन के पान के बंडल दिये।

मुर्तज़ा के आगमन के बाद जेल में उसकी साख पूरी तरह बढ़ गयी। एक-दो बन्दी, जो पहले छींटाकशी कर रहे थे, सहम गये। शाम को भोसले आया, "क्या पागल आदमी है। पहले क्यों नहीं बोला?"

वकील देसाई भी शाम को आये और दो-तीन काग़ज़ों पर उसके हस्ताक्षर करा लिये।

"पहली पेशी में ही जमानत हो जाएगी।" उन्होंने कहा।

"ओ देवा..." शालू उसे देखते ही सिसकने लगी।

"मैं बिल्कुल ठीक हूँ। मुझे कुछ नहीं हुआ।" भोला ने सान्त्वना दी, "रोओ मत।"

उसकी पहली प्रतिक्रिया शालू की बाँहों में लेने की थी, पर कमरे में सिपाही था।

"तुम अच्छी तरह हो न? डॉक्टरनी के पास गयी थीं?"

शालू ने आँखें पोंछते हुए हामी में सिर हिलाया।

"तुम्हारे पास पैसे हैं?" भोला ने पूछा।

"किट्टू, हजार दे गयेला था।"

इलियास भाई, मैं तुम्हारे लिए अपनी जान भी दे सकता हूँ—उसने गद्गद भाव से सोचा।

"कैसा है भोला सेठ?" नील ने हल्की मुस्कान से पूछा।

"बिन्दास..." भोला हँसा।

"चेहरे पर लाली आ गयी है।"

"इदर की जेल अपनी ससुराल जो ठहरी।" भोला बोला, "नील भैया, देख रहे हो मायानगरी का चमत्कार!"

चौदह

''ओ माँ...'' नैन विभोर हो गयी, ''तुम्हारा घर कितना सुन्दर है!''

वह रसोई में गयी, फिर बालकनी में झाँका, फिर लिविंगरूम से ही निजी शयनकक्ष का जायज़ा लेने लगी। ब्लोअप उसने हटा दिया था, हालाँकि पूरा विश्वास था कि नैन इस कमरे की दहलीज़ नहीं लाँघेगी।

दो पल डबलबेड को देखकर नैन सकुचाकर मुड़ने लगी।

''मुझे कान्दीवली का फ़्लैट खरीदने में चार साल लग गये। तुमने एक साल में ही टाउन में फ़्लैट ले लिया। तुम्हारी कन्सल्टेंसी बहुत अच्छी चलती होगी?''

अब सकुचाने की बारी उसकी थी।

''तुम्हारा ऑफ़िस कहाँ है?''

''यहीं...'' उसने अटककर कहा, ''बैठो न!''

बहुत कमनीय ढंग से एक क्षण को नितम्बों के नीचे की सिलवट बचाते हुए नैन कुर्सी पर बैठ गयी। चौड़े बार्डर की सुरमई साड़ी से सलोनी आभा फूट रही थी।

उसकी आँखों के भाव ने नैन को आत्मसजग कर दिया था। कुछ नहीं था, तो कसे हुए पलू को और कसने लगी।

''एक मिनट...''

वह रसोई कॉफ़ी के प्याले लिये लौटा।

''पर्कोलेटर की कॉफ़ी मुझे बहत अच्छी लगती है।'' नैन ने घूँट लिया, ''हमारी बिल्डिंग में मिसेज़ अय्यर हैं न, वो हमेशा मुझे यही पिलाती हैं।''

''वहाँ जितनी पड़ोसिनें हैं, सबसे तुम्हारी दोस्ती है?'' वह सिगरेट सुलगाने लगा।

नैन ने हल्की मुस्कान से हामी में सिर हिलाया।

''तुम्हें संगीत में कैसे दिलचस्पी हुई?''

नैन ने दो पल सोचा, ''छोटी थी तो सुनना बहुत अच्छा लगता था। हॉस्टल

में जब भी न, तो शास्त्रीय संगीत से अकेलापन कम हो जाता था। फिर यों ही गुनगुनाने लगी। स्कूल के एक उत्सव में गाया, तो संगीत के शिक्षक ने हौसला बँधाया। फिर धीरे-धीरे इसी में मन रमने लगा। सुरों में सारा अकेलापन और दुख डूब गया। लगने लगा कि मेरी ज़िन्दगी का अर्थ इसी में है।''

नैन आत्मलीन भाव से सामने देखती रही, जैसे उन दिनों को याद कर रही हो।

''मामा-मामी से मिलना नहीं होता?''

नैन ने 'नहीं' में सिर हिलाया, तो कर्णफूल डुलने लगे, ''उन्होंने मेरा ब्याह तय किया था। मैंने इंकार किया, तो वे रूठ गये।''

फिर कुछ पलों का मौन रहा। अब उसकी प्रकृति सहज हो गयी थी।

''मैं तुम्हारे पास बैठ सकता हूँ?

उसे आशंका थी कि नैन चौंक जाएगी। पर उसने मृदु स्मित के साथ नामालूम ढंग से हामी में सिर हिलाया।

वह स्टूल खींचकर सामने बैठ गया।

अब मौन की प्रकृति असहज होने लगी थी।

नैन की आँखें झुकी थीं। उसकी देह से आती मद्धिम सुगन्धि उसे मृदु स्पर्श की तरह छू रही थी।

''मैं तुम्हारा हाथ छू सकता हूँ?''

नैन की पलकें वैसे ही झुकी रहीं। कर्णफूल डोले। फिर चूड़ियों की खनक के साथ हथेली खुल गयी।

उसने अपने दोनों हाथों में नर्म हथेली दबा ली। अनिश्चित और सकुचाया-सा स्पर्श था, पर हल्की अनुकूलित ऊष्मा लिये हुए।

मौन की प्रकृति अब फिर सहज लगने लगी। थोड़ी गहरी भी हो गयी।

''नैन, मैं तुमसे ब्याह कर सकता हूँ।''

उसे अपना स्वर बहुत दूर से आता प्रतीत हुआ—नये शहर के तीखे संघर्ष से क्लान्त और असहाय। क्षत-विक्षत की कातर पुकार की तरह...

इस बार नैन की बड़ी-बड़ी पलकें उठीं। आँखें चौंकी हुई थीं—निर्दोष उलझन से चौराहे पर सही दिशा ढूँढ़ती हुईं-सी। साथ ही उनमें विवशता का तनाव था और दुर्बलता।

वह उठकर पीछे हट गया। स्पर्श तो दूर, अब नैन की ओर देखना भी उसके साथ ज्यादती जैसा लग रहा था।

''ओ माँ...'' नैन के अस्फुट शब्द सुनाई दिये।

फ़ोन की घंटी का समय इतना गलत उसे पहली बार लगा था।

''नील, आज रात की बुकिंग चाहिए।''

''सॉरी, खाली नहीं हूँ।'' उसने तुरन्त रिसीवर रख दिया।

दो पल वैसे ही खड़ा रहा।

''जाऊँगी।'' अचानक नैन पर्स थामकर उठ खड़ी हुई।

''मैं छोड़कर आता हूँ।'' वह तत्परता से आगे आया।

''बाबुलनाथ जाऊँगी।''

''मैं ले चलता हूँ।''

''अकेली जाना चाहती हूँ...प्लीज़...''

नैन के लिफ़्ट में घुसने पर एक पल को निगाह मिली।

''नैन, मुझसे गुस्सा हो गयीं?''

इससे पहले कि कोई उत्तर मिले, लिफ़्ट का दरवाज़ा बन्द हो गया।

''माँ!''

दरवाज़ा खोलते ही नील सुखद अचरज से भर उठा।

माँ की आँखें नम हो रही थीं। उसे नीचे झुकना पड़ा, ताकि माँ माथा चूम सके, सिर पर हाथ फेर सके।

''तार कर दिया होता...'' उसने सूटकेस उठाते हुए कहा।

''किया तो था।''

''मिला नहीं।...स्टेशन से आने में मुश्किल तो नहीं हुई?''

माँ आँखें फाड़े आसपास देख रही थी।

''हे भगवान्, कैसा सुन्दर घर है...!''

माँ ने सारे घर की परिक्रमा की। कई चीज़ों को छू-छूकर देखा। वॉशिंग मशीन और वी.सी.आर. के बारे में सवाल पूछे।

''यह फ़्लैट तो बहुत महँगा होगा?'' चाय का प्याला लिये आख़िर माँ ने डरते-डरते पूछा, ''लाख रुपए से कम क्या होगा!''

भीतर की हँसी दबाकर हामी में सिर हिलाते हुए वह अचकचा गया। माँ को देखकर जैसे विभोर हुआ था, वह अनुभूति बीच से कट गयी।

''तूने इतनी जल्दी इतना पैसा कमा लिया?''

''ईश्वर सबकी सुनता है माँ!''

''तू अभी भी मिसेज दस्तूर का रिसर्च असिस्टेंट है?''

''नहीं।'' वह सिर खुजलाते हुए दिमाग पर ज़ोर देने लगा।

माँ उत्सुकता से उसकी ओर देखे जा रही थी।

"एक टूरिस्ट सर्विस के साथ हूँ।" वह उठ खड़ा हुआ, "अब तुम नहा-धो लो। थकी होगी। तब तक मैं नाश्ता बनाता हूँ।"

"नौकर नहीं रखा?"

"यहाँ भरोसे का नौकर मिलता नहीं माँ!"

"तो सारा काम तू ही करता है?"

"सफ़ाई एक चौकीदार कर देता है। थोड़ा खाना भी बना जाता है। फिर बगल में ही होटल है। फ़ोन करके मँगवा लेता हूँ।"

"तेरा ऑफ़िस कहाँ है?"

पल-भर रुककर उसने कहा, "नरीमन प्वाइंट पर।"

"तो दस तो बज रहे हैं।" माँ ने घड़ी पर निगाह डाली, "तू जा। काम का हर्जा नहीं होना चाहिए।"

"मैं फ़ील्ड वर्क करता हूँ! ऑफ़िस को रिपोर्ट देने शाम को जाता हूँ।"

फ़ोन की घंटी बजी, तो उसका तनाव चिन्ता में बदलने लगा।

"क्षमा करें।" उसने अँग्रेजी में कहा, "कुछ अपरिहार्य कारणों से इस बुकिंग-स्थल का इस्तेमाल नहीं हो पाएगा। क्या आप जगह का बन्दोबस्त कर सकती हैं?"

माँ दूसरे शयनकक्ष के स्नानघर में चली गयी तो उसने दोपहर को यहाँ आयोजित बुकिंग भी कैंसिल की।

वह अब काम समेटने लगा था। इसका सबसे कारगर ढंग उसे रेट बढ़ाकर बताना लगा। पर इस तरह भी तीन ग्राहक ही टूटी थीं, शेष सबने हँसकर मुद्रास्फीति की उसकी दलील स्वीकार कर ली थी। अचानक दुकान बन्द करना उसे व्यावहारिक नहीं लगा। नये शहर में नयी गृहस्थी बसानी थी। महीने-भर में दो-ढाई लाख और कमा ले, तो क्या बुरा है!

लालच बहुत पवित्र मनोवृत्ति है, उसे जयन्त की सूक्ति याद आई।

नील ने पाजामा उतारा और नीचे देखता रह गया।

भीतर से डर की लहर उठी और पूरे बदन को कँपा गयी।

हे भगवान...वह डगमगाते पाँवों से चौकी पर बैठ गया। हाथों में मुँह छिपायें।

ब्लॉसम के साथ पहली भेंट याद आयी, जब वह उनके शयनकक्ष में निर्वसन हुआ था...फिर यास्मीन, शिल्पा, कुन्तल, स्टैला...नारी-शरीरों का गहरा सरोवर था, जिसमें वह लम्बी-लम्बी साँसें लेता हुआ डूब रहा था...

"नील..." माँ ने दरवाज़े पर थपकी के साथ पुकार लगाई, "चाय बन गयी।"

"आया माँ..."

वह बाहर आया, तो माँ खाने की मेज़ पर बैठी पालक चुन रही थी।

"अरे, सब्जी कहाँ से आई?" वह चौंक गया।

"मैं शाम को ले आई थी।" माँ मुस्कराई, "रात को तेरी पसन्द का मटर-पनीर बनाकर रखा था। तूने खाया नहीं।...बहुत देर से लौटा था?"

उसने हामी में सिर हिलाकर चाय का घूँट लिया।

"तुझे इतना काम रहता है?"

"लोगों से मिलना होता है माँ।"

दो पल बाद माँ ने कहा, "हाँ, रात को पारुल आई थी।"

"पारुल?" उसके चेहरे पर काली छाया तैर गयी।

"ग्यारह बजे होंगे। मैं सोने जा रही थी।...बहुत परेशान थी बेचारी। बोली, मैंने आठ-दस बार फ़ोन किया। आज मुझसे जरूर मिल लें।"

वह हथेली पर ठोढ़ी टिकाये नीचे देखता रहा।

"शादीशुदा लगती थी।" माँ ने उसकी ओर देखा।

उसने हामी में सिर हिलाया।

"आँखें लाल हैं तेरी।...रोजाना ऐसे ही देर से लौटता है?"

नील ने गहरी साँस ली।

"चिन्ता की कोई बात नहीं।" डॉक्टर ने सूई निकालकर फाहा उसकी बाँह पर मला, "जल्दी ही ठीक हो जाओगे।...हाँ, औरतों से परहेज रखना। अगर पत्नी नहीं है तो एक प्रेमिका तक ही सीमित रहो, वर्ना एड्स तक का ख़तरा है।"

नील की आँखें झुक गयीं।

"नील, मुझे आज बहुत अफ़सोस हो रहा है।" एग्ज़ीक्यूटिव कुर्सी पर पीछे टिकते हुए शहनाज ने रूखे स्वर में कहा, "हम तुम्हें मुँहमाँगा मुआवज़ा देते हैं, पर तुम बराबर अनप्रोफ़ेशनल होते जा रहे हो। तुम मनमाने ढंग से बुकिंग ही कैंसिल नहीं करते, तुम्हारी परफ़ोमेन्स रेटिंग भी गिरती जा रही है। हमारी पिछली दो क्लाइंट के लिए तुम तसल्लीबख़्श नहीं थे, हालाँकि तुम्हारी हिदायत के मुताबिक हमने चुनिन्दा व दिलकश बुकिंग का ही एहतियात बरता था।"

नील ने कॉफ़ी का घूँट लिया।

''मार्था ग्रीन हमारी प्रेस्टीजियस क्लाइंट हैं, वे छह बजे वापस लौटेंगी—आठ घंटे कोलैबोरेशन पर मगजपच्ची करके समझौते पर दस्तख़त करने के बाद। अब दो घंटे के नोटिस पर मैं ऐसा एस्कोर्ट कहाँ से लाऊँ, जो मोज़ार्ट की सिम्फ़नी नाइन का एस्थेटिक पर्सपैक्टिव भी डिस्कस कर सके और जिसके बोसे भी राहतनवाज़ हों।''

नील ने फिर घूँट भरा।

''नील, मैं तुम्हें यकीन दिलाती हूँ, मार्था की उम्र पैंतीस से ज़्यादा नहीं...'' शहनाज ने बलपूर्वक कहा, ''और वे ख़ासी हसीन हैं।''

''स्टैला की तरह, जिन्होंने मुझे यह तोहफ़ा दिया है?'' नील ने प्रैस्क्रिप्शन मेज़ पर रख दिया।

शहनाज ने काग़ज़ की ओर देखा, फिर नील के चेहरे की ओर।

''या खुदा...''

मौन में नील सिगरेट सुलगाने लगा।

''स्टैला मल्टी-नेशनल की सेक्सन हेड है। तुम्हें यकीन है, इसके पीछे कोई और नहीं?...तुम्हारी कोई अपनी क्लाइंट?''

''तुमने मुझे आकलैंड रोड की रंडी समझा है?'' नील बिफर उठा।

''नील...'' शहनाज भड़क उठी, ''तमीज़ से बात करो।''

''तमीज़ स्टैला की और तुम्हारी कंट में है।''

''यू प्रिक...'' शहनाज क्रोध से थरथरा गयी, ''गेट आउट!''

वह छोटे-छोटे क़दमों से चल रहा था। सिर झुकाये।

आसपास लोग थे। हाथों में ब्रीफ़केस और फ़ाइलें लिये। व्यस्त और आत्मलीन। वे भी मुद्रासन्धानी थे, पर उनका स्लॉट एक ही था—इस रोशनी की तरह उजागर व चमकीला। इस स्लॉट के कारण उन्हें रक्तचाप या दिल की बीमारी ही हो सकती थी, जिसके प्रैस्क्रिप्शन को माँ, पत्नी या प्रेमिका से छिपाने की ज़रूरत नहीं थी।

अब क्रोध धीरे-धीरे उड़ रहा था। ग्लानि व शर्मिन्दगी से पाँव भारी हो रहे थे।

शहनाज के साथ हुई झड़प में ज़िन्दगी में पहली बार उसने ऐसी गलीज़ शब्दावली का व्यवहार किया था।

मैं कहाँ-से-कहाँ आ गया हूँ—उसने सोचा।

"हाँ?" मित्तल टावर की पाँचवीं मंज़िल में घुसते ही सुरक्षा कर्मचारी ने उसे रोक लिया।

"मिलना है।"

वह रिसेप्शन तक आया। कर्मचारी बिल्कुल पीछे था। काँचवाली सतह की मेज़ पर बैठी युवती सफ़ेद इंटरकॉम पर बात कर रही थी। उसने मुलाकाती की पर्ची भरी और नीची निगाह किये आगे खिसका दी।

मित्तल टावर में घुसते हुए जो आशंका थी, वह अब डर में बदल रही थी।

पिछले दिनों जवाबी मशीन पर उसे पारुल के दो दर्जन सन्देश मिले थे और माँ के आने से पहले फ़्लैट की सिटकनी में फँसी उनकी पाँच चिटें। उसने फ़ोन नहीं किया था। भेंट में इतना व्यवधान भी पहली बार आया था।

वह पारुल के आवेग से डरने लगा था।

आज आने की हिम्मत जुटानी पड़ी। माँ यहीं है। अगर पारुल रात को ही फिर आ धमकी तो?

"आपका एप्वाइंटमेंट है?" युवती चौंकी हुई उसे देख रही थी।

उसने 'नहीं' में सिर हिलाया।

"मुझे डर है, आप इस तरह नहीं मिल सकते। आप अपना फ़ोन नम्बर छोड़ जाइए। हम आपके सम्पर्क करेंगे।"

सुरक्षा कर्मचारी ने हल्की मुस्कान से उसे देखा।

"आप उन तक मेरा नाम पहुँचा दीजिए।" उसने नर्मी से कहा।

"आप किस कम्पनी से आये हैं?"

वह पल-भर ठिठका, "नेबुला..."

"आपको किस सिलसिले में बात करनी है? मैं आपको सम्बन्धित अधिकारी से मिला दूँगी।"

"मुझे उन्हीं से बात करनी है।" पारुल के सम्मान की ख़ातिर वह 'पर्सनल' शब्द का व्यवहार नहीं करना चाहता था।

"वे इस तरह नहीं मिलतीं।" युवती चिढ़ गयी, "हमारे पास एक दिन पहले मुलाकातियों की टाइप की हुई सूची आ जाती है।"

"आप क्यों अपना और मेरा वक़्त ख़राब कर रही हैं?" अब वह भी चिड़चिड़ा गया, "आप सिर्फ़ मेरा नाम पहुँचा दीजिए। वे मना करें तो मैं अगले सेकेंड यहाँ दिखाई नहीं दूँगा।"

युवती उसे एकटक रही थी। अब सुरक्षा कर्मचारी की मुस्कान भी विलुप्त हो गयी थी।

''आपको किस सिलसिले में बात करनी है?''

उसने कोशिश करके अपने पर नियन्त्रण रखा, ''एक कॉलैबोरेशन के बारे में...''

पल-भर बाद युवती ने रिसीवर उठाकर इंटरकॉम का बटन दबाया।

''जूली, यहाँ एक मिस्टर नील हैं। मैडम से मिलने की ज़िद कर रहे हैं।''

कुछ सुनने के बाद उसने रिसीवर नील की ओर बढ़ा दिया।

''आप कहाँ से आये हैं?'' जूली ने पूछा।

अपने घर से, कहते-कहते वह रुक गया—''नेबुला।''

''आपको किस बारे में बात करनी है?''

''एक प्रोजेक्ट है।''

''तो मैं मिस्टर शेट्टी से आपका एप्वाइंटमेंट करा देती हूँ। कल लंच के बाद ठीक है?''

''मुझे एमडी से मिलना है।'' उसका बाँध टूट गया, ''जूली, अशिष्ट होने की मेरी आदत नहीं, लेकिन तुम लोगों ने मुझे और परेशान किया तो अच्छा नहीं होगा।''

उसने फिर रिसीवर रिसैप्शनिस्ट को दे दिया।

''आप बैठ जाइए।'' अब सुरक्षा कर्मचारी ने काउच की ओर संकेत दिया।

अगले क्षण क्रोध के प्रदर्शन पर उसमें ग्लानि छलछलाने लगी। ये बेचारियाँ सिर्फ़ अपना फ़र्ज़ पूरा कर रही हैं। इनका क्या दोष...!

काँच का दरवाज़ा खोलकर स्कर्ट का घेरा लहराते हुए एक लड़की व्यग्रता से आगे आ रही थी।

''मिस्टर नील?'' उसने गहरी निगाह से उसे देखा, ''आइए, प्लीज़...''

जूली के दरवाज़ा खोलने पर वह भीतर घुसा।

डायज़ की ऊँची मेज़ पर पारुल थीं—अपने अभेद्य दुर्ग में सुरक्षित। अगम्य।

''जूली!'' पारुल ने उठते हुए कहा, ''मुझे डिस्टर्ब मत करना।''

''ओके...'

अभी दरवाज़ा पूरी तरह बन्द नहीं हुआ था कि पारुल उससे लिपट गयीं।

''यह क्या शरारत है?'' वे आवेग से उसे चूम रही थीं, ''मैं मछली की तरह तड़प रही हूँ...रात-रात भर नींद नहीं आती...''

पारुल ने हाथ पकड़कर उसे सोफ़े पर बिठा दिया। फिर उसके गले में बाँहें डालते हुए उसकी गोद में बैठ गयीं, ''मेरे चाँद...मेरे चैन...'' वे बार-बार उसका माथा, आँखें, गाल और होठ चूम रही थीं।

"पारुल..." उसने उन्हें रोकने की कोशिश की।

"तुम्हें नज़र न लग जाए, इसलिए मैंने डिठौने लगा दिये हैं..." उन्होंने हथेलियों में उसका चेहरा थामकर चंचल मुस्कान से लिपस्टिक के निशान देखे। फिर अगले ही क्षण उसका निचला होठ अपने होठों में दबा लिया।

"प्लीज़..." उसने उन्हें नियन्त्रित करने का प्रयत्न किया।

"देखो..." पारुल ने एक झटके में ब्लाउज़ की ऊपरी टिचें खोल दीं, "तुम्हारे दोनों बेबी तुम्हारे बिना कितने उदास हैं..."

"मेरी बात तो सुनो..."

"तुम मेरी बात सुनो।" पारुल ने उसके दाएँ कान की लौ अपने मुँह में भर ली।

"मैंने नलिनी को राज़ी कर लिया है...अगले महीने इक्कीस को अच्छा मुहूर्त है।"

"क्या बेकार की बात कर रही हो!"

"हाँ..." वे हँसी, "वह बात बाद में कर लेंगे।"

पारुल ने दो पल में छिलके की तरह साड़ी से मुक्ति पा ली।

वह झटके से उठ खड़ा हुआ, "पारुल, यह तुम्हारा ऑफ़िस है।"

"मैं जनम-जनम की प्यासी हूँ..."

"मैं जा रहा हूँ।" वह आगे बढ़ने लगा।

"नील..." बाण-बिंधी हिरनी की तरह पारुल की करुण पुकार सुनाई दी। वह सिहर उठा। पर विवश था। एक हाथ जेब के प्रैस्क्रिप्शन तक गया। फिर नीचे आ गया।

"ऐसे नहीं करते..." नीचे झुकी पारुल उसके पाँव चूम रही थीं, "अपनी पारुल को ऐसे मत सताओ..." और दो बूँदें उसके पाँवों पर गिरीं।

वह आगे बढ़ा, तो उसके पाँव कसे पारुल साथ-साथ घिसटती गयीं।

उसने झटके से अपने को मुक्त किया और बाहर निकलकर दरवाज़ा बन्द कर दिया।

"हैलो..."

दरवाज़ा खुला, तो नैन का चेहरा कुम्हलाया-सा था। उसे देखते ही चौंक गयी। फिर एक क़दम पीछे हटकर आने का रास्ता दिया।

नील के कितने दिन अनिश्चय और तनाव में बीते थे, जिसके दौरान बार-बार नैन का निर्दोष मुखड़ा सामने कौंधता रहा। कितनी बार उसे देखने की ललक

उठी, पर अपने प्रदूषित शरीर के साथ उसके सामने आने का नैतिक साहस नहीं जुटा पाया। आख़िर आज सुबह डॉक्टर ने रोगमुक्ति की घोषणा कर दी। नैतिक शक्ति तो आज भी नहीं थी। सिर्फ़ जीवन-मोह था, जो यहाँ तक खींच लाया।

दरवाज़ा बन्द करके नैन नीची आँखें किये सामने बैठ गयी।

हल्का नीला काफ्तान पहन रखा था। बाल खुले। कान और कलाइयाँ सूनी। गले में चेन भी नहीं थी।

पश्चिम की ओर खुलनेवाली खिड़की से धूप ने सामने की दीवार घेर रक्खी थी।

वातावरण स्तब्ध था। साँस रोके।

''सुबह फ़ोन किया था?'' उसने पूछा।

''बाज़ार गयी थी।'' स्वर अस्फुट। अपनी ही ध्वनियों से झिझका।

कुछ पल मौन रहा। जैसे वह भी उत्सुक था कि आगे क्या होता है।

इस बार नील तय नहीं कर पाया कि फ़ोन की घंटी असमय है या नहीं।

''सॉरी चक्रधरजी, मैं नहीं आ सकी...'' नैन धीमे स्वर में कह रही थी, ''हफ़्ते-भर से टाउन नहीं आई।...बुखार है...हाँ, दवा ले रही हूँ...नहीं, आप क्यों तक़लीफ़ करेंगे। मैं ज़्यादातर मिसेज़ शिन्दे के यहाँ रहती हूँ।...रिकॉर्डिंग अच्छी हुई है?...आपको भी बधाई...''

नैन के बैठने पर वह उठ खड़ा हुआ।

''बुखार है?''

इस बार अनुमति नहीं ली। हथेली नैन के माथे पर रख दी। थोड़ी हरारत थी।

''ऐसा केस मैंने पहली बार देखा है।'' अपनी जगह बैठकर उसने कहा, ''कि विवाह-प्रस्ताव से किसी को बुखार चढ़ जाए।''

हल्की मुस्कान आई, तो नैन का कुम्हलाया भाव थोड़ा शिथिल हुआ। फिर उँगलियाँ अवश-सी कुर्सी के हत्थे पर कस गयीं।

''नैन, मुझसे भूल हुई?''

नैन ने भरे-भरे भाव से उसे देखा, फिर पलकें झुकाकर 'नहीं' में सिर हिला दिया, ''मैं इमोशनली डिस्टर्ब हो गयी हूँ।''

''क्यों?''

''तुम्हारा टाइप मुझसे बहुत अलग है।'' नैन की दृष्टि ने जैसे जाल फेंकते हुए उसकी थाह लेनी चाही, ''नील, मैं बिलकुल सीधी-सादी हूँ। मुझे आडम्बर नहीं आता।''

''मुझ पर इतना-सा विश्वास होता है?'' उसने उँगली का एक पोर दिखाया।

नैन ने पल-भर चुपचाप देखा। फिर गहरी साँस ली, ''करना तो चाहती हूँ।''

''कैसी रुकावट आती है?''

नैन दो पल ठिठकी, ''बात यह है कि मेरे जीवन की रूपरेखा बिल्कुल सपाट है। मैं अपने क्षेत्र में ज़रूर ऊपर उठना चाहती हूँ। इसके अलावा मेरी कोई अभिलाषाएँ नहीं। स्त्री के रूप में जो जीवन हो सकता है, वह अपने लिए मैंने कभी नहीं सोचा।''

''जब तुम मेरे घर आई थीं, उसके बाद भी नहीं?''

वह एकटक नैन की आँखों में देख रहा था।

नैन के चेहरे पर पहले तनाव आया, फिर ऊष्म लाली। कुम्हलाई रेखाएँ रंग बदलने लगीं।

''तुमसे मिलने के बाद मुझे अपना आप उतना अकेला नहीं लगता।'' गोद में रखी खुली मुट्ठियाँ देखते हुए नैन ने विवश भाव से कहा, जैसे इस एहसास को दबाने में वह थक चुकी हो और अब अपनी पराजय स्वीकार कर ली हो।

वह सामने जा खड़ा हुआ। बाँहों पर हाथ रख नैन को उठाया और सीने से लगा लिया।

नारी-देह का आलिंगन ऐसा शान्तिदायी कभी नहीं था। यहाँ न आवेश था, न उत्तेजना। पिछले दिनों की बेधती आशंका व डर के बाद शुभ्र सुकून था। सूखे पत्ते पर गिरी ओस की बूँद की तरह।

नैन दो पल कसी रही। फिर उसकी बाँहों के दबाव के अनुकूल हो गयी। पर देह में असमंजस था।

''नैन, मैं तुमसे प्रेम करता हूँ।'' उसने नैन की लटों को होठों से छूते हुए कहा, ''तुम मेरी ज़िन्दगी में वह उजलापन लाई हो, जिसकी शक्ति से मैं अनजाना था। अब तुम ज़िन्दगी में मेरी पहली प्रतिबद्धता हो।''

नैन की रुकी हुई साँस धीरे-धीरे निकली। मुँह उठाकर आशंकित आँखों से उसे देखा।

''नील, मैं बिलकुल कलरलैस हूँ। तुम चार दिन में मुझसे ऊब जाओगे।''

''अपने आकर्षण और मेरी ज़रूरत की तुम्हें जानकारी नहीं।''

नैन की देह में हरकत हुई, तो उसने बाँहें हटा लीं। खिड़की के आगे ठिठकी नैन का ऊहापोह चेहरे पर पारदर्शी था। धूप में अलकावली की बाहरी रेखाएँ चमक रही थीं।

''तुम्हें विश्वास है, मैं तुम्हारे लिए उपयुक्त हूँ?''

''मुझे लगता है, बहस सिर्फ़ इस मुद्दे पर हो सकती है कि मैं तुम्हारे योग्य हूँ या नहीं?''

"अपनी तारीफ़ सुनना है?" नैन ने तिरछी चितवन से देखा, "मैंने बाहर देखा नहीं है, लड़कियाँ कैसे आँखों-आँखों में तुम्हें पीती हैं?"

वह सिगरेट सुलगाने लगा।

"अब कुछ व्यावहारिक बातें साफ़ कर लेनी चाहिए।" नील ने कहा, "ब्याह मैं जल्दी चाहता हूँ। हो सके तो महीने के भीतर। फिर हम दिल्ली में रहेंगे।"

नैन ने उसकी ओर देखा।

"तुम्हारी कन्सल्टेन्सी तो इतनी अच्छी चलती है! उसे छोड़ दोगे?"

नील ने हामी में सिर हिलाया।

नैन धीरे-धीरे बैठी, तो एक हथेली पर चिबुक चिन्ताग्रस्त भाव से टिकी थी।

"तुम्हें बम्बई छोड़ने में एतराज है?"

"मेरे लिए यह शहर मददगार साबित हुआ है। यहाँ मुझे अपनापा महसूस होता है।"

"मददगार तो मेरे लिए भी साबित हुआ है, लेकिन..." उसने अपनी बात पूरी नहीं की।

"मैं समझ नहीं पा रही हूँ। शहर छोड़ने के लिए तुम क्यों उतावले हो?"

क्योंकि यहाँ अतीत के साये मुझे डसते रहेंगे और हो सकता है, उनका ज़हर हमारे घर तक आ जाए—उसने सोचा।

"मुझे इस शहर से डर लगता है। यहाँ के टेम्पटेशन बहुत ख़तरनाक हो सकते हैं।"

नैन ने उसकी ओर देखा, "नील, तुम कुछ छिपा रहे हो।"

उसने विवशता की साँस छोड़ी, "इस शहर में मेरे कुछ क्लाइंट्स हैं, जो मेरा पीछा नहीं छोड़ेंगे।"

नैन ने चेहरे पर उलझन थी।

वह नैन के आगे घुटनों के बल झुक गया।

"नैन, प्लीज़...मेरी यह विनती मान लो।" और नैन की गोद में मुँह छिपा लिया।

यह बात करते हुए नैन की आँखों में देखने की ताव मुझमें क्यों नहीं—उसने माथे की नमी के साथ सोचा।

उसे अपने बालों में नैन की उँगलियों का स्पर्श महसूस हुआ।

बढ़ी हुई धड़कन धीरे-धीरे समतल होने लगी।

यकायक नैन उठ खड़ी हुई।

''मेरी भी एक शर्त है।'' स्वर कसा हुआ था, ''मैं संगीत नहीं छोड़ सकती।''

''ऐसी माँग किसने की?'' वह कौतुक से मुस्कराया।

''सच कह रहे हो? तुम मुझे संगीत छोड़ने के लिए नहीं कहोगे?''

नैन उसे सन्देह से देख रही थी।

''बिल्कुल नहीं। पर ऐसी बात तुम्हारे मन में क्यों आई?''

''मेरी सहेली माधुरी के साथ यही हुआ है।'' अब जाकर नैन का कसाव ढीला हुआ।

''हम बंगाली मार्किट के पास बगीचेवाला बँगला ले लेंगे। वहाँ खूब शान्ति रहती है और सारे सांस्कृतिक केन्द्र आसपास हैं।'' नील ने कहा, ''मैं तुम्हारा बहुत ध्यान रखूँगा। सुबह चाय बनाकर जगाऊँगा। रात को तुम प्रोग्राम के बाद थकी हुई लौटोगी, तो पाँव दबाकर सुला दूँगा।''

नैन के होठों पर छोटी-सी मुस्कान यों उभरी, जैसे गहराई में डूबा फूल किनारे पर लगा हो।

''नैन, मैं एक चुम्बन ले सकता हूँ?''

यकायक फैल आई लालिमा से नैन की मुख-रेखाएँ मृदु हो गयीं। उसकी पलकें मुँड़ी थीं। नैन की साँस उसे अपने चेहरे पर महसूस हुई। उसके होठों ने बहुत आहिस्ता से नैन के होठों को छुआ। स्लॉट दो के अनेक अनिश्चित क्षण भीतर काँपे, जब वह नये अधर-युग्म से परिचय बनाता था। धीरे-धीरे उन स्मृतियों के काँटे निस्पन्द हो जाएँगे—उसने सोचा।

अचानक वह नैन की सिहरन पर स्निग्ध हो उठा।...पहली बार नैन की आतुर बाँहें उसे घेर रही थीं। बन्द आँखोंवाले चेहरे पर लुभावनी तन्मयता थी।

एक सात्विक चुम्बन से मेरी होनेवाली पत्नी विभोर हो गयी है—उसने सोचा। सम्भोग में बेचारी की क्या हालत होगी...!

ऐसी पवित्र किस्म की भावात्मक ज़िम्मेदारी से वह पहली बार भर उठा।

''मैं तुम्हारे माफिक हय...'' शालू ने मुस्कान के साथ टिप्पणी की।

भोला मुग्ध भाव से पालने पर झुका एकटक देख रहा था। इतने छोटे शिशु कई देखे थे, पर यह उसका अपना था... ज़रा-सा मुँह, कौड़ियों-सी बँधी मुट्ठियाँ, बटन-सी बन्द आँखें...

''सोता बहुत हय।''

भोला सँभालकर बच्चे को उठाने लगा।

"देख, बाबा आया हय।" शालू चहकी।

भोला ने बच्चे को सीने से लगाया, तो पहले तो वह कुनमुनाया, फिर रोने लगा। यह मेरा रक्त है, मेरा वंशधर...जैसे दशरथ के राम थे और राम के लव-कुश—भोला ने गद्‌गद होते हुए सोचा।

"हट पगला..." शालू बच्चे को थपकी देने लगी।

दो घंटे पहले भोला अदालत में पेश हुआ था। भयभीत था, पर जमानत दो मिनट में हो गयी। भोला ऐसी उतावली से बाहर निकला, जैसे घोड़ा रासें तोड़ रहा हो। मुर्तज़ा हँसने लगा। वह किसी बार में भोला की रिहाई सेलीब्रेट करना चाहता था, पर घर जाने की भोला की तड़प देखकर टाल गया।

"तुम चुप करा दो।" भोला ने बच्चा शालू को थमा दिया।

शालू उसे वक्ष से लगाकर थपकने लगी, "बस बस...तुमकूँ नईं उठाएगा कोई..."

"पालना कौन लाया?" भोला ने पूछा।

"नील भैया..." शालू बोली, "क्लीनिक में भी बोत टाइम बैठ रहे। भाई भी आ गया था, पर वो गये नहीं। फिर अगले दिन घर छोड़ने के वास्ते भी आए। रोज़ फ़ोन करते थे, कुछ चाइए तो नईं..."

बच्चे की आँखें फिर मुँद गयी थीं। शालू ने उसे धीरे-से पालने में लिटा दिया।

"मेरे कूँ बोत डर लगता था।" उसके सीने से सटी शालू फुसफुसाई।

"क्यों? डर की क्या बात है?" भोला ने उसे कस लिया।

"अब केस चलेगा न?" शालू आँखें बड़ी-बड़ी करके उसे देख रही थी।

प्रसव के बाद शालू में विशेष कान्ति आ गयी है—भोला ने सोचा। यौवन की अल्हड़ रेखाएँ पिघल रही हैं। वहाँ मातृत्व की गरिमा आ रही है।

"यह सब तो चलता ही रहता है।" भोला ने गहरी साँस ली। अन्दर से वह भी हिल गया था, पर शालू के सामने अपनी मनोदशा छिपाये रखना चाहता था, "मुर्तज़ा और किट्टू पर चार-पाँच केस हैं, पर उनके चेहरे पर कभी शिकन नहीं देखी।"

"तुम नवा हय।" शालू ने अपनी आशंका प्रकट कर दी।

"धीरे-धीरे पक्का हो जाऊँगा।" भोला ने उसके बालों में उँगलियाँ उलझा लीं।

उसे एक साल में गाँव वापस लौटने का अपना संकल्प याद आया, जो अब किसी पिछले जन्म का जान पड़ता था।

''मैं बहुत शुक्रगुज़ार हूँ इलियास भाई कि आपने मुझसे मिलना मंजूर किया।'' नजीर ने विभोर स्वर में कहा।

इलियास ने सिर हिलाया।

मुर्तज़ा ने मग को तिरछा किये हुए बीयर उड़ेली, फिर ऊपरी किनारों पर झाग के गहरे होने के साथ उसे सीधा कर लिया।

''मैं तीन बार वर्सोवा गया।'' मुर्तज़ा ने मग नज़ीर के सामने रखते हुए कहा, ''तुम्हारे यहाँ ताला लगा था।''

''बम्बई गर्म था।'' नज़ीर ने गहरी साँस ली, ''लैंडिंग की रात वर्सोवा बीच से भागकर मैं हैदराबाद चला गया था। जाते-जाते बीवी को फ़ोन कर दिया था। वह घंटे-भर में बच्चों को लेकर मैके चली गयी—बुरहानपुर।'' नज़ीर ने चियर्स के अन्दाज़ में मग ऊपर उठाया, ''अब जब तक यह कंटाल ख़त्म नहीं होता, उसे नहीं बुलाऊँगा।''

''तुम कब आये?'' इलियास ने पूछा।

''एक हफ़्ता हुआ।'' नज़ीर ने घूँट लिया, ''भिंडी बाज़ार में एक दोस्त के यहाँ हूँ।...माफ़ कीजिए, मैंने हैदराबाद से आपको फ़ोन नहीं किया। टेप किये जाने का डर था।''

इलियास ने सिर हिलाया।

नज़ीर ने सिगरेट मुँह में दबाई तो भोला ने लाइटर जला दिया।

''इलियास भाई, इस रेड ने हमारा मुकद्दर जोड़ दिया है।'' नज़ीर ने कश छोड़ते हुए कहा, ''आपका बहुत नुकसान हुआ है। उसकी भरपाई की ज़िम्मेदारी मेरी है। मुझे पैसे का ग़म नहीं। दर्द व गुस्सा इस बात का है कि मेरे इलाके में ही मेरी साख मिट्टी में मिल गयी।...अब अपना चेहरा दूसरों को दिखाने की बात तो दूर, मुझे खुद देखते हुए शर्म आती है।''

नज़ीर के कमसिन चेहरे की आँखों में हिंसा की नग्न चमक थी। अगर इसके दाएँ गाल पर रुपए के बराबर घाव का निशान न होता, तो ऐसा भाव इस चेहरे पर अस्वाभाविक लगता—भोला ने सोचा।

''यह किसकी कारगुज़ारी है, तुमने सोचा है?'' इलियास ने पूछा।

''अब तक दिन और रात, सुबह और शाम, यही तो सोचता रहा हूँ।'' नज़ीर ने फीकी मुस्कान से कहा, ''उन तीन दिनों के एक-एक डिटेल को मैंने

हज़ारों बार जिया है, हर तब्दीली पर अपने लोगों के चेहरे का रिएक्शन याद किया है, उनकी आवाज़ का रिकॉर्ड बार-बार अपने कानों में बजाया है, उनकी नज़रों के मानी टटोले हैं...''

''हो सकता है, कस्टमवाले ही मुस्तैद रहे हों।''

भोला समझ गया, इलियास नज़ीर को टटोल रहे हैं।

''नहीं इलियास भाई, कस्टम की मेरी अन्दरूनी ख़बर बहुत पक्की थी। कस्टम में मेरा जो मुखबिर है, वह हमनिवाला, हमप्याला है। उसके सहारे मैंने पाँच आलीशान लैंडिंग की हैं। यहाँ आने पर मैं सबसे पहले उसी से मिला था।''

नज़ीर ने इलियास को देखा, ''उस रात बारह-पैंतीस पर कस्टम के डिमैलो के पास एक फ़ोन आया था, जिसमें लैंडिंग की ख़बर दी गयी थी।''

इलियास ने अपने मग से एक घूँट लिया। फिर राखदानी में रक्खी अपनी सिगरेट को देखने लगे, जिसमें धुएँ की लकीर उठ रही थी।

मुर्तज़ा कोकीन का पान मुँह में दबाये नज़ीर को देख रहा था। उसकी इस आदत पर भोला को हमेशा ताज्जुब होता था। वह ऐसे पान के साथ मज़े से बीयर-व्हिस्की पीता रहता था।

''तुम्हारा किसी पर शक है?'' इलियास ने पूछा।

''बोरीबन्दर पर उतरते हुए मुझे दो लोगों पर शक था।'' नज़ीर ने बड़ा घूँट लिया, ''सात दिन की पड़ताल के बाद एक पर रह गया है...'' नज़ीर ने सामने देखते हुए छोटा-सा विराम दिया, ''बन्ने...''

''वह आ रहा है...'' मुर्तज़ा हाथ बढ़ाते हुए फुसफुसाया।

दुबला-पतला बन्ने गली में जल्दी-जल्दी आ रहा था। सँकरे पाज़ामे पर ढीली कमीज़। तीन-चार दिन की दाढ़ी। आगे बढ़ते-बढते उसने कंघी निकाली और बाल काढ़ने लगा।

भोला ने सिगरेट मुर्तज़ा के हाथ में थमा दी। फिर लाइटर की लौ जलाई।

शाहिनी मस्जिद में गली के दोनों ओर से लोग घुसते जा रहे थे। बाहर चबूतरे पर आठ-दस भिखारी अपने कटोरे लिये बैठे थे। एक भिश्ती छिड़काव कर रहा था।

गुनहगारो चलो रहमत से अपनी झोलियाँ भर लो
अजल से आम है लुत्फ़े करीमाना मुहम्मद का
यही है आरज़ू मेरी यही दिल की तमन्ना है
कि दिखला दे खुदा एक बार काशाना मुहम्मद का

पास से बोल उभर रहे थे।

बन्ने तेज़ क़दमों से मस्जिद की सीढ़ियाँ चढ़ गया।

''गाड़ी दरवाज़े के सामने लगा लें?'' भोला ने पूछा।

''यहीं ठीक है। मस्जिद से मोड़ने में टाइम लगेगा।'' मुर्तज़ा दरवाज़ा खोलते हुए बोला, ''किट्टू, तुम यहीं ओट में रहना।''

किट्टू ने सिर हिला दिया।

भोला उतरा और मुर्तज़ा के साथ-साथ मस्जिद के चबूतरे की ओर बढ़ने लगा।

बन्ने को सूँघने में तीन दिन लग गये थे। उसने चिंचपोकली की अपनी झोंपड़पट्टी छोड़ दी थी। भोला मुर्तज़ा के साथ विक्रोली, डोंबिवली व चैम्बूर के चक्कर लगा रहा था। आज सुबह नज़ीर का फ़ोन आया, शाहीनी मस्जिद में दोपहर की नमाज़ की टोह ले लोगे? मुझे देखकर बन्ने भाग निकलेगा। मेरे पास अभी साथी भी नहीं, क्योंकि लैंडिंग की नाकामयाबी के बाद मेरे ऊपर सबकी देनदारी निकलती है।

मस्जिद की सीढ़ियों से पहले आदमी के निकलते ही मुर्तज़ा चौकन्ना हो गया। मुँह में दबे पान के साथ वह एकदम मुस्तैद था।

पहले रेले में ही सिर पर रूमाल बाँधे बन्ने तेज़ गति से निकला।

''बन्ने...'' मुर्तज़ा ने उसकी गर्दन पर हाथ रख उसे एक ओर खींच लिया, ''तुमसे काम है।''

जैसी निगाह से बन्ने ने मुर्तज़ा को देखा, वह भोला के दिल में उतर गयी। उसने कभी शिकार नहीं किया था। पर हिरन लिबलिबी दबाई जाती हुई बन्दूक की नली को कुछ ऐसे ही देखता होगा।

अगले क्षण फूलों की ढेरियों को फाँदने के साथ उसने बन्ने को दौड़ते हुए देखा, पर वह मुख्य रास्ते की ओर, कार की दिशा में ही जा रहा था।

''सुअर की औलाद...'' मुर्तज़ा मुस्कराया।

चीते-जैसी उछाल के साथ मुर्तज़ा आगे बढ़ा। भोला उससे चार-पाँच क़दम पीछे था। लेकिन उसने देख लिया था कि किट्टू कार से निकल आया है और टुटहा बैल की तरह भागते बन्ने की टँगड़ी मार रहा है...अन्तर यह रहा कि उसने बन्ने को गिरने नहीं दिया, पकड़कर उसके दोनों हाथ पीछे से जकड़ लिये।

मुर्तज़ा ने नमाज पढ़ने से पहले बन्ने को क्यों नहीं पकड़ा—भोला ने सोचा।

''बन्ने, सच-सच बता दे।'' नज़ीर ने कहा।

''मैंने कुछ नईं किया।'' बन्ने गिड़गिड़ाया।

नज़ीर ने स्थिर दृष्टि से बन्ने को देखा, ''तो अपनी झोंपड़पट्टी क्यों छोड़ीं?''

''बीरू उस्ताद ने पाँच सौ रुपए और माँगे थे। मेरे पास नईं थे।''

''लैंडिंग के बाद वर्सोवा क्यों नहीं आया?''

''पुलिस के लफड़े में कायको पड़ता?''

''लैंडिंग की रात को क्यों नहीं पहुँचा?''

''दस्त आ गये थे। बासी कबाब खा लिये थे।''

''मुर्तज़ा भाई ने बुलाया, तो भागा क्यों?''

बन्ने कुछ पल सोचता रहा। फिर बोला, ''डर गया था।''

''जब कुछ किया नहीं, तो क्यों डर गया?''

''जो कुछ नईं करता, क्या उसकी जान को ख़तरा नहीं होता?'' बन्ने ने इस भाव से कहा, जैसे किसी हादसे को याद कर रहा हो।

भोला ने सिगरेट सुलगाते हुए देखा, नज़ीर आगे बढ़ा और बन्ने के पाज़ामे का नेफा खोलने लगा। बन्ने ने बचाव में अपनी पकड़ मजबूत की तो नज़ीर ने ऐसे ज़ोर का चाँटा मारा कि अधबनी, सूनी इमारत अनुगूँज से भर गयी। फिर दो-तीन कौवे एक साथ बोलने लगे।

''बीरू उस्ताद को देने के वास्ते तेरे पास पाँच सौ रुपए नहीं थे, फिर ये चार हज़ार कहाँ से आये?'' नज़ीर ने मुड़े-तुड़े नोट दिखाते हुए कहा।

''ये तो शेखू के हैं—रेस में ब्रोंको बिली पर लगाने के वास्ते।''

''शेखू कहाँ है?''

''कल कराची चला गया।''

''कब आएगा?''

''छह महीने बाद।''

''उसके आने पर तू उसका पैसा वापस करेगा?''

बन्ने ने हामी में सिर हिलाया, ''दोस्ती में जुबान ही होती है नज़ीर भाई।''

नज़ीर की भावहीन निगाह मुर्तज़ा से मिली।

''जुमेरात को तू कहाँ था?''

अब बन्ने के चेहरे का रंग उड़ने लगा।

''किसके साथ दारू पी रहा था?''

बन्ने के चेहरे पर भय की छाया गहरी हो गयी। उसने त्रस्त भाव से दरवाज़े की ओर देखा, जहाँ किवाड़ नहीं थे, पर किट्टू खड़ा था।

''बोल, किसके साथ?''

''मेरे को नाम नईं मालूम।''

"तेरे को जुम्मन का नाम नईं मालूम?"

बन्ने नीचे देखता रहा।

"अब मैं बताऊँ?" नज़ीर बोला, "रियाज़ के साथ तू लैंडिंग के लिए चला। घोड़बन्दर रोड से जैसे ही गाड़ी नवरंग सिनेमा को मुड़ी, तू समझ गया कि लैंडिंग वर्सोवा पर होगी। नवरंग के सामने एम्बेसेडर लिये शकील नहीं मिला, तो रियाज़ उतर गया कि वह दो मिनट रुकेगा और शकील के साथ आ जाएगा। जैसे ही गाड़ी मनीष मार्केट पहुँची, तू दस्त का बहाना बनाकर उतर गया और बोला कि तू रियाज़ के साथ आ जाएगा। फिर तूने एक फ़ोन किया और लैंडिंग की जगह बता दी।"

बन्ने अब ऐसे बैठा था, जैसे उसकी साँस रुक गयी हो।

"अब मैं वो नाम बताऊँ, जिसे तूने फ़ोन किया था?...पर नाम बताना बेकार होगा, क्योंकि जुम्मन का नाम तो तू जानता ही नहीं।"

बन्ने ने नज़ीर को देखा, जो अब छुरा निकाल रहा था। बन्ने की त्रस्त निगाह लम्बे छुरे की चमकती धार पर लगी रही।

"बोल, पहले नाक काटूँ कि कान?"

नज़ीर के बदन में हरकत हुई और बन्ने की चीत्कार के साथ भोला ने देखा कि उसकी नाक के ऊपरी सिरे पर खून की मोटी लकीर उभर रही है। बन्ने का मुँह पीड़ा और भय से विकृत हो गया। फिर देखते-देखते लाल बूँदें उसके गाल पर बहने लगीं, नीचे टपकीं और कमीज़ के दामन को रँगने लगीं।

"नज़ीर भाई, बोल दूँ, तो छोड़ दोगे?"

नज़ीर ने हामी में सिर हिलाया।

"जुम्मन ने बोला था, लैंडिंग खोटी करा दो तो सत्तार पच्चीस हज़ार देगा।"

नज़ीर और मुर्तज़ा की निगाह मिली।

"रुपए मिल गये हैं?" नज़ीर ने पूछा।

"दस हज़ार मिल गये हैं। बाकी ईद के दिन मिलेंगे।" दो पल बाद वह झिझकते हुए उठ खड़ा हुआ, "अब मैं जाऊँ?"

मुर्तज़ा ने चादर से पहले बन्ने के शव का मुँह ढँका, फिर उसे नीचे फैला दिया। भोला रस्सी बाँधने लगा।

इलियास भाई का चेहरा निर्विकार था।

रात के अँधेरे में हम्माल ऐसे खड़ा था, जैसे अँधेरे का ही हिस्सा हो। मुर्तज़ा ने नज़र उठाई, तो वह आगे आ गया।

''सत्तार के घर के ठीक सामने छोड़ना है।'' मुर्तज़ा ने जेब से नोट निकाल कर थमाये।

हम्माल ने सिर हिलाया और नोट रख लिये। फिर हाथगाड़ी को ठेलता हुआ आगे बढ़ने लगा। कुछ क्षण सफ़ेदी का धुँधला होता आभास मिलता रहा। फिर गाड़ी अँधेरे में डूब गयी।

''मुर्तज़ा...'' इलियास बोले, ''अब सत्तार का विकेट गिराना होगा।''

पन्द्रह

नील दोपहर को घर में घुसा, तो स्टीरियो चल रहा था। नैन का स्वर उसने तत्क्षण पहचान लिया। वही भजन था, जिसकी रिकॉर्डिंग उसने सुनी थी। अगले पल उसे थोड़ा ताज्जुब भी हुआ। इतनी जल्दी कैसेट बाज़ार में आ गयी?

उसने रसोई तक आकर देखा। माँ लोई में कसी हुई मूली भर रही थी।

''माँ, यह कैसेट कहाँ से आया?''

''मैं लाई हूँ।'' माँ ने पीछे मुड़कर नहीं देखा।

''तुम? अकेली रिकॉर्ड की दुकान पर चली गयीं?''

''हाँ। पहले बाबुलनाथ गयी थी—प्रसाद चढ़ाने। लौटते हुए लेती आई।

''यहाँ सुनने को है क्या? सब धूम-धायँ...'' माँ ने लोई बेलते हुए कहा, ''हाथ-मुँह धो लो।''

माँ संजीदा थी। खाने की मेज़ पर आज फिर विमला-कमला का मुद्दा छिड़ेगा—उसने सोचा।

''आज फैसला होना है।'' माँ ने मूली का पराँठा उसकी प्लेट में डालते हुए घोषणा की।

''कैसा फ़ैसला?'' उसने बनावटी नासमझी दिखाई।

''ज़्यादा बनने की ज़रूरत नहीं।'' माँ ने स्थिर स्वर से कहा, ''विमला या कमला?''

उसने चुपचाप निवाला चबाया।

''माँ, मैं कई दिन से सोच रहा था...'' उसका दबा हुआ स्वर अटक गया, ''वो क्या है कि...''

''मैं किसी को तुमसे मिलवाना चाहता हूँ।''

''किसको?'' माँ ने भवें टेढ़ी कीं।

उसने पानी के घूँट से गला तर किया, ''एक लड़की है।''

''तूने फिर वही चक्कर शुरू कर दिया?'' माँ गुस्से में आ गयी, ''एक बार ठोकर खा चुका है। अब सँभलेगा या नहीं?''

उसने साहस जुटाकर आजिजी से कहा, ''माँ, बहुत सुशील लड़की है। तुम एक बार देख लो तो।''

''कैसी सुशील लड़कियाँ तुझे मिलती हैं, मैं जानती हूँ।''

माँ का कसा चेहरा देखकर वह सहम गया। यह एक और मोर्चा खुल गया है, डूबते दिल से उसने सोचा। अपनी पसन्द के मूली के पराँठों में अब कोई रुचि नहीं रह गयी थी। पर उठने की भी हिम्मत नहीं थी।

किसी तरह उसने एक पराँठा ख़त्म किया।

''नैन मुझे बहुत पसन्द आई।''

एकदम उसकी निगाह उठी तो माँ मुस्करा रही थी।

''सुबह बाबुलनाथ का प्रसाद लेकर आई थी। गेट पर चौकीदार को देकर लौट रही थी तो उसने बताया, उनकी माँ ऊपर हैं...तू नैन के बारे में पहले बोला क्यों नहीं?''

ईश्वर, तुम हो, उसने मन-ही-मन नमन किया।

अगले क्षण फ़ोन बजा।

बुकिंग की कौन-सी आकांक्षिणी है—उसने उठते हुए सोचा।

''नील, तुमने हमारा समझौता तोड़ा है।'' जयन्त का तेज़ स्वर सुनाई दिया।

वह अवाक् रह गया।

''तुम दिन-दहाड़े पारुल के ऑफ़िस में क्यों गये और निकले तो चेहरे पर लिपस्टिक के निशान थे।''

''उन्होंने आने का हुक्म दिया था।'' वह अटककर अँग्रेज़ी में बोला, ''आजकल मेरी माँ आई हुई हैं, इसीलिए कुछ दिनों से मिलना सम्भव नहीं हुआ था।...जयन्तजी, मैं अब आप लोगों के दायरे से दूर जाना चाहता हूँ।''

''यही तो मैं नहीं चाहता। तुम गये तो फिर वही झमेले शुरू हो जाएँगे।''

''चीजें जैसी थीं, वैसे नहीं चल सकतीं। वे मेरे साथ भविष्य की रूपरेखा बना रही हैं।''

''तुम्हारा मतलब नलिनी के साथ तुम्हारी शादी से है? इस इरादे को मैं सैबोटाज कर दूँगा। तुम फ़िक्र मत करो।''

''नहीं, वे मुझे इतनी आसानी से बेफ़िक्र नहीं होने देंगी। वे मुझे विदेश ले जाने की जिद पकड़ लेंगी।...जयन्तजी, मेरी अपनी भी ज़िन्दगी है। मुझे माफ़ कीजिए...गुड बाई...''

रिसीवर रखते हुए उसका यह देखने का साहस नहीं हुआ कि माँ के चेहरे पर क्या भाव है...

''मुझे नेबुला का फ़्लैट बेचना है।'' नील ने कहा।

एस्टेट एजेंट की आँखें चमक उठीं, ''पेपर्स दिखाइए।''

''एग्रीमेन्ट की कॉपी तो अभी रजिस्ट्रेशन के लिए गयी है।''

''व्हाइट एमाउंट के चैक का काउंटर-फॉयल तो होगा?''

''ढूँढ़कर ले आऊँगा।'' कहते उसने सोचा, कहाँ से ले आऊँगा, वह तो पारुल के पास है।

''मैं कल सुबह दस बजे सोसायटी ऑफ़िस में बात कर लूँगा। फ़्लैट भी देख लूँगा।''

''फ़र्नीचर, फ़ोन, एयरकंडीशनर वगैरह साथ बिक सकता है?''

''कोशिश करूँगा।''

''मुझे जल्दी है। एक हफ़्ते में हो सकता है?''

''हाँ, फ्रेंच काउन्सलेट से फ़ोन आया था। मैं आज उनसे बात करता हूँ।''

नील पल-भर हिचकिचाया, ''अन्दाज़न कितना मिल जाएगा?''

एजेंट ने कैलकुलेटर पर हिसाब लगाया, ''पचास लाख के आसपास...''

बाहर निकलकर वह थोड़ी देर चलता रहा। कोई गन्तव्य नहीं था, पर गति तेज़ हो गयी थी।

यह भीतर के डर का ही असर है—उसने सोचा।

पब्लिक बूथ को देखकर एक बार वह ठिठका। क्या पारुल को फ़ोन करके अपने व्यवहार के लिए क्षमा माँग ले? फिर इस भय से रुक गया कि बात तुरन्त मिलने पर आ जाएगी।

नहीं, पारुल से दूरी शहर से महाप्रस्थान की ज़रूरी भूमिका है—उसने सोचा।

''हैलो...''

वह नैन की बिल्डिंग में घुस रहा था, तो सामने से आती दो अनजान किशोरियों में से एक अर्थभरे ढंग से मुस्कराई।

''नैन अभी पाँच मिनट पहले लौटी हैं।'' दूसरी ने भी वैसी ही मुस्कान का प्रदर्शन किया।

''थैंक्स...'' वह भी मुस्कराये बिना नहीं रह सका।

यकायक वह टाउन से आजिज आ गया था। वहाँ उसके लिए ऐसी जगह, जहाँ मन को सुकून मिले, परेश-मोहिनी का घर ही था। पर उस समय साढ़े-तीन बजे थे और वे दोनों साढ़े-पाँच से पहले अपने-अपने दफ़्तरों से नहीं निकल पाते। बीच के ये दो घंटे वह कहाँ काटे? ऐसे में नैन के अलावा और किसका ख़याल आ सकता था? वैसे भी माँ के मुँह से नैन की स्वीकृति सुनकर वह पुलक से भर उठा था। उतावली में फ़ोन भी नहीं किया। अगर कहीं गयी भी होगी, तो शाम तक लौट आएगी। उसे भी पहुँचते-पहुँचते पाँच तो बज ही जाएँगे।

शाम की एक बुकिंग थी। उसने कैंसिल कर दी। इस समय नैन के साथ ये पल बिताना कुछ हज़ार कमाने से ज़्यादा तृप्तिदायक लगा। वैसे भी पैसा तो अब काफ़ी है। फ़्लैट के बदले में दिल्ली का बंगला हो जाएगा और बीस-पच्चीस लाख उसके पास बच जाएँगे। उसके लॉकर के आभूषण भी इतने के ही होंगे। फिक्स्ड डिपॉजिट भी काफ़ी है। कम्पनियों के शेयरों का ताज़ा हिसाब उसने नहीं रक्खा, पर वहाँ भी दो लाख से कम क्या होगा!

उसने घंटी नहीं बजाई, धीरे से दस्तक दी।

''मैंने सोचा, कौन है...''

उसे मोहाविष्ट देखकर नैन बेचारी आत्मसजग न होती, तो क्या करती!

''मैं अभी-अभी लौटी हूँ।'' जैसे मौन भरने के लिए नैन बोली।

वह भीतर आकर दीवार से टिका देखता रहा।

''यहाँ तक चलकर दिखाओ।''

नैन को आज पहली बार उसने इस लिबास में देखा था। शिफॉन की क्रीम शलवार-कमीज़। बनारसी जालीदार दुपट्टा। बड़े-बड़े डोलते ईयर-रिंग। एक कलाई चूड़ियों से भरी, दूसरी में ब्रेसलेट। पाँवों में रुपहले तारों के कामवाली नागरा जूतियाँ।

नैन पहले सकुचाई। फिर बारीक स्मित से लहराती हुई बढ़ी। चाल में प्रेम किये जाने के गर्व की रंगत थी। सुहाना-सा आत्म-गौरव और यौवन की सार्थकता की लालिमा, जिसे वह पहली बार नैन के गालों पर देख रहा था।

आज की नैन बड़े मोहक ढंग से बदली हुई लगी।

''अब क्या हुकुम है?'' नैन ने तिरछी चितवन से उसे देखा।

अब मेरे सुलगते कलेजे से लग जाओ—उसने बाँहें फैलाते हुए मन-ही-मन कहा।

नैन का स्पर्श पाते ही मन पर पड़ा सर्द डर का आवरण झीना होने लगा, जैसे रेशम-ढँकी यह नाजुक देह उसका सुरक्षा-कवच हो। पारुल व जयन्त की

आतंक पैदा करने वाली मुख-रेखाएँ पीछे हटते हुए धुएँ के बादलों में विलीन होने लगीं। अब वह टाउन के बर्बर ख़तरनाक इलाके के चंगुल से बाहर था। आश्वस्ति के फैलते भाव से वह उमग उठा। नैन के मुलायम बालों में मुँह छिपाते हुए भीतर आवेग की लहर-सी उठी, अब तक तुम कहाँ थीं नैन? रसोई से पानी के उबल जाने की सीटी बजी।

"आधे मिनट को मुझे आज़ादी मिल सकती है?" नैन ने फिर उसी चंचल चितवन का व्यवहार किया।

वह सिगरेट सुलगाने लगा। तीली राखदानी में डालने को झुका, तो पास रक्खे प्लास्टिक के थैलों पर निगाह पड़ी।

भावी नयी-नवेली दुल्हन शॉपिंग पर तुली है—उसने मुस्कान के साथ सोचा।

एक पैकेट खोला, तो काली व सफेद ब्रा थी, लेस की पेंटी और स्ट्रैप वाली झीनी नाइटी। दूसरे थैले में बड़े लिफ़ाफ़े और बादामी काग़ज़ में छिपी दो किताबें निकलीं, 'मैरिज मैनुअल' और 'सेंसुअस वुमन।'

"ओ माँ, मेरे पैकेट क्यों खोले?" गलियारे में आते हुए लाज से ढुलमुल होती नैन बीच में ही रुक गयी।

"जहाँ तक मेरी जानकारी है, तुम काफ्तान पहनकर सोती हो।" उसने भोलेपन का अभिनय किया, "फिर नाइटी की प्रैक्टिस की ज़रूरत क्यों महसूस हो रही है?"

नील को लगा, वह ट्रे फेंककर बेडरूम में छिप जाएगी, पर उसने किसी तरह डगमगाते प्यालोंवाली ट्रे मेज़ पर रख दी। फिर हथेलियों में मुँह छिपाये बैठ गयी।

अब मैं नवयौवन के उल्लास का साक्षी हूँ—नील ने बुजुर्गाना ढंग से सोचा। पर साथ ही भीतर पुलक भी भर उठी।

वह उठा और नैन के पास आकर बैठ गया।

"नैन..."

उसने एक हाथ हटाया, तो नैन तिरछी हुई और उसके सीने में मुँह छिपा लिया।

अब मैं नैन की लज्जा का कारण भी हूँ और उससे आश्रय भी—उसने कौतुक से सोचा।

"अच्छा है, इन किताबों से तुम सारी पेचीदगियों में माहिर हो जाओगी।" उसने नैन के बाल सहलाये, "दो-चार मोटी-मोटी बातें मुझे भी सिखा देना।"

नैन की दबी हुई हँसी उसकी त्वचा पर स्पन्दित हुई।

"मुझे कुछ नहीं आता।" आख़िर नैन सीधी हुई, बिलकुल पोंगा पंडित

हूँ।...मैं क्या करूँ? मुझे कभी संगीत से ही फुर्सत नहीं मिली।...पहले मुझे नहाने में दो मिनट भी नहीं लगते थे और अब...बावली हो गयी हूँ...किसी चीज़ में मन ही नहीं लगता...सुबह तानपुरा उठाया और दस मिनट में रख दिया...शिन्दे आंटी बोली, तू वीरबहूटी हो रही है...'' दो पलों बाद मुँह कातर हो गया, ''नील मुझे डर लग रहा है।''

''किससे?''

''सुहागसेज पर जो होता है...''

''कुछ नहीं करूँगा।'' उसने नैन का सिर सहलाया, ''थोड़ी गपशप करके एक गिलास दूध पिलाकर सुला दूँगा।''

''रहने दो। मैं माधुरी से सबकुछ पूछकर आई हूँ।'' फिर राग-भरी चितवन से उसे देखा—एक पल। दो पल। ''एक बात पूछूँ?''

''हूँ?''

''तुम्हारे तो कई एफेयर्स हुए होंगे?''

नील ने गहरी साँस ली, ''सब पानी की लकीरें थीं...तुम्हीं मेरी सचाई हो।''

नैन कुछ कहने को थी। फिर उसके चेहरे का भाव देखकर रुक गयी। घूँट-सा भरा, फिर बोली तो आवाज रुँधी हुई थी, ''नील, मैं बहुत कच्ची हूँ।...मुझे चोट पहुँचाओगे तो मर जाऊँगी।''

आशंकित नैन को उसने फिर सीने से लगा लिया, ''मैं तुम्हें चोट पहुँचाने के लिए अपने घर में नहीं ला रहा हूँ।''

नैन भरी-भरी-सी उसे देख रही थी।

उसने मुँह झुकाया और एक पलक पर होठ रख दिये। पलक पल-भर कसमसाई, फिर निस्पन्द हो गयी....अगर स्पर्श की अपनी भाषा होती है, तो अपनी नैन को मैंने निश्चिन्त कर दिया है—उसने सोचा।

शाम ढल रही थी। ब्लॉसम, रम्भा, शिल्पा—अतीत के सब रिश्ते अपनी प्रकृति के अँधेरे में धूमिल हो रहे थे। वह तेज़-तेज़ क़दमों से हाँफता व तपता हुआ उजाले में आ गया था और उसका वर्तमान शुभ्र शीतल मणि की तरह उसके वक्ष से लगा था...

यकायक नैन ने चौंककर आँख उठाई। फिर नील की आँखों में बहे नन्हे-से कतरे को अपनी उँगली में समेट लिया।

''सुख का आँसू है नैन...'' उसने धीरे से कहा।

दूसरे दिन शाम को वह लैच में चाबी लगा रहा था कि दरवाज़ा खुल गया।

"माँ।" वह चौंका, "तुम्हें तो नैन के यहाँ जाना था।"

माँ का चेहरा देखकर वह अपनी जगह जड़ रह गया। वयस्क होने के बाद ऐसा सख्त भाव वह पहली बार देख रहा था। भाव में सख़्ती से ज़्यादा कुछ था। क्या?...सोचते हुए वह आशंका से लरज गया।

"पारुल का भाई आया है।" माँ ने भिंचे स्वर में सूचना दी।

एक पल उनकी निगाह मिली रही। फिर माँ पीछे मुड़ गयी।

आगे बढ़ते हुए उसने देखा, गमले के स्टैंड के पास माँ का सूटकेस रखा था। यह सूटकेस यहाँ क्यों रखा गया है, इस उलझन के साथ ही उसने सोफे पर पत्रिका पलटते हुए युवक को देखा, जो अब उठ रहा था।

दो पल वे आमने-सामने चुपचाप खड़े रहे।

"हम अन्दर कहीं बात कर सकते हैं?" नितिन ने कहा।

"मुझे बहुत मजबूर होकर यहाँ आना पड़ा है।" नितिन लाइटर की लौ सुलगाते हुए बोला।

नील सामने आत्मसजग बैठा था। स्थिति की शर्मिन्दगी के बोझ से विचलित।

"मैं दीदी से आठ साल छोटा हूँ। बचपन से ही उनसे बहुत अटैच्ड रहा हूँ। एक तरह से वे मेरी दूसरी माँ हैं।" नितिन ने लौ बुझा दी। फिर मुँह की सिगरेट उँगलियों में वापस थाम ली, "मुझे मालूम है, दीदी अपने ब्याह से बहुत दुखी रही हैं।...तुम्हारे बारे में जब मालूम हुआ, मुझे बहुत बुरा लगा। मेरी अपनी नैतिकता है। पर यह दीदी का निजी मामला था। उनकी अपनी नैतिकता थी। अपना मत प्रकट करने के अलावा मैं चुप रहा। हमारे पिता इस बारे में कुछ नहीं जानते। लेकिन अब दीदी सन्तुलन खो रही हैं और मैं चुप नहीं रह सकता। यह हमारे परिवार की प्रतिष्ठा का सवाल है।"

नील ने ठहरी हुई साँस धीरे-धीरे छोड़ी।

"जयन्त के रुख पर भी मुझे गुस्सा है।" नितिन की आवाज़ अभी भी समतल थी, "वह आख़िरकार पति है। उसे दीदी पर रोक लगानी चाहिए था, पर उसने ऐसे शर्मनाक बन्दोबस्त से समझौता कर लिया। शायद इसीलिए दीदी का हौसला बढ़ गया है...और तुम?" नितिन ने खौलती दृष्टि से उसे देखा, "तुम्हारी कोई नैतिकता नहीं? कोई आत्मसम्मान नहीं? मुलायम ज़िन्दगी के लिए तुम खुशी-खुशी रंडी बनने को तैयार हो?"

नील के माथे की नस तड़क उठी, "तुम किताबी बातें कर सकते हो, क्योंकि मुँह में चाँदी के चम्मच के साथ पैदा हुए हो। तुम इस शहर में बाप के नाम

के बिना सौ रुपए कमाकर दिखाओ, तो तुम्हारा गू निकल आएगा।''

नितिन उसे देखता रह गया।

''तुम्हारी बेहयाई की इन्तिहा नहीं।'' नितिन की दृष्टि अब आग्नेय हो रही थी, तुम्हें तो फाउंटेन पर नंगा बाँधकर कोड़ों से तुम्हारी खाल खींच लेनी चाहिए।''

''और तुम्हारी दीदी को?''

नितिन को जैसे बिजली का झटका लगा। वह तड़पकर उठा और अगले पल नील ने पाया कि नितिन की सख्त मुट्ठियों ने उसका कॉलर दबोच लिया है।

आँखें ऐसी हिंसा से सम्पन्न हो सकती हैं—नील ने पहली बार पहचाना। नील के अपने हाथ में भी आवेश का कम्पन था। उसने ज़ोर से झटके से नितिन का हाथ छुड़ा लिया।

अगले कुछ पल तनाव-भरे मौन के थे।

नितिन की नीचे गिरी सिगरेट से धुएँ की लकीर उठ रही थी।

''तुम्हें एक बार पारुल से बात करनी होगी।'' नितिन ने कहा, जो अब हाथ सीने पर बाँधे खड़ा था।

नील सामने देखता रहा।

''उसे तुमसे गर्भ रह गया है और वह बच्चे को पैदा करने की ज़िद पकड़े हुए है।''

नील को भीतर से एक सर्द लहर कँपा गयी। हथेलियाँ पसीजती-सी लगीं।

यकायक ऊँची, मर्दाना सिसकियों से कमरा झनझना गया।

नितिन दोनों हाथों से मुँह छिपाये रो रहा था—दुख से, ग्लानि से, शर्म से...

''यह क्या हो रहा है माँ?''

नितिन को लेकर जाती लिफ़्ट की आहट मन्द होते ही उसने देखा कि माँ अपना सूटकेस उठा रही है।

''मैं जा रही हूँ।'' माँ का स्वर स्थिर था।

''कहाँ जा रही हो?''

''शिकोहाबाद...''

''यह क्या तमाशा है?'' अपराध व शर्म की गहनता से वह खीझ गया।

''इसी दिन के लिए तुझे पाल-पोसकर बड़ा किया था?'' माँ की आँखों में जलन भी थी और नमी भी। ''ऊपर जाने पर तेरा बाप पूछेगा तो क्या जवाब दूँगी?''

''मुझसे भूल हो गयी।'' उसने अटककर कहा, ''पारुल ने मुझे बरगला

दिया था।''

''नासपीटे, अकेली एक पारुल ही है क्या?...यास्मीन, कृष्णा, सौदामिनी—तेरी डायरी तो नामों से अटी पड़ी है...जी चाहता है, धरती फट जाए और मैं जीते-जी उसमें समा जाऊँ...दुनिया में किसी माँ की कोख पर ऐसी कालिख नहीं लगी होगी...''

वह चुपचाप नीचे देखता रहा।

माँ आगे बढ़ी तो उसने पाँव पकड़ लिये, ''माँ, एक बार माफ़ कर दो।''

''तूने मेरी ज़िन्दगी-भर की तपस्या मिट्टी में मिला दी...छोड़ दे अभागे, मुझे तेरी सूरत से नफरत हो गयी है...''

''माँ...'' वह घिघियाते हुए माँ के साथ घिसटा।

''आज से तू मेरे लिए मर गया।''

उसकी आँखें नीची थीं, जब बाहर का दरवाज़ा ज़ोर से बन्द हुआ।

दोपहर के अलसाये सन्नाटे को सामने की पाँच मंज़िली इमारत के तीसरे माले के फ़्लैट से आती औरतों की खिलखिलाहट तोड़ रही थी। सड़क की ओर के दोनों कमरों के दरवाज़े खुले हुए थे। बड़ी बालकनी में लड़कियों व बच्चों के झुंड आते-आते किलकारियाँ मार रहे थे। एक लड़की नाचती-गाती दिखाई दे रही थी। फिर एक औरत बड़ी देगची लेकर कमरे में आ गयी। पीछे एक लड़की तश्तरियाँ लिये हुए थी। फिर एक बच्चा कुछ खाता हुआ छज्जे पर निकल आया। कुछ पलों बाद एक स्त्री निकली और बच्चे को बाँहों में दबोचकर भीतर ले जाने लगी। बच्चा छूटने के लिए छटपटा रहा था। पर स्त्री अपनी नाक उसकी नाक से लड़ा रही थी।...

सड़क पर दोपहर का सूनापन छाया था। ट्रैफ़िक कम था। इक्की-दुक्की गाड़ियाँ निकल रही थीं। इमारत के बगल के खोखे में बैठा मोची जूता गाँठ रहा था। एक किशोरी चप्पल सिलवाने के लिए पास खड़ी थी।

भोला ने सिर को झटका देकर आती हुई झपकी को रोकने की कोशिश की।

रामबाड़ी की इस खोली से सामने के फ़्लैट पर लगातार नज़र रखे हुए उसे इकतीस घंटे हो रहे थे। रात-भर वह सोया नहीं था। पिछली रात किट्टू को आकर उसे रिलीव करना था, पर वह ग्यारह बजे तक नहीं आया, तो उसने नीचे उतरकर ईरानी रेस्तराँ से मुर्तज़ा को फ़ोन किया। ''किट्टू नहीं आ पायेगा भोला...'' मुर्तज़ा ने कहा, ''आज रात व कल दोपहर तक तुम्हीं को सँभालना है।''

सवाल पूछने की उसकी आदत नहीं थी। उसने चुपचाप रिसीवर रख दिया।

फिर शालू को फ़ोन किया। ''बच्चा खाँसता है।'' शालू बोली।

''लाल शीशी से दो चम्मच दवा पिला दो। सुबह तक ठीक न हो, तो डॉक्टर के पास ले जाना।'' उसने कहा।

''तुम कबी आओगे?''

''कल रात को। तुम खाना खा लो और सो जाओ।''

शालू ने भी अपनी आदत के मुताबिक नहीं पूछा कि तुम कहाँ हो और रात-भर क्या कर रहे हो। ''तुमने खा लिया?''

''अभी खाऊँगा।'' रिसीवर रखते हुए उसे जब्त करना पड़ा। यह कैसा पेशा है, जो उसे एक शहर में होते हुए भी घर-परिवार से दूर रखता है!

उसने ईरानी रेस्तराँ से जल्दी-जल्दी दो रोटियाँ व अंडा-करी पैक करवाई, 120 शुद्ध के पाँच पान और सिगरेट के पाँच पैकेट लिये और ऊपर आ गया। पता नहीं, किसकी खोली थी! तीन दिन के लिए तीन हज़ार रुपए देकर मुर्तज़ा ने खाली करवाई थी।

सामने वाले फ़्लैट में सत्तार की मौसी रहती थी। उसकी बेटी की आज शादी थी।

मुर्तज़ा ने हफ़्ते-भर के सोच-विचार के बाद कुछ तरीके सुझाये थे। टाइम बम की पेशकश इलियास को पसन्द आई थी, पर इसे अंजाम देने में कई मुश्किलें थीं। सत्तार अपने इस्तेमाल के लिए तीन-चार गाड़ियाँ बदलता रहता था। फिर बम फिट करने के लिए किसी अन्दरूनी आदमी की ज़रूरत थी। सत्तार से विक्षुब्ध उसका ऐसा कोई सहयोगी वे अब तक नहीं तोड़ पाये थे। सत्तार का आना-जाना भी इन दिनों बहुत सीमित चल रहा था। बन्ने के शव-प्रदर्शन के बाद वह दस दिन अपने घर से नहीं निकला था। अपने बेटे के चंगे होने पर सत्तार के हाजी अली जाने की ख़बर पहले से मिल गयी थी, पर ऐसे अवसर का इस्तेमाल इलियास ने उपयुक्त नहीं समझा। वैसे भी सत्तार आजकल पाँच-छह अंगरक्षकों से कम लेकर नहीं चल रहा था। ज़्यादा खूनखराबे से इलियास आशंकित हो गये थे। उससे पूरी जंग छिड़ जाने का डर था।

तभी मुर्तज़ा इस शादी की ख़बर लेकर आया। इलियास उछल पड़े। मुर्तज़ा ने दबे स्वर में सुझाव दिया कि इम्तियाज़ की सहमति ले ली जाए। यह इलियास की दुखती रग थी। उन्हें इम्तियाज़ की तुलना में कच्चा और हीनतर रणनीतिक कौशल से सम्पन्न माना जाता था। ''यहाँ का इंचार्ज मैं हूँ।'' इलियास ने बलपूर्वक कहा।

''कोई चूक हो गयी तो इम्तियाज़ मुझे खा जाएँगे।'' मुर्तज़ा बोला।

''चूक नहीं होना चाहिए।'' इलियास ने कहा, ''इस मुहिम को सौ फ़ीसदी कामयाब होना है।''

दरवाज़े पर दस्तक हुई।

किट्टू आ गया है—भोला ने उठते हुए सोचा।

"किट्टू नहीं है?" बाहर खड़ी शबनम ने पूछा।

परसों किट्टू उसे अवकाश देने कुछ घंटों के लिए आया था। वापसी पर भोला ने बिस्तर पर इत्र की गन्ध महसूस की। चूड़ियों के तीन-चार टुकड़े भी नीचे पड़े थे। पिछले इकतीस घंटों में शबनम पाँच बार किट्टू की पूछताछ कर चुकी थी।

"नहीं।" भोला ने कहा।

"कबी आएगा?"

"थोड़ी देर बाद।"

खिड़की के सामने अपना मोर्चा सँभालते हुए भोला ने शिथिलता महसूस की। कल रात से कोकीन का पान नहीं मिला था, न भरी हुई सिगरेट। नसें ढीली हो रही थीं। इन चीज़ों को भेजने के लिए कल रात वह मुर्तज़ा से कहते-कहते रुक गया। 'हाकिम' से ऐसी पेशकश उपयुक्त नहीं जान पड़ी। गलती उसकी ही है। उसे और ज़्यादा स्टॉक लेकर आना चाहिए था। एक अद्धा उसके पास ज़रूर था, लेकिन दिन में और 'ड्यूटी' पर मुँह मारना ठीक नहीं लगा। वैसे भी वह सुबह से एक तरह से खाली पेट था। सींगदाने का छोटा-सा पैकेट पड़ा था। उसी को चबाता रहा। नीचे उतरने की चाह पर रोक लगा दी। किसी भी पल किट्टू के आने की उम्मीद जो थी।

सामने का दृश्य पहले जैसा था। फ़्लैट में अब कव्वाली का कोई कैसेट चल रहा था। बच्चों का झुंड झज्जे से कमरे के बीच उछलकूद मचाये हुए था।

बिल्डिंग का एक ही गेट था, जिससे टिका चौकीदार बीड़ी जला रहा था। पीछे गाड़ियाँ खड़ी थीं। गेट के आगे फुटपाथ। फिर थोड़ी नीची सड़क। फुटपाथ की चौड़ाई तीन फुट तो होगी। सड़क पर रुकी कार से उतरकर गेट तक पहुँचने पर दस सेकिंड तो लगेंगे। फिर गेट से लेकर बिल्डिंग तक का दरवाज़ा। इसे पार करने में तीस-पैंतीस सेकिंड तो लग ही जाएँगे।

निशाना साधने के लिए इतना समय काफ़ी है—मुर्तज़ा के वास्ते।

बस, सत्तार को अपने लोगों की ओट न मिले। ऐसा हो सकता है। गेट तक उसके लोग उसे घेरे रह सकते हैं, लेकिन बिल्डिंग में तो उसे अकेले ही जाना चाहिए। क्या वह निकाह में अपने गिरोह के साथ शामिल होगा?

मद्धिम बेचैनी की लहर उसके भीतर दौड़ गयी। तम्बाकू व नशीली चीज़ नहीं है, तो एक प्याला चाय ही मिल जाती। उसे अफ़सोस हुआ। शबनम अच्छी-ख़ासी आई थी। उससे चाय की माँग कर लेता।

उसने सिगरेट निकाली और लाइटर टटोलने लगा। फिर बटन दबाते-दबाते

उत्तेजना से रुक गया।

टायरों की तीखी रगड़ के साथ एक के बाद एक दो गाड़ियाँ गेट के सामने रुकी थीं। इतनी तेज़ी से कि पीछेवाली के ड्राइवर के हाथ अगर सधे हुए न होते, तो वह अगली के बम्पर से टकरा ही जाती।

अगली मारुति से करीम को उतरते देखकर उसकी धड़कन बढ़ गयी। मुर्तज़ा ने उसे सत्तार व उसके साथियों की कई तस्वीरें दिखाई थीं। भोला ने उनके चेहरे ऐसे याद किये थे, जैसे स्कूल का पाठ पढ़ रहा हो।

करीम ने सरसरी निगाह से आसपास देखा।

तभी दूसरी गाड़ी से एक युवक निकला। नहीं, इसे मैं नहीं जानता—भोला ने सोचा।

अनजाना युवक गाड़ी की ओर मुड़कर कुछ कह रहा था।

भोला तलुवों की झुनझुनी के साथ उठकर खिड़की के पास आ गया।

अब पिछली गाड़ी से एक और युवक निकल रहा था।

सत्तार...भोला की धड़कन एक पल के लिए रुक गयी।

सफ़ेद कमीज़ व स्लेटी पतलून पहने बड़े-बड़े बालोंवाला सत्तार ही था। काले चश्मे के ऊपर चौड़ा माथा, जहाँ बालों की लटें झूल रही थीं। गले में ताबीज़।

सत्तार अनजाने युवक से कुछ कह रहा था।

यहाँ से अचूक निशाना लगेगा—भोला ने सोचा।

फिर सत्तार करीम के साथ भीतर घुसने लगा। अगली गाड़ी आगे बढ़ गयी। फिर दूसरी उसके पीछे।

भोला ने काँपते हाथों से दरवाज़ा खोला और जल्दी-जल्दी सीढ़ियाँ उतरने लगा। ईरानी रेस्तराँ में घुसते हुए वह उत्तेजना से विभोर था। फ़ोन का नम्बर मिलाते हुए उँगलियाँ काँप गयीं।

"आ गया है।" उसने धीरे-से कहा।

अगले पन्द्रह मिनट तीखे तनाव के थे। उसने सिगरेट बुझने नहीं दी। एक ख़त्म होती, तो दूसरी जला लेता।

आख़िर दरवाज़े पर दस्तक हुई।

मुर्तज़ा पहले घुसा। पीछे किट्टू था।

खिड़की के सामने आ मुर्तज़ा ने फ़्लैट का जायज़ा लिया। पहले कमरे में दीवान पर औरतों व बच्चों से घिरा सत्तार दिखाई पड़ रहा था। मुर्तज़ा के जबड़े कस गये। उसने सधे हाथों से खिड़की की जाली का कोना उखाड़ दिया। अपने बैग से राइफल के खंड निकालकर फिट किये और गोलियाँ भरीं।

भोला कोकीन का पान माँगना चाहता था, पर मुर्तज़ा के चेहरे का भाव सख़्त

था।

''भोला, तुम्हें पिंक हाउस बुलाया है।'' मुर्तज़ा ने कहा।

''ब्लू डायमंड।...ब्लू डायमंड!''

शॉर्ट सर्किट टीवी में सात नम्बर घोड़े की इलियास हौसलाअफ़जाई कर रहे थे, जो अब पाँचवीं से चौथी जगह लेने में लगा हुआ था। उनके एक हाथ में बीयर का मग था, दूसरे में सिगरेट।

रेस्तराँ में आवेश की तरंगें थरथरा रही थीं।

भोला ने अपने मग से घूँट भरा।

तनाव की ऐसी बेला में रेसकोर्स आने का औचित्य उसकी समझ में नहीं आया था। वह पिंक हाउस पहुँचा, तो इलियास बरामदे में नन्ही के साथ गेंद खेल रहे थे। वे चलने लगे, तो वह साथ आने के लिए मचल गयी। वे गुब्बारे व आइसक्रीम का वादा करने के बाद ही निकल पाये।

''लाहौल बिलाकूवल...'' इलियास के मुँह से निकला।

ब्लू डायमंड अब फिर पाँचवें नम्बर पर पहुँचने को था। ग्यारह नम्बर उससे आगे निकल रहा था। ब्लू डायमंड अपनी सारी शक्ति लगा रहा था। पर देखते-देखते तीन नम्बर, जो उससे पीछे था, अब बराबरी पर आने लगा और मोड़ लेते-लेते उसने भी ब्लू डायमंड को पीछे छोड़ दिया। अब आठ नम्बर की थूथनी भी उसके गले तक आ गयी थी।

इलियास आज यह तीसरी रेस हारे थे।

'भोला, फ़ोन करो।'' इलियास ने घड़ी देखतते हुए कहा।

भोला तुरन्त काउंटर पर आया।

''किट्टू या मुर्तज़ा भाई का फ़ोन आया?'' कमेंटरी के दौरान उसने आवाज़ दबाते हुए पूछा। यों ऐसी कोई ज़रूरत नहीं थी। वहाँ सब रेस के नशे में थे।

''नहीं।'' हैदर ने कहा।

पंटर इलियास के पास खड़ा उन्हें चिट दे रहा था। टीवी पर अगली रेस के घोड़े बैरियर के पीछे चौकस खड़े थे।

भोला अपनी जगह बैठकर सिगरेट सुलगाने लगा।

उसे उत्तेजना इस दृश्य की नहीं, बल्कि उसकी थी, जिसे वह पीछे छोड़ आया था। उसे थोड़ा अफ़सोस हुआ कि इलियास भाई ने उसे क्यों बुला लिया! वह रामबाड़ी में रहना पसन्द करता। मुर्तज़ा का सधा निशाना देखता और सत्तार

की ज़िन्दगी का आख़िरी दिन...

इलियास 'कोल' पुस्तिका का पन्ना पलट रहे थे। पर भोला को यह समझने में कठिनाई नहीं हुई कि उनका ध्यान भी उस दूसरे दृश्य पर है।

गैलरी का कोलाहल यकायक ऊँचा हो गया। दौड़ अपने निर्णायक मोड़ पर थी। नम्बर एक और आठ लगभग बराबरी से दौड़ रहे थे। फिर आवेश चरम सीमा तक पहुँचा। फिर यकायक थम गया।

अब फिनिशिंग टाई को रिप्ले दिखाया जा रहा था, जिसमें नम्बर आठ की थूथनी आगे थी।

इलियास फिर हार गये।

''फ़ोन नहीं आया?'' इलियास ने फिर घड़ी देखी

''यहाँ फ़ोन करने को बोल दिया है।'' भोला ने कहा।

''यहाँ की लाइन बहुत बिज़ी रहती है।''

अब काउंटर का फ़ोन खाली नहीं था। उस पर एक साथ तीन-चार लोग झपट रहे थे। वह बाहर पब्लिक फ़ोन पर आ गया और सिक्के टटोलने लगा।

''नहीं, फ़ोन नहीं आया।'' हैदर ने कहा।

पाँचवीं और अन्तिम दौड़ शुरू हो रही थी। पंटर इलियास को चिट दे रहा था। एक पल को भोला स्तब्ध रह गया। उन्होंने ब्रोंकों विली पर तीन लाख लगाये थे। वह वही घोड़ा था, जिसका ज़िक्र मरने से पहले बन्ने ने किया था—भोला को याद आया।

दुहरा तनाव अब भोला से बर्दाश्त नहीं हो रहा था। वह खिड़की के पास आया और सिगरेट फूँकते हुए बाहर देखने लगा। घनी, हरीभरी घास और मुलायम मिट्टी...उसे यकायक गाँव की याद आ गयी...खेत, कुआँ, अमराई। झोंपड़ी के सामने नीम का पेड़। खूब नीला आसमान, जिसका एक कोना भी यहाँ नसीब नहीं होता...और पेड़ की टहनियों पर पंछियों के झुंड गोधूलि में लौटते मवेशियों की घंटियाँ....

यकायक वह गाँव जाने की ललक से भर उठा।

इलियास भाई से हाथ जोड़कर विनती करेगा, महीने-भर की छुट्टी दे दो। शालू व बच्चे को भी ले जाएगा। ज़मीन भी तो ख़रीदना है। उसके बक्से में डेढ़ लाख हैं। कुछ साल बाद हमेशा के लिए गाँव जाने की कोशिश करेगा। आठ-दस दिन पहले मुर्तज़ा से उसने टोह ली थी। कई लोग रिटायर हो जाते हैं—मुर्तज़ा ने कहा था।

''ब्रोंको विली...ब्रोंको विली...''

ऊँचे कोलाहल से उसका ध्यान बँटा।

इलियास भाई तालियाँ बजा रहे थे। ब्रोंको विली पहले नम्बर पर था।

''भोला, जल्दी चलो, वर्ना भीड़ हो जाएगी।''

बाहर निकलते हुए इलियास की चाल में तेज़ी थी। क्या ये पैसा लेकर नहीं जाएँगे—उसने सोचा। शायद पंटर घर पहुँचाएगा। पंटर की बात का एक टुकड़ा उसने सुन लिया था। हार की भरपाई के बाद इलियास को लगभग पाँच लाख का फ़ायदा होगा।

गेट से बाहर आकर इलियास सिगरेट सुलगाने लगे। भोला आगे-आगे ओट दिये हुए चल रहा था।

सब सामान्य था। कारों के इंजन चालू हो रहे थे। लोग ज़ोर-ज़ोर से बोल रहे थे। सड़क पर ट्रैफ़िक था। धूप म्लान हो रही थी।

भोला ने चाबी का गुच्छा निकाला और दरवाज़ा खोलने लगा। इलियास फुटपाथ पर बढ़ते हुए चिटें देख रहे थे। हमेशा की तरह आज मुझे अच्छा इनाम मिल जाएगा—भोला ने सोचा।

उसने झुककर पीछे का दरवाज़ा अन लॉक किया। फिर बाहर निकलने लगा ताकि इलियास के लिए दरवाज़ा खोल सके।

तभी तीखी रगड़ के साथ सामने से आती मारुति के पहिए रुके। चौंके हुए भोला की नज़र उठी, तो पिछली खिड़की के पास क़रीम की झलक मिली...इससे पहले कि भोला कुछ सोंच सके, बिल्कुल नामालूम-सी आवाज़ हुई और इलियास लड़खड़ाकर फुटपाथ पर लुढ़क गये...

सोलह

"तुमने तो कहा था कि तुम एहतिहयात बरत रही हो?" नील बोला।

बेडरेस्ट से टिकी पारुल स्थिर बैठी थीं। चेहरे पर अजीब-सा कसापन था—आशंकित करनेवाला।

शाम के अँधेरे में बँगले में ख़ामोशी थी। आते हुए उसने पारुल की बेटी को बगीचे में कुत्ते के साथ खेलते देखा था। आया निकट खड़ी थी।

यह पारुल-जयन्त का बेडरूम था। जयन्त और नितिन बगल के कमरे में थे।

स्थिति की शर्मिन्दगी से वह दग्ध होने लगा। अँधेरे का रिश्ता अपनी 'मर्यादा' छोड़ देने के बाद किस तरह ज्वलनशील हो रहा था...

"बाद में छोड़ दिया था।" पारुल बोलीं।

"तो मुझे बताया क्यों नहीं?" नील ने सख़्त स्वर में कहा, "देखो, कैसा तूफ़ान खड़ा हो गया है!"

"कैसा तूफ़ान?" उसके स्वर की प्रकृति भाँपते हुए भी पारुल ने नासमझी दिखाई।

"तुम्हें दिखाई नहीं दे रहा कि नितिन व जयन्त का जीना हराम हो गया है?"

पारुल ने आहत भाव से विरोधी पक्ष में उसके डिफेक्शन का नोटिस लिया।

"और मेरा जीना कब से हराम है? उस पर किसी की नज़र क्यों नहीं जाती?" पारुल की आँखें याचना एवं सहारे के भाव से उस पर ठहर गयीं। "तुम्हारी भी नहीं?"

ऐसे तर्क ने उसके क्रोध को और तीखा व बेबस कर दिया। पिंजरे में बन्द पशु की तरह दो-तीन चक्कर काटे। फिर पास आकर ठहर गया।

"पारुल..." उसने नर्म स्वर में कहा, "क्लीनिक चलो।"

"मुझे यह बच्चा चाहिए।" आवाज़ स्थिर थी।

''कैसी बातें कर रही हो! ...तुम किसी और की पत्नी हो।''

''मैं भावात्मक रूप से तुम्हारी पत्नी हूँ।''

''इस देश का क़ानून ऐसा रिश्ता नहीं मानता।''

''मैं मानती हूँ।''

''कैसी बेतुकी बातें कर रही हो!'' उसने अपने उफान पर काबू पाने की कोशिश की, ''देखो, समाज तुम पर बहुत कीचड़ उछालेगा।''

''मुझे परवाह नहीं।''

''जयन्त-नितिन बाहर मुँह नहीं दिखा पाएँगे।''

''मेरी बला से...''

''तुम्हारी बेटी क्या सोचेगी?''

''मेरी अपनी भी ज़िन्दगी है।''

''तुम्हारे पिता पर क्या बीतेगी?''

''वे कल मरते हों, तो आज मर जाएँ...उन्हीं की वजह से तो मेरा यह हाल हुआ।''

''एडल्टरी क़ानूनन अपराध है।''

''फाँसी तो नहीं होगी। कुछ साल की सज़ा काटकर बाहर आ जाऊँगी।''

इस बार वह भड़क उठा, ''पारुल, अपने ख़ानदान की इज़्ज़त के बारे में सोचो।''

''अभी तक सोचती रही, इसलिए तो आधी मुर्दा थी।'' पारुल ने तेज़ स्वर में कहा, पर अगले ही क्षण आँखें छलछला आईं, ''मुझे अफ़सोस यह है कि तुम्हीं मेरी भावना नहीं समझ पा रहे हो। ऐसी तृप्ति इस दुनिया में मिल सकती है—मैंने कभी नहीं सोचा था। अब इस एहसास के बिना मैं नहीं जी सकती।''

उसने सिर झटका, ''अच्छा, बच्चा होने के बाद कैसे रहोगी?''

''अगर तुम्हारे साथ रहने से जयन्त-नितिन का मुँह काला होता है, तो यहीं रहूँगी या सी-ब्रीज़ में रहूँगी। दिन में एक बार तुमसे मिल लूँगी। ज़िन्दा रहने के लिए इतना काफ़ी है।''

नील ने पारुल की ओर देखा, ''मैं एक हफ़्ते के अन्दर शहर छोड़ रहा हूँ।''

पारुल के चेहरे का रंग उड़ने लगा।

''मैं दिल्ली जा रहा हूँ। मैं शादी कर रहा हूँ। मैं अपना घर बसा रहा हूँ।''

''क्या?'' पारुल के मुँह से घुटी-सी कराह निकली।

''मेरी अपनी भी ज़िन्दगी है।''

पारुल जैसे सकते में आ गयीं, ''तुम्हारी ज़िन्दगी मुझसे अलग भी हो सकती है?''

''पारुल, मैं कितनी बार कह चुका हूँ...एक साथ हमारा कोई भविष्य नहीं हो सकता।''

पारुल की आँखों से यकायक आँसू बहने लगे। एक भी सिसकी नहीं थी—सिर्फ़ बेआवाज़ आँसू थे, जो लम्बी लकीरें बनाने लगे थे।

''पारुल, मैं हाथ जोड़कर बिनती करता हूँ, क्लिनिक चलो।'' नील ने नर्मी से कहा, ''अभी भी कुछ नहीं बिगड़ा। इस हादसे को शान्ति से ख़त्म हो जाने दो। तुम अपनी दुनिया में वापस लौट जाओ और मुझे भी चैन से जीने दो। इसी में हम सबकी भलाई है।''

कुछ पलों के बाद पारुल ने दृढ़ता से आँसू पोंछे, ''तुम किससे शादी कर रहे हो?'' स्वर बदला हुआ था।

''नैन...उसका नाम है।''

''सिंगर?''

नील ने हामी में सिर हिलाया। ''पारुल, तुमने मेरे लिए बहुत किया है, मेरा रोम-रोम तुम्हारे एहसान में डूबा रहेगा। मैं सुबह-शाम तुम्हारे मन की शान्ति के लिए प्रार्थना करूँगा..''

''कुत्ता, कमीना, हरामज़ादा...'' भीगी आँखों के लाल होने के साथ पारुल उठने लगीं, ''मेरे घर में आग लगाकर अपना घर बसाने चला है...'' ज़न्नाटे के थप्पड़ से नील सुन्न रह गया, ''मैं तेरा खून पी जाऊँगी...मैं तेरी बोटी-बोटी काटकर चील-कौवों को खिला दूँगी...''

कोने में सिमट गया नील अपने को बचाने की कोशिश कर रहा था, पर नाखूनों की खरोंच से मुँह पर कई जगह खून छलछला आया था।

''साले सड़क के कुत्ते को आसमान पर बिठा दिया...और अब मुझसे अलग अपना भविष्य बना रहा है...''

पारुल उसका गला दबा रही थीं, जब पीछे आहट हुई।

''यह क्या हो रहा है पारुल?'' जयन्त ने कहा।

''नील को छोड़ दो...'' यह नितिन का स्वर था।

जगमगाती हुई रोशनियाँ, सनसनाती हुई कारें, जीवन्त कोलाहल...यह सब अवास्तविक हैं या वह खुद, जो बौराये प्रेत-सा, अभिशप्त घूम रहा है...

यह क्या हो गया?

उसे विश्वास नही हो रहा था। भावनाओं की यह कैसी नियति है?

भावनाएँ तर्कसंगत क्यों नहीं हैं? भावनाएँ सागर की लहरों के विपरीत मर्यादा क्यों तोड़ रही हैं?

''थोड़ी बर्फ़ दे दो।''

शालू कटोरी रख गयी।

रात ढल रही थी। भोला नहीं था। वह दूसरे कमरे में बैठा रहा।

रोशनी बुझा दी थी। अँधेरे रिश्ते के घनत्व से मन कातर था, पर रोशनी से भी डर लग रहा था।

अब मैं अँधेरे का हिस्सा हूँ—उसने सोचा।

नींद खुली, तो खिड़की पर दोपहर की धूप फैली थी।

सिर भारी था। आँखें भारी थीं। मन भारी था।

पिछली रात भीतर कील की तरह गड़ी थी। यकायक आवेग-सा उमड़ा। लगा कि बिलखकर रो पड़ेगा।

''नैन, क्या हुआ?''

नैन का चेहरा रक्तहीन-सा था। लाल आँखें सूजी हुईं। साड़ी मसली-तुसली। बाल बेतरतीब।

नैन ने जैसी आहत आँखों से उसे देखा—नील का रक्त शिराओं में जमने लगा।

फिर वह दीवार का सहारा लकर मुड़ गयी। दीवान पर बैठने के उपक्रम के साथ चेहरा हाथों में छिपा लिया।

''क्या बात है नैन?'' वह आगे आया, ''यह क्या हालत बना रक्खी है?''

अब नैन ने हाथ हटा लिये। एकटक उसे देख रही थी, जैसे पहचानने की कोशिश कर रही हो।

''कल आधी रात को पारुल आई थी।''

नील के भीतर कुछ झनझनाकर टूटा।

''कह दो कि उसने जो कुछ कहा है, सब झूठ है...'' नैन की आँखें डबडबा आयीं; फिर एक सिसकी निकल गयी, ''ओ माँ, इतना बड़ा धोखा...'' फिर फफककर रो पड़ी, ''जब तुम मुझसे प्रेम का नाटक कर रहे थे, तभी पारुल को गर्भवती भी बना रहे थे...''

''नैन, मुझ पर विश्वास करो। मैंने तुम्हारे साथ कोई नाटक नहीं किया।'' वह धीमे स्वर में बोला, ''मैंने ज़िन्दगी में अगर प्रेम किया है, तो सिर्फ़ तुमसे...''

''प्रेम की ऐसी परिभाषा मैंने आज तक नहीं सुनी...कि एक भोली-भाली लड़की के साथ ब्याह की तैयारी करो और दूसरी ब्याहता औरत के साथ सोया करो...''

''वह मेरी मजबूरी थी।''

''पारुल ने तुम्हारे साथ ज़बर्दस्ती की थी?...नील, तुम्हारे झूठों की कोई हद भी है?''

''मैं अपनी गरीबी से आजिज़ आ गया था। पारुल से नाता सिर्फ़ गरीबी दूर करने का तरीका था। इससे ज़्यादा कुछ नहीं। अगर होता, तो मैं तुम्हारी मर्ज़ी के ख़िलाफ़ दिल्ली जाने की ज़िद क्यों करता?''

नैन ने आँखें पोंछी। फिर उसकी ओर देखा, ''सुबह पुलिस इंस्पेक्टर गायतोंडे आये थे—तुम्हें ढूँढ़ते हुए।...शहनाज हैदर कौन हैं? उनके साथ तुम्हारा क्या रिश्ता है? अपनी कन्सल्टेंसी में तुम कौन-सा कन्सल्टेंशन करते हो?...जब तुम मेरा हाथ थामकर शादी का प्रस्ताव रख रहे थे, तब तुम्हारे बदन में घिनौने कीड़े पल रहे थे...''

इस बार नैन की रुलाई गहन और बेधक थी।

ये टूटे विश्वास के कण हैं, जो पलकों से टपक रहे हैं—उसने सोचा।

''नैन, मुझे जो चाहो, सज़ा दे लो, पर अपने से दूर मत करो। मेरी ज़िन्दगी में सिर्फ़ तुम्हारी पवित्र छाया बची है...मैं तुम्हारे पाँव छूता हूँ, मुझे ठुकराओ मत। मैं मजबूर था।''

नैन ने अपने पाँव समेट लिये, ''अगर तुम्हारे मन में मेरे लिए कुछ भी रहा है, तो मुझे छुओ मत।'' उसके चेहरे पर ऐसी सख़्ती वह पहली बार देख रहा था, ''और अब कभी मुझे अपनी सूरत दिखाने की यातना मत पहुँचाना।''

नेबुला के गेट के भीतर नील ने कार मोड़ी, तो स्टूल पर बैठे चौकीदार ने उछलकर रास्ता रोक लिया।

''सॉरी सर, विज़िटर के लिए पार्किंग मना है।''

नील ने पल-भर उसे देखा। तब तक दूसरा भी पास आने लगा था।

''गाड़ी सड़क पर लगा दीजिए।'' दूसरे ने कहा।

''आपको किससे मिलना है?'' पहले ने पूछा।

''तुम लोगों ने भाँग पी रक्खी है क्या?'' उसने स्थिर स्वर में पूछा।

''तमीज़ से बात कीजिए। हमारी भी इज़्ज़त है।'' दूसरा बोला।

‘‘तुम लोगों को हो क्या गया है?’’ वह बाहर निकल आया, ‘‘एक दिन में मेरा चेहरा बदल गया है?’’

‘‘मैं तो आपको पहली बार देख रहा हूँ।’’ पहले ने कहा।

‘‘आपको किससे मिलना है?’’ दूसरे ने पूछा।

नील आगे बढ़ गया। भीतर घुसते हुए सोसायटी के बोर्ड पर निगाह पड़ी— 142 नम्बर फ़्लैट के आगे शौक़त शेख नाम लिखा हुआ था।

लिफ्ट में घुसते हुए उसने तलवों की सिहरन दबाने की कोशिश की, जो ऊपर पहुँचने पर फिर तेज़ हो गयी।

उसके दरवाज़े पर शौक़त शेख नाम की नयी नेमप्लेट लगी थी।

उसके दिमाग की नसें घंटियों की तरह बजने लगीं। गुच्छा निकालकर चाबी लैच में लगाई...लग नहीं रही थी।

लैच बदल गया था।

तभी दरवाज़ा खुल गया।

‘‘कहिए?’’ तंग पाज़ामा व कुर्ता पहने एक हट्टा-कट्टा युवक सामने खड़ा था।

‘‘आप कौन हैं?’’ नील बोला।

‘‘आप कौन हैं?’’ उसने पूछा।

तब तक उसके पीछे चार युवक आ खड़े हुए थे।

‘‘मैं इस फ़्लैट का मालिक हूँ।’’ नील ने कहा।

‘‘बिल्डर से यह फ़्लैट मैंने ख़रीदा है। शौक़त शेख मेरा नाम है।’’ उसका स्वर समतल था, ‘‘छह महीने से पजैशन मेरे पास है। ’’

‘‘क्या बकवास कर रहे हो!’’ नील बोला।

‘‘अब्दुल, पुलिस को फ़ोन कर दो।’’ शौक़त ने निर्देश दिया।

नील भीतर घुसने लगा।

‘‘मैं तुम्हें दो मिनट भीतर आने की इज़ाजत देता हूँ।’’ शौक़त एक ओर हट गया।

नील को लग रहा था, वह कोई दुःस्वप्न देख नहा है। लिविंग रूम की एक-एक चीज़ यथावत थी। रसोई का सारा सामान जैसा-तैसा था, पर उसके निजी शयनकक्ष से उसकी एक-एक निजी चीज़ गायब हो चुकी थी। अलमारी में अनजान कपड़े भरे थे।

‘‘यही हैं...’’ चौकीदार ने उसकी ओर संकेत किया।

पुलिस इंस्पेक्टर आगे बढ़ा।

‘‘मैं इंस्पेक्टर गायतोंडे हूँ।’’ उसने हाथ आगे बढ़ाया।

नील ने हाथ मिला लिया।

''क्या बात है?'' गायतोंडे ने पूछा।

''जनाब यकायक मेरे फ़्लैट पर कब्जा जताने चले आये हैं।'' शौक़त ने फ़ाइल आगे बढ़ाते हुए कहा, ''यह देखिए, बिल्डर से मेरा एग्रीमेंट, यह मेरे नाम से बिजली का बिल, यह मेरे नाम पर फ़ोन कनैक्शन, इस पते का मेरा राशनकार्ड...'' इन्स्पेक्टर ने ध्यान से पन्ने पलटे।

''यह फ़्लैट मेरा है।'' नील ने कहा, ''मैं छह महीने से यहाँ रहता हूँ।''

''आपके पास सुबूत है?''

''मेरी एग्रीमेंट की कॉफी रजिस्ट्रेशन के लिए गयी है। इस पते पर मेरी चिट्ठियाँ आती हैं। मेरे बैंक एकाउंट में यही पता है।''

''आप क्या करते हैं?'' इंस्पेक्टर ने पूछा।

दो पल चुप्पी रही।

''इतना महँगा फ़्लैट आपने कैसे ख़रीदा? आपका इनकम टैक्स नम्बर क्या है? पिछले दो साल के रिटर्न दिखाइए।''

नील ने गहरी साँस ली।

''ग्लोब ट्रैविल्स के लिए आप क्या करते हैं? कुछ महीने पहले एयरपोर्ट सेंटोर में किसने आपकी पिटाई की थी और क्यों? आपकी ऐसी डीलक्स लाइफ़ स्टाइल कैसे है?''

''आप यह सब किसके इशारे पर कर रहे हैं?''

इंस्पेक्टर का चेहरा सख़्त हो गया, ''हम जो भी करते हैं अपनी ड्यूटी के तहत...सीटा (सप्रैशन ऑव इम्मोरल ट्रैफ़िक ऐक्ट) को जानते हो?''

''मैं टीवी सीरियल नहीं देखता।''

''तुम्हारे जैसों की विट झाड़ना भी हमें आता है।'' वह आक्रामक हो गया, ''तुम्हारे लॉकर में तीस लाख के जेवर निकले हैं। कहाँ-कहाँ से चुराये? फ़िक्स्ड डिपॉज़िट के साढ़े-सात लाख कहाँ से मारे? करेंट एकाउंट के दो लाख पैंसठ हज़ार किसने दिये?''

नील आगे आया और नम्बर डायल करने लगा।

इंस्पेक्टर ने डिस्कनैक्ट कर दिया, ''तुम्हें फ़ोन करने की इज़ाजत किसने दी?'' पल-भर दोनों की निगाह मिली रही।

फिर नील सोफ़े पर बैठ गया और सिगरेट जलाने लगा।

''तुम्हें बैठने के लिए किसने कहा?''

''यह मेरा घर है।'' नील ने धुआँ छोड़ा।

''मैंने तुमसे कुछ सवाल पूछे हैं?''

"उनके जवाब कोर्ट में मेरा वकील देगा।"

इंस्पेक्टर तौलती नज़र से उसे देख रहा था।

"फ्रंटियर मेल, जो कुछ घंटे लेट थी, अब प्लेटफ़ार्म नम्बर एक पर आ रही है..." ध्वनिविस्तारक पर घोषणा हो रही थी।

बम्बई सेंट्रल के गेट से घुसते हुए भोला ने जायज़ा लिया, लगभग आधी रात के सन्नाटे में स्टेशन काफ़ी सूना था। हॉल में जहाँ-तहाँ कुछ लोग अपने परिवार के झुंडों में फ़र्श पर बैठे-लेटे थे। एक सिपाही गेट के सामने ऊपर जाती सीढ़ियों के पास स्टूल पर बैठा खैनी फाँक रहा था और दो बोझा ढोने वाले ठेले पर बैठे गप्पें लगा रहे थे।

"मैं कल रात आ रहा हूँ।" सुबह चार बजे मुर्तज़ा के घर दिल्ली से इम्तियाज़ का फ़ोन आया था।

रातरानी में सभी लोग आशंकित हो गये थे। इम्तियाज़ के ऊपर एक क़त्ल का, एक तस्करी का और एक काफ़ीपोसा का मुक़दमा चल रहा था। उसके नाम दो साल से वारंट निकला हुआ था, पर सम्मन की तामील नहीं हो पाई थी।

मुर्तज़ा उसे साथ लेकर दो घंटे पहले स्टेशन पहुँच गया था। इम्तियाज़ के निर्देश के मुताबिक उनमें से किसी को प्लेटफार्म पर नहीं आना था। किस नम्बर की गाड़ी में वे स्टेशन पर आएँगे—इम्तियाज़ ने पूछ लिया था। हवाई जहाज़ से बम्बई न आना उसकी सतर्कता का ही हिस्सा था।

वह मुर्तज़ा के साथ पास के बार में बैठा रहा था। ज़्यादातर समय दोनों चुप रहे थे।

प्लेटफ़ार्म पर थोड़ी हलचल हुई। फिर इक्के-दुक्के कुली आगे आने लगे। कुछ क्षण बाद इंजन की तेज़ रोशनियाँ दिखाई दीं।

वह बाहर निकल आया। मुर्तज़ा ने अहाते में गाड़ी गेट के पास ही लगाई थी। वह ड्राइवर की जगह पर बैठा सिगरेट पी रहा था।

भोला ने दरवाज़ा खोला और दूसरी ओर बैठ गया।

"गाड़ी आ गयी।" भोला ने सूचना दी।

दो-तीन टैक्सियों के हॉर्न बजे। गेट से लोग निकलने लगे थे। दो निजी गाड़ियों में भी हरकत हो रही थी।

मुर्तज़ा मुड़कर गेट की ओर देख रहा था। आख़िरी कश लेकर उसने सिगरेट बाहर फेंक दी।

"आ रहे हैं।" मुर्तज़ा ने कहा और बाहर निकलकर खड़ा हो गया।

कसे हुए बदन का लगभग साढ़े-पाँच फुट का युवक जींस व जैकैट पहने बूटों की खट्खट के साथ आगे आ रहा था। तराशी हुई दाढ़ी पर काला चश्मा। एक हाथ में सूटकेस यों थमा था, जैसे फूलों की डाली हो।

नहीं, तस्वीरों में हमेशा इम्तियाज़ का चेहरो सफाचट ही देखा था—भोला ने सोचा।

भोला अभी तक मुर्तज़ा को ही चुस्ती का प्रतिमान मानता आया था। आज मन-ही-मन उसने यह पदवी इम्तियाज़ को दे दी।

वह भी बाहर निकल आया।

''बम्बई में खुशाम्दीद...'' मुर्तज़ा ने कहा।

इम्तियाज़ ने सूटकेस नीचे रख दिया और मुर्तज़ा से गले मिला।

''यही भोला है।'' मुर्तज़ा ने इशारा किया।

''सलाम साहेब!'' भोला अभिवादन में झुक गया।

सड़क पर थोड़ी देर कार में चुप्पी रही। इम्तियाज़ एक कोने में सटा बैठा था। निर्देश के अनुसार गहरे काँचवाली कार लाई गयी थी। मुर्तज़ा ने सिगरेट पीछे बढ़ाई, तो इम्तियाज़ ने मना कर दिया।

भोला के हाथ चक्के पर थे और निगाह सामने। इम्तियाज़ की मौजूदगी का तनाव उसे महसूस हो रहा था।

''भाभी की हालत कैसी है?'' इम्तियाज़ ने पूछा। भारी, गुरु-गम्भरी आवाज़ थी। खनकदार।

''समझ सकते हो।'' मुर्तज़ा बोला, ''छत से कूदने की कोशिश की थी।''

कुछ पल बाद इम्तियाज़ ने गहरी साँस ली।

''गोली किसने चलाई?'' स्वर समतल था।

''क़रीम ने।''

''भाईजान के साथ कौन-कौन था?''

''सिर्फ़ भोला...''

भोला को लगा, अब पूछताछ की जाएगी—तुमने जवाब में गोली क्यों नहीं चलाई, क्या इलियास अस्पताल ले जाने लायक थे, करीम के साथ और कौन था, पर फिर थोड़ी देर चुप्पी रही।

''ज़रा रोको।''

भोला ने बाईं ओर कार लगा दी।

बाहर निकलते हुए यकायक इम्तियाज़ ठिठक गया, ''पचास के सिक्के हैं?''

भोला ने तुरन्त जेब में हाथ डाला और बादामी लिफ़ाफ़ा बढ़ा दिया।

''यह हमेशा साथ रखता है।'' मुर्तज़ा ने टिप्पणी की।

काले चश्मे से इम्तियाज़ की आँखें पल-भर उस पर ठिठकी रहीं। फिर वह तेज़ क़दमों से पब्लिक बूथ की ओर बढ़ गया।

"इम्तियाज़ भाई का क्या चक्कर है?" मुर्तज़ा बुदबुदाया।

बूथ में रोशनी थी, पर इम्तियाज़ रिसीवर थामे इस तरह खड़ा था कि बाहर से उसका चेहरा ठीक से दिखाई न दे और सड़क पर नज़र भी रहे।

उसकी चाल-ढाल, तौर-तरीके पर भोला की श्रद्धा बढ़ने लगी।

दस मिनट हुए होंगे, जब इम्तियाज़ तेज़ क़दमों से बाहर निकला।

भोला ने इंजन की चाबी घुमा दी।

"मुर्तज़ा, तुम घर जाओ।" इम्तियाज़ ने बैठते हुए कहा, "मैं थोड़ी देर बाद आऊँगा या फ़ोन करूँगा...भोला, सीधे ले लो।"

मुर्तज़ा अचकचा गया, "इम्तियाज़ भाई, तुम कहाँ..."

"मुझे जल्दी है।"

मुर्तज़ा इम्तियाज़ की ओर देखता रहा, "मुझे भी साथ आने दो।"

"नहीं।" आगे स्वर थोड़ा नर्म हो गया, "यहाँ अब कारोबार को देखने वाले तुम्हीं बचे हो।"

मुर्तज़ा ने बाहर निकलकर दरवाज़ा बन्द कर दिया।

इम्तियाज़ ने दो-तीन बार रास्ते का निर्देश दिया। आईने पर भोला की निगाह पड़ी। इम्तियाज़ ने जैकेट से पिस्तौल निकाल ली थी और गोली भर रहा था।

भोला ने अपने पर नियन्त्रण रखने की कोशिश की।

"क़रीम ने किनती गोलियाँ चलाई थीं?" यकायक इम्तियाज़ ने पूछा।

"एक..." भोला का मुँह सूखने लगा था।

लगभग पच्चीस मिनट तक गाड़ी चलती रही।

"बस..." इम्तियाज़ ने सात-आठ मंज़िल की एक बिल्डिंग के गेट की ओर इशारा किया।

बिना किसी वाजिब कारण के भोला की धड़कन बढ़ने लगी।

"तुम मोड़ लो और इंजन चालू रखो। मुझे दो मिनट लगेंगे।"

"जी साहेब!"

इम्तियाज़ तेज़ क़दमों से गेट में घुस गया।

जो उसने कहा था, वह सही निकला। भोला ने घड़ी नहीं देखी, पर अन्दाज़ा तो था। एक ही निमट हुआ होगा, तब तीसरे माले पर कोलाहल हुआ। फिर एक खिड़की खुली और रोते हुए नारी-स्वर ने कुछ कहा। क्या, यह रुदन की विकृति के कारण समझ में नहीं आया।

इसके साथ ही अपनी उसी चाल से इम्तियाज़ गेट से बाहर निकला।

भोला ने हाथ बढ़ाकर पिछला दरवाज़ा खोल दिया।

जब तक गाड़ी आगे बढ़े, दो-तीन खिड़कियाँ और खुल गयी थीं और एक ऊँचा पुरुष-स्वर पूछ रहा था, "क्या हुआ?"

मुख्य सड़क पर सन्नाटा था। हल्की हवा के झोंके आ रहे थे। फ्लेरोसेंट रोशनियाँ ऐसी मालूम देती थीं, जैसे सुस्ताने के बाद जागृत हो रही हों।

"भोला..." इम्तियाज़ ने कहा, "मैंने भी एक ही गोली चलाई है।"

"भाईजान महालक्ष्मी जाने वाले हैं, यह बात किस-किस को पता थी?" इम्तियाज़ ने पूछा।

मुर्तज़ा के ड्राइंगरूम में इम्तियाज़ उन्हीं कपड़ों में बैठे थे। वैसे ही चुस्त और ताज़े।

"पिंक हाउस से फ़ोन हैदर ने रिसीव किया था।" मुर्तज़ा बोला, "मैं बाहर बिजली कम्पनी वालों से बात कर रहा था कि अपने गेट के सामने गड्ढा आज नहीं खोदें। फिर मैंने किट्टू को बताया, जो बेसमेंट में था। थोड़ी देर बाद रामबाड़ी जाने पर मैंने भोला को बताया।"

"भाईजान ने फ़ोन ईपीएबीएक्स पर किया था?"

"यह तो नहीं मालूम।" मुर्तज़ा ने धीमे स्वर में कहा।

"इलियास भाई का क़त्ल हो गया है और तुम लोगों को यह भी नहीं मालूम?"

इम्तियाज़ का स्वर तेज़ हो गया।

भोला और किट्टू की निगाह पहले ही झुक गयी थी, अब मुर्तज़ा भी नीचे देखने लगा।

"हैदर से पूछो।" इम्तियाज़ ने आदेश दिया।

किट्टू उठकर नम्बर मिलाने लगा।

खिड़की में धूप भरी थी। दिन के उजाले में कल की रात किसी दुःस्वप्न-सी जान पड़ती थी। शायद वह ऐसा ही मान लेता, अगर आज सुबह अख़बार के तीसरे पन्ने पर मृत क़रीम की तस्वीर न छपी देखी होती।

रात इम्तियाज़ सूने भिंडी बाज़ार में गाड़ी से उतर गये थे। कहाँ जा रहे हैं, कुछ नहीं बताया था। उसे सुबह दस बजे मुर्तज़ा के यहाँ पहुँच जाने का आदेश दिया था।

"ईपीएबीएक्स पर किया था।" किट्टू ने रिसीवर रखते हुए सूचना दी।

‘‘भाईजान भी कमाल करते थे। डायरेक्ट लाइन अचार डालने के लिए होती है?’’

‘‘नूर भाई ने बताया, डायरेक्ट लाइन बिजी थी।’’ किट्टू बोला, ‘‘कामथ आये हुए थे और पुलिस चौकी बात कर रहे थे।’’

‘‘ईपीबीएक्स पर कौन बैठा था?’’

‘‘कुलकर्णी...नया आया है।’’ मुर्तज़ा बोला, ‘‘तीन महीने पहले।’’

‘‘क्यों?’’

‘‘बीमारी के बाद अंसारी से नाइट ड्यूटी नहीं होती थी।’’

‘‘तो कुलकर्णी उस रोज़ दिन में कैसे आ गया था।’’

‘‘अंसारी को अस्पताल जाना था—टैस्ट करवाने।’’

इम्तियाज़ ने दो पल सोचा, ‘‘कुलकर्णी का पक्का वैरीफिकेशन क्या है?’’

फिर चुप्पी छा गयी।

‘‘तुम लोग करते क्या हो?’’ इम्तियाज़ बिफर उठा, ‘‘हम भेलपूरी की दुकान चलाते हैं? कोकीन, दारू और लौंडियाबाजी से तुम सबकी हड्डियों में घुन लग गया है।’’

किट्टू का चेहरा उतर गया। मुर्तज़ा भी उसकी ओर देखने लगा था।

‘‘हैदर को आज से कुलकर्णी के पीछे लगा दो।’’ इम्तियाज़ बोला, ‘‘चार-पाँच दिन बाद मुझे रिपोर्ट दो।’’

मुर्तज़ा फ़ोन का नम्बर मिलाने लगा।

‘‘सबीना ने तुम्हारे लिए दिया है।’’ इम्तियाज़ ने जेब से लिफ़ाफ़ा निकाल कर किट्टू की ओर बढ़ाया, ‘‘तुम्हारे चालूपन की इन्तिहा भी है? दो दिन में लड़की को पटा लिया? उसके बाप को तो देखा है? पता चल गया, तो तेरा क़ीमा बनाकर अपने कुत्तों को खिला देगा।’’

किट्टू ने खिसियानी-सी मुस्कान दी।

‘‘आइन्दा तुम दुबई मत आना। मैं शेख के साथ बिज़नेस करता हूँ। उसके घर की इज़्ज़त मेरी भी इज़्ज़त है।’’ इम्तियाज़ के चेहरे की संजीदगी में अजीब-सी सख्ती घुलमिल गयी थी।

रिसीवर रखकर मुर्तज़ा बैठ गया।

‘‘गफूर शाम को पुलिस चौकी जाएगा, यह ख़बर सत्तार को आप्टे से मिली थी।’’ इम्तियाज़ ने भावहीन स्वर में कहा।

भोला ने देखा, मुर्तज़ा की नज़र झुक गयी है।

‘‘हम आप्टे से बदला ज़रूर लेंगे, पर जरा ठंडक आ जाने के बाद। इन्स्पेक्टर

का खून हैडक्वार्टर को हज़म नहीं होगा, इसलिए आप्टे को रँगे हाथों रिश्वत लेते हुए एंटी-करप्शन ब्यूरो से गिरफ़्तार करवाएँगे।''

दो पल चुप्पी रही।

इम्तियाज़ मुर्तज़ा को देख रहे थे, ''तुम्हें इलियास भाई की मौत की ख़बर रामबाड़ी में किसने दी?''

''भोला ने।''

''जब तुम लोग सत्तार की मौसी के घर पर नज़र रखे थे, तो वह क़रीम के साथ निकला कैसे?''

''औरतों की एक टोली के बीच...बुर्का पहनकर।''

''यानी सत्तार को ख़बर मिल गयी थी कि रामबाड़ी में तुम लोग हो।'' इम्तियाज़ बेधती नज़र से सबको देखा।

मुर्तज़ा एवं किट्टू पुराने सहयोगी तथा विश्वासपात्र हैं, तो इम्तियाज़ मुझ पर सन्देह कर रहा है—भोला ने सोचा। उसे लगा, ग्लानि के मारे उसकी आँखें भीग रही हैं...इम्तियाज़ भाई, तुम लोग मेरे अन्नदाता हो। नमकहरामी मेरे वंश की प्रवृत्ति नहीं। जहाँ तुम्हारे पसीने की बूँद गिरेगी, वहाँ मैं अपना खून बहा दूँगा—भोला आवेश में आ गया।

दरवाज़े की घंटी बजी।

''इम्तियाज़ भाई...'' इन्स्पेक्टर कामथ चौड़ी मुस्कान से बाँहें फैलाये हुए आये। दोनों गले मिले। यकायक कामथ का स्नेहावेग बीच में ही टूट गया।

''यह क्या है?'' कामथ ने हाथ की 'लोकसत्ता' का पन्ना दिखाया, ''दिन-दहाड़े घर में घुसकर हिसाब बराबर कर लिया? सारा प्रेस हम पर कीचड़ उछाल रहा है। आज ही एसेम्बली में सवाल उठेगा। होम मिनिस्टर की पाद निकल जाएगी और वो साला हमें डंडा देगा...दिस इज़ टू मच यार!''

इम्तियाज़ ने उसे सोफे पर बैठाया।

''और तुम ऐसे छुट्टे घूम रहे हो, जैसे निकाह पढ़वाने आये हो। पता है, तुम्हारी फ़ाइल सीबीआई में है? तुम्हारा केस गोल चौकी की एफआईआर नहीं, जो हमने बत्ती बनाके बीड़ी जला ली...यू आर टू मच यार!''

''अरे क्या कामथ, आते ही माशूकों की तरह गिले-शिकवे शुरू कर दिये।''

इम्तियाज़ के चेहरे पर पहली बार छोटी-सी मुस्कान आई।

''तुम्हें हँसी सूझ रही है! कमिश्नर ने हैडक्वार्टर में मीटिंग बुलाई है। मेरी तो आज मिट्टी पलीद हो जाएगी।''

''घबराने की कोई बात नहीं। मैंने स्टेशन से निकलते ही एसीपी जोशी को इत्तिला दे दी थी...'' इम्तियाज़ ने अख़बार की ओर इशारा किया।

कामथ उसकी ओर देखता रहा। फिर गहरी साँस लेकर जेब टटोलने लगा, ''तुम लोग न चैन से जीते हो, न जीने देते हो।''

भोला ने लाइटर की लौ जलाई।

''इस बार जिम्मेदारी मेरी नहीं, दूसरों की है।'' इम्तियाज़ के चेहरे पर फिर वही सख्त भाव आ गया।

''दिल्ली में कितने दिन थे?'' कामथ ने कश छोड़ा।

''दो।''

''दो ही दिन में सत्तार पर रेड पड़वा दी।'' कामथ मुस्कराया, ''एम्फोर्समेंट डायरेक्टोरेट का फन्दा ऐसा होता है कि सालों तड़पता रहेगा।''

''तुम लोगों ने मेरे साथ दोस्ती नहीं निभाई, तो क्या करता?''

''यार, ऐसी दिल तोड़ने वाली बात मत करो।'' कामथ ने पीड़ा का प्रदर्शन किया।

मुर्तज़ा ने प्याला बढ़ाया, तो कामथ ने ले लिया। घूँट भरा। फिर विचारपूर्ण स्वर में पूछा, ''तुम कब वापस जा रहे हो?''

''जल्दी ही...मकसद पूरा हो जाने पर...''

कामथ ने बहुत बारीक मुस्कान के साथ इम्तियाज़ को देखा, पर उसके चेहरे पर वैसी ही सख्त रंगत की संजीदगी छाई रही।

''सुबह सत्तार का फ़ोन आया था।'' कामथ बोला, ''मैं अभी उससे बात करके आ रहा हूँ।''

सब लोग चौंक गये—इम्तियाज़ को मिलाकर।

''सत्तार का कहना है कि उसके बाप के खून से यह दुश्मनी शुरू हुई थी, इलियास के साथ उसे ख़त्म हो जाना चाहिए। क़रीम को वह गफूर का बदला समझकर भूल जाने को तैयार है, अगर तुम लैंडिग की खोटी को ड्रग्स की लूट से भूल जाओ, हालाँकि तुम्हारे नुकसान से उसको कोई फ़ायदा नहीं हुआ। कोलीवाड़ा में मटके के अड्डे से इस लड़ाई ने ज़ोर पकड़ा था, वह उसे एक हफ़्ते में हटा लेगा।''

इम्तियाज़ सामने देखते हुए सोचता रहा।

''तुम खुले में बाहर नहीं आ सकते।'' कामथ बोला, ''हफ़्ता, दस दिन से ज़्यादा रहोगे, तो ख़तरे में पड़ जाओगे। एसीपी नाडकर्णी भड़वा अपनी प्लैनिंग से मुझे बाहर रखने लगा है। फिर भी दोस्ती के नाते मैं चार-छह दिन पुलिस को सँभालने का वादा करता हूँ, पर सीबीआई पर तो मेरा कोई ज़ोर नहीं। फिर इलियास के बिना यहाँ के ऑपरेशन को स्टैबिल होने में थोड़ा समय लगेगा। अगर तुम्हें कुछ हो गया, तो एक एम्पायर मुश्किल में पड़ जाएगी, जिसे तुम्हारे

पिता ने कितनी मेहनत से बनाया है, तुम जानते हो।...फिर अभी मिनिस्ट्री भी नयी आई है। ओथ लेते ही लॉ ऐंड ऑर्डर का कंटाल शुरू हो गया, तो हमें खुद कुछ-न-कुछ करना पड़ जाएगा।'' दो पल रुककर जोड़ा, ''एक क़दम पीछे हटा लेना भी स्ट्रेटेजी होती है, यह तुम मानोगे।''

इम्तियाज़ उठ खड़ा हुआ। फिर बूटों की खट्-खट् के साथ खिड़की के सामने जा पहुँचा। पता नहीं, क्या सोच रहा था—साम्राज्य को बनाने में पिता का संघर्ष, बड़े भाई का लहूलुहान शव या सलाखों के पीछे अपना साया...

''सत्तार फ़ोन के पास बैठा इन्तज़ार कर रहा है।'' कामथ ने कहा।

इम्तियाज़ मुड़ा। गहरी साँस लेकर बोला, ''ठीक है।''

बीड़ी जलाते-जलाते भोला ठिठक गया।

कॉटेज के भीतर इलियास की पत्नी रोने लगी थी। युवा विधवा का रोना बहुत दारुण होता है, भोला ने सोचा। फिर इम्तियाज़ व उसकी बहन के सान्त्वना के स्वर सुनाई देने लगे।

बरामदे में गेंद से खेल रही नन्ही ड्राइंगरूम के दरवाज़े तक आ गयी। वह अपनी माँ को रोते देखकर रुआँसी हो रही थी। भोला को लगा, अब यह भी रो देगी, पर पिंक हाउस में पिछले दिनों में रुदन-दृश्य शायद आम हो गया था, इसलिए नन्ही एक सीमा तक ही विचलित हुई।

नहीं, बीड़ी काफ़ी नहीं है—भोला ने सोचा और भरी हुई सिगरेट निकाल ली।

इम्तियाज़ की एक हफ़्ते की मौजूदगी के तनाव से उसका कोटा लगभग दोगुना हो गया था। इस वक्त दरअसल ज़रूरत तो उसे कोकीन के पान की थी, पर इम्तियाज़ द्वारा कभी भी बुला लिये जाने की आशंका से जब्त करना पड़ा।

एक मोटरबोट तेज़ी से इस ओर आ रही थी।

भोला का दायाँ हाथ जेब का पिस्तौल पर चला गया। घुमड़ती लहरों के कटाव पर उभरते आते बगूलों पर उसकी चौकन्नी निगाह जमी रही। फिर अहाते के पिछले हिस्से पर निगाह गयी, जहाँ उसी की तरह पहरा देता किट्टू दीवार से टिका खड़ा था।

इंजन की धड़-धड़ से सन्नाटा टूट रहा था। बोट में तीन लोग थे। एक मछुआ लग रहा था। किनारे से दसेक क़दम पहले बोट रुकी और मछुआ उतरने लगा। फिर उसने मछलियों की टोकरी अपने सिर पर रखी और आगे बढ़ने लगा। बोट बाईं ओर मुड़ गयी।

भोला का दायाँ हाथ जेब से बाहर निकल आया।

अब इलियास की पत्नी का रुदन थम गया। सिर्फ़ इम्तियाज़ की आवाज़ सुनाई दे रही थी।

थोड़ी देर पहले मुर्तज़ा पिंक हाउस से परिवार की स्त्रियों को लेकर आया था। हफ़्ते-भर में इम्तियाज़ से उनकी यह पहली व आख़िरी भेंट थी। आज शाम को वह दुबई वापस लौट रहा था। यों एयरइंडिया का टिकट उसकी जेब में देखा गया था, पर दो और दो चार को जोड़ते हुए भोला का ख़याल था कि इम्तियाज़ यहाँ से टूरिस्ट बस से त्रिवेन्द्रम जाएगा और वहाँ से गल्फ एयरवेज की उड़ान लेगा।

इम्तियाज़ की सतर्कता पर भोला मुग्ध हो गया था। इम्तियाज़ कहाँ ठहरा था, यह किसी को मालूम नहीं था। शायद वह एक जगह एक रात से ज़्यादा नहीं ठहरा था, क्योंकि देर रात तीन बार भोला ने उसे क्रमशः नागपाड़ा, मुहम्मद अली रोड और भूलेश्वर में छोड़ा था। एक बार उसने भोला को ताड़देव में उतार दिया था और कार ले गया था। उसके निर्देश पर कार भी रोज़ बदली गयी थी। दो बार भोला को फाउंटेन के पार्किंग स्थल पर छोड़कर वह टैक्सी से गया था। आमतौर से पब्लिक बूथों से ही फ़ोन करता था। सीधे रास्ते की जगह चक्कर लगा लेता था और सूनी सड़कों की बजाय भीड़भाड़ पसन्द करता था।

हफ़्ते-भर बहुत सरगर्मी रही। एसीपी जोशी से अलग-अलग जगहों पर इम्तियाज़ की तीन भेंटें हुई थीं। कोलाबा में डीसीपी राजे से भी वह रात के ग्यारह बजे मिलने गया था।

आज सुबह चार बजे भोला के फ़ोन की घंटी बजी थी।

''पन्द्रह मिनट में निकलो।'' मुर्तज़ा ने कहा, ''खार ईस्ट स्टेशन के सामने इन्तज़ार करो।''

इन्तज़ार करने की ज़रूरत नहीं पड़ी। इंजन बन्द करने से पहले ही उसने इम्तियाज़ को अपनी ओर आते देख लिया था।

''गोराई बीच चलो।'' आगे बैठते हुए इम्तियाज़ ने कहा।

बीच पर यह आख़िरी कॉटेज थी। अलग-अलग सूनी। इम्तियाज़ से चाबी लेठकर उसने ताला खोला। कॉटेज, पता नहीं, किसकी थी। गेट पर सनफ्लावर प्राइवेट लिमिटेड की प्लेट लगी थी। फिर इम्तियाज़ ने दुबई, कुवैत और बैंकॉक फ़ोन करने शुरू किये।

बरामदे में आहट हुई, तो टहलते हुए भोला ठिठक गया।

स्त्रियाँ बुर्का ओढ़े पर उघड़े चेहरे के साथ निकल रही थीं। इम्तियाज़ नन्ही को उठाये था। पीछे खाने की टोकरी लिए मुर्तज़ा था।

किट्टू तेज़ क़दमों से आहते में आगे आने लगा।

सोमवार की दोपहर को बीच सूना था। बालू की ऊपरी परत तप रही थी। लहरें एकरस आवाज़ से किनारे पर टकरा रही थीं।

"खुदा हाफिज़..." इम्तियाज़ ने नन्ही का चुम्बन लेकर उसे कार में बैठी बहन को थमा दिया।

बहन ने आँसू पोंछे। भाभी ने सिसकी ली।

डिकी बन्द करके मुर्तज़ा आगे का दरवाज़ा खोलने लगा।

"किट्टू, तुम इन लोगों के साथ जाओ।" यकायक इम्तियाज़ ने कहा, "मुझे मुर्तज़ा से जरूरी बात करनी है।"

किट्टू के चेहरे पर काली छाया-सी तैर गयी।

ऐसा क्यों—भोला ने सोचा।

"कॉमथ पैकेट लेने बैठा होगा।" दरवाज़े पर हाथ रखे मुर्तज़ा बोला, साथ ही घड़ी भी देख ली, "फिर पाँच मिनट को मुझे एयरपोर्ट भी जाना है।"

"ठीक है। तुम घर पर ही रुकना।" इम्तियाज़ ने कहा, "मैं फ़ोन करता हूँ।"

कार कच्ची सड़क पर मुड़ी, तो पीछे धूल के बगूले फैल गये।

इम्तियाज़ उस दिशा में देखता रहा। भोला को लगा, उसके चेहरे पर दर्द की लकीरें गहरी हो रही हैं।

"सब ठीक हो गया है।" बेडरूम में इम्तियाज़ ने कहा, "मैं छह महीने बाद वापस लौट आऊँगा। भारी जुर्माना देना होगा। दो मुकदमे उठा लिये जाएँगे। तीसरे में गवाह मुझे नहीं पहचानेंगे। चौथा ज़रूर साल, दो साल चलेगा। फिर देखेंगे...दरअसल सत्तार ने जो सुलह का हाथ बढ़ाया है, उसके पीछे उसकी थोड़ी मुहलत की ही ज़रूरत है, पर इस वक्त वो मुझे भी चाहिए।"

किट्टू सिगरेट सुलगाने लगा।

"कुलकर्णी का जायज़ा मैंने ले लिया है।" इम्तियाज़ ने कहा, "उस पर शक की गुंजायश नहीं लगती।"

कुछ पल मौन रहा।

"किट्टू, क्या हैदर के हाथ में हाल में ज़्यादा पैसा देखा गया है?"

"मुझे मालूम नहीं।"

"तुम उस पर निगाह रखो। दो-तीन हफ़्तों में मुझे फ़ोन करना।"

किट्टू ने हामी में सिर हिलाया।

लगा, इम्तियाज़ कुछ और कहने वाला है। फिर रुक गया।

"मैं नहा लूँ।" उसने सूटकेस खोलते हुए कहा, "दस मिनट में यहाँ से निकलते हैं। तुम लोग मुझे जोगेश्वरी छोड़ देना।"

किट्टू ने हामी में सिर हिलाया।

इम्तियाज़ ने धुली कमीज व तौलिया निकाल ली, "मेज़ पर खाना है। तुम लोग खा लो।...मुझे भूख नहीं।"

वह बाथरूम में घुस गया।

भोला को भूख लग रही थी। वह तुरन्त उठ खड़ा हुआ।

"आओ किट्टू!" उसने बाहर निकलते हुए कहा।

'इन्कलाब' पर निगाह डालते हुए किट्टू ने सिर हिलाया।

भोला ने रूमाली रोटी प्लेट में ली, रोगनजोश की चार-पाँच बोटियाँ डालीं और कौर तोड़ने लगा। पिंक हाउस का बना खाना वह पहले ही खा चुका था। वहाँ के मसाले व पाक-शैली उसे बहुत भाती थी। उसने एक हरी मिर्च उठाई और चौथाई काट ली।

खुले दरवाज़े से मद्धिम लहरों की टकराहट सुनाई दे रही थी। खिड़की का पर्दा हवा से फड़फड़ा रहा था। दहलीज़ पर एक चिड़िया आ बैठी थी और चहके जा रही थी।

भोला ने एक निवाला उसकी ओर फेंक दिया।

दोनों आवज़ें एक के बाद एक हुईं—ठोकर मारकर दरवाज़े को खोला जाना और गोली की घुटी-सी दन्नाहट...

भोला का मुँह रुक गया। तलुवों से उठी कँपकँपाहट ऊपर तक थरथरा गयी। वह बेडरूम की ओर दौड़ा, तो गमले से पाँव टकरा जाने से फिसलते-फिसलते बचा।

बाथरूम के दरवाज़े पर पिस्तौल लिये किट्टू खड़ा था।

नग्न इम्तियाज़ टब के पास लुढ़का हुआ था। उसका एक हाथ नीचे फैला था। दूसरा सीने पर उस जगह के पास था, जहाँ लालिमा का छोटा-सा धब्बा उभर रहा था। वह फैल नहीं पा रहा था। शॉवर से गिरती फुहारें उसे बार-बार धो देती थीं।

भोला और किट्टू की निगाह मिली।

"सत्तार को मैंने ही ख़बर दी थी कि रामबाड़ी से हमला होगा।" किट्टू भावहीन स्वर में बोला, "वह बुलैट-प्रूफ जैकेट पहने था। फिर उसकी मौसी के घर मैंने ही फ़ोन किया था कि इलियास भाई रेसकोर्स जा रहे हैं।"

किट्टू के शब्द भोला को तीखी सुइयों-से चुभने लगे।

"मैं कुछ घंटों बाद दुबई जा रहा हूँ—सत्तार का एजेंट बनकर। इम्तियाज़ का सारा काम अब हमारे हाथ में होगा। दुबई के शेख से बात हो चुकी है।"

किट्टू भोला को देख रहा था, ''भोला, तू मेरा यार है। मेरे साथ दुबई चल। वहाँ विला में रहेंगे। मर्सिडीज और मित्सुविशी हमारी खिदमत में होंगी...''

''नमकहराम...'' भोला के मुँह से घुटी हुई आवाज़ निकली।

किट्टू तीन क़दम चलकर पास आ गया।

भोला की निगाह कुर्सी पर गयी, जहाँ उसने अपनी पिस्तौल छोड़ दी थी।

किट्टू ने अपनी पिस्तौल की नली उसके माथे से लगाकर धीमे स्वर में कहा, ''अपने भगवान को याद कर ले...''

भोला के एक हाथ में रोटी का टुकड़ा था, दूसरे की उँगलियाँ शोरबे से गीली...

उसकी आँखों के आगे शालू व बच्चे का चेहरा झिलमिलाया, फिर ऊँचे पौधेवाले खेत और अमराई में विलीन हो गया...

और साथ ही जैसे किसी और की जुबानी यह भी सुनाई देता गया—तो मायानगरी में मेरी मौत लिखी थी। अच्छा ही हुआ, फ़ैसला यहीं हो गया। सारे कलंक भी तो यहीं कमाये थे।

''तो तुमने फ़ैसला कर लिया?''

भोला गोली के इन्तज़ार में था, पर उसकी जगह नमूना आया किट्टू की सद्‌भावना का। भोला ने निगाह तिरछे घुमाई, हत्या के जैसी ही जुगुप्सा उसे इस बात से हुई कि किट्टू का चेहरा लगभग सामान्य था। स्वामी के वध के जैसा जघन्य पाप करने के बाद भी वह नराधम इतना निर्विकार भी बना है।

इसी पल से भोला के भीतर, जो कुछ पल पहले अपनी मौत भी स्वीकार कर चुका था, आक्रोश का सोता फूटा। वह क्यों मरे और किट्टू जैसा पतित क्यों जिये, जिसके ऊपर इलियास की हत्या की भी आधी जिम्मेदारी है?

''दुबई जाकर हम दोनों बच जाएँगे?'' भोला को नहीं पता, उसने यह क्यों पूछा। उसे नहीं पता, वह क्या करनेवाला था। पर किट्टू के चेहरे पर जवाब की अपेक्षा थी और उसे अवचेतन भाव से आगे का निर्णय लेना था।

''तू सचमुच का भोला है!'' किट्टू लाड़ से थोड़ा-सा मुस्करा दिया, ''मैं बेवकूफ हूँ, जो अपनी गर्दन ख़तरे में डालूँगा? इस गैंग में अब है कौन? यहाँ की सारी ताक़त ख़तम हो गयी।''

''मुर्तज़ा?''

''क्या बच्चों जैसी बात करता है! अभी मैं सत्तार को लाइन क्लियर का फ़ोन करूँगा।'' किट्टू के चेहरे पर विजेता की मुस्कान आ गयी, ''फिर मैं पिंक हाउस फ़ोन करूँगा और मुर्तज़ा नूरे-नज़र के लिए निकलेगा, विट्ठल स्कूल के आसपास सत्तार के आदमी उसका विकेट गिरा देंगे।''

इस नरपिशाच ने पूरे सर्वनाश की योजना बना रखी है—भोला के क्रोध का पारा तत्क्षण सबसे ऊँचे बिन्दु तक जा पहुँचा।

''मुर्तज़ा ने मेरे साथ अब तक जो हेकड़ी दिखाई है, उसका पाई-पाई हिसाब आज...''

किट्टू अपनी बात पूरी नहीं कर पाया।

बाद में दो दिन तक भोला उस निर्णायक पल के पहले के ताने-बाने बार-बार जोड़कर हिसाब लगाता रहा कि वह उस पल तक पहुँचा कैसे? किट्टू की मुस्कान से? या मुर्तज़ा के नाम से? उसे सबसे बड़ा चमत्कार यही लगता रहा कि इस दौरान उसकी आँखों के सामने चीत्कार के साथ कलाइयों की चूड़ियाँ तोड़ती शालू की छवि नहीं आई, न बच्चे की अबोध मुद्रा ने अपने मोह की डोर खींची...

''इसी हाथ पर इम्तियाज़ की मौत का दारोमदार है?'' मुर्तज़ा ने पूछा।

उसने एक हाथ में किट्टू का दायाँ हाथ थाम रखा था। कलाई के सहारे। दो उँगलियों में किट्टू की जानी-पहचानी दो अँगूठियाँ झलकीं—एक सोने की, एक चाँदी की। कन्धेवाला हिस्सा नीचे था, जिससे खून टपक रहा था।

भोला को लगा कि उसके पेट के मर्म से वमन की हिलोर उठी है, पर साथ ही यह भी महसूस हुआ कि वह उसे दबा लेगा।

आज के बाद वह ऐसे अनेक विकार दबा लेगा।

क्योंकि अब वह हत्यारा है।

मुर्तज़ा का हाथ रेलिंग के पार गया, जहाँ रोशनी नहीं पहुँच रही थी। इंजन और लहरों के काटे जाने के बीच और कुछ सुनाई नहीं दिया, पर मुर्तज़ा का हाथ जब वापस लौटा, तो ख़ाली था। किट्टू की दोनों अंगूठियाँ उसने पल भर देखीं, फिर उन्हें भी बाहर उछाल दिया।

भोला ने सिगरेट जलाई। हवा मद्धिम से थोड़ी तेज़ थी। लाइटर एक बार बुझ गया। उसने ताबड़तोड़ पाँच-छः कश खींचे। उसे ज़रूरत तो कोकीन के पान की थी, पर मुर्तज़ा को टोकने का साहस नहीं हुआ।

मुर्तज़ा की बिजली की आरी फिर चल रही थी। अब किट्टू का बायाँ हाथ कट रहा था। खून की सीधी-तिरछी रेखाएँ नीचे फैल रही थीं।

भोला लाश को देख रहा था...मरे हुए आदमी का चेहरा कैसे हो जाता है—ज़र्द और दयनीय...

अगर आदमी को मारा गया हो, तो...

यह सिर्फ़ उस एक पल का नतीज़ा है, वरना इस घड़ी इस जगह किट्टू की बजाय उसकी अपनी लाश होती, हालाँकि उन लोगों ने उसे गहरे समुद्र में लाने की ज़हमत न उठाई होती।

यह कैसे हो गया? भोला ने गहरी साँस ली।

"पता है, उसके साथ मेरी दोस्ती कितनी पुरानी थी?" मुर्तज़ा ने यकायक कहा। वह हाथ रोककर किट्टू का चेहरा देख रहा था, "हम दोनों पायधुनी की शबनम बेकरी में काम करते थे। चवन्नी में डेढ़ रोटी और सालन का छोटा प्याला खाते थे। कटिंग चाय आधी तकसीम कर लेते थे। ग्यारह-बारह की उमर थी। मीठे को दिल ललचाता था। तीन-चार दिन में छोटा-सा केक चुराकर आधा-आधा खा लेते थे, जब बशीर सेठ दोपहर को झपकी ले रहा होता था...अन्दरूनी दुनिया में किट्टू पहले दाख़िल हुआ। यही मुझे इलियास से मिलाने ले गया था। इलियास के नजदीक आने में मुझे ज़्यादा वक़्त नहीं लगा। वह हवाला के बड़े पेमेंट के लिए मुझे भेजने लगे। यहीं से किट्टू के दिल में गाँठ पड़ गयी...पर क्या मुझे ख्वाब में भी ख़्याल था कि यह इस हद तक जा सकता है?"

भोला के सामने किट्टू की अपनी अन्तरंगता की छवियाँ कौंधती रहीं—घर में आमने-सामने चाय पीना, गप्पें लगाते हुए लम्बी ड्राइव, कितनी मुहिमों पर साथ, रामबाड़ी की खोली से सत्तार पर नज़र रखना...

विश्वासघात का यह क्रोध ही तो था, जो उसे आक्रमण के बिन्दु तक ले गया।

उसकी सामान्य प्रश्नावली से किट्टू को लगा कि भोला रास्ता पर आ रहा है, उसकी सतर्कता घट गयी। भोला ने बिजली-सी चपलता से उसकी बाँह पर प्रहार किया, तो उसकी इलडियोल 38 पंजे से छिटक गयी। किट्टू ने लड़खड़ाते हुए उसके पेट में घूँसा मारा, पर लगभग साथ-साथ भोला को तीखा दोहत्थड़ उसके जबड़े पर पड़ा। नीचे गिरे किट्टू की कमर पर एक पाँव जमाते हुए भोला ने उसकी दाईं बाँह मोड़ी, तो किट्टू की बाँह की हड्डी जोड़ पर चरमरा गयी। उसके अंगद पाँव के नीचे किट्टू सीधा होने को छटपटा रहा था...

"मैंने तुझे दोस्त समझा था बेईमान..." साँसों को तोड़-तोड़कर किट्टू ने कहा।

"तुम्हारे मुँह पर यह शब्द शोभा नहीं देता।"

किट्टू ने न जाने कैसी उछाल ली कि भोला उसके सामानान्तर आ गया। उसके पेट पर आधा चढ़ा हुआ किट्टू लगातार घूँसे बरसा रहा था। भोला ने उसका गला कस लिया। अन्दाज़ा-सा था कि साँस की नस कौन-सी होती है।

जीवत न बयिहौं हम सों जु बिना सुधि लाए इहौं पगु धारौ...मन-ही-मन जपता हुआ भोला भरसक अपना शिकंजा कसता गया। कुछ पलों बाद किट्टू के प्रहार अशक्त हुए। भोला ने हाथ छोड़े बिना करवट ली, "नराधम, ये ब्रज का घी-दूध पिये हुए हाथ हैं, बटाटा बड़ा या सिंगल चाय पर पला, ऐयाशियों से खोखला तेरा पिंजर पवनपुत्र के लंगोटपक्के भक्त से क्या टकराएगा..." उसने समानान्तर किट्टू की पीठ फर्श से लगा दी और उसके पेट पर चढ़ बैठा...ऊँची हुंकार के साथ उसने अपना सारा आक्रोश और सारा बल अपने हाथों में केन्द्रित किया...अगले ही पल बिलबिलाते हुए किट्टू को खून की उल्टी आयी, तो लाल तरलता भोला की उँगलियों में सन गयी। भोला को तब ठिठोली की वे घड़ियाँ याद आयीं, जब किट्टू ने भोला के अपराधों का जोड़ लगाकर मुस्कान से बताया था कि अगर भोला गिरफ्तार हुआ, तो उसे कम-से-कम तेईस बरस की सज़ा मिलेगी। तब उन दोनों को सपने में भी गुमान न था कि इतने अपराधों में किट्टू की हत्या भी जुड़नेवाली है?

...अब मैं क्या करूँ?

किट्टू के निस्पन्द हो जाने पर भोला ने सोचा।

अभी तक उसका काम आदेश का पालन था। आज उसे इतना बड़ा निर्णय करना पड़ा।

सूनी कॉटेज भाँय-भाँय कर रही थी।

भीतर दो लाशें पड़ी थीं।

म्लान धूप खिड़की के काँचों पर चमक रही थी।

वह सीधा हुआ, तो पैरों में कमज़ोरी की क्लान्ति महसूस हुई।

अब?

मुर्तज़ा कुछ पल किट्टू को देखता रहा। फिर रूमाल निकालकर आँखों से छुआया। फिर शॉवर बन्द कर दिया।

भोला ने अपनी ओर से समझदारी दिखाई दी। किसी चीज़ को हाथ नहीं लगाया था।

मुर्तज़ा कमरे में आया और किट्टू को देखता रहा। फिर पाँव के जूते से उसका मुँह सीधा किया। अब किट्टू के चेहरे पर कुछ मक्खियाँ भिनकने लगी थीं।

फिर मुर्तज़ा ने भोला को देखा और बढ़कर उसे सीने से लगा लिया।

''क़दम-क़दम बढ़ाए जा, खुशी के गीत गाए जा, ये ज़िन्दगी है क़ौम की, तू क़ौम पर लुटाए जा...'' कोरस के बुलन्द स्वरों से लॉकअप गूँज रहा था।

लॉकअप वैसे ही ठसाठस भरा हुआ था, जैसे वाहन के खाँचों में मुर्गियाँ भरी रहती हैं, दीवार से टिका बैठा नील दोनों ओर के मानवीय दबावों से झुका जा रहा था। वातावरण में तीखी दुर्गन्ध थी—पसीने की, कचरे और सीलन की, शौचालय की।

''साथियो...'' धोती-कुर्तेवाला एक वृद्ध सामने खड़ा हुआ, ''आधी सदी बीत गयी, पर हमारा संघर्ष अभी भी चल रहा है। पहले विदेशी हुक्मरानों के साथ था, अब सत्ता के देशी दलालों के साथ है।'' ज़ोर की तालियाँ बजीं। ''वे कहते हैं, झुक जाओ। हम कहते हैं, नहीं झुकेंगे। अपने अधिकारों के साथ समझौता नहीं करेंगे। और क्यों करें? क्या ये देशी दलाल अपना घर, अपने पुरखों की ज़मीन छोड़कर दूसरे प्रदेश में बसने चले जाएँगे? नहीं। तो हम क्यों जाएँ? हम भेड़-बकरी हैं? कटहल-टमाटर हैं?'' हँसी की सामूहिक लहर दौड़ गयी। ''सजावट का पौधा है कि यहाँ से उखाड़ा और वहाँ रोप दिया?...हम अपना हक़ लेके रहेंगे, हम ह्यूमन राइट्स कमीशन तक जाएँगे।''

तालियाँ बजीं।

''नर्मदा बचाओ आन्दोलन!'' ऊँचा स्वर दहाड़ा।

''ज़िन्दाबाद!'' कोरस का विस्फोट हुआ।

आवाज़ के साथ सिपाही ने दरवाज़ा खोला और अदब के साथ सफ़ारी सूट पहने व्यक्ति के पीछे आया। उसके पीछे बड़ा पात्र उठाये तीन लड़के थे, जो गिलासों में चाय भरकर बाँटने लगे।

लॉकअप में बातचीत की भनभनाहट भर गयी।

''आप कहाँ से आये हैं?'' बग़ल के युवक ने पूछा। ''गाँधीनगर से?''

नील ने किंचित नासमझी से सिर हिला दिया। उसका ध्यान अपनी स्थिति पर था। यह क्या हो रहा है? वह क्या करे?

''गोविन्द रावल—राजकोट से।'' युवक ने कहा और खैनी की डिबिया उसकी ओर बढ़ाई।

''इन्स्पेक्टर कहाँ है?'' नील ने सिपाही से ऊँचे स्वर से पूछा।

सिपाही ने उसे यों देखा, जैसे नये सिरे से पहचान रहा हो, ''क्यों?''

''मैं बाहर फ़ोन करूँगा। यह कोई तरीक़ा है? पैडर रोड का झगड़ा है। गोल चौकी में मुझे कैसे ले आये?''

भनभनाहट थम गयी थी।

''क्या बात है?'' सफारी सूटवाले व्यक्ति ने सिपाही से पूछा।

सिपाही कुटिलता से मुस्कराया, ''बम्बई का सबसे महँगा रंडा है। एक ठुकाई के पच्चीस हज़ार लेता है।''

क्या बकवास करता है—नील ने कहना चाहा। पर जीभ अजीब ढंग से निर्जीव हो गयी थी।

तमाम निगाहों के घनत्व से उसका चेहरा दहकने लगा।

''बड़े जोश में आ रहे हो?'' गायतोंडे अपनी कुर्सी पर बैठा था—हत्थों पर कुहनियाँ टिकाये।

''मैं बम्बई हाइकोई के चीफ़ जस्टिस को फ़ोन करूँगा—अभी, इसी वक्त।'' नील ने आवेग से कहा, ''आपने किस वारंट के तहत मुझे बन्द कर रखा है? आप किसके इशारे पर यह ग़ैरक़ानूनी हरकत कर रहे हैं, उसका नाम आपको बताना पड़ेगा।''

गायतोंडे ने पल-भर उसे देखा, फिर सीधा हुआ और नम्बर डायल करने लगा।

''हाँ कत्रे...एक मिनट...'' गायतोंडे ने रिसीवर उसकी ओर बढ़ाया, ''टाइम्स ऑव इंडिया का क्राइम रिपोर्टर है। फोटोग्राफर के साथ यहाँ आकर तुम्हारा इंटरव्यू लेगा। अंडरवर्ल्ड पर अथॉरिटी है। बोलता है, इतनी धाँसू स्टोरी लाइफ में नहीं मिली। कल सुबह पहले पेज पर छपेगी। तीन कॉलम में तुम्हारा फोटो होगा।''

''आप मुझे ब्लैकमेल नहीं कर सकते। मेरा मामला सबजुडिस है। नागरिक अधिकारों को मैं जानता हूँ।''

''अच्छा?'' गायतोंडे ने संजीदा भाव से उसे देखा।

''अंडरवर्ल्ड में मेरे भी कांटैक्ट हैं। पिंक हाउस के लोग मेरे दोस्त हैं।'' कहते-कहते नील को लगा, यह क्या मुँह से निकल गया। अगर गायतोंडे ने इज़ाजत दे भी दी, तो वह भोला को फ़ोन करने का साहस जुटा पाएगा? और अनायास अगली रणनीतिक चाल उसके सामने उजागर हो गयी, ''पारुल शाह ने आपको कितने लाख की रिश्वत दी है?'' वह अपने स्वर में भरसक व्यंग्य ले आया था।

गायतोंडे ने स्थिर दृष्टि से उसे देखा, उठा, पास आया।

एक पल दोनों की निगाह मिली रही।

फिर ज़न्नाटेदार थप्पड़ से कमरा गूँज उठा।

सुनसान लॉकअप में सन्नाटा था। बदरंग दीवारें नाकाफ़ी रोशनी में खजहा चकत्तों-सी दिखाई दे रही थीं।

कोने में कोई झींगुर बोला।

उसे पेशाब महसूस हो रही थी, पर उठने को जी नहीं चाहता था, जैसे उसके चलने से शर्मिन्दगी की छवियाँ भी गतिशील हो जाएँगी। वह पड़ा रहेगा, तो उसकी शर्मिन्दगी भी मुँह छिपाये रहेगी।

वह क्या करे? कैसे करे?

पता नहीं, क्या बजा है। घड़ी और जेबें तो ख़ाली करवा ली गयी थीं। हवा में हल्की-सी खुनक अलबत्ता आ गयी थी। रात गहरी हो रही होगी।

अधेड़ उठकर बैठ गया। जमुहाई ली।

नौजवान ने पूछा, ''क्या बात है चचाजान?''

''नींद नहीं आ रही।''

वह भी सीधा हो गया। कुछ क्षण चुप्पी रही।

''क्यों मुश्ताक, कल तुम्हें अदालत में पेश करेंगे?''

''सात रोज़ से यही बोल रहे हैं चचा!''

''पूछ लो, बात क्या है।''

''गोलमोल सौदा कर रहे हैं। मैंने पाँच-छैः पर्स और जंजीरें झपटीं। वो मैं कुबूल करने को तैयार हूँ। ये लोग उसमें जाने क्या-क्या जोड़ रहे हैं। वीटी-कुर्ला लाइन पर मैंने कुछ नहीं किया। कुरान छूकर क़सम खाने को तैयार हूँ।''

''हरामियों की कौम है।'' तीसरे ने आँखें खोलीं, ''कम्पाला हिलवाला पीले बिस्कुट लेके आएगा, तो भड़वे सलाम मारके बाजू हो जाएँगे, एंटॉप हिल वाला पच्चीस रुपए की पॉकेट मारेगा, तो मार-मार के उसकी खाल खींच देंगे।'' वह आवेश में उठकर बैठ गया, ''साली चवन्नी बराबर कोकीन कितने कंटाल के बाद लेके आया। हिप्पी पाँच सौ निकालता था। माँ के यार जाने कहाँ से आ टपके। उससे सौ डालर निकलवाके छोड़ दिया। मेरे से बोले, पाँच हज़ार निकालो।...साले पाँच हज़ार होते, तो मैं शादी नहीं बना लेता?''

थोड़ा विराम रहा।

''अब इन साब को देखो।'' यह मुश्ताक़ का स्वर था।

''शरीफ़ों का ज़माना ही नहीं है।'' अधेड़ बोला, ''साब, सिगरेट?''

नील की ख़ास इच्छा नहीं थी, पर सदाशयता के आगे उठ गया। सिगरेट लेकर जलाई। ख़ाली पेट में धुएँ का नर्तन स्वीकार योग्य लगा।

दरवाज़ा खुला। ढीलीढाली शलवार-क़मीज़ पहने काला, लम्बा-तड़ंगा आदमी

भीतर आया। उसने नील को देखा, फिर सिपाही को। दरवाज़ा फिर बन्द हो गया। सिपाही के जूतों की आहट दूर चली गयी।

कालू आगे बढ़ा और कुछ हटकर बैठ गया। हफ़्ते भर की दाढ़ी थी और घनी मूँछें। उसने जेब से छुरा निकाला और जाँघ पर धार घिसने लगा।

शेष तीनों सामने देखते हुए चुप थे।

कालू यकायक ठिठका और नील को देखा, "लौंडा तो चिकना है।"

नील की साँस रुक गयी...यह क्या हो रहा है?

"आ बे, चुम्मा दे।"

तीनों ने जैसे साँस रोक ली। अधेड़ फ़र्श को देखने लगा।

कालू उठा।

"इन्स्पेक्टर..." नील की सूखी आवाज़ निकली, "कोई है?"

कालू उसे बाँहों में कस रहा था। नील ने धक्का देते हुए अपने को बचाने की कोशिश की। कालू ने धुआँधार उसके दोनों गालों पर झापड़ बरसाए। नील सुन्न-सा हो गया। कालू ने सख़्ती से उसके होंठ चूमे। नील छोटा-सा धक्का दे पाने में सफल हो गया।

कालू ने पल-भर उसे देखा। फिर आगे बढ़ा। नील पीछे हटा। चन्द क़दमों के बाद दीवार से लग गया। जी हुआ, चीख़े, पर आवाज़ नहीं निकली।

...नील गिरफ़्त में छटपटा रहा था। खुली हुई पेंट टखनों तक आ गयी थी। अब उसकी चीख़ निकली। पर उसने जैसे कालू के लिए उत्तेजक का काम किया। नील ने भरसक टाँगें चलाईं। पर उसके धड़ पर शिकंजा मज़बूत था।

...ऊबड़खाबड़ फ़र्श का ठंडापन नील ने अपने पेट पर महसूस किया। पलटने की कोशिश बार-बार बेकार जा रही थी। उसकी बाँहें जड़ से सख़्त हाथों की जकड़ में थीं...फिर उसे अपने नितम्बों के बीच ऊपर चढ़े आदमी के तप्त लिंग का दबाव महसू हुआ...

वह तेज़ धारा में बह रहा था। कानों में पानी की सरसराहट भरी थी। इस एक आवाज़ के अलावा उसकी चेतना की परिधि में और कुछ नहीं था। हाथ-पाँव अशक्त थे। किसी झाड़ी ने उसे रोका। उसने सहारा लेने की कोशिश की। उँगलियाँ नहीं खुलीं। वह फिर आगे बह गया...

...एक चिड़िया चहचहाई।

नील की आँखें धीरे-धीरे खुलीं।

तीनों वहीं बैठे थे। उनके अलावा और कोई नहीं था।

मुश्ताक़ ने छोटे-से पल के लिए नील को देखा। फिर नीचे देखने लगा।

अधेड़ उठकर पास आया और नील की पतलून ऊपर खींच दी...

आधी चेतना के पार नील को रातरानी का कैबरे याद आया, जब नर्तकी के पूरी तरह निर्वसन होकर एग्जिट लेने के बाद धवल बालोंवाले चचाजान स्टेज पर आकर ब्रा और पैंटी समेटने लगते थे...

वह निस्पन्द पड़ा रहा। सबकुछ सुन्न था—भीतर और बाहर।

कैरियर के परवर्ती दौर में जुगुप्साजनक क्लाइंट के साथ उसने सोचा था—काश, वह स्त्री के जैसा अक्रियाशील होता।

आज मायानगरी में वह भी हो गया...

गायतोंडे अपनी कुर्सी पर बैठा था—हाथों में नील की डायरी।

नील आगे बढ़ा। छत्रपति शिवाजी की तस्वीर के काँच में पलभर को अपना अक्स दिखाई दे गया—चिबुक पर उपज, बेतरतीब बाल, मसली क़मीज़, शिवाजी की वेशभूषा चमक रही थी। उनका अपनी माँ से बहुत विशिष्ट सम्बन्ध था, जैसे नील का अपनी माँ से। शिवाजी का सम्बन्ध अन्त तक बना रहा। नील का टूट गया। क्यों? उत्तर मायानगरी देगी।...वह लड़खड़ाया। कब से तो पेट ख़ाली था। गायतोंडे ने सहारे का कोई उपक्रम नहीं किया।

वह मेज़ का सहारा लेकर बैठा। लॉकअप के नीमअँधेरे के बाद धूप की चमक आँखों में चुभ रही थी।

वह सामने देख रहा था। गायतोंडे से नज़र मिलाने की ताब नहीं ला पाया।

छोकरा कटिंग चाय का गिलास रख गया। गायतोंडे ने उसकी ओर देखे बिना संकेत किया। नील ने दो घूँटों में चाय पी ली। आश्वस्ति मिली।

गायतोंडे ने विचारपूर्ण ढंग से कश छोड़ा और डायरी का पन्ना पढ़ते हुए बुदबुदाया, "शिल्पा, यास्मीन, करुणा, सुमंगला..." पलभर का विराम देकर उसकी ओर देखा, "आज तुम्हें कोर्ट में पेश कर दूँगा। पन्द्रह दिन का रिमांड माँगूँगा। इस बीच तुम्हारी इन क्लाइंट्स के स्टेटमेंट ले लूँगा—दो को छोड़कर, जिनकी एप्रोच मन्त्रालय तक है।...हाँ, कोर्ट में सारे पेपर्स के क्राइम रिपोर्टर होंगे।"

नील ने रुकी हुई साँस छोड़ी।

अचानक गायतोंडे उसकी ओर मुस्कराया और भेद के भाव से बोला, "आज रात को कालू फिर आएगा।...मज़ा आया?"

नील की निगाह झुक गयी।

"तुम्हारी मेन लाइन तो ओवरबुक हो जाती है। अब अपनी साइड लाइन भी चालू रखो। धन्धे में और ऊपर जाने का कि नहीं?" एक क्षण का विराम देकर वह मज़े पर थकपी देते हुए तन्मय होकर गाने लगा—

"खेळ मांडियेळा वाळवंटी बाई नाचती वैष्णव घाई रे..."

अचानक भजन बन्द हो गया।

गायतोंडे उसकी ओर देखता रहा। अब संजीदा हो गया था, "तुम्हारे जैसे पाँच-छैः जिगोलो हैं बम्बई में। दो को ज़्यादा जानता हूँ। शरीफ़ लोग हैं। हर महीने गिफ्ट भेज देते हैं। पकड़े जानेवाले तुम पहले हो। इसीलिए ये रिपोर्टर एक्साइटेड हो गये हैं।" फिर स्वर बदलकर बोला, "हमारे मैथड ऐसे हैं कि तुम सब कुबूल कर लोगे। बम्बई पुलिस को स्कॉटलैंड यार्ड जैसी इज़्ज़त खाली-पीली थोड़े ही मिलती है!" उसने नील की आँखों में देखते हुए अर्थभरी मुस्कान दी, "पर तुम नौजवान हो। भूल हो जाती है। आख़िर हम भी कभी जवान थे!" उसने मुस्कान के साथ आँख मारी, "मैं तुमको एक मौका दे सकता हूँ।"

नील ने उसकी ओर देखा।

"तुम कल सुबह तड़ीपार हो जाओ। मैं तुम्हारे केस की फ़ाइल फाड़कर फेंक दूँगा।"

वह कुछ पल निस्पन्द बैठा रहा। फिर पूछा, "एक फ़ोन कर सकता हूँ?"

इंस्पेक्टर ने उसे देखा। फिर हामी में सिर हिलाकर बाहर चला गया। उसने काँपती उँगलियों से यास्मीन का नम्बर मिलाया।

"बहुत गलत वक्त फ़ोन किया यार!" यास्मीन का स्वर खिन्न था, "हमारे होने वाले शौहर बाथरूम में हैं।"

उससे कुछ कहते न बना।

"आइन्दा फिर कभी फ़ोन मत करना। जो गुज़र गया, वो गुज़र गया।"

"बजा है।" नील ने अटककर कहा, "आख़िरी बार कुछ सलाह दे सकती हैं?"

उसने जल्दी से संक्षेप में स्थिति बता दी।

"तुम कर क्या सकते हो? पारुल ने दिया था, ले लिया।"

"उसमें मेरी अपनी कमाई भी तो है। मेरी जमानत भी तो हो सकती है।"

"तुम पन्द्रह साल केस लड़ने के लिए पैसा कहाँ से लाओगे? इम्मोरल ऐक्ट के जुर्म में सज़ा तो तुम्हें यकीनन मिलेगी। किसी को शकल दिखाने लायक भी नहीं रहोगे।"

"माफिया में मेरा भी एक दोस्त है।"

"तुम पारुल की ताकत के सामने खड़े हो सकते हो?...मैं कहूँगी, पारुल फिर भी रहमदिल है। मैं होती तो तुम्हारा क़त्ल करवा देती।"

''आप सचमुच मेरी हमदर्द हैं।'' उसके मुँह पर उदास मुस्कान आ गयी।

पल-भर बाद यास्मीन का चिन्तित स्वर सुनाई दिया, ''तुम्हारी डायरी कहीं पुलिस के हाथ तो नहीं पड़ गयी?''

''हाँ।'' उसका गला सूख गया था।

''उसमें मेरा नाम और फ़ोन नम्बर तो होगा ही?''

''हाँ।''

''तुम साले बेवकूफों के सरताज हो।...इंस्पेक्टर का नाम क्या है? अब बीस-पच्चीस हज़ार मेरी जेब से भी जाएगा।''

...वह हाथों में मुँह छिपाये सुन्न-सा बैठा था।

इंस्पेक्टर खट्खट करते हुए आया और अपनी कुर्सी पर बैठ गया। फिर नील की ओर देखा, ''हाँ?''

उसने गहरी साँस ली, ''आपकी शर्त मुझे मंजूर है।''

''अब तुम जा सकते हो।''

इंस्पेक्टर ने हाथ आगे बढ़ाया, तो उसने मिला लिया।

''हाँ, गाड़ी की चाबी मुझे देते जाओ।'' इंस्पेक्टर ने पीछे से टोका, ''पेपर तुम्हारे पास हैं नहीं। कल जाओगे, तो कौड़ी के मोल बेचनी पड़ेगी।''

उसने चाबी निकालने की सोची, फिर पूरा गुच्छा ही थमा दिया!

नील चल रहा था—आसपास के तमाम लोगों की तरह, लेकिन उनके विपरीत उसका गन्तव्य नहीं था। आज के जैसा खालीपन इस महानगर में पहले कभी महसूस नहीं हुआ। अपनी दिनचर्या से च्युत हो जाने के बाद मैं टूटे तारे के समान नीचे लुढ़क रहा हूँ—उसने सोचा। धराशायी को उसके रिश्ते के तानेबाने रोक लेते हैं। मेरा कोई नाता नहीं बचा।

...भीतर, बाहर—सब शून्य था।

शायद दो दिन से अन्न का दाना नहीं छुआ था, पर भीतर रिक्ति की अनुभूति नहीं थी। जो थी, उसकी प्रकृति दूसरी थी।

करोड़ से ऊपर के महानगर में मेरा कोई नहीं।

उसे लगा, ऊपर से बाइफ़ोकल चश्मे को भेदती डॉक्टर शर्मा की मुस्कराती निगाह उसे देख रही है।

मैं हार गया—उसने मन-ही-मन कहा।

तीन दिन पहले मेरी हरीभरी दुनिया थी, पाँवों-तले ज़मीन थी, आगे सुनहरा भविष्य था, सुख के सपने थे।

अब ख़ालीपन और अँधेरा है...

जहाँ वह चल रहा है, वह बम्बई है—अवसरों का महानगर, जहाँ एकाग्रता का पसीना सोना बन जाता है। यह नगर देश के इनकम टैक्स का चालीस प्रतिशत से ज़्यादा देता है। लखपतियों के साथ आप सड़क पार करते हैं। ये झवेरी ज्वैलर है, जहाँ करोड़ की नयूनतम बिक्री रोज़ाना होती है। वामा और अकबरअली की रोज़ाना बिक्री पच्चीस लाख से ऊपर होगी। जुहू का पानवाला भी पाँच हज़ार रोज़ाना कमा लेता है। हाजी अली का फल रसवाला रोज़ रात ढले पैंतीस हज़ार के बंडल तकिए की जगह लगाकर सोता होगा। उसकी अपनी रोज़ाना आमदनी भी बीस-पच्चीस हज़ार तक पहुँच गयी थी।

पारुल के प्रेम ने उसका सत्यानाश कर दिया।

प्रेम तो उदात्त माना जाता है। व्यक्ति को ऊपर उठाता है।

पर उसका पतन कर गया...विघटन। विनाश!

आँखें नम होने लगीं। किसी से बात करने का जी चाहा।

''हैलो...'' मोहिनी थी।

दो पल वह सोचता रह गया। फिर अपने को प्रकट करना ही था, ''हैलो मोहिनी, क्या हो रहा है?''

दूसरी ओर मौन था। मोहिनी की साँसों में मौन मुखर था—काले अस्वीकार को अनावृत्त करता।

''नील?'' अब परेश आया।

नील ने थूक-सा गुटका, ''हाँ।''

''बोलो।'' परेश के स्वर में अपनापे की कोई रंगत नहीं थी।

''नैन ठीक है?''

''उसे तोड़ देने के बाद क्या उम्मीद कर रहे हो? नर्वस ब्रेकडाउन जैसा हो गया है।'' पलभर के मौन में भी क्रोध की हुंकार भरी थी, ''तुमने हम लोगों को जो शॉक दिया है, सँभाले नहीं सँभलता...दिमाग़ बौखला जाता है...तुम पैसे के लिए इतना गिर सकते हो?''

''तुम शुरू से कैरियर के सही ट्रैक पर आ गये, तुम नहीं समझोगे।''

''तुम्हारे पास भी डिग्री थी। तुम सही रास्ते पर जा सकते थे।''

''साल में डेढ़ सौ रुपए के इन्क्रीमेंट का रिवायती रास्ता मुझे मंजूर नहीं था। चलते हुए अगर माथे पर सोने का ताज आ जाए तो हर रास्ता सही होता

है। मेरा अचानक छिन गया, तो मुझ पर थू-थू होने लगी। इस दुनिया में आख़िरी कसौटी सिर्फ़ कामयाबी है। समझे? वो कैसे हासिल की गयी, कामयाब इसे दरगुज़र करने के लिए दूसरों को मजबूर कर देता है।''

''मोहिनी ठीक कहती थी।'' परेश ने ठंडी साँस ली, ''तुम पछताओगे नहीं।''

''तुम दूसरों की नैतिकता के चश्मे से मुझे मत देखो। मैंने डाका नहीं डाला। कानून नहीं तोड़ा। एडल्ट औरत अपनी मर्ज़ी से मेरे पास आयी। मैंने किसी को ब्लैकमेल नहीं किया। मनुस्मृति के कौन-से एंगिल से रज़ामन्दी का सौदा गुनाह हो गया?''

''वेश्या को अपनी रोज़ी कमाने का कानूनी हक होना चहिए?'' परेश बौखला गया।

''बेशक। हम वेश्याएँ तुम्हारे उपभोक्तावादी ढाँचे की उपज हैं। जहाँ माँग होगी, वहाँ सप्लाई होगी। पेट की ज़रूरत के बिना इस पेशे में कोई नहीं आता।''

''यह कैसा पेशा है, जिसमें एक तरफ तुम नैन से प्रेम कर रहे थे, दूसरी तरफ अपनी क्लाइंट्स की बुकिंग निपटा रहे थे?''

''नैन के साथ जज़्बात का रिश्ता था, क्लाइंट्स के साथ जिस्म का।''

''क्यों? तुम पारुल के साथ इन्वॉल्व्ड नहीं थे?''

''हाँ।'' नील अटक गया, ''वो सबसे खास थी। उसके साथ थोड़ा इमोश्नल फ्लैवर था, पर उसमें एहसानमन्दी एहसास भी जुड़ा हुआ था। पहला क़रीब पैंतीस फ़ीसदी और दूसरा पैंसठ। पर मैं इस कॉम्बीनेशन को प्रेम नहीं कहूँगा। वो सिर्फ़ नैन के लिए था। कैसे? पारुल के साथ भविष्य के ख़याल ने ही मुझे डरा दिया था, हालाँकि ज़िन्दगी मखमली होती—स्विस बैंक एकाउंट और साउद ऑव फ्रांस विला, प्राइवेट प्लेन और याच, कैवियार और शैम्पेन से मुलायम बनी। उस सबको छोड़कर मैंने नैन के साथ बंगाली मार्किट में रहना पसन्द किया, इसलिए तुम्हें मुझे चुनाव करने वाला लालची कहना होगा, विशुद्ध और घटिया लालची नहीं।''

कुछ क्षणों का विराम रहा।

''अपनी कारगुज़ारियों की तुम्हारी चीरफाड़ बहुत पेचीदी है।''

''अगर तुम अपने पूर्वग्रह परे रखो, तो...''

''हम लोग पुरातनपन्थी हैं नील! अच्छाई और बुराई के बचपन के संस्कार छूटते नहीं।'' हिचककर जोड़ दिया, ''हम दोनों तुमसे दूर रहना चाहते हैं।''

''ठीक है।'' नील ने रिसीवर रख दिया।

अब?

नैन की घंटी पर उँगली रखते हुए हिचकिचाहट नहीं हुई। अपमान बहुत हो चुका है। उसमें और क्या बढ़ोतरी हो जाएगी।

दरवाज़ा जल्दी ही खुल गया। कम्पाउंड में कुछ दिन पहले मिली किशोरी थी। नील को देखते ही उसका चेहरा सशंकित हो गया।

''दो मिनट नैन से मिलना है।''

पलभर वह हिचकिचाती खड़ी रही। वाह रे मानवीय भावनाएँ! नील भीतर व्यथा से मुस्कराया, कल तक इस इमारत में उसकी अगवानी होती थी।

लड़की मुड़ी और बेडरूम में चली गयी।

नील नटराज और वीणावादिनी की प्रतिमाएँ देखता रहा, जिन पर पुष्पमालाएँ सूख गयी थीं।

बेडरूम की खिड़की बन्द थी। पर्दा खिंचा हुआ था। साइडटेबिल पर लैम्प आलोकित था।

नैन बिस्तर पर थी। चादर गले तक ओढ़े। खुले बाल तकिए पर बिखरे थे। चेहरा कुम्हलाया हुआ।

वह आगे आ गया।

नैन ने भरपूर नज़र से उसे देखा, ''अब क्या है?''

''तुम्हारी तबियत कैसी है?''

''ज़िन्दा दिखाई नहीं दे रही?'' स्वर तिक्त था, ''जेल से कब छूटे?''

वह सनसना गया, ''तुम्हें कैसे मालूम?''

उसने लम्बे लिफ़ाफ़े की ओर संकेत किया। तीखे स्वर में जोड़ा, ''तुम्हारी पारुल ने बताया।''

नील ने पत्र खोला। उसकी अवनति के एक-एक सोपान की सूचना थी। लॉकअप में हुआ बलात्कार भी चट्खारे लेकर उजागर किया गया था।

''अब क्यों मेरे पीछे पड़ी है?'' नैन ने असहाय उसे देखा। पुराने निर्दोष रूप की पहचान दिखाई दी, ''मैं कुछ जानना नहीं चाहती। मैं तुमको, तुम्हारे साथ के दिनों को भुला देना चाहती हूँ। अब सिर्फ़ यही एक चाह बची है। बाक़ी सब राख हो गया।''

और फफककर रोने लगी।

नील कहना चाहता था, मैं तुम्हारी शान्ति के लिए और तुम्हारी खुशी के लिए प्रार्थना करूँगा। पर रुदन का आवेग कम नहीं हो रहा था।

वह तेज़ क़दमों से बाहर निकल आया।

"वे पहले ही दस मिनट लेट हो चुकी हैं।" रिसेप्शनिस्ट ने कहा, "सवा-चार का एप्वाइंटमेंट था।"

उसके कहने पर भी नील बैठा नहीं। सोफ़ों पर तीन-चार मुलाकाती प्रतीक्षा कर रहे थे। एक सुरक्षाकर्मी यहाँ और दूसरा लॉबी में खड़ा था।

जूली स्कर्ट लहराते हुए खट् खट् बाहर निकली, उसे देखकर चौंकी, फिर पहचान की मुस्कान देते हुए एक मुलाक़ाती के पास जा बैठी, जो तत्परता से उसके सामने फ़ाइल खोल चुका था।

नील को देखकर कम्पनी के सब चौंके थे—उसका चेहरा देखकर, वेशभूषा देखकर।

नील ने पिंजरे में बन्द वन्य पशु की तरह चहलकदमी की।

कोने में पीतल की बड़ी-बड़ी चमकती नाँदों में फूलों के गले रखे थे, ऊपर सोलह बत्तियों वाला फानूस जगमगा रहा था। सामने की पूरी दीवार पर कम्पनी की विकास-तालिका लगी थी। आसपास रह-रहकर फ़ोन की घंटियाँ बज रही थीं।

बाहर लिफ़्ट के रुकने और खुलने की सुरभरी आहट हुई। फिर दरवाज़ा बन्द हुआ। फिर सैंडिलों की आवाज़ आयी। जूली खड़ी हो नर्म मुस्कान दे रही थी। दूसरे अभ्यर्थना में झुक रहे थे। फिर बड़े-बड़े मनकों की माला के साथ पाँच बड़े बटनोंवलो बिज़नेस सूट में पारुल आ गयीं। हल्की मुस्कान के साथ मुलाक़ातियों से कुछ कहने को उद्यत हो रही थीं।

...तब नील पर उसकी नज़र पड़ी...जैसे बिजली का झटका लगा। तत्क्षण ठिठक गयी जैसे खिलौने की चाबी ख़त्म हो गयी हो।

"तुम यहाँ क्या कर रहे हो?" उसका स्वर धीमा, पर सख़्त और भिंचा हुआ था।

"तुम्हारा हाल पूछने आया हूँ?" नील ने उल्लास के साथ ऊँची घोषणा की, "आख़िर तुम्हारे पेट में हमारे प्यार की निशानी पल रही है!...डार्लिंग, तुम विटामिन सी ले रही हो न?"

कम्पनी की युवतियों की आँखें झुक गयीं। बाक़ी सब सनसना गये।

नील को खुद पता नहीं था कि वह क्या कर रहा है। दो पल पहले पारुल को देखते हुए सोचा था, उसके चैम्बर में हाथ जोड़कर विनती करेगा कि नैन को अकेला छोड़ दो, बस। और चला जाएगा। पर अधिकार और प्रभुता से सम्पन्न वह चाल और उसका जलील रुख़ देखा, फिर असहाय नैन के कुम्हलाये चेहरे का बिम्ब सामने आया तो विशुद्ध आक्रोश से वह लरज उठा।

"तुम डिग्निटी के साथ ख़ात्मा नहीं कर सकते?"

''तेरी 'उसमें' कितनी डिग्निटी है, जो तू उस मजबूर लड़की को पागल बनाने पर तुली है?...मेरी सारी खुशियाँ तूने मिट्टी में मिला दीं, मुझे फुटपाथ पर ले आयी, सह लूँगा, लेकिन आख़िरी बार तुझे वार्निंग दे रहा हूँ...! अगर तू फिर नैन के पास गयी, तो तेरा खून पी जाऊँगा...''

इस पल नील की समझ में आया कि गायतोंडे ने लॉकअप में कालू को क्यों भेजा था। प्रतिशोध में बलात्कार की प्रभावपूर्णता उसने आज पहली बार समझी।

सुरक्षा कर्मचारियों के घूँसों ने उसे बात पूरी नहीं करने दी।

रिसैप्शन के सब लोग जैसे फ़्रीज़ थे।

प्रहारों से आक्रान्त नील नीचे लुढ़क गया। जूते तब भी चल रहे थे।

नील ने एक पाँव उछाला, तो जूते का वार पारुल के जंघा पर पड़ा। पारुल लड़खड़ाईं...उजले परिधान पर सोल की छाप छूट गयी...एक पल दोनों की निगाह मिली...इसी कदलीजंघा पर एक ने सम्भोग से पहली कामोद्दीपन के साथ चुम्बनों की शृंखला गूँथी थी...इसी पाँव के अँगूठे की धोवन दूसरे ने करवाचौथ का पतिव्रता के आवेग से पी थी...

मुँह पर पानी फेंका गया।

फिर नील की चेतना में धीरे-धीरे स्पन्दन हुआ। उसने धीरे-धीरे आँखें खोलीं।

वह कम्पाउंड के गेट पर पड़ा था। बदन पर जहाँ-तहाँ खरोंचे थीं जिनमें खून छलछला आया था। चिबुक के पास तरलता महसूस हुई। फिर एक लाल बूँद टपकी।

जयन्त ने अपना रूमाल वहाँ लगा दिया।

''पारुल की बेवकूफ़ी की हद नहीं।'' उसने कहा।

''बेवकूफी की हद आपकी नहीं।'' नवीन बोला।

''डॉक्टर को बुलाओ।'' जयन्त ने कहा।

''इसे यहाँ से हटाओ।'' नवीन बोला, ''भीड़ इकट्ठी हो गयी है। कोई प्रेसवाला न आ जाए।''

''इसे फ़र्स्ट एड चाहिए।'' जयन्त ने कहा।

''मरने दो।'' नवीन बोला।

''मैं भी तुम्हारा बहनोई हूँ नवीन!'' नील ने टिप्पणी की।

नवीन ने सुलगती नज़र से उसे देखा, "तुम्हारे जैसा बेहया बम्बई में दूसरा नहीं होगा।"

"मैं सोमपुरिया घराने की इज़्ज़त बम्बई के गटर में डाल दूँगा।" नील ने खून थूका।

"अब तुम क्या करोगे?" चाय का घूँट लेकर नील ने पूछा।

"लाश बरामद होती, तो परेशानी थी। सत्तार पगलाया घूम रहा है कि किट्टू को धरती निगल गयी कि आसमान खा गया।" भोला ने विजय की मुस्कान से कहा, "अब तो मेरी तरक्की का दौर शुरू होगा। सबसे पहले फ़्लैट शालू के नाम हो जाएगा। अगले महीने से हवाला का पूरा मुखिया मैं बन जाऊँगा। अब मैं उनका दायाँ हाथ हूँ। पिंक हाउस में कहा जा रहा है कि भोला उतना ही भरोसेमन्द है, जितना इलियास भाई के लिए मुर्तज़ा भाई थे।"

भोला ने नैपकिन तह करके गोद में रख लिया और शामियाना की बहुत भव्य सज्जा पर हल्के कौतूहल से भरी निगाह डाली।

नील ने दो पल चुपचाप भोला को देखा।

"क्या है?" भोला ने पूछा।

"तुम बम्बई एक लाख कमाने आये थे न? अब तुम्हारे पास उससे कहीं ज़्यादा हो गया। मथुरा क्यों नहीं जाते?"

"जल्दी ही जाऊँगा।" भोला मुस्कराया, "चन्दा का ब्याह करूँगा, जमीन खरीद कर डाल दूँगा। मकान बनवाने का तो टाइम नहीं होगा। फिर देखेंगे।"

"मैं हमेशा के लिए लौटने की बात कर रहा हूँ।"

"क्या बात कर रहे हो?" भोला चौंक गया, "यह लौटने की कौन-सी साइत है?"

"तुम्हारी दुनिया में ज़िन्दगी का कोई भी दिन आख़िरी हो सकता है। अगली बाज़ी सत्तार जीतेगा। गफ़ूर और किट्टू के बाद लिस्ट में तुम्हारे अलावा और किसका नाम होगा?" नील ने अपनत्व से उसके कन्धे पर हाथ रखा।

"यह तो तुम ठीक कह रहे हो। पर अधबीच छोड़ा भी तो नहीं जा सकता।" भोला पल-भर सोचता रहा, "फिर वह लैंडिंग वाला मुकदमा भी तो चल रहा है। वकील ने कहा है, छैः महीने की सज़ा होगी।" आँखों में चमक आ गयी, "वैसे किट्टूवाले केस के बाद टोली में मेरी इज़्ज़त बढ़ गयी है। यह सब होने के बाद ये लोग रिटायर होने की इजाजत दे देंगे? और अगर दे भी

दें, तो अब मथुरा में मेरा मन लग जाएगा क्या?'' भोला ने हाथ जोड़े, ''संकटमोचन के चरणों में छोड़ दिया है भोला को!''

अगले क्षण वह मनोयोग से मटन कटलेट खाने लगा।

वे ताज से निकले और रेडियो क्लब की दिशा में टहल गये। गेट-वे ऑव इंडिया के प्रांगण में और आसपास सैलानियों और भ्रमणार्थियों की भीड़ थी। थोड़ा-थोड़ा अन्तर देकर जहाज़ लंगर डाले खड़े थे। एक-दूसरे के पीछे थोड़ा आउट ऑव फ़ोकस होते हुए। समुद्र-विहार करवाने वाली एक बोट अर्धचन्द्राकार मोड़ के साथ सीढ़ियों के पास आ रही थी।

डूबते सूरज की म्लान धूप में गेट दीप्त विजय-स्तम्भ-सा खड़ा था।

''हाय हाय हाय हाय...''

दुबला, काला आदमी अपनी नंगी लहूलुहान पीठ पर कोड़े मार रहा था।

अपरम्परागत स्लॉट की महान् खोज के बावजूद इतने समय बाद भी वहीं का वहीं था।

इस देश में मौलिक क्रान्तिदर्शी की कोई क़ीमत नहीं—नील ने सोचा।

अपने पर्स से सौ का नोट निकाला और सम्मान से टूटे कटोरे में रख दिया।

''पिंक हाउस से यह गाड़ी मुझे दे दी गयी है।'' साठ की गति पर चक्का साधे हुए भोला ने कहा।

मैरिन ड्राइव हमेशा की तरह गुलज़ार थी। सड़क की रोशनियाँ बहुत तेज़ी से पीछे छूट रही थीं। सामने के पुल पर नियॉन के विज्ञापन जल-बुझ रहे थे। ठंडी कार की खिड़कियाँ बन्द थीं। कैसेट से भजन फूट रहा था—जाके सिर मोरमुकुट मेरो पति सोई...

''अब तुम क्या करोगे?'' भोला ने पूछा।

नील सामने देखता रहा। शाम से यही तो सोच रहा था। अब मैं क्या करूँ? दिल्ली लौट जाऊँ? पर वहाँ करूँगा क्या? फिर वही छोटी-मोटी नौकरी? बम्बई आना, संघर्ष करना, और डेढ़ साल की मेहनत अकारथ चली जाएगी? पर बचाने का उपाय क्या है? गायतोंडे तड़ीपार जाने को बोल चुका है।

शिकोहाबाद तो छोटा शहर है। लखनऊ चला जाए? किसी कॉलेज में अध्यापिकी की कोशिश करे? माँ को बुला लेगा। उसके पाँवों पर गिरकर प्रार्थना करेगा। माँ के आख़िरी बरसों का सहारा बन जाए, तो अपराध-बोध कुछ कम होगा। पर अध्यापिकी मिलना आसान है क्या? अगर मिली भी, तो पता नहीं, उसमें समय कितना लगे।

नहीं, अपने पैसे के बिना बम्बई छोड़ने का कोई मतलब नही। अपने पैसे पर उसका अधिकार है। पारुल इतनी आसानी से उसे फुटपथिया नहीं बना सकती। वह इतनी आसानी से उसे जीत का तमगा नहीं लटकाने देगा।

वे लोग बहुत ताक़तवर हैं।

क्या करेंगे? ज़्यादा से ज़्यादा जान ले लेंगे। खाली जेब बम्बई छोड़ना कौन-सी ज़िन्दगी होगी? वह फटेहाल शिकोहाबाद पहुँचकर माँ से कहेगा—लो माँ, तुम्हारा सुबह का भूला शाम हो लौट आया है। अब इसे नये सिरे से पालो?

"तुम मुर्तज़ा से मेरी बात करा सकते हो?" नील ने कहा।

"आप मेरा फ़्लैट दिलवाने में मदद कर दें, तो बड़ी मेहरबानी हो।" नील ने कहा।

मुर्तज़ा राखदानी से उठती धुएँ की लकीर देखता रहा, "मोहतरिमा नाराज़ क्यों हो गयीं?"

"वो मुझसे शादी करना चाहती थीं।"

"तो आपको क्या परेशानी थी?"

"शादी के लिए दो की रज़ामन्दी चाहिए। मैं राज़ी नहीं था।"

"बिस्तरबाज़ी के लिए राज़ी हैं आप! शादी के नाम से क्यों नानी मरने लगी?"

"मैं किसी और से प्यार करता हूँ।"

"वो भी कम्पनियों की मालिक है?" मुर्तज़ा के चेहरे पर व्यंग्य की मुस्कान आ गयी।

नील ने 'नहीं' में सिर हिलाया।

"आपने यह कैसे समझ लिया कि फ़्लैट आपको दे दिया गया था? मोहतरिमा ने सोचा, जब तक यह मेरी ख़िदमत करेगा, रह सकता है। ख़िदमत बन्द हुई, उन्होंने आपको निकाल बाहर किया।"

"फ़्लैट मेरे नाम पर करने की कार्रवाई शुरू हो चुकी थी। हाउसिंग सोसायटी के दफ़्तर में रिकॉर्ड है। पर ज़ाहिर है कि वे मुझे नहीं देंगे।"

मुर्तज़ा ने कश लिया, "यह आशिक़-माशूक का झगड़ा है मेरे भाई, बाहरी आदमी इसमें क्या बोल सकता है!"

कुछ पल चुप्पी रही।

"आप लोग बिज़नेस की हेराफेरी सुलझाते हैं। वही समझकर मदद कर दीजिए। मैं कमीशन दूँगा।"

''जेवरों का कोई सौदागार होता तो मैं बुलवा भेजता। मलाबार हिल की लेडी को क्या पैग़ाम भेजूँ? उलटे मुझे लेने के देने पड़ जाएँगे।''

''यहाँ से एक फ़ोन जाने में क्या मुश्किल है?''

''कहूँगा क्या? कि आपने बिस्तर में जो मज़ा लिया है, नील साब को उसकी क़ीमत और चाहिए। वो कहेंगी, मेरे शौहर और भाई को पता चल चुका है। मैंने क़ीमत ज़रूरत से ज़्यादा चुका दी है, तो?''

''यह दलील वो नहीं दे सकतीं। हमारे रिश्ते पर उसके शौहर को ऐतराज़ नहीं था।''

''तुम्हें कैसे पता?'' मुर्तज़ा चौकन्ना हो गया।

''उसने मुझे अलग से मुआवज़ा दिया था।''

''बड़े ऊँचे कारीगर हो यार! बीवी की ख़िदमत का मुआवज़ा उसके शौहर से भी लेते हो।'' मुर्तज़ा की मुस्कान कुछ पलों में सिमट गयी, ''उन्होंने शादी की शर्त रख दी, तो?''

''उनके दफ़्तर में सरेआम स्कैंडल हो गया है, वो बात अब खत्म हो गयी।''

''तब तो वो फ़्लैट न देने के लिए और सख़्त हो गयी होंगी।'' मुर्तज़ा ने सिगरेट मसल दी, ''नहीं बिरादर, केस बहुत बिगड़ गया है।''

''मेरा बैंक एकाउंट और लॉकर ही खुलवा दीजिए। उसके सहारे मैं नयी ज़िन्दगी शुरू कर सकता हूँ।''

फ़ोन की घंटी बजी। मुर्तज़ा ने रिसीवर उठा लिया। कुछ पल बाद उसने बेइख़्तियार नील को देखा।

''लॉकर में इतना है कि खार में हज़ार स्क्वायर फुट का दो बेडरूम आ जाएगा और आसपास किसी शॉपिंग सेंटर में ऑफ़िस।'' नील आह्लाद से थरथरा रहा था, ''फ़र्नीचर-फ़ोन हो जाएगा, घर की सारी चीज़ें आ जाएँगी।''

''ऑफ़िस किस चीज़ का खोलोगे?'' भोला ने पूछा।

''एस्टेट एजेंसी। उसमें भरपूर पैसा है, दो फीसदी कमीशन। बीस लाख से कम की डील तो इन इलाक़ों में होती ही नहीं। शुरू में हफ़्ते में एक डील भी हो गयी, तो काम जमने लगेगा।'' नील की मुस्कान चौड़ी थी, ''खाते में इतना है कि छः महीने का गुज़ारा चल जाएगा और मीरा रोड-वसई-नालासोपारा में दो फ़्लैट आ जाएँगे। पाँचेक साल किराये पर दूँगा। फिर कीमत दुगुना हो जाने पर बेचकर प्रॉफिट को फिर इन्वेस्ट कर दूँगा। खार के ऑफिस में एक असिस्टेंट रख लूँगा और मैं इन तीन सबर्ब में कन्संट्रेट करूँगा, क्योंकि अगले कुछ सालों

में रियल एस्टेट एक्टिविटी यहाँ बहुत बढ़ने वाली है।...अब पीछे मुड़कर नहीं देखना होगा भोला!''

''भैया, तुम्हारी मुस्कान देखकर जी जुड़ा गया।'' भोला ने विभोर होकर कहा।

''यह तुम्हारी और मुर्तज़ा की देन है, वरना पिछले हफ़्ते में मैंने बम्बई का जो रूप देखा है...''

''भैया से पूछो, शादी कबी बनाने का?'' भीतर से शालू चहकी।

नील मुस्कराया। योजना का एक हिस्सा नैन से जुड़ा था। तीन-चार महीने में नैन का आधात छीज जाएगा। तब वह मिलेगा, माफ़ी माँगेगा, अपना नया कारोबार दिखाएगा, निश्छल प्रेम की दुहाई देगा। हत्यारे को भी क्षमा मिल जाती है। मैं इतना गया-गुज़रा तो नहीं। लालच की बेसब्री में उस रास्ते पर चला गया था। तुम्हारे लिए मेरा प्रेम सच्चा है। जैसे चाहो, जब तक चाहो, परीक्षा ले लो।...नहीं, उससे पहले माँ को लाना है। माँ की क्षमा मिल जाएगी, तो उसका सौभाग्य-पथ भी प्रशस्त होगा। नैन के पास खुद जाने से पहले माँ को उसके पास भेजेगा। दोनों एक-दूसरे को पसन्द करती हैं। फिर कुछ भी हुआ हो, वह जानता है, नैन मन-ही-मन उससे प्रेम करती है। आख़िरकार उसे पिघलना ही होगा। शादी का कार्ड पारुल को भी भेज देगा। कमीनी जलकर राख हो जाएगी।...नहीं, अब ऐसे टुच्चे जज़्बे से ऊपर उठेगा।

''भैया, खाना डालूँ?'' शालू दरवाज़े पर आई।

''हाँ, डालो।'' नील मुस्कराया।

शालू को बाद में बताएगा कि खाना लगाते हैं, डालते नहीं। डालना कुत्ते के लिए होता है।

''विरार से आने वाली फ़ास्ट गाड़ी प्लेटफ़ॉर्म नम्बर पाँच पर रुकेगी।'' ध्वनि-विस्तारक पर घोषणा हुई, ''यह बोरीवली-अँधेरी-बान्द्रा-दादर और बॉम्बे सेंट्रल पर रुकेगी।''

प्लेटफ़ार्म चर्चगेट जाने वाले यात्रियों से खाद्य पर टूटी मक्खियों की तरह बजबजा रहा था। एक रेला आया, तो शकील ने नील का हाथ पकड़ लिया।

चैक की कमीज़ पहने शकील का चेहरा सुन्दर और मासूम था। गोरे चेहरे पर लम्बे, बेपरवाह बाल और आँखों में निष्पाप उत्सुकता। बीस-इक्कीस की उम्र की पारदर्शी कमसिन। पहली नज़र में वह शायर लगता था।

''तुम मुर्तज़ा भाई के साथ कब से हो?'' नील ने पूछा।

''थोड़ा टाइम हुआ।'' उसका स्वर भी ऐसा ही था। प्रफुल्लित। बिना बात पुलक से भरा।

''शकील, मेरे ऑफिस में काम करोगे?'' नील ने पूछा।

''जरूर।'' शकील मुस्कराया।

मुर्तज़ा ने सुबह फ़ोन पर कार्यक्रम बता दिया था। नील को शकील के साथ पुलिस मुख्यालय के पास आमदार निवास के कैफ़े में जाना था। वहाँ साढ़े-दस बजे डीसीपी खन्ना मिलेंगे। वे खुद साथ पैडर रोड के बैंक तक जाएँगे और लॉकर व एकाउंट खुलवा देंगे। नील वहाँ से अपनी सम्पदा लेकर शकील के साथ भोला के घर आ जाएगा। भोला भी साथ आना चाहता था, पर मुर्तज़ा ने बताया, थाणा अदालत में एक केस की पेशी है, भोला को ज़रूरी काग़ज़ात वकील को देने जाना है। बोरीवली स्टेशन पर नील व शकील को उतारकर भोला चला गया था।

फिर ध्वनि-विस्तारक पर घोषणा हुई। साथ ही दहिसर की दिशा से लोकल आती दिखाई दी। पहले पुल के बाद जनाने और पहले क्लास के बाद जो तीसरे दर्जे का डिब्बा आता है, शकील की योजना उसमें जाने की थी। नील की समझ में नहीं आया। वह पहले दर्जे का टिकट लेना चाहता था। शकील ने टाल दिया। दूसरे दर्जे में ही बैठना था, तो आगे से तीसरा डिब्बा—जनाने और असबाब के बाद—बेहतर होता, क्योंकि वहाँ अपेक्षाकृत ज़रा कम भीड़ के घनत्व की सम्भावना रहती है। पास होने के कारण इस डिब्बे पर लोग बौराए वन्य पशुओं की तरह टूटते हैं। पर नील ने बहस नहीं की।

वह उमंग में जो था।

आज का दिन उसकी ज़िन्दगी का ऐतिहासिक दिन है। महानगर में एक बार फिर वह अपना कायाकल्प करने जा रहा है...समृद्धि से चिथड़ों और फिर समृद्धि तक...

डॉक्टर शर्मा, मैं हारते-हारते फिर जीत गया—नील ने मन-ही-मन घोषणा की।

इंजन फिसलता हुआ आगे आ रहा था। 'चर्चगेट' के अक्षर चमक रहे थे। भीड़ का दबाव उन्हें आगे ले आया। शकील ने उसका हाथ पकड़कर उसे अपने पास खींचा...अचानक नील को अपनी पीठ पर धक्के का एहसास हुआ और अगले क्षण वह नीचे गिर रहा था...और इंजन उससे कुछ इंच की दूरी पर था...

भोला ने आख़िरी बार चादर का कोना हटाया। नील का चेहरा ज़र्द पड़ गया था। और दयनीय। माथे पर गुलेल के आकार की चोट थी, जहाँ खून की पपड़ी जम

चुकी थी। नीचे चादर के ऊपर से ही साफ़ था कि पसलियों के पास धड़ कट चुका है।

सुबह भैया कैसी उमंग में थे—दो नन्हे आँसुओं के साथ भोला ने सोचा।

श्मशान के कर्मचारी ने हाथ बढ़ाया। भोला ने मुर्दाघर का काग़ज़ थमा दिया।

श्मशान में रात के साढ़े दस बजे सिर्फ़ नील की बुकिंग थी।

मुर्दाघर के अहाते में भोला देर तक सोचता रहा। दाह-संस्कार को आगे सरकाने का कोई औचित्य नहीं था। शिकोहाबाद से अगले दिन माँ तो नहीं आ सकती थीं। नील के किसी और सम्बन्धी या मित्र की जानकारी भोला को नहीं थी।

वह बाहर आ गया। कर्मचारी ने सींखचों वाला द्वार बन्द किया।

खुले अहाते में हवा थी। पर साथ ही मौत की बोझिल उपस्थिति।

शव के प्लेटफ़ार्म में हल्का-सा धुआँ उठा।

भोला ने रूमाल की पोटली देखी, नील का पर्स व कंघी थी, कुछ विज़िटिंग कार्ड। माँ के नाम लिखा अन्तर्देशीय।

हम दोनों भारतीय सपने की तलाश में बम्बई आये हैं—एक बार नील ने कहा था।

उस सपने को साकार करने की जद्दोजहद में एक विलुप्त हो गया—भोला ने सोचा।

वह पेड़ से सटे चबूतरे पर बैठ गया।

हवा में हल्की नमी थी। आसपास की रोशनियों पर धुन्ध का बारीक धुआँ-सा छा रहा था।...भोला को भीतर-बाहर अजीब ढंग से सुन्न महसूस हुआ।

आदमी की ज़िन्दगानी भी क्या है! कल भविष्य के सपने देख रहे थे, आज फुँक रहे हैं।

धुएँ की लहर गहरी हुई, ऊपर उठी। उसके साथ नील की अनेकानेक छवियाँ भोला के सामने उभरने लगीं—नील अपने आकर्षक परिधानों में, फ़ोन पर अँग्रेज़ी में बोलता, विदेशी सिगरेट सुलगाता।

अब लपटें उठीं और तेज़ होने लगीं। अचानक।

क्रोध के तनाव में भोला भी खड़ा हो गया।...अचानक समझ में आ गया, जो शाम से पहेली बना हुआ था...कि मुर्तज़ा ने नील के साथ भोला को भी भेजना क्यों मंजूर नहीं किया, टैक्सी से टाउन जाने की नील की पेशकश शकील ने क्यों टाल दी, भोला को थाणा भेजा जाना कितना बेमानी था, अचानक शकील बक़ौल मुर्तज़ा बुरहानपुर क्यों चला गया...

''मुर्तज़ा, तुमने मेरे साथ दगा किया...वो मेरा भाई था...दुनिया में मेरा अकेला दोस्त था...परदेस में मेरा सहारा था...'' लम्बी-लम्बी साँसें लेते हुए भोला ने जलती आँखों से मुर्तज़ा को देखते हुए जबड़े कसे, ''तुम नीच हो। मैं तुम्हारे साथ काम नहीं करूँगा। मैं मथुरा वापस लौट जाऊँगा...तुममें हिम्मत है, तो मुझे रोक लो।''

भोला दरवाज़े की ओर बढ़ा।

रातरानी के दफ़्तर में मुर्तज़ा चमड़ा-मढ़ी रिवॉल्विंग कुर्सी पर जैसे का तैसा बैठा रहा। न उसने उठने का उपक्रम किया, न किसी को आवाज़ लगाई, न उसके चेहरे का स्थितप्रज्ञ भाव बदला।

दरवाज़ा खोलकर भोला दो पद ठिठका रहा। फिर मुड़ा, तो उसके हाथ की कोल्ट की नली मुर्तज़ा पर तनी हुई थी। चार सधे क़दमों से भोला पास आया, बचाव हटने की क्लिक हुई, ''मैं तुम्हें जान से मार दूँगा। तभी मेरी आत्मा को शान्ति मिलेगी।''

मुर्तज़ा मेज़ पर कुहनियाँ टिकाये, दोनों जुड़ी हथेलियों पर ठुड्डी टेके, उसे पूर्ववत् देख रहा था।

भोला को पूरा विश्वास था कि अगर वह हिलाडुला, तो वह बिना शक गोली चला देगा।

चुप्पी खिंचती गयी।

''तुम्हारी जीभ किसी ने छीन ली है क्या?'' भोला हताश होकर गुर्राया।

''गुबार निकल गया?'' मुर्तज़ा ने सहज स्वर में कहा।

भोला को कुछ नहीं सूझा।

''मैंने खुशी से किया है? मुझे नहीं मालूम, वो तुम्हारे मुलुक का था? बम्बई में तुम्हारा अकेला दोस्त था? शालू उसको बड़ा भाई मानती थी?...पर ऐसे आदमी की सुपारी आई कि इंकार नहीं कर सका।...और कर भी देता, तो उसे बचा लेता क्या? यहाँ पाँच सौ रुपए में कातिल मिल जाता है।''

''किसकी सुपारी आई?'' भोला ने फटे स्वर में पूछा।

मुर्तज़ा ने पलभर उसे देखा, बहुत धीमे स्वर में कहा, ''नवीन सोमपुरिया सेठ की।''

विराम रहा। भोला ने देर से रुकी साँस छोड़ी।

''इस नाम को इसी लम्हे भूल जाओ। वो हमारे पुराने क्लाइंट हैं।''

भोला सवालिया निगाह से उसे देख रहा था।

''याद है, मिल की हड़ताल में गफूर ने तुम्हारे साथ यूनियन लीडर का विकेट गिराया था?''

भोला ने हामी में सिर हिलाया।

''वो मिल उन्हीं की है।''

''लेकिन उसकी बहन तो नील भैया को प्यार करती थी?''

''यह सब मुझे नहीं पता। गायतोंडे बोल रहा था कि पहले शौहर से उसका झगड़ा हुआ। वह चाहता था कि पैडर रोड का फ़्लैट नील को वापस कर दिया जाए। नवीन ने बहन की ताकीद की, तो साले-बहनोई में भी झगड़ा हुआ। फिर बहन अकेली सी-ब्रीज़ में रहने चली गयी।''

रिश्तों के ये दाँवपेंच भोला की समझ में नहीं आये।

मुर्तज़ा ने मेज़ की दराज़ से बंडल निकालकर सामने रख दिया, ''ये तुम्हारा हिस्सा है। एक लाख।...लँगड़े राव की याद है?''

भोला ने हामी में सिर हिलाया।

''वो बच्चों के रेडीमेड कपड़ों की दुकान खोलना चाहता है। हम दोनों के साथ तुम पच्चीस टके के पार्टनर बनोगे?...शालू के नाम से काग़ज़ात तैयार करा दूँगा।...हम लोगों की ज़िन्दगी का कुछ ठीक नहीं। बीवी-बच्चे को थोड़ा सहारा चाहिए कि नहीं?''

भोला बंडल को देखता रहा। फिर बाहर निकल गया। दरवाज़े पर दो पल ठिठका। फिर मुड़कर बोला, ''ठीक है।''

शालू आयी, तो उसने पीतल का बड़ा पात्र देखा, जिसके ढक्कन के आसपास भोला वेणी लपेट रहा था।

''दरिया में डालने का?'' उसने गीली आवाज़ में देखा।

''नहीं। इलाहाबाद जाकर त्रिवेणी में विसर्जन करूँगा।...जीते-जी तो नील भैया मायानगरी से मुक्त नहीं हो पाये, कम-से-कम उनकी राख तो हो जाए...''

❑ ❑ ❑